油气钻探企业工程监督应知应会

川庆长庆监督公司　编著

石 油 工 业 出 版 社

内容提要

本书以中国石油长庆油田区块监督工作特点为基础，结合工艺和工序，介绍了钻井作业、井下作业、录井作业和测井作业基础知识和监督要点，同时精选了部分题库，以便读者练习。

本书可作为石油工程监督人员学习培训教材，也可作为日常工作查询工具书。

图书在版编目（CIP）数据

油气钻探企业工程监督应知应会/川庆长庆监督公司编著. —北京：石油工业出版社，2019.6

ISBN 978-7-5183-3300-4

Ⅰ.①油… Ⅱ.①川… Ⅲ.①油气钻井-石油企业-石油工程-监管制度-中国 Ⅳ.①F426.22

中国版本图书馆 CIP 数据核字（2019）第 077712 号

出版发行：石油工业出版社

（北京市朝阳区安华里 2 区 1 号楼　100011）

网　址：www. petropub. com

编辑部：（010）64255590

图书营销中心：（010）64523633

经　销：全国新华书店

印　刷：北京中石油彩色印刷有限责任公司

2019 年 6 月第 1 版　2019 年 6 月第 1 次印刷

787×1092 毫米　开本：1/16　印张：23.75

字数：600 千字

定价：68.00 元

（如发现印装质量问题，我社图书营销中心负责调换）

《油气钻探企业工程监督应知应会》编委会

主　　任：苏金柱　刘文祥

委　　员：刘建平　李志昌　李天明　秦等社　陈根林　刘新宇

编写组

主　　编：秦等社　覃冬冬

成　　员：宜建国　张宏江　阮存寿　李　磊　宋玉平　陈耀军
王　凯　高赛男　何光勇　马延友　武永兵　宜　凯
邢　涛　孔庆伟

前 言

石油天然气钻探开发是一项系统工程，具有高科技、高投入、高风险等特点。为了保障油气钻探开采的施工质量和施工作业安全，石油行业逐步发展形成了一套管理规范、高效科学的油气钻探开发工程监督机制。随着我国石油行业“油公司”体制改革的不断深化，勘探开发工程市场的不断培育和完善，勘探开发工程监督工作对于进一步规范市场、控制质量、降低投资和成本、提高效益、减少风险，发挥着不可替代的作用。

目前，我国的油气勘探开发工程监督工作正处于蓬勃发展时期，不断完善油气勘探开发工程监督机制，提高工程监督人员的业务能力和工作水平，是一项长期而艰巨的任务。为了更好应对市场对工程监督人员的增长需求，提高新入职监督人员的基础知识储备和各专业的知识广度，中国石油川庆钻探工程有限公司长庆石油工程监督公司以长庆区块监督工作特点为基础，结合工艺和工序，介绍了钻井作业、井下作业、录井作业和测井作业基础知识和监督要点，同时精选了部分题库，以便读者练习。

本书可作为石油工程监督人员学习培训教材，也可作为日常工作查询工具书。由于编者水平有限，难免有不妥和疏漏，望广大读者批评指正，以便修订完善！

编　者

2019 年 4 月

目 录

第一篇 钻井作业工程监督

第二篇　井下作业工程监督

第三篇　录井作业工程监督

第四篇　测井作业监督

附录　测试题及答案

绪　论

工程监督是针对石油开发生产作业工程中，由专业化的监督单位接受开发投资方（甲方）的委托和授权，依靠工程监督的专业和管理技术，以预防控制为核心，根据有关的法规技术标准、设计服务合同及监督合同，对施工单位（乙方）的施工过程进行监督管理的活动，代表甲方对项目的质量、工期、投资、HSE等进行有效的控制，以实现合同的要求，保证施工过程严格执行操作规程和技术标准，避免工程事故和安全事故，保证甲方的利益和投资目标，实现开发投资的最佳效益。石油钻探行业常见工程监督按不同的工序主要分为钻井监督、井下作业监督、录井监督、测井监督等。

第一节　工程监督管理机构与职责

一、管理机构

中国石油天然气集团公司（以下简称集团公司）工程监督实行股份公司、油田公司两级管理，中国石油天然气股份有限公司（以下简称股份公司）勘探与生产分公司是工程监督的管理机构；股份公司勘探与生产工程监督中心（以下简称工程监督中心）是股份公司勘探与生产工程监督管理的执行机构；各油田公司监督职能管理部门是本油田监督的管理机构。

二、职责

（一）股份公司勘探与生产分公司职责

股份公司勘探与生产分公司是集团公司工程监督业务的管理机构，主要履行以下工程监督管理职责：

（1）负责股份公司勘探与生产工程监督管理体系的建设；

（2）依据国家有关的法律法规及政策，制订股份公司勘探与生产工程监督管理规章制度，并监督执行；

（3）负责工程监督中心和油田公司工程监督业务的管理。

（二）工程监督中心职责

工程监督中心是股份公司勘探与生产工程监督管理的执行机构，在工程监督管理方面的职责是：

（1）协助股份公司勘探与生产分公司制订勘探与生产工程监督管理的各项规章制度，并组织实施；

（2）负责组织股份公司工程监督培训、资格评审、注册、发证和业绩考核管理，负责股份公司工程监督网络管理；

（3）负责对油田公司工程监督管理业务工作的检查指导；

（4）受油田公司委托，向股份公司勘探与生产重点工程项目选派工程监督，对现场工程监督管理提供技术支持；

（5）负责组织工程监督管理经验交流及表彰优秀工程监督项目和工程监督。

（三）油田公司职责

油田公司工程监督管理机构是本油田工程监督的归口管理机构，在工程监督管理方面的职责是：

（1）贯彻落实股份公司工程监督管理各项规章制度；

（2）负责本油田公司工程监督的聘任、选派、业绩考核及动态管理；

（3）参与工程项目设计论证与招标，代表油田公司对工程项目施工实施监督，参与工程质量、服务质量考核；

（4）协助工程监督中心进行工程监督培训、考核及监督网络管理；

（5）定期向勘探与生产公司汇报业务工作。

第二节　工程监督人员职责与权力

一、工程监督人员应履行的职责

工程监督人员应履行以下职责：

（1）遵守国家法律法规及股份公司、油田公司的规章制度、技术标准，遵守职业道德，接受油田公司工程监督管理机构的管理并对其负责，保守油田公司与服务机构双方的技术秘密和商业秘密；

（2）监督检查施工队伍、装备、工具、器材、材料等，监督检查工程项目质量、进度、各项技术措施及健康安全环境（HSE）管理措施的落实等；

（3）对监督的工程项目实施有效、公正的监督，发现问题及时提出意见，并监督整改；

（4）参与工程项目验收与总结，对承包方工作予以评价。

二、工程监督人员应履行的权力

工程监督人员应履行以下权力：

（1）有权制止违章指挥、违章操作、违反设计合同要求和技术标准的施工。

（2）有权对不符合质量要求的工序，严禁进入下一步施工，要求施工队整改。

（3）有权要求施工队对不符合安全环保规定的施工限期整改或停工整改。

（4）有权制止不合格的工具、材料、药剂的使用。

（5）有权要求施工单位更换不能满足要求的设备、人员。

（6）有权督促施工单位搞好现场施工管理施工组织。

第三节　工程监督人员任职条件

一、工程监督人员基本素质

工程监督人员基本素质包括但不限于以下方面：

（1）具有较丰富的法律法规知识，遵纪守法，廉洁奉公，公道正派；

（2）具有较强的事业心和责任感，忠于职守，钻研业务，勇于负责和开拓创新，具有科学的工作态度和艰苦奋斗精神；

（3）身体健康，能适应野外现场工作。

二、工程监督人员业务条件

（一）工程监督人员业务基本条件

工程监督人员必须具备相应的业务条件，包括但不限于以下方面：

（1）具有本办法规定的学历和专业技术职称；

（2）掌握本专业基础理论和专业技术，基本掌握有关的新技术、新工艺和经营管理方法，了解相关专业技术知识；

（3）掌握本专业技术标准及规范，具备较强的 HSE 管理能力；

（4）具有组织、协调现场作业施工的能力；

（5）具有一定的现场生产、技术实践经验。

（二）钻井监督人员业务条件

1. 初级钻井监督人员业务条件

（1）大学本科（含本科）以上学历，从事钻井现场工作 3 年（含 3 年）以上；中专及大专学历，从事钻井现场工作 5 年（含 5 年）以上。

（2）熟悉钻井和完井工艺流程及有关标准、规范和规定。

（3）能解决和处理钻井现场一般性技术和管理问题。

（4）具有组织、协调钻井现场施工的能力。

（5）了解环境保护知识，重视作业区环境保护，具备一定的 HSE 管理能力。

2. 中级钻井监督人员业务条件

（1）具有中专（含中专）以上学历、中级（含中级）以上专业技术职称及从事钻井现场工作 6 年（含 6 年）以上；或具有中专（含中专）以上学历、从事初级监督 6 年（含 6 年）以上。

（2）掌握钻井专业基础理论和专业技术，熟悉钻井新技术和新工艺，了解相关专业知识。

（3）熟悉钻井和完井工艺技术及有关标准、规范和规定。

（4）具有分析、判断和处理井下复杂和事故的能力。

（5）具有组织、协调钻井现场施工的能力。

（6）了解环境保护知识，重视作业区环境保护，具备较强的 HSE 管理能力。

（三）试油监督人员基本业务条件

试油作业是井下作业的核心，试油监督人员应具备以下基本业务条件。

1. 初级试油监督人员业务条件

（1）大学本科（含本科）以上学历，从事试油现场工作 3 年（含 3 年）以上；中专及大专学历，从事试油现场工作 5 年（含 5 年）以上。

（2）熟悉试油工艺和流程及有关标准、规范、规定。

（3）能解决和处理试油现场一般性技术和管理问题。

（4）具有组织、协调试油现场施工的能力。

（5）掌握井控技术，了解环境保护知识和国家法规，重视作业区环境保护，具备一定的 HSE 管理能力。

2. 中级试油监督人员业务条件

（1）具有中专（含中专）以上学历，中级（含中级）以上专业技术职称，从事试油工作 8 年（含 8 年）以上，其中从事试油现场工作不少于 5 年；或具有中专（含中专）以上学历、从事初级监督 9 年（含 9 年）以上。

（2）熟悉并充分理解试油专业有关标准、规范、规定。

（3）掌握试油工艺技术，了解相关的石油地质、测井、录井、钻井、地质分析化验等基本专业知识。

（4）具有较强的现场施工组织、协调能力。

（5）具有分析、判断和处理较为复杂试油技术问题并对现场复杂情况有较强的应急处理能力。

（6）掌握井控技术，了解 HSE 知识和国家法规，重视作业区环境保护，具备较强的 HSE 管理能力。

（四）录井监督人员业务条件

1. 初级录井监督人员业务条件

（1）具有大学本科（含本科）以上学历，从事现场地质录井工作 2 年（含 2 年）以上；或具有中专（含中专）以上学历，从事现场地质录井工作 3 年（含 3 年）以上。

（2）熟悉地质专业基础理论、专业技能及有关标准、规范及规定，了解地质录井新技术、新工艺、新设备及相关专业知识。

（3）能解决和处理现场一般性技术和管理问题。

（4）具有协调现场地质工作的能力。

（5）具有地质资料综合分析能力。

（6）了解环境保护的政策、法规，重视作业区环境保护，具有一定的 HSE 管理能力。

2. 中级录井监督人员业务条件

（1）具有中专（含中专）以上学历、中级（含中级）以上专业技术职称及从事录井现场工作5年（含5年）以上；或具有中专（含中专）以上学历、从事初级地质监督6年（含6年）以上。

（2）熟悉地质专业基础理论、专业技能及有关标准、规范及规定，基本掌握地质录井新技术、新工艺、新设备，了解相关专业知识。

（3）具有独立解决现场技术问题的能力。

（4）具有组织、协调现场地质工作的能力。

（5）具有地质资料综合分析及较强的语言文字表达能力。

（6）了解环境保护的政策、法规，重视作业区环境保护，具有较强的HSE管理能力。

（五）测井监督人员业务条件

（1）具有大专（含大专）以上学历、中级（含中级）以上专业技术职称，从事测井现场工作6年（含6年）以上。

（2）熟悉测井工艺技术流程及有关技术标准、规范和规定。

（3）掌握测井专业基础理论和专业技术、监督管理基本理论知识和管理技能；了解测井新技术和新工艺，了解相关专业知识。

（4）能独立完成所有井别的各种测井项目的测井监督任务。

（5）具备分析、判断、处理井下复杂情况、事故的能力。

（6）具有组织、协调测井现场施工的能力。

（7）了解环境保护知识，重视作业区环境保护，具有较强的现场HSE管理能力。

第四节　工程监督资格评审与注册

股份公司勘探与生产分公司负责股份公司工程监督资格评审，工程监督中心协助负责工程监督资格评审的具体事宜。

评审程序为个人申报、油田公司工程监督管理机构或工程监督服务机构初审、工程监督中心复核、股份公司勘探与生产分公司评审。评审通过者，由股份公司勘探与生产分公司颁发工程监督资格证书。工程监督资格实行注册制，工程监督中心负责工程监督的注册管理，注册有效期为3年。

工程监督资格有效期满前3个月，持证者应按规定提交有关材料，由油田公司工程监督管理机构或工程监督服务机构到工程监督中心办理再注册。再注册期满3年，须经培训合格后注册换证。

连续脱离监督岗位2年者，注销其股份公司工程监督资格证书。

第一篇

钻井作业工程监督

石油钻井是在经过勘探发现储油区块，利用专用设备和技术，在预先选定的地表位置处，向下或一侧钻出一定直径的圆柱孔眼，并钻达地下油气层的工作。钻井工程是油气勘探开发的主要手段，作为勘探开发的重要一环，合理的钻井工艺、适用的钻井技术和完井方法是提高油气勘探成功率、发现油气田、提高产量、提高采收率，推动并实现油气田勘探开发经济目标的重要保证。作为钻井作业施工质量的监督者，熟练掌握钻井施工设备、施工工艺流程及相关标准，是工程监督必备的技能。

第一章　钻井设备

第一节　起升系统

起升系统是为了起升和下放钻具、下套管以及控制钻压、送进钻具的一套系统，包括绞车、辅助刹车、天车、游车、大钩等设备。

绞车不仅是起升系统的主要设备，而且也是整个钻机的核心部件。常用的 JC-50D 型绞车为内变速、墙板式、全密闭四轴绞车，JC-45 型绞车是五轴绞车，JC-14.5 型绞车是三轴绞车。绞车一般由绞车传动部分、提升部分、转盘驱动箱部分、控制部分、润滑部分和刹车机构等组成。

一、绞车功用

（1）用以起下钻具、下套管；

（2）钻进过程中控制钻压，送进钻具；

（3）借助猫头上、卸钻具螺纹（现代钻机配备钻具动力钳，绞车无猫头），起吊重物及进行其他辅助工作；

（4）充当转盘的变速机构或中间传动机构；

（5）整体起放井架。

二、绞车型号

绞车外观如图 1-1 所示，其型号如：JC-70DB，JC 为绞车代号；70 为绞车级别，即用 114mm 钻杆，以 100m 计的名义井深上限值；DB 为绞车驱动形式，其中机械驱动不标注，Y 为液马达驱动，DZ 为直流电驱动，DJ 为交流电驱动，DB 为交流变频驱动。绞车具体参数见表 1-1。

图 1-1　绞车

锥齿轮副采用螺旋锥齿轮，传动平稳，接触应力小，承载能力高，大小锥齿轮均由高合金钢经热处理制造而成，锥齿轮副的啮合间隙可由主轴承下部和输入轴总成轴承套法兰端的垫片来调整。

三、常见故障及其排除

转盘常见故障及处理方法如表 1-3 所示。

表 1-3 转盘常见故障及处理方法

故障类型	现　象	原　因	处理方法
转盘发热	油池发热	油面过高或过低	检查油位
		机油污染	更换机油
		轴承损坏	更换已坏轴承
	齿轮发热	齿侧间隙不正确	重调侧隙
	转台发热	转盘中心和井架中心不对中	检查并调整
异常噪声	间断的噪声和冲击声	齿轮磨损	检查及更换
		轴承磨损	检查及更换
		齿轮侧隙过大	检查及重调
油池漏油	从密封处漏油	密封垫片损坏	更换垫片
转台轴向窜动	不均匀噪声和转台跳动	轴承挡圈螺栓松动	重新上紧各螺栓

第三节　循环系统

为了将井底钻头破碎的岩屑及时携带到地面上来以便继续钻进，同时为了冷却钻头保护井壁，防止井塌井漏等钻井事故的发生，旋转钻机配备有循环系统。

循环系统包括钻井泵、地面管汇、钻井液罐、钻井液净化设备等，其中地面管汇包括高压管汇、立管、水龙带，钻井液净化设备包括振动筛、除砂器、除泥器、离心机等。

钻井泵是循环系统的心脏。钻井泵将钻井液从钻井液罐中吸入，经钻井泵加压后的钻井液，经过高压管汇、立管、水龙带，进入水龙头，通过空心的钻具下到井底，从钻头的水眼喷出，经井眼和钻具之间的环行空间携带岩屑返回地面，从井底返回的钻井液经各级钻井液净化设备，除去固相含量，然后重复使用。

钻井泵有许多不同类型，分类各不相同。按缸数可分为单缸泵、双缸泵、三缸泵等；按作用可分为单作用泵和双作用泵；按活塞样式可分为活塞泵和柱塞泵；按液缸布置方式可分为卧式泵和立式泵。以下以三缸钻井泵为例，对钻井泵的结构、工作原理等进行介绍。

一、三缸钻井泵的结构

三缸钻井泵由动力端（又称驱动部分）和液力端（水力部分）两大部分组成。动力端主要将主轴的旋转运动转变为活塞的往复运动，同时传递动力和减速；液力端可将机械能转变为钻井液的液压能。

(一) 动力端

动力端包括底座、机架、驱动电动机、小齿轮轴总成、曲轴总成、十字头总成。

(二) 液力端

液力端由以下部分组成：

(1) 液缸；

(2) 吸入阀、排出阀；

(3) 缸套、活塞、活塞杆（柱塞、密封填料及缸套）；

(4) 吸入管、吸入空气包；

(5) 排出管、排出滤网总成；

(6) 排出空气包；

(7) 安全阀；

(8) 缸盖、阀盖；

(9) 喷淋泵总成。

二、钻井泵技术性能参数

以 F-1600 三缸钻井泵为例，对钻井泵的技术性能参数进行介绍，其外观如图 1-3 所示。F-1600 三缸泥浆泵采用顶置式直流电动机驱动，用链条传动，其总体参数和重要部件性能参数分别见表 1-4 至表 1-80。

图 1-3 钻井泵

表 1-4 F-1600 钻井泵技术参数

额定功率，kW	1193
冲程长度，in（mm）	12（305）
齿轮速比	4.206
最高冲次，s/min	120
最大缸套直径，in	7
最大理论排量，L/s	45
排出管口	5⅛in Flange，API-5000psi 焊接法兰
法兰材料	25CrMo
吸入管口	12in Flange
安全阀放喷口	3inFig（1002）Union 活接头焊接口
活接头	35CrMo

表 1-5　电动机技术参数

型号	YZ08F
额定功率，kW	800
额定转速，r/min	1060
电源，V、Hz	480、60
防爆要求	dⅡBT4
防护要求	IP55

表 1-6　链条技术参数

链条型号	24S-5X112（两条）
链轮齿数	28/61

表 1-7　润滑系统参数

齿轮油泵型号	CB-B63
防爆电动机	YB100L-6W-B35
电动机功率，kW	1.5
电动机电源，V、Hz	480、60
防爆要求	dⅡBT4
防护要求	IP55

表 1-8　喷淋系统参数

铜质船用泵型号	IS65-40-200
防爆电动机	YB100L1-4W
电动机功率，kW	2.2
电动机电源，V、Hz	480、60
防爆要求	dⅡBT4
防护要求	IP55

三、工作原理

（1）曲柄连杆机构把旋转运动转换为十字头及活塞的往复运动。活塞的运动速度呈正弦规律变化，也就是说活塞的运动存在加速度。

（2）吸入过程、排出过程。常用的钻井泵是活塞式或柱塞式的，由动力机带动泵的曲轴回转，曲轴通过十字头再带动活塞或柱塞在泵缸中做往复运动。在吸入和排出阀的交替作用下，实现压送与循环冲洗液的目的。钻井泵在俯视时必须为正转，即小齿轮轴转向动力端方向。正转泵在排出冲程中下导板受力而上导板不受力；反之在排出冲程中上导板受力而下导板不受力为反转。

（3）三缸泵的吸入问题。采用合适的吸入管径，尽量减短吸入管线长度，适当降低冲数，加装吸入空气包，增加泥浆罐内的液位高度，加装灌注泵等措施能有效的解决三缸泵的吸入问题。

（4）排出空气包的作用。减少钻井泵排量的波动，使排出压力趋于平稳。

（5）排出安全阀的作用。对于某一型号的钻井泵，每一级缸套规格下的额定压力是由厂商确定的，大孔径缸套时的额定压力低，小孔径缸套时的额定压力高。当泵的工作压力超过额定工作压力时，安全阀应剪断安全销并放喷，使泵的液力端及时卸荷。

四、钻井泵的使用原则

（1）建议在80%的工作压力下运转，严禁超负荷运转，负荷越大钻井泵的寿命越低。载荷及寿命系数对应关系见表1-9。

（2）在没有灌注泵的条件下尽量使用大活塞、低泵速运转。

（3）合理的吸入管汇，良好的吸入性能。

（4）注意搞好预防性维护保养。

表1-9　载荷及寿命系数对应关系

载荷系数	寿命系数
0.80	2.10
0.90	1.42
1.00	1.00
1.10	0.73
1.20	0.54

五、钻井泵的维护

对动力端进行常规检查是预防性维修的最重要方式，这种检查能及时发现各种大小故障，对于已存在的故障要安排必要的检修，或在钻机拆卸搬家时予以检修。

正确保养好液力端。当泵不使用或停止运转的时间超过10天以上，建议将液力端的一些零件如活塞、活塞杆、缸套等取下来，用清水彻底冲洗泵的液力端，冲洗后擦净，并将各机械加工面（如缸套孔、阀腔盖、垫圈表面、阀腔盖螺纹、阀座等处）涂油脂防护。当然，从泵上取下的零件包括缸套、活塞等，也要予以防护处理。这样做不仅仅是通过防腐蚀延长了液力端的寿命，而且也保护了从泵上取下的易损件，使它们处于良好的状态，以便泵再次启用时安装使用。

第四节　动力驱动系统

起升系统、循环系统和旋转系统是钻机的三大工作机组，用来提供动力，它们协调工作即可完成钻井作业，为了向这些工作机组提供动力，钻机需要配备动力驱动系统。

钻机的动力驱动系统包含柴油机、交流电动机、直流电动机等设备。

目前，我国石油钻井现场多采用柴油机作动力，即使是电驱动钻机，它的发电机仍是由柴油机驱动；工业电网电驱动多适用于主力油田中型钻机上的作业；一些较大的重型陆地钻机和海洋用深井钻机，多采用由柴油机组直接驱动或间接驱动发电机组，然后由电动机驱动钻机的各个工作机。

一、柴油机的启动、运转和停车安全要求

柴油机的启动：打开气源阀门，将油门手柄大约调至怠速范围内；按下自动停车扳杆手柄，使自动停车装置拨叉与齿条上的挡块脱开，使油泵齿条处于供油位置；按下启动按钮，预供油泵开始供油，当油压达到规定的压力时，使气马达运转，驱动柴油机启动。每次启动时间不得超过 15s。如三次不能启动，应查明原因；启动后，应立即松开启动按钮，并用停车手柄控制齿条，以免转速瞬时上升；待柴油机转速调至怠速正常后，松开自动停车手柄，关闭气源阀门，并观察仪表所指示的参数；用电马达启动时，首先用手动预供油泵泵油，按下启动按钮，使电动机带动柴油机点火启动（每次启动时间不得超过 5s，如三次不能启动应查明原因）。

柴油机的运转：柴油机启动后应先空载运行，并检查机油压力及水泵供水是否正常；柴油机外观状况不得有漏油、漏水、漏气现象，所有零件固定牢固；排气管及呼吸器排烟正常，无异常声响；柴油机带上负荷后，即投入正常运转。这时应注意仪表面板上各仪表的数值；柴油机连续长时间使用时，负载不得超出规定的持续功率；当连续运行不超过 12h 时，负载不得超过规定的标准功率；新机初期运行 50h 后，应更换全部机油并清洗油底壳和机油滤清器。

柴油机的停车：停车的具体步骤是卸去负荷，逐渐降低转速，怠速运转约 15min，使各部分慢慢冷却到 40℃以下，再将停车手柄扳到停车位置。正常情况下禁止带负荷停车。在雨季停车后，应及时盖好烟筒，防止雨水由烟筒进入缸体；冬季停车后，若长时间停用时，应适时放掉冷却水或防冻液，盖好烟筒，用塑料布包好仪表盘和空气滤清器，若环境温度低于机油凝点时，也应放出机油。在长时间停车后，再次启动前，必须先人力盘车 2～3 圈，确认正常后，再启动。在特殊情况下紧急停车后，应立即打开气缸盖放气螺塞，用人力盘车 2～3 圈。

二、柴油发电机组

柴油发电机组是由柴油机驱动的一种同步发电机组。柴油发电机组的使用安全技术要求主要有：

（1）发电房禁止使用易燃材料建造，要做到内外无油污、无污水、清洁卫生。

（2）柴油机、发电机固定螺栓要齐全、紧固。仪表要齐全、准确。

（3）各铁壳电气控制开关要保持完好，接地良好。熔断丝要符合规定。

（4）冷车启动器（电瓶）要做到清洁卫生、接线紧固。

（5）发电机外壳必须接地，接地电阻不宜超过 4Ω。

（6）送电前，应检查控制设备各开关是否断开，变阻器的手柄是否已转到合适位置；熔断器是否完好。

（7）要加满冷却水，加入定量机油。

（8）发动前，摇转曲轴使运动机件得到润滑，并检查柴油机和发电机的运转部分是否正常。

（9）当柴油机温度正常、机油压力正常、转速稳定后，方可供电。

第五节　传动系统和控制系统

一、传动系统

传动系统将动力设备提供的力和运动进行变换，然后传递和分配给各工作机组，以满足各工作机组对动力的不同需求。传动系统一般包括减速机构、变速机构、正倒车机构以及多动力机之间的并车机构等。

由动力机到工作机的传动系统，有的很简单，如单独驱动；有的则比较复杂，如各种并车、变速、倒车机构。传动系统的主要功用是通过变速变矩、增矩减速、并车、正倒车以及脱离或挂合等，把动力机的动力传递并分配给各工作机，如：绞车、转盘、钻井泵等，满足绞车、转盘、钻井泵等工作机的使用与控制要求。

钻机传动系统的总体布置有统一驱动（如大庆 130 型、ZJ45 型钻机）、分组驱动（如车装钻机）和单独驱动（电驱动钻机）三种形式。

钻机的传动系统一般由连接盘、减速箱、变速箱、离合器、万向轴、皮带、皮带轮、链条及链轮等组成。减速箱、变速箱的油位应每班检查一次，保持在上、下限之间，温度不可高于 70℃。

新、旧链条或皮带禁止组合使用。为保证传动平稳，绞车双链轮与转盘链轮用工程线配合钢板尺测量偏差应小于 2mm，绞车传动链轮与 1 号车的传动链轮偏差应小于 1.5mm，钻井泵与联动机的皮带轮的偏差应小于 1.5mm。

检修、保养传动系统设备时，必须停稳动力机、工作机，挂警示牌或有专人看守控制手柄或启动按钮。

传动系统各传动部分护罩必须完好，固定牢靠。机房四周栏杆要安装齐全，固定牢靠，梯子稳固且有扶手。传动系统是事故的高发区域。

石油钻机电传动系统由多台柴油发电机组并网发出 50Hz、600V 的交流电，经 SCR 传动整流为 0~750V 直流电去驱动绞车、转盘和钻井泵；以 MCC 控制柜变交流 600V 为 380V/220V 去驱动钻井辅助机械及提供井场照明。

二、控制系统

为了保证钻机各工作机组协调的工作，以满足钻井工艺的要求，钻机配备有控制系统。

钻机的控制系统控制方式可分为机械控制（手柄、踏板、杠杆等）、气动控制（换向阀、调压阀、工作气缸等）、液压控制（液压换向阀、液压缸等）、电控制（开关、变阻器、启动器、继电器等）及综合控制（便于集中控制和观察记录仪表等）等几种，控制系统的功用是为了指挥各个机组协调进行工作。

目前，在我国石油钻机上最常用的是以气动控制为主的综合控制。气控系统主要由供气机构、发令机构、传令机构、执行机构四个部分组成。主要功能是控制柴油机的启动、停车、调速和联动机并车与停车；控制绞车换挡及绞车、转盘、钻井泵的启动与停止；控制绞车、转盘的转速和转动方向；控制滚筒刹车、猫头的运转与停止；控制气动卡瓦、气动大钳、气动旋扣器、顶部驱动装置等起下钻操作机械；控制气动绞车、防碰天车装置、自动送钻装置及井口防喷器装置；控制空气压缩机、发电机、除砂泵、离心泵、搅拌机等装置；控制井架底座的升降、井架的起、放、缓冲。

钻机的气源设备由空气压缩机、压缩空气处理装置（冷却器、油水分离器、干燥器、除尘器）和储气罐三部分组成。控制阀有压力控制阀、方向控制阀和流量控制阀三大类。

第六节　井架和钻机底座

井架和底座用来支撑和安装各钻井设备和工具、提供钻井操作场所。井架用来安装天车、悬挂游车、大钩、水龙头和钻具，承受钻井工作载荷，排放钻具立柱；底座用来安装动力机组、绞车、转盘、支撑井架，借助转盘悬持钻具，提供转盘和地面之间的高度空间，以安装必要的防喷器和便于钻井液循环。

井架是在钻井过程中，用于安放天车，悬挂游车、大钩、吊环、吊卡等机具，以及起下、存放钻杆的装置。井架是由主体、天车台、天车架、二层台、立管平台和工作梯组成的。钻机井架按整体结构形式的主要特征可分为塔形井架、前开口井架、A 形井架和桅形井架四种基本类型。

一、组成

井架由以下几部分组成：

（1）主体：多为型材组成的空间桁架结构；

（2）天车台：供安放天车和天车架之用；

（3）天车架：用于安装和维修天车；

（4）二层台：为井架工进行起下操作的工作场所，它包括井架工的操作台和存靠立柱的指梁；

（5）立管平台：为装拆水龙带的操作台；

（6）工作梯。

二、井架特点及特性

（一）特点

（1）井架符合 API Spec 4F 规范，允许使用 API 会标；

（2）井架断面形状为 K 形，即前开口型，截面为 Π 形空间桁架结构；

（3）井架主体为片状架结构，便于拆装和运输；

（4）井架大腿、人字架等主要受力件采用 H 形钢制造；

（5）井架低位安装，整体起放；

（6）井架的左右调节通过增减井架支座下方的垫片实现，前后调节通过人字架后支座处的偏心轮实现。

（二）井架的特性

（1）有足够的强度、刚度和整体稳定性。以保证起下一定深度的钻杆柱、套管或油管柱。

（2）足够的工作高度和空间，足够的钻台面积。工作高度大，起下立根长度长，速度快，可节省时间。井架上下底应有必要的尺寸，以安装天车，并保证起下操作时游动系统设备畅行无阻；便于在钻台上布置设备，安放工具，方便工人操作，使司钻有良好的视野。

（3）应保证拆装方便，安全，移动迅速。为此，结构应简单、轻便，并尽可能采用分段或整体运输，水平安装及整体起放的安装移运方法。

三、井架型号

井架型号包含 JJ170/43－K，JJ225/43－K1，JJ225/43－K2，JJ225/44－K，JJ315/43－K，JJ315/45-K1，JJ315/45-K2，JJ450/45-K1 等。

最大静负荷有 1700kN、2250kN、4500kN 三种；工作高度多为 43m、44m、45m 和 72m，二层台高度一般 22.5～27.5m。

四、井架分类

钻机井架按整体结构形式的主要特征可分为塔形井架、前开口井架、A 形井架和桅形井架四种基本类型。

（一）塔形井架

塔形井架是一种横截面为正方形或矩形的四棱截锥体空间桁架，塔形井架外观如图 1-4 所示。井架主体由四扇平面梯形桁架组成，每扇又分为若干桁格，同一高度的四面桁格在空间构成井架的一层，故整个井架也可视为由多层空间桁架组成。

图 1-4　塔形井架

塔形井架主要特点为：

（1）井架主体部分为封闭结构，整体稳定性好，承载能力大；

（2）整个井架由许多单一构件用螺栓连接而成，制造简单，运输方便；

（3）井架内部空间大，起下操作方便，安全；

（4）拆装工作量大，高空作业不安全，搬迁不方便。

塔形井架适用于较少搬迁而要求承载能力大，稳定性好的钻机，如海洋钻机、超深井钻机。

（二）前开口井架

前开口井架亦称为 Π 形井架，其主要结构特征是：

（1）整个井架主体由 3~5 段焊接结构组成，段间采用锥销定位和螺栓连接。

（2）通常采取水平拆装、整体起落和分段运输的办法搬迁井架，搬迁方便、安全、迅速。

（3）因受运输尺寸限制，井架主体截面尺寸较小，使井架内部空间比较狭窄。为了方便钻井起升设备上下运行和立根排放，井架主体做成前扇敞开，横截面为开口矩形（即 Π 形）的不封闭空间结构，其整体稳定性较塔形井架差而较 A 形井架优。有的前开口井架最上段作成四边封闭结构以增强其稳定性。

（4）井架各段两侧桁架结构形式相同，背扇则采用特殊腹杆布置形式，如菱形，以保证司钻视野良好。

由于前开口井架具有结构简单，移运、搬迁方便，良好的承载能力和整体稳定性，而成为应用最广泛的陆地钻机井架。如美国陆地钻机几乎全部采用前开口井架，我国制造的各种钻机（从 15-60）都可以配置此类井架。

前开口井架一般采用液压千斤顶调整井架位置，对正井眼中心。前开口井架都带有起升用的人字架，利用钻机自身的动力，通过绞车、游动系统、平衡滑轮、人字架起升钢绳、井架下部导向滑轮等完成井架起升和下放。井架起升后，人字架便构成井架整体一部分。

（三）A 形井架

A 形井架是由两个等截面的空间杆件结构或管柱式结构的大腿靠天车台和二层台及附加杆件连接而成的 A 字形空间结构（A 形井架如图 1-5 所示）。大腿的前方或后方有撑杆支承，或在后方用人字架支承。整个井架仍和前开口井架一样，采取地面水平组装，整体起放，分段运输。

两个大腿都是由 3~5 段封闭的焊接结构用螺栓连接的整体结构。大腿断面依所选型材不同，而采取不同的截面形状，一般为矩形或三角形。撑杆有杆系柱结构，矩形断面或管柱结构。

A 形井架的每根大腿都是封闭的整体结构，承载能力强，稳定性好。井架内部空间大，钻台宽敞，司钻视野开阔。由于两腿间联系较弱，致使井架整体稳定性较差。

A 形井架起放方式基本有三种：

（1）撑杆法。这是利用井架本身的撑杆来起放井架，安装方便，起放平稳。但撑杆在起放时要在大腿上滑动，且撑杆受力复杂，故井架大腿和撑杆结构较复杂。

（2）利用安装在钻机底座上的人字架起放井架（与前开口井架起放类似）。

图 1-5 A 形井架

(3) 扒杆法。这种方法是靠另外配备一套起升扒杆来起放井架。采用这种方法起放的井架，一般都采用后撑杆，井架主体和撑杆都比较简单，其结构基本不受起放方式的影响，它们的承载状况较好，可以设计得更轻便。但安装起吊扒杆比较费时，起放也不够平稳。

A 形井架大腿结构简单；拆装方便，安全，移运迅速；钻台宽敞，司钻视野开阔。但总体稳定性较前两种井架为差，适用于中深井和深井钻机。

(四) 桅形井架

桅形井架是一节或几节杆件结构或管柱结构组成的单柱式井架，有整体式和伸缩式两种，桅形井架如图 1-6 所示。这种井架一般利用液压缸或绞车整体起放，分段或整体运输，拆装移运很方便。

图 1-6 桅形井架

由于井架横截面尺寸小，为了避免钻井起升设备上下运行不便，并适应井架伸缩或折叠的需要，井架前扇一般做成部分或全部敞开的 Π 形截面结构。

同时井架工作时也向井口方向前倾（倾角一般在 7°以内）。因此，绷绳成了井架不可缺少的基本支承之一，是桅形井架整体结构的主要特征。

桅形井架结构简单，轻便，但承载能力小，只用于车装轻便钻机和修井机。

五、井架载荷

（一）恒载

井架的恒载是指那些长期作用在井架上的不变载荷，它包括井架本身的重量以及安放在它上面的各种设备和工具，如天车、钻井起升设备和吊钳等的重量。

（二）大钩载荷

作用在井架上的大钩实际载荷是变化的，而井架上计算大钩载荷按其最大值，即 Q_{max} 确定。塔形井架和 A 形井架的钩载一般按作用在井架中心考虑。前开口井架和桅形井架则按井架具体结构而定。

（三）工作绳载荷

大钩载荷在快绳和死绳上产生的拉力之合力为工作绳对井架的作用力。由于死绳固定位置一般与井架主体的几何轴线偏离了一个角度，井架各大腿的受力不均。

（四）风载

井架在空中成为风在运动过程中的障碍物，而使空气的运动受阻，此时运动着的空气的部分动能转变为对井架承风面积的压力。压力的强度取决于风速、空气的质量密度及井架结构的形状和风向。

（五）立根载荷

存放于井架上的立根对井架的水平方向作用力称为立根载荷及立根所受风载，它通过二层台指梁按水平方向作用到井架上。

（六）绷绳载荷

对于桅形井架，需计入绷绳载荷，即井架受到上述载荷（桅形井架不承受立根载荷）而在绷绳中产生拉力，它的大小因井架的结构尺寸、绷绳数量和固定位置不同而异。

六、井架基本参数

（一）最大钩载

井架的安全承载能力一般常用所配钻机的最大钩载来表示。它是指在没有风载，死绳固定在指定位置，而二层台不存放立根、油管的条件下，大钩所能承受的最大载荷（包括钻井起升系统重量）。

（二）高度

井架的名义高度是指从井架大腿底板表面到天车梁底面的垂直高度。

井架的有效高度则是指从钻台大梁顶平面到天车梁底面的垂直高度。井架的有效高度根据起下钻操作要求和有关设备高度并考虑井架搬迁要求来确定，如钻井起升系统高度（游车上顶到吊卡底面的高度）、立根极限长度和防碰安全距离（即防止游车在工作时由于操作失灵碰撞天车的防碰距离）等。

井架的二层台高度指的是从钻台平面到二层台底面的垂直高度，它取决于立根长度和二层台操作台的位置。为了便于井架工在二层台摘挂吊卡，应使操作台的底面（通常也是二层台底面）比立根存放在立根盒上的高度低 1.8~2.0m，通常二层台具有两三个不同高度安装位置，以适应不同长度立根操作的需要。

（三）二层台容量

二层台容量是指二层台指梁（装在二层台的最小高度上）所能存放立柱的数量，用立柱（钻杆，油管）的总长度来表示。

井架的指梁应能满足存放全部立柱的需要，所以二层台容量主要取决于指梁高度及其所围抱的有效面积（存放立柱数量）。

（四）塔形井架上、下底尺寸及大门高度

塔形井架上、下底尺寸分别指沿天车梁底面和钻台大梁顶面井架大腿轴线间的水平距离。上底尺寸是根据天车的外形尺寸和游车的工作要求确定的，而下底尺寸应根据有关设备工具的布置、起下钻操作及存放钻具所需钻台面积的大小来确定。

塔形井架大门高度是指井架大腿底板平面到大门顶面的垂直高度，一般应高于 8m，以便将单根拉上钻台。

第七节　辅助系统

为了保证钻井的安全和正常进行，钻机还包括其他的辅助设备，如防止井喷的远控房和防喷器组，为钻井提供照明和辅助用电的发电机组，提供压缩空气的空气压缩设备以及供水、供油设备等。

一、远控房

（一）组成

远控房是防喷器控制装置的主要部分，远控房如图 1-7 所示。由以下几部分组成：

（1）油泵组：通常包括电动泵、气动泵和手动泵；

（2）蓄能器：装置中常用瓶式蓄能器和球形蓄能器；

（3）管路及各种控制阀件；

（4）底座及油箱。

图 1-7　远控房

（二）工作原理

电泵或气泵将液压油打入蓄能器储存，当需要关闭防喷器时，将控制装置控制阀手柄板到关位，则高压油由换向阀的关口进入排管架油管到防喷器关闭液缸，推动活塞运动，使防喷器关闭；当需要打开防喷器时，将控制手柄扳到开位，高压油由换向阀的开口进入排管架油管到防喷器开启液缸，推动活塞运动，使防喷器打开。

二、环形防喷器

（一）环形防喷器的用途

环形防喷器，俗称多效能防喷器、万能防喷器或球形防喷器等。它具有承压高、密封可靠、操作方便、开关迅速等优点，特别适用于密封各种形状和不同尺寸的管柱，也可全封闭井口。

环形防喷器通常与闸板防喷器配套使用，也可单独使用。它能完成以下作业：

（1）当井内有钻具、油管或套管时，能用一种胶芯封闭各种不同尺寸的环形空间；

（2）当井内无钻具时，能全封闭井口；

（3）在进行钻井、取心、测井等作业中发生井涌时，能封闭方钻杆、取心工具、电缆及钢丝绳等与井筒所形成的环形空间；

（4）在使用调压阀或缓冲蓄能器控制的情况下，能通过 18°斜坡钻杆接头，强行起下钻具。

（二）环形防喷器的结构和工作原理

环形防喷器主要由壳体、顶盖、胶芯及活塞四大件组成，环形防喷器结构如图 1-8 所示，其工作原理是：

（1）关闭时，高压油从壳体中部油口进入活塞下部关闭腔，推动活塞上行，活塞推胶芯，由于顶盖的限制，胶芯不能上行，只能被挤向中心，储备在胶芯支撑筋之间的橡胶因支撑筋互相靠拢而被挤向井口中心，直至抱紧钻具或全封闭井口，实现封井的目的。

（2）当需要打开井口时，操作液压控制系统换向阀换向，使高压油从壳体上油口进入活塞上部的开启腔，推动活塞下行；关闭腔油泄压，作用在胶芯上的推挤力消除，胶芯在本身弹性力作用下逐渐复位，打开井口。

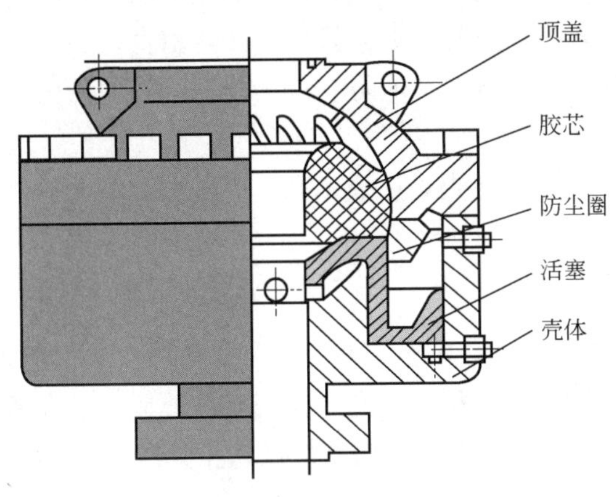

图 1-8 环形防喷器结构图

（三）球形胶芯类环形防喷器

1. 胶芯结构特点

（1）球形胶芯类环形防喷器外观如图 1-9 所示，其胶芯呈半球状（图 1-10）。

图 1-9 球形防喷器外形图

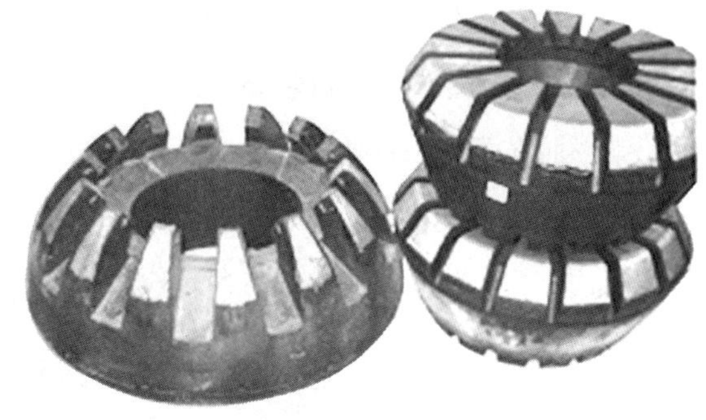

图 1-10 球形胶芯

（2）不易翻胶。在封井状态，井压使胶芯中部橡胶上翻，而支撑筋的球面上顶板阻止橡胶上翻，这样，使橡胶处于封闭的受挤压状态。因此，可承受巨大的挤压力，而不至于撕裂。

（3）漏斗效应。球形胶芯从自由状态到封闭状态，各横断面的直径收缩是不相等的，上部由于顶盖的限制缩小的数值大，下部缩小得小，因此，胶芯上部挤出的橡胶多，下部少，而形成了倒置的漏斗状。这种橡胶的流向不仅提高了密封性能，而且在关井起钻具时，钻具接头进入胶芯容易。

（4）橡胶储备量大。球形胶芯的橡胶储备量比其他胶芯大得多，在强行起下钻具被磨损以后，有较多的备用橡胶可陆续挤出补充。在起下钻过程中不用换胶芯。

（5）井压助封。

（6）摩擦力小，开关所需油量较大。活塞的上推力部分由支撑筋承受，而支承筋与顶盖之间是金属与金属接触，摩擦阻力小。但是，由于球形胶芯含胶量多，变形大，故需较大的活塞上推力。在不提高液控力的前提下，只得增加活塞直径。故这类防喷器外径较大，关闭一次所需液压油较多。与同规格的其他防喷器比较，所需油量为锥形胶芯的 2 倍，组合胶芯的 3 倍。

（7）球形胶芯比锥形胶芯制造困难，成本高。

2. 活塞及密封的结构特点

1）活塞的结构特点

活塞的径向断面呈 Z 字形。行程短、高度低、径向尺寸大，故球形胶芯环形防喷器较其他类型防喷器高度低，横向尺寸大，开关一次所需液压油多；活塞高度低，扶正性能差。特别是封闭时，活塞处于上部位置上、下两支撑筋扶正处距离更小，容易造成卡死、拉缸及偏磨。

2）密封结构特点

活动密封处共分三个部位：活塞外径密封部位（在活塞外径上）封隔油缸开、关两腔；活塞内径密封部位（在壳体上），封隔井压与关闭腔；支撑圈密封部位（在支撑圈内径上），封隔井压与开启腔。这些密封圈由 U 形圈夹 O 形胶条和双唇形密封圈组成。

3. 壳体结构特点

壳体与顶盖均为合金钢铸造成型。目前环形防喷器的壳体与顶盖连接有三种形式：大螺纹连接、法兰螺栓连接、爪块连接。

（四）锥形胶芯类环形防喷器

锥形胶芯类环形防喷器如图 1-11 所示。其胶芯结构有以下特点：

图 1-11　锥形胶芯类环形防喷器

（1）胶芯外侧面呈圆锥形，锥面母线与胶芯轴线夹角为 20°～25°。胶芯由 12～30 块（成偶数）铸钢支撑筋与橡胶硫化而成，支撑筋沿圆环呈径向辐射状配置，橡胶硫化在支撑筋腹板的四周。

（2）井压助封。

（3）储胶量大，胶芯筋板之间的橡胶均可挤向井口形成密封，其胶量比需要封闭的空间面积大得多。因此，它可以封闭不同形状、不同尺寸的钻具，也可以全封闭井口。

（4）寿命可测。胶芯磨损后，需要靠增加活塞行程，多挤出储备橡胶来填补。当活塞行程达最大值（即活塞走到上顶点），或者胶芯支撑筋的上、下两端分别靠紧时，说明胶芯的储备橡胶已使用完，即使增大液控压力，胶芯也不能可靠密封，因此可以通过测量行程来测量胶芯的寿命，即在顶盖上与活塞上端对应的部位有一测孔，其内插一测杆用以指示活塞行程。

（5）胶芯工作以后逐步收缩，能完全恢复到自由状态，不影响钻具通过。

（6）更换胶芯容易。

（五）组合胶芯类环形防喷器

美国卡麦隆公司生产的 D 型环形防喷器均为组合胶芯类环形防喷器（如图 1-12 所示），其特点是胶芯和油缸均为组合结构。这类环形防喷器体积小，重量轻，开、关一次所需液压油少。但结构复杂、制造困难、胶芯密封性能不理想。井中有钻具（或管柱）时，不能用切割法更换胶芯。

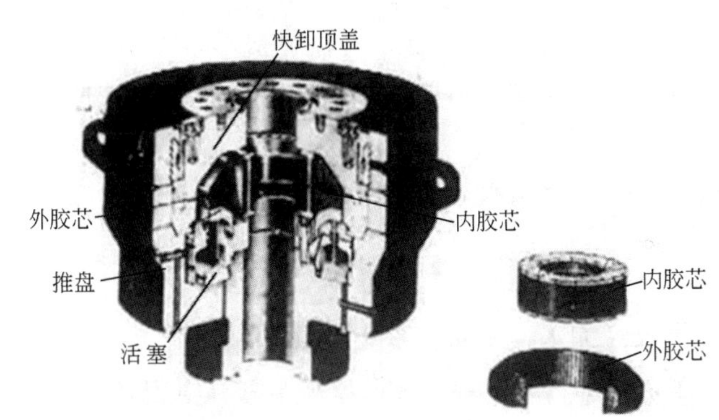

图 1-12　组合胶芯类环形防喷器

1. 组合胶芯特点

组合胶芯是由外胶套与内胶芯组成。外侧为双锥面的外胶套，全部由硫化橡胶组成，因而变形大，所需的推力小，因它始终处于顶盖推盘与内胶芯的封闭包围之中，不易损坏。一般更换 3~4 个内胶芯才需更换外胶套。内胶芯是由橡胶和多块模锻的钢支承筋一起硫化而成。支撑筋沿圆周呈切向配置，相邻两支撑筋的上顶板和下底板始终分别靠在一起，形成上、下两个环状法兰，将支撑筋腹板之间的橡胶封闭其间，保证封井过程中橡胶不会从上、下挤出。

2. 组合油缸及活塞的结构特点

组合油缸由外油缸和内油缸组成，其优点在于保护壳体，只磨损油缸，损坏的油缸可以再换。

活塞的截面为倒 T 字形，置于内、外油缸之间。推盘处内六角螺钉固定在活塞筒体的顶部。推盘下面的空腔通过内油缸上的通道与防喷器的垂直孔相通，以形成井压助封和易于开关动作。

（六）环形防喷器的正确使用与管理

（1）在井内有钻具时发生井喷，可先用环形防喷器控制井口，但尽量不用作长时间封闭，一则胶芯易过早损坏，二则无锁紧装置。非特殊情况，不用它封闭空井（仅球形类胶芯可封空井）。

（2）用环形防喷器进行不压井起下钻作业，必须使用带18°斜坡的钻具，过接头时起、下钻速度要慢，所有钻具上的橡胶接箍应全部卸掉。

（3）环形防喷器处于关闭状态时，允许上下活动钻具，不许旋转和悬挂钻具。

（4）严禁用打开环形防喷器的办法来泄井内压力，以防刺坏胶芯。但允许钻井液有少量的渗漏，而起到延长胶芯使用寿命的目的。

（5）每次开井后必须检查是否全开，以防挂坏胶芯。

（6）进入目的层时，要求环形防喷器做到开关灵活、密封良好。每起下钻具一次，要试开关环形防喷器一次，检查封闭效果，发现胶芯失效，立即更换。

（7）固井、堵漏等作业后，要将内腔冲洗干净，保持开关灵活。

（8）橡胶件的存放：

① 先使用存放时间长的橡胶件。

② 橡胶件尽可能放在光线暗的地方。橡胶件不能存放在阳光直照的户外。橡胶件在室内应远离窗户和天窗，避免光照。人工光源应控制在最小量。

③ 存放地方尽可能凉爽。橡胶件不能存放在加热器，蒸汽管道，辐射器，或其他高温设备附近。

④ 橡胶件应远离电动机、开关或其他高压电源设备。高压电源设备产生臭氧对橡胶件有影响。

⑤ 橡胶件应尽量在自由状态存放。

⑥ 保持存放地方干燥（无水、无油、无酸、碱环境）。

⑦ 如果橡胶件必须长时间存放，则可考虑放在密封环境中。

三、闸板防喷器

（一）闸板防喷器的用途

（1）当井内有钻具（或其他管材时），能封闭套管与钻具之间的环形空间；

（2）当井内无钻具时，能全封闭井口；

（3）在封闭情况下，可通过壳体旁侧出口所连接的管汇，进行钻井液循环、节流放喷、压井作业；

（4）在特殊情况下，可切断钻具，并达到封井的目的；

（5）可悬挂钻具。

（二）闸板防喷器的结构和工作原理

1. 结构组成

闸板防喷器由壳体、侧门、油缸、活塞、活塞杆、锁紧轴、缸盖、闸板等组成，如图1–13所示。

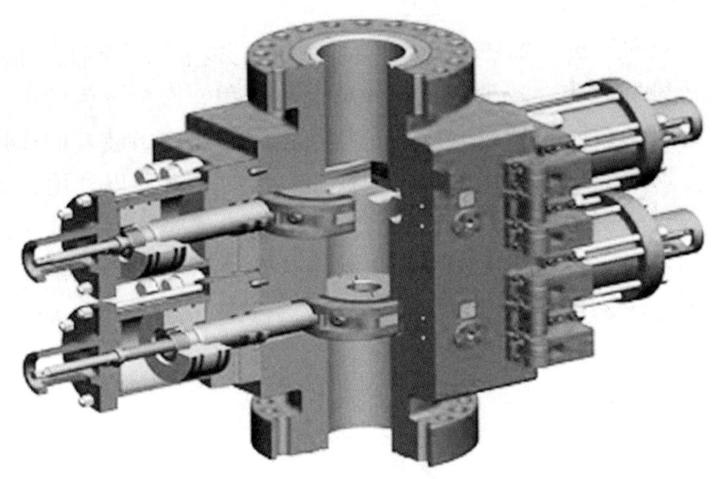

图 1-13 闸板防喷器结构

2. 工作原理

当高压油进入左右油缸的关闭腔时，推动活塞、活塞杆，使左右闸板总成沿着闸板室内导向筋限定的轨道，分别向井口中心移动，达到封井的目的。当高压油进入左右油缸的开启腔时，左右两个闸板总成分别向离开井口中心的方向移动，达到打开井口的目的。闸板开和关的方向是由换向阀控制的，一般在 3~8s 内即能关闭，满足钻井工艺的需要。

(三) 闸板防喷器密封原理及其特点

闸板防喷器要达到全封闭井口，必须要以下密封同时起作用，即：

(1) 闸板顶部与壳体内顶面的密封；

(2) 闸板前部与钻具的密封；

(3) 壳体与侧门间的密封；

(4) 活塞杆与侧门间的密封；

(5) 油路密封（外部及内部）。

闸板的密封原理是在外力作用下，闸板胶皮被挤压变形起密封作用。

1. 闸板密封

闸板总成与壳体的闸板室有一定的间隙，允许闸板在闸板室内上下浮动。当闸板缩回到全开位置时，闸板上部胶皮不接触闸板室顶部密封面。在闸板关闭时，闸板室底部高的支撑筋和顶部密封面均有渐缓的斜坡，能保证在达到密封位置之前，闸板与壳体间有充分间隙，实现密封时闸板前端橡胶首先接触钻具，在活塞推力下，橡胶挤向密封部位，封紧钻具。对于压块与闸板体分成两体的闸板总成，继续施加关闭压力，压块与闸板体间的橡胶被挤压向上突起，贴紧在闸板室顶部的密封突台面，从而完成全部密封。当闸板开启时，顶部密封橡胶脱离壳体凸台面，缩回到闸板平面内，继续打开闸板，闸板沿支承筋斜面退至全开位置。

闸板这种浮动特点，既保证了密封可靠，减少橡胶磨损，延长胶芯使用寿命，又减小了闸板移动时的摩擦力。

2. 活塞杆密封结构特点

活塞杆密封是双向密封（如图 1-14 所示），防止井内介质和油缸油液互相窜漏，起保护液压油免受污染和漏失，减少泵及阀件磨损等作用。密封分为两组，中间由一间隔铜套将其分开。部分闸板防喷器设有二次密封装置。二次密封装置的作用是：活塞杆密封失效时，井内介质或液压油会从泄流孔中流出，此时，就可以利用二次密封装置注入塑料密封脂，让其进入密封面，形成强制密封。操作步骤是：卸掉二次密封孔口的六角堵头，用适当工具顺时针转动注入螺钉，强制棒状塑料密封脂通过单流阀，经间隔铜套径向孔进入密封面。注入量不宜过多，止漏即可，否则，会增加活塞杆的磨损及开关闸板的阻力。

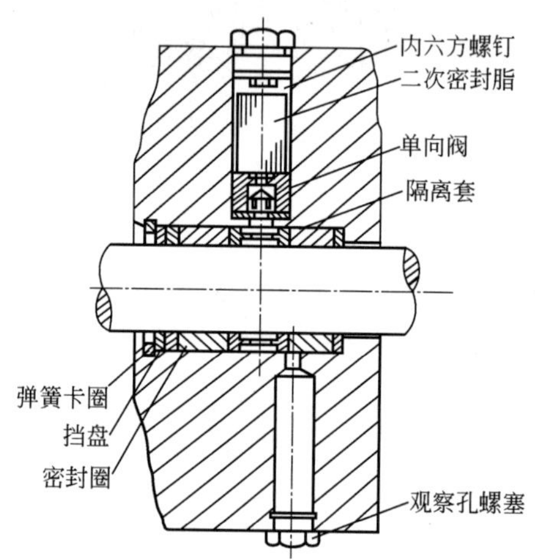

图 1-14　活塞杆的二次密封装置示意图

（四）闸板防喷器主要部件的结构特点

1. 壳体特点

壳体是闸板防喷器的主体，是承受高压的重要零件。一般壳体近似方形，中间有通过钻具的垂直通孔，及闸板水平运动的闸板室。壳体外部有的铸有加强筋，使重量减轻。在壳体中部和下部垂直通孔圆筒部位开有旁侧法兰孔，以便需要时进行循环钻井液，当闸板关闭后，可进行封井状态下的其他作业。壳体均采用合金钢铸造和锻造成型。

2. 闸板结构特点

闸板是闸板防喷器的核心部件（如图 1-15 所示），闸板有管子闸板、全封闸板、变径闸板、剪切闸板。

1）变径闸板结构特点

（1）顶密封和前密封为分体结构，拆装方便；

（2）设计有防止前密封反装结构；

（3）可直接与普通闸板总成互换；

（4）骨架承载面相互搭接，后部相互勾连，橡胶始终处于封闭状态，使用寿命长；

（5）骨架材质为不锈钢，避免锈蚀卡死；

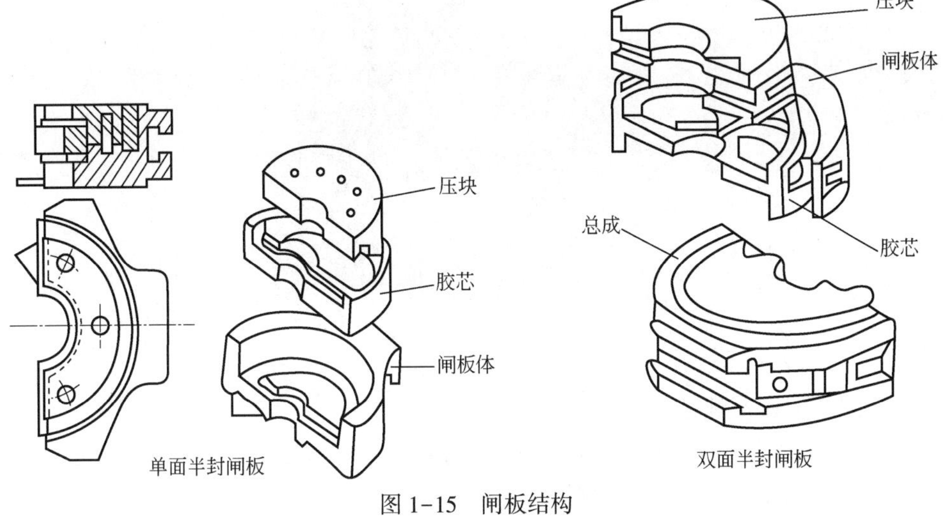

图 1-15 闸板结构

2）剪切闸板

（1）主要用途。

剪切闸板（图 1-16、图 1-17）装配在防喷器中使用，当在钻井、修井或试油等作业过程中遇到紧急情况时，关闭剪切闸板可切断井内管柱，强行封井，在正常情况下也可以当作防喷器的普通全封闸板使用。

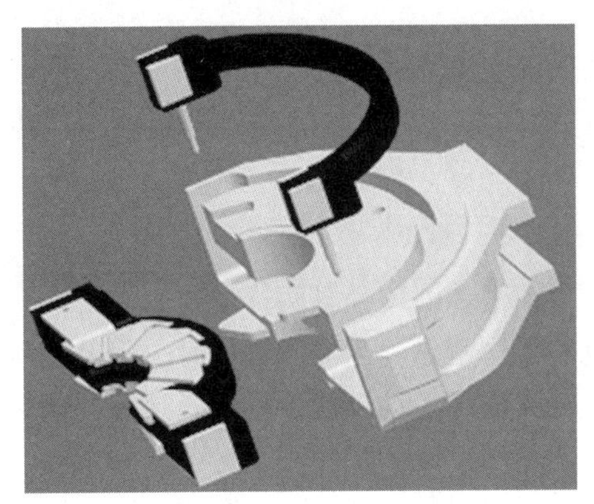

图 1-16 整体式剪切闸板

图 1-17 分体式剪切闸板

（2）主要技术参数。

剪切能力：液控关闭压力为 14~21MPa 时可剪断 5in、G 级 19.5lb/ft 的钻杆，液控关闭压力为 16~21MPa 时可剪断 5in、S 级 19.5lb/ft 的钻杆（活塞直径为 340mm）。

（3）产品特点。

剪切闸板分为上闸板和下闸板，关闭时两部合拢将钻杆剪断，继续关闭实现密封（图 1-18）。

剪切闸板均采用 V 形刀刃，降低实际剪切关闭压力，增大剪切应力，提高剪切能力。

图 1-18　剪切闸板

3）拆换闸板的操作顺序

（1）检查蓄能器装置上控制该闸板防喷器的换向阀手柄位置，使之处于中位。

（2）拆下侧门紧固螺栓，旋开侧门。

（3）液压关井，使闸板从侧门内伸出。

（4）拆下旧闸板，装上新闸板。

（5）液压开井，使闸板缩入侧门内。

（6）蓄能器装置上操作，将换向阀手柄搬回中位。

（7）旋闭侧门，上紧螺栓。

4）侧门开关守则

（1）侧门不应同时打开。

（2）侧门未充分旋开或未用螺栓紧固前，都不许进行液压关井动作。

（3）旋动侧门时，液控压力油应处于卸压状态。侧门打开后，液动伸缩闸板时须挡住侧门。

3. 闸板锁紧装置的结构特点

所有闸板防喷器均设有锁紧装置。锁紧装置分手动锁紧和液压锁紧两种方式。

手动锁紧装置是靠人力旋转手轮关闭或锁紧闸板。其作用是：当液压失效时，用手动锁紧装置能及时关闭闸板，封闭井口；当需长时间封井时，可用手动锁紧装置锁紧闸板，此时可以泄掉液压。

使用时注意：手动锁紧装置只能关闭闸板，不能打开闸板。锁紧后要打开闸板，必须手动解锁到底后，再用液压打开闸板。

1）螺杆式

螺杆式锁紧装置如图 1-19 所示。活塞杆内孔和锁紧轴外径为左旋梯形螺纹连接，锁紧轴外端通过万向节与手动杆、手轮相连。当需手动关闭闸板时，右旋手轮，通过手动杆带动锁紧轴旋转，由于锁紧轴的台肩顶在缸盖上，不能后退，强迫活塞向前运动，关闭并锁紧闸板。在非锁紧状态，液压开关闸板时，锁紧轴随开关闸板做往复运动。当需在液压关闭后锁紧闸板时，右旋手轮，通过手动杆带动锁紧轴旋转，由于锁紧轴的台肩顶在缸盖上（或止推轴承上），不能后退，则为在关闭状态下锁紧了闸板。

当液压关闭闸板后，锁紧轴的销子（或四方头）在最内侧（观察孔见不到轴的光亮部分）；若右旋手轮，使之锁紧，销子（或四方头）移到最外侧（可见轴光亮部分），同开启

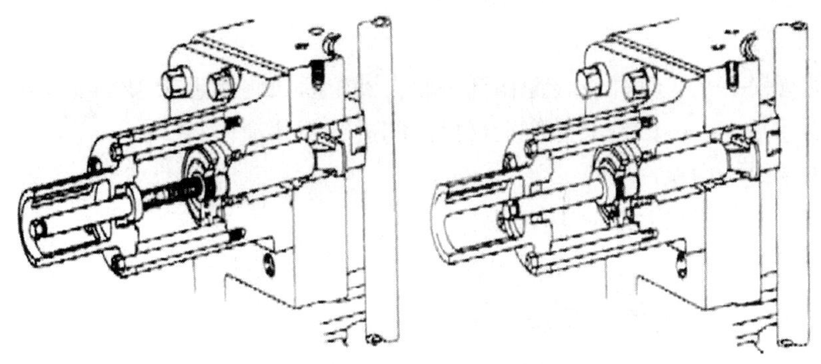

图 1-19 螺杆式锁紧装置

闸板相同，故关闭不锁紧状态明显，而开启或关闭后锁紧状态不明。

2）花键轴套式

花键轴套外径与活塞杆内孔用左旋梯形螺纹连接，轴套内孔与锁紧轴为滑动键连接，锁紧台肩卡在缸盖内孔止推轴承与挡圈内，使之只能转动而不能前后运动。当需手动关闭闸板或锁紧闸板时，右旋手轮，手动杆带动锁紧轴并使花键轴套随之旋转，花键套一端顶在缸盖上不能后退，迫使活塞（杆）前进，关闭并锁紧闸板。这种结构的缺点是无法在外部观察闸板开关及锁紧情况，且花键轴套易黏结卡死。

3）简易式

简易式锁紧装置是在缸体上直接加一个装锁紧螺杆的护罩，内孔为正扣内螺纹，锁紧螺杆后接手动杆及手轮。旋转手轮锁紧螺杆直接推动活塞杆前进，关闭并锁紧闸板。

这种锁紧装置的特点是直观性强，从活塞杆尾部位置可判断闸板的开关和锁紧状况。这种装置结构简单、操作方便。但防喷器横向尺寸增加，锁紧杆暴露在外，保养不好易锈死转不动。

4）液动锁紧装置

液动锁紧装置外观如图 1-20 所示，由远控房通过液压控制，动作快速，反应准确，不受井口工况影响。

图 1-20 液动锁紧装置

4. 闸板防喷器的基本关井、开井操作

1）液压关井

（1）液压关井——在钻台上操作空气换向阀进行关井动作。

（2）手动锁紧——顺时针旋转操作杆手轮。

2）液压开井

（1）手动解锁——逆时针旋转操作杆手轮，到位后回旋两手轮 1/4~1/2 圈。

（2）液压开井——在钻台上操作空气换向阀进行开井动作。

3）闸板防喷器的手动关井

（1）操作储能器装置上换向阀使其处于关位。

（2）手动关井。

（五）闸板防喷器的正确使用及管理

（1）井喷时可用闸板防喷器封闭空井或与闸板尺寸相同的钻具。需长时间关井时，应手动锁紧闸板，并挂牌标明开关后锁紧情况，以免误操作。锁紧或解锁手轮均不得强行扳紧，解锁扳到位后回 1/4~1/2 圈。

（2）使用中所装的闸板规格，在现场至少有一副备用件，一旦所装闸板损坏，能及时更换。

（3）严禁用打开闸板防喷器的方法来泄井内压力。每次打开闸板前，应检查手动锁紧装置是否解锁到底；打开后要检查是否全开（闸板总成后退到体内），不得停留在中间位置，以防钻具碰坏闸板。

（4）打开和关闭侧门时应先泄掉控制管汇压力，以防损坏铰链的 O 形圈，打开侧门换闸板，要注意用液压开关闸板时，避免憋坏闸板、闸板轴或铰链。不许同时打开两个侧门。

（5）有二次密封装置的闸板防喷器，只有在活塞杆密封处严重漏失时，才使用二次密封装置注入密封脂。注入量不宜过多，止漏即可，以免损坏活塞杆，一有可能就立即更换活塞杆密封，不可长久依赖二次密封装置。

（6）若闸板在正常压力下打不开，可在认真分析原因的基础上处理，对库美及仿库美型控制系统，可打开管汇旁通阀，直接用蓄能器的 21MPa 压力来控制，若仍打不开，则还可用气-液泵直接打压至 36. 5MPa 控制，但这须将蓄能器进出油截止阀关闭后，才允许升至 36. 5MPa。

（7）当井内有钻具时，严禁关闭全封闸板。特殊情况时，可用剪切闸板在剪断井内钻具的同时，封闭井口。

（8）进入目的层后，每天应开关半封闸板一次，检查开关是否灵活，并检查手动锁紧装置是否开关灵活。

（9）配装有环形防喷器的井口防喷器组，在发生井喷紧急关井时必须按以下顺序操作：首先，利用环形防喷器封井，其目的是一次封井成功并防止闸板防喷器封井时发生刺漏；然后，再用闸板防喷器封井，其目的是充分利用闸板防喷器适于长期封井的特点；最后，及时打开环形防喷器，其目的是避免环形防喷器长期封井作业。

第二章　钻井工具

第一节　钻　　具

钻具包括钻头、钻柱、井下动力钻具以及稳定器、减震器、震击器等工具。

一、钻头

钻头是钻井时必不可少的破碎岩石工具，主要有牙轮钻头、金刚石钻头和刮刀钻头3类：

（1）牙轮钻头：由钻头体、牙爪、牙轮、轴承、水眼等组成。按牙轮结构分铣齿型及镶齿型两种，按轴承结构分密封（或不密封）滚动轴承及密封（或不密封）滑动轴承两种，牙轮钻头适用于钻各种地层，目前应用最广泛。

（2）金刚石钻头：最初只限用于硬地层，其品种与使用范围正日益扩大。钻头的价格虽高，但工作寿命长，如选用合理，可取得较好的经济效果。

（3）刮刀钻头：结构简单，制造方便，钻软地层速度较快，但钻进时扭矩较大，易损坏钻具和设备。

近年来，正在发展一种新型切削型钻头，用不同几何形状的新型耐磨材料镶嵌在钻头基体上，能适应各类岩性地层，并可采用高转速钻进，其经济效果日益显著。

二、钻柱

钻柱是从方钻杆到钻头全部井下钻具的总称，由方钻杆、钻杆、钻铤、稳定器接头及其他各种附件组成。作用是起下钻头，向钻头传递破碎岩石所需的机械能量，给井底施加钻压，向井内输送洗井液及进行其他井下作业。

三、钻杆

钻杆是一种尾部带有缧纹的钢管，用于连接钻机地表设备和位于钻井底端钻磨设备或底孔装置。钻杆的用途是将钻探钻井液运送到钻头，并与钻头一起提高、降低或旋转底孔装置。钻杆必须能够承受巨大的内外压、扭曲、弯曲和振动。在油气的开采和提炼过程中，钻杆可以多次使用。钻杆分为方钻杆、钻杆和加重钻杆三类。

目前主要适用于油气勘探开发过程中的深井、水平井和大位移井施工中的钻杆有 API 标准的 E75 到 S135 钢级，外径从 $2\frac{3}{8}$in 到 $6\frac{5}{8}$in 的系列石油钻杆以及具有高抗扭性能的双台肩接头钻杆和用于含硫油井的特殊钢级的 BNK C95S 钻杆。

（一）主要特征

钻杆（如图 2-1 所示）必须能够承受巨大的内外压、扭曲、弯曲和振动。

图 2-1　钻杆

光管和原钢管材在经过管壁加厚、镀铜、接头焊接等多次加工制成钻杆，钻杆的长度一般在 9~10m。在对成品钻杆进行渡漆和包装前要对钢管成品进行硬度测试、压力测试和非破坏性测试。

（二）钻杆的分类

钻杆分为方钻杆、钻杆和加重钻杆三类。

1. 方钻杆

方钻杆位于钻柱的最上端，有四方和六方两种。

1）作用

（1）钻进时，方钻杆与补心、转盘补心配合，将地面旋转扭矩传递给钻杆，以带动钻柱和钻头旋转；

（2）承受钻柱的全部重量；

（3）钻井液循环的通道。

2）结构

方钻杆由上下接头和管体部分组成。管体部分为四方或六方两种结构（石油钻井大多为四方结构）；上接头为上接头为左旋内螺纹（反扣），与水龙头连接，在旋转过程中左旋内螺纹防止倒扣；下接头为右旋外螺纹，与钻杆连接。工作时，方钻杆上端始终处于转盘面以上，下部则处于转盘面以下。

2. 钻杆

1）作用

钻杆是钻柱的基本组成部分。其主要作用是传递扭矩和输送钻井液，并靠钻杆的逐渐加长使井眼不断加深。

2）结构

钻杆由无缝钢管制成，壁厚一般为 9~11mm；由钻杆管体与钻杆接头两部分组成，管体与接头用摩擦焊对焊在一起。

3. 加重钻杆

加重钻杆类似石油钻杆，但单根重量比石油钻杆要重，壁厚是钻杆的 2~3 倍，加重钻杆接在钻杆和钻铤之间，目的是防止因钻具断面变化时的疲劳破坏，用它还可代替一部分钻铤的作用。

（三）钻杆的规格

根据美国石油学会（American Petroleum Institute，API）的规定，钻杆按长度（L）分为三类：第一类：5.486~6.706m（18~22ft）；第二类（常用）：8.230~9.144m（27~30ft）；第三类：11.582~13.716m（38~45ft）。

钻杆也可按外径尺寸分类。常用钻杆的尺寸（D）：88.9mm，114.3mm，127mm（习惯上用英制尺寸表示：3½in，4½in，5in）三种。

（四）钻杆的钢级与强度

钻杆的钢级是指钻杆钢材的等级，它由钻杆钢材的屈服强度决定。API（美国石油学会）将钻杆钢材等级分为五级：D、E、95（X）、105（G）、135（S）。钻杆钢级越高，管材的屈服强度越大，钻杆的各种强度也就越大。在钻柱的强度设计中，推荐采用提高钢级的方法来提高钻柱的强度，而不采用增加壁厚的方法。

四、钻杆接头

（一）钻杆接头分类

钻杆接头是钻杆的组成部分，分外螺纹接头和内螺纹接头，连接在钻杆管体的两端。为增强接头的连接强度，在接头部位需要增加管体的壁厚，按加厚的方式可分为：内加厚、外加厚、内外加厚三种形式。接头上车有螺纹（粗扣），用以连接各单根钻杆。钻杆接头螺纹为带有密封台肩的锥管螺纹，台肩面旋紧起到密封作用，螺纹只起连接作用。加厚方式不同，对应的接头螺纹也不同。

按照螺纹扣型钻杆接头分为四种类型：内平（IF）、贯眼（FH）、正规（REG）、数字（NC）。

（二）螺纹连接条件

螺纹连接必须满足的三个条件：

（1）尺寸相等；

（2）螺纹类型相同；

（3）内外螺纹相匹配。

（三）钻杆接头的连接类型

内平式：主要用于外加厚钻杆。其特点是钻杆通体内径相同，钻井液流动阻力小，但外径较大，容易磨损。

贯眼式：主要用于内外加厚钻杆。其特点是钻杆有两个内径，钻井液流动阻力大于内平式，但其外径小于正规式。

正规式：主要用于内加厚钻杆及钻头、打捞工具。其特点是接头内径加厚处内径小于管体内径，钻井液流动阻力大，在三种连接类型中相对流动阻力最大，但外径最小，强度较大。

上述三种类型接头均采用 V 形螺纹，但螺纹类型、螺纹间距、锥度及尺寸等都有很大的差别。

数字型（NC）系列接头是美国国家标准粗牙螺纹系列。现已被 API 采纳为国际标准。NC 螺纹也为 V 形螺纹，有些 NC 形接头与旧 API 标准接头有相同的节圆直径、锥度、螺距和螺纹长度，可以互换使用。

石油钻杆接头大多采用外加厚或内外加厚形式，钻杆接头外径大于管体外径，在钻井过程中与井壁或套管不断接触摩擦，产生磨损，为避免接头磨损造成断钻杆、脱扣等钻井事故，必须在钻杆内螺纹接头上设有钻杆接头防磨带。

第二节　定向仪器

为控制井眼轨迹，需要借助定向仪器及时了解眼轨迹参数，包括井斜角、方位角、工具面角及辅助参数，如温度等，然后及时调整工具面等参数来达到控制轨迹的目的。随钻测斜仪是目前最为常用的定向仪器。

随钻测斜仪分为有线随钻测斜仪和无线随钻测斜仪两种。有线随钻测斜仪由井下测量仪器与地面设备两大部分组成。无线随钻测斜仪系统主要由井下测量工具（包括传感器组、微处理器、压力信号调制器和电源）和地面数据采集、处理与显示设备两大部分组成。

无线随钻测斜仪是一种正脉冲的测斜仪，利用钻井液压力变化将测量参数传输到地面，不需要电缆连接，无需缆车等专用设备，具有活动部件少，使用方便，维修简单等优点。下面以 LH-MWD 无线随钻测斜仪中的 LHE6301 型随钻测斜仪为例进行介绍。

一、LH-MWD 概述

LHE6301 钻井液脉冲式无线随钻测斜仪是一种座键式可打捞的正脉冲无线随钻测斜仪，井口投放井底打捞，测量准确、使用方便。仪器采用了经实践检验成熟可靠的正钻井液脉冲技术，并在地面部分使用无线电传输立管压力信号及其他数据参数，使用时不需要布置电缆，方便简洁。与之相配套的 LHE6031 数据处理软件可以解码并显示井下有关参数，界面友好、操作简便。

探管测量短节采集井下相关数据，然后通过控制单元将采集到的数据编码为一定序列的数据串，该数据串控制脉冲发生器电磁阀的动作，并利用循环的钻井液使主阀阀头产生同步的运动，这样就控制了主阀阀头与下面的限流环之间的钻井液流通面积：在主阀阀头提起状态下，钻柱内的钻井液可以较顺利地从限流环中通过；在主阀阀头落下状态时，钻井液流通面积减小，从而在钻柱内产生了一个正向钻井液压力脉冲。置于钻井液管线上的泵压传感器按一定的频率采集钻井液压力信号，并将此信号以无线方式发送；与笔记本电脑连接的无线信号收发器接受并处理收到的泵压信号，并通过 LHE6031 数据处理软件解算为需要的数据，同时将结果以无线方式传输至 LHE6013 司钻显示器。

二、LH-MWD 井下总成

LH-MWD 井下总成如图 2-2 所示。

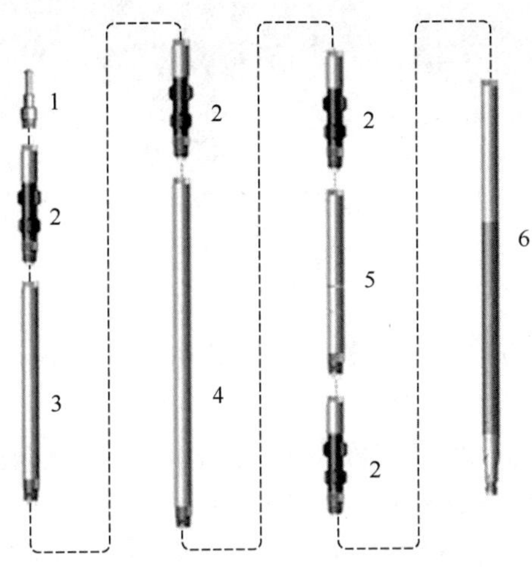

图 2-2　LH-MWD 井下总成

1—打捞矛；2—扶正器（扶正环）；3—探管短节；4—电池短节；5—伽马短节；6—脉冲器短节

（一）扶正器短节

连接井下各测量短节，为其提供必要的机械连接和电气连接；在仪器工作的过程中，还能起到扶正和减振的作用；由于内部使用的是韧性很强的铍青铜，所以还可以为整个仪器提供必要的柔性弯曲。扶正环只起到居中扶正作用（外径为 72mm）。

（二）电池组短节

电池组短节如图 2-3 所示，它由 8 节电压为 3.6V 耐高温的锂电池串联组成 28.8V 的电源，为井下的测量部分提供必要的能量；还可以读取当前电压、记录已耗电量等信息；分为主副电池筒短节，注意不能同时连接两节主电池短节，也不能同时连接副电池短节。

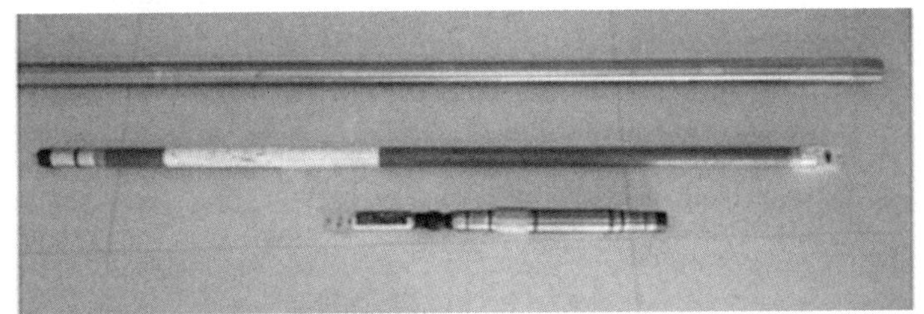

图 2-3　电池组短节

（三）探管短节

探管短节如图 2-4 所示，主要用于采集井下相关参数并编码为一定序列的数据串，来驱动脉冲发生器短节电磁阀的吸合动作；并负责与上位机软件通信来读写有关参数。

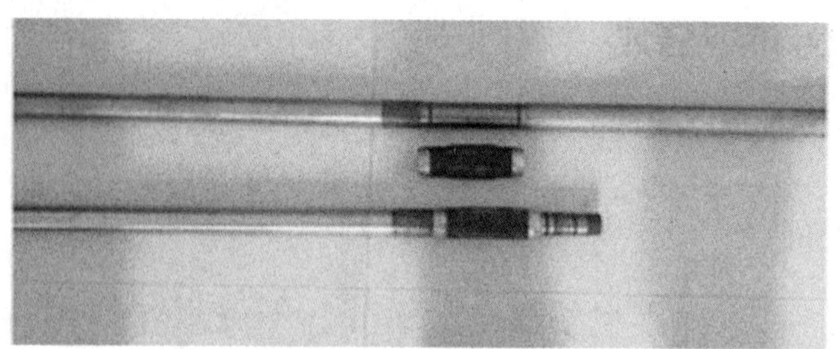

图 2-4　探管短节

（四）脉冲发生器短节

按照探管测量短节发来的脉冲序列来控制电磁阀的吸合动作，并利用循环的钻井液使主阀阀头产生同步的运动而形成一定的钻井液正脉冲序列。

在设计中，采用了利用流动的钻井液由伺服阀阀头带动主阀阀头的方式。没有信号时，伺服阀阀头处于压下状态，在无磁钻铤内高速流动的钻井液在限流环处产生反向的压力，使主阀阀头提起，弹簧被压缩，主阀阀头与限流环之间的流通面积较大，钻井液可以快速通过，钻杆内钻井液的压力减小。

当有信号时，伺服阀阀头被提起，钻井液可以从伺服阀阀头处流入，仪器内外的压力平衡，原来被压紧的弹簧释放，主阀阀头与限流环之间的流通面积减小，钻杆内钻井液的压力将升高，信号被传输出去。

（五）LH-MWD 地面设备

如图 2-5 所示，LH-MWD 地面设备的连接自左上角开始顺时针依次为：压力传感器、无线传感器主机、司钻显示器、无线收发主机、USB-FQ 连接线、通用数据处理仪。

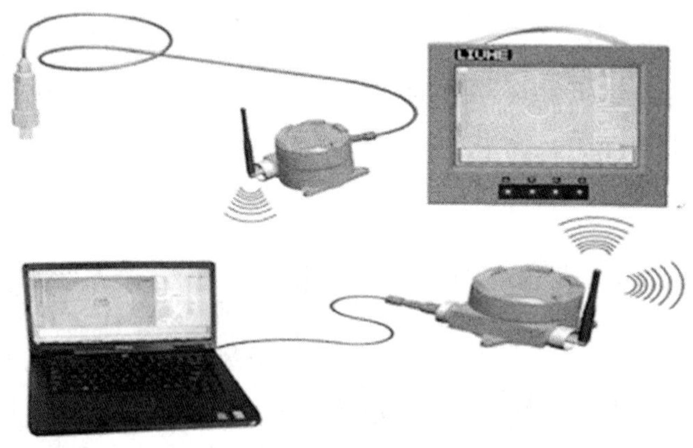

图 2-5　LH-MWD 地面设备

1. 无线传感器主机

将压力传感器安装于钻井液管线立管上，按照一定频率采集钻井液管线上的压力信号，并以电磁波的形式发送出去。内部供电采用可充电锂电池，使用 LHE1213c 充电器 5h 可充满，充满后可连续工作 72h 以上。

2. 无线收发主机

无线信号收发器，通过特制的 USB-RS232 电缆与笔记本电脑连接，将无线压力传感器发射的信号顺利接收并通过 LHE6031 数据处理软件进行处理，同时将处理得到的信号，发送给 LHE6013 司钻显示器。

3. 司钻显示器

司钻显示器具有显示随钻测量数据、脉冲波形、简短文字消息的功能。对于屏幕上显示的内容，用户既可以通过键盘在井台上调整，也可以通过通信联系在计算机软件上做远程调整。

三、LH-MWD 工作条件

（一）无磁钻铤

无磁钻铤的内径 68~72mm，如果小于仪器扶正器的外径 72mm，应在仪器入井前及时削至合适尺寸。

（二）钻井液要求

（1）排量：10~55L/s（根据井眼尺寸及井深情况）；

（2）漏斗黏度：≤50s；

（3）含砂：<1%；

（4）密度：≤1.7g/cm^3；

（5）空气包充气量：泵压的 30%~40%；

（6）堵漏材料：细、中型短纤维，含量<57kg/m^3；

（7）钻井液中不得添加玻璃微珠及塑料小球。

另外，需保证泵平稳运行，使用钻井液过滤装置，井上相关设备工况正常。正常钻进时，必须保证两级（振动筛、除沙器）以上钻井液净化设备正常工作。

（三）对钻井泵和循环系统的要求

（1）钻井泵的上水要好，泵的效率要求在 95%以上。

（2）钻井泵的空气包压力要稳定，按要求补充其压力为钻井泵正常工作时压力的 1/3，若使用双泵，两台泵的空气包的压力应一致。

（3）泵的阀体、阀座、阀、缸体、缸套、活塞和弹簧要完好，确保泵上水良好，如发现某一部分有不正常工作迹象，应及时检修泵，以免影响 MWD 仪器正常工作。

整个循环系统所使用的滤网要干净，泵出口滤网在使用 MWD 仪器前要进行清洗，确保钻井液通过自如。

（4）可使用钻杆滤清器，以防大颗粒或其他物质卡住仪器，造成仪器不工作或损坏。

第三章　钻井工艺及技术

随着石油勘探开发的不断深入和发展，我国钻井队伍不断壮大、装备水平不断提高、管理水平不断迈上新台阶，包括定向井钻井、水平井钻井、大位移井钻井、分支井钻井、鱼骨状水平分支井钻井、欠平衡钻井、气体钻井、深井超深钻井及防斜打直等钻井新技术快速发展，逐渐接近国际先进水平，在一些关键技术方面达到了国际先进水平。

第一节　定向井钻井技术

定向井钻井技术就是在钻井施工过程中，按照设计的井斜角和井斜方位角钻进，使井眼轨迹与设计轨道近似重合的钻井技术。

一、定向井的适用范围

定向井的适用范围可以归结为地面环境条件限制，地下地质条件要求，钻井技术需要，经济、有效勘探开发油气藏的需要等方面。

（一）地面环境条件限制

油田埋藏在高山、城镇、森林、沼泽等地貌复杂的地下，或井场设置和搬家安装遇到障碍物时，通常在它们附近打定向井。油田埋藏在农田、草场等地下，为少占耕地常在一个井场打丛式定向井。在海洋、湖泊、盐田、河流等水域上勘探开发油气田，往往会建立海上平台、人工岛或从岸边打定向井、丛式井、大位移井等。

（二）地下地质条件要求

直井难以穿过的复杂层、盐丘、断层等，常采用定向井。

（三）钻井技术需要

遇到井下事故无法处理或不易处理时，常采用定向钻井技术，如井下落物侧钻、井喷着火打救援井等。遇高陡构造，在定向井建井周期或钻井成本优于直井时，也常采用定向井。

（四）经济、有效勘探开发油气藏的需要

原井钻探落空或钻遇油水边界、气顶时，可在原井眼内侧钻定向井；遇多层系或断层断开的油气藏，可用一口定向井钻穿多组油气层；对于裂缝性油气藏可打定向井（水平井）穿遇更多裂缝；低压、低渗稠油单斜油藏，采用定向井可最大限度地穿透产层，如图 3-1 所示。采用水平井可大幅度提高单井产量和采收率，并能有效地开发边际油气藏，或用二次完井开发老油田而取得经济效益。受某些客观条件的限制，为了提高采收率，可打多底井和丛式井，如图 3-2 所示。

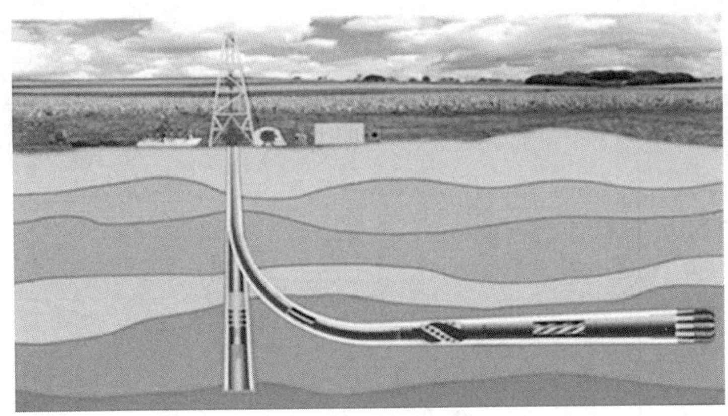

图 3-1 定向井示意图

图 3-2 多底井示意图

二、定向井的类型

定向井按轨道形状可以分为二维定向井和三维定向井（包括纠偏井和绕障井）；按井眼最大井斜角大小，可以分为常规定向井、大斜度井、水平井、上翘井；而水平位移与垂深之比不小于 20 的井称为大位移井。常规定向井最大井斜角在 15°～60°范围，大斜度井最大井斜角在 60°～85°范围，而水平井和上翘井的最大井斜角分别在 85°～95°和 95°～120°范围。

三、定向井的基本概念

（一）井斜角

井眼轴线上任一点的井眼方向线（切线，指向前方）与通过该点的重力线间之间的夹角，称为该点处的井斜角，如图 3-3 所示。

（二）方位角

井眼轴线上任一点的正北方向线与该点的井眼方向线在水平面投影线间的夹角，称为该点处方位角，如图 3-4 所示。

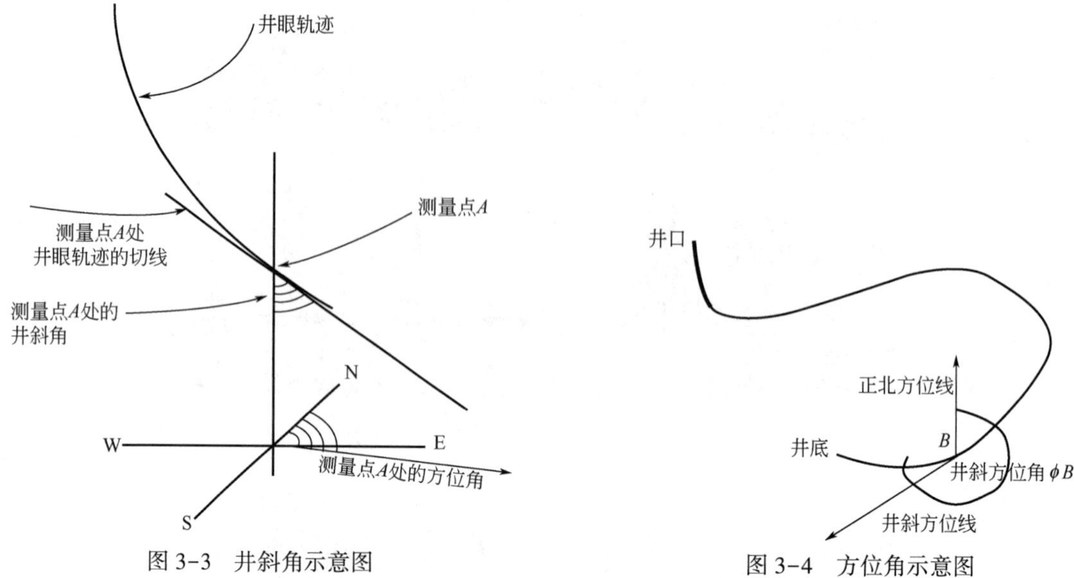

图 3-3　井斜角示意图

图 3-4　方位角示意图

（三）磁偏角

磁北方位线与真北方位线并不重合，两者之间有一个夹角，这个夹角称为磁偏角。磁偏角又有东磁偏角和西磁偏角之分，当磁北方位线在正北方位线的东时，称为东偏角；当磁北方位线在正北方位线的西时称为西偏磁偏角。如图 3-5 所示。进行磁偏角校正时按以下公式计算：

真方位角 = 磁方位角 + 东偏磁偏角

真方位角 = 磁方位角 − 西偏磁偏角

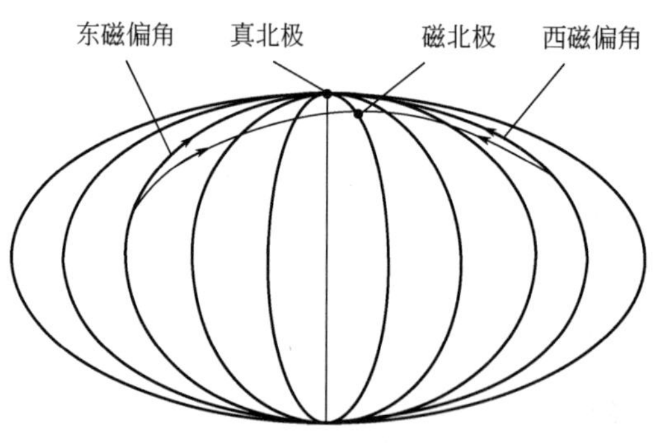

图 3-5　磁偏角示意图

（四）全角变化率（狗腿严重或井眼曲率）

从井眼内的一个点到另一个点，井眼前进方向变化的角度（两点处井眼前进方向线之间的夹角），该角度既反映了井斜角度的变化，又反映了方位角度的变化，通常称为全角变化值。两点间的全角变化值 γ 相对于两点间井眼长度 ΔL 变化的快慢即为全角变化率。

四、定向井轨迹控制

定向井（如图 3-6 所示）轨迹控制主要包括定向施工前准备和阶段轨迹控制两个方面的内容。

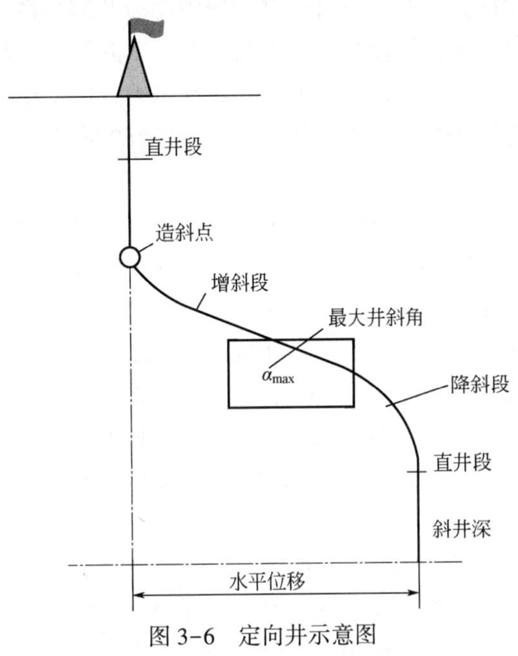

图 3-6　定向井示意图

（一）施工前准备

了解作业区域和地理位置。调研该地区已完井的钻井作业资料，了解地层情况及方位漂移规律，根据地理位置，了解有关地层压力、地温梯度、地层倾角、走向、岩性、断层，可能遇到的复杂情况，以及油藏特殊要求等。

了解造斜点、造斜率的要求，以及安全圆柱、最大井斜等井身质量的要求。常规定向井的最大井斜角，一般在 15°~45°，如果井斜太小，则井眼的井斜和方位都难以控制。井斜大于 60°时，钻具的摩阻力将大大增加。

了解钻井队情况，如钻井泵性能、井下钻具组合各组件的基本情况等。应根据设计的井身剖面类型、井身结构、钻井液类型、完井方法等进行合理设计，以利于安全、优质、快速钻井。

了解方位的自然漂移规律，在使用牙轮钻头钻进时，方位角的变化往往有向右增加的趋势，称为右手漂移规律。提前角的大小，要根据地区的实钻资料，统计出方位漂移率来确定。目前流行的 PDC 钻头（如 RC426 型等），对方位右漂具有较好的抑制效果。在地层倾角小、岩性稳定时，PDC 钻头具有方位左漂的趋势，这主要是由于 PDC 钻头的切削方式造成的。因此，要使用 PDC 钻头钻进的定向井，提前角要适当地小一点。

了解合适的井眼曲率，井眼曲率不宜过小，这是因为井眼曲率太小会增加动力钻具造斜井段、扭方位井段和增（降）斜井段，从而增大了井眼轨迹控制的工作量，影响钻井速度。井眼曲率也不宜过大，否则钻具偏磨严重、摩阻力增大和起下钻困难，也容易造成键槽卡钻，还会给其他作业（如电测、固井以及采油和修井等）造成困难。因此，在定向井中应控制井眼曲率的最大值。不同的井段要选用不同的井眼曲率。随着中曲率大斜度井和水平井的迅速发展，对普通定向井的井眼曲率（或狗腿严重度）的限制越来越少，API 标准中已不再规定常规定向井的狗腿严重度。

了解定向井钻井液设计，钻井液应有足够的携砂能力和润滑性，以减少卡钻的概率，钻井液性能控制对减少定向井钻柱拉伸与扭矩也很重要。钻井液中应加润滑剂，钻井液密度与黏度必须随时控制。如果用水基钻井液，那么在正常压力井段，应使用高排量和低固相含量的钻井液，这样有利于清洁井眼；水基钻井液应具有良好的润滑性能，以减少钻具摩阻和压差卡钻。

了解造斜点的选择，造斜点的选择要适当浅些，但是在极浅的地层中造斜时，容易形成大井眼。同时，由于地层很软，造斜完成后下入稳斜钻具时，要特别小心，以免出现新井眼，尤其是在稳斜钻具刚度大或造斜率较高时。通常地说，浅层造斜比深层造斜容易一些，因为深层地层往往胶结良好，机械钻速低，需花费较长的造斜时间。另外，造斜点通常选在前一层套管鞋以下 30~50m 处，以免损坏套管鞋，同时减少水泥掉块产生卡钻的可能性。在深层地层造斜时，应尽量在大段砂层中造斜，因为砂层的井眼稳定，钻速较快，而页岩段较易受到冲蚀，钻速较低，而且在以后长时间钻井作业，容易在造斜段形成键槽导致卡钻。

了解允许方位偏移的极限，定向钻进时，初始造斜方向通常在设计方位的左边，然后通过自然漂移钻达靶区，井眼轨迹是一条空间曲线。但是对导角也有一个限制，在井眼密集的井网中，要求定向井轨迹保持在安全圆柱内，以避免与邻井相碰，同样，由于油藏特性和地质地层条件，也对导角的大小有一定的限制，应绘制垂直剖面图和水平投影图。

（二）阶段井眼轨迹控制

轨迹控制贯穿钻井作业的全过程，它是使实钻井眼沿着设计轨道钻达靶区的综合性技术。井眼轨迹控制的内容包括：优化钻具组合、优选钻井参数、采用先进的井下工具和仪器、利用计算机进行井眼轨迹的检测预测、利用地层的方位漂移规律避免井下复杂情况等。

井眼轨迹控制技术按照定向井的工艺过程，可分为直井段、造斜段、增斜段、稳斜段、降斜段、扭方位井段和水平段的控制技术。

1. 直井段轨迹控制

直井段的轨迹控制主要是防斜打直。地层因素是影响井斜的主要因素，在有条件的情况下，要根据地层倾角和各向异性指数值把各个层段的综合造斜指数 K 值计算出来，以定量地掌握各个层段造斜能力的大小，制定合理的防斜工艺措施。

1）常规防斜打直技术

一般情况下，井斜的控制是依据地层特性和井斜控制的具体要求，采用的常规防斜打直钻具组合有钟摆钻具、塔式钻具、满眼钻具、偏心钻具等几种。直井的下部钻具组合是满眼钻具和钟摆钻具。塔式钻具是钻上部地层时常用的一种钻具组合。

（1）满眼钻具。满眼钻具一般由 3~5 个外径与钻头直径较接近的稳定器和大尺寸钻铤组成。主要优点是使地层因素对井斜的影响减小，能有效地控制井斜变化率而避免出现严重狗腿。另外钻压的影响也小得多，可以采用更大的钻压，钻头工作稳定性好，对提高钻速十分有利。为了发挥满眼钻具的防斜作用，在钻具上至少要有三个稳定点，除在靠近钻头处有一个扶正器外，其上面应再安放两个扶正器才能保持有三点接触井壁。

保持井眼稳定、规则是保证满眼钻具使用效果的重要条件。如果在钻进过程中造成井径扩大，使稳定器失去有效支撑将导致满眼组合的失败，从而引起井斜的急剧变化。

使用满眼钻具时，在一般情况下，井斜总是呈稳定或缓慢上升的趋势，因而不能用这种组合来降斜或控制井斜角的变化。

（2）钟摆钻具。利用斜井内切点以下钻铤重量的横向分力把钻头推向井壁低的一侧，以达到逐渐减小井斜的效果。这个横向分力如钟摆一样，钟摆法纠斜是利用“钟摆”原理纠斜的一种方法，其实质是通过使用专用的防斜钻具组合及相应的技术措施来增大钟摆减斜力，以平衡和克服地层造斜力。

地层因素对钟摆钻具防斜效果的影响十分突出，如果实际的地层特性参数与预计的不一致，井斜趋势可能与计划完全相反。而当地层参数多变，即岩性变化很频繁时，井斜变化很难控制而极易造成狗腿。另外，在井斜较严重的条件下，用钟摆钻具可施加的钻压较小，因而对钻速不利。

钟摆钻具组合的钟摆力随井斜角的大小而变化。井斜角大则钟摆力大，井斜角等于零，钟摆力也等于零。所以，钟摆钻具主要用于纠斜和降斜，在直井内无防斜作用；钟摆钻具组合对钻压特别敏感，钻压加大，增斜力增大，钟摆力减小。钻压再增大，扶正器以下的钻柱出现新的接触点，从而完全失去钟摆组合的作用。在使用中必须严格控制钻压；扶正器与井眼间的间隙对钟摆钻具组合性能的影响特别明显。当扶正器直径因磨损而减小时应及时更换或修复。

（3）塔式钻具。塔式钻具就是在钻头之上，使用几段直径自下而上逐渐减小，形如塔状的钻铤组合。钻铤应不少于 12 根，这种防斜钻具的特点就是底部钻铤重量大，刚度大，整个钻铤柱的重心低，稳定性好，能产生较大的钟摆减斜力。

塔式钻具底部钻铤应尽可能采用大尺寸钻铤，其直径相当于所下套管的接箍外径。钻压设计应控制在全部钻铤质量的 75%~80%以内。在易塌地层及钻井液性能差时，容易造成卡钻，应采用优质钻井液钻进，保证井眼畅通。

（4）“四合一”钻具。“四合一”钻具组合是把 PDC 钻头、单弯螺杆、短钻铤和稳定器四种工具合并运用的一种定向井钻具。“四合一”钻具组合把塔式钻具、双稳定器钻具结构、井底动力钻具集于一体，具有极好的小井防斜效果（$<5°$），具有极好的稳方位能力，很好的弱增斜能力和良好的中深定向井轨迹控制能力。“四合一”钻具可利用调整单弯螺杆角度和上扶正器之间的短钻铤长度或调整上稳定器的外径大小来达到增稳斜的目的。现场实践表明，四合一钻具结构具有在直井段防斜、斜井段稳斜稳方位的使用效果，同时可取得较高的机械钻速，可实现长井段轨迹控制，并且有很好的事故预防效果。

2）非常规防斜打直技术

很多情况下，常规的防斜打直技术，在一些特殊地区区块和井段无法实现防斜打直的目的，还会严重影响钻井速度，这就要采用一些特别的手段、工具、工艺和技术。

（1）复合防斜打直技术。

随着定向技术的发展，以螺杆和随钻为主的导向钻井技术应用于防斜纠斜，在很大程度上解决了井斜问题。其钻井的机理是利用井下动力钻具结合转盘钻进，实现了整个井段的井斜、方位的控制，不需要起钻倒换钻具组合。

（2）自动垂直钻井技术。

自动垂直钻井系统是一种带有井下闭环控制的系统，可实现井下主动纠斜，保持井眼垂直，具有极高技术含量的机、电、液一体化的钻井工具。其防斜打直的效果不受钻压等参数的影响，有利于大幅提高机械钻速。

自动垂直钻井系统首先发源于德国的大陆超深井计划，后来，美国又做了进一步的研究和发展。目前，国内中国石化集团胜利油田钻井工艺研究院、中国石油集团钻井工程技术研究院，以及中国石油渤海钻探工程技术研究院都已经开发出了样机。国外自动垂直钻井系统井斜控制精度一般在 0.2°以内，国产的自动垂直钻井系统井斜控制精度一般在 1°以内。

2. 造斜段轨迹控制

1）造斜工具选择

常用造斜钻具组合为：钻头+导向马达+非磁钻铤+普通钻铤（0~30m）+震击器+加重钻杆。

造斜钻具的造斜能力主要与导向马达的弯角和动力钻具的长度有关。导向马达的弯角越大，动力钻具长度越短，造斜率也越高。

造斜钻具组合使用的井下动力钻具型号应根据造斜井段或扭方位井段的井深选择。使用井段在 2000m 以内，一般采用涡轮钻具或普通螺杆钻具，深层造斜或扭方位应使用耐高温的多头螺杆钻具。

造斜钻具组合、钻井参数和钻头水眼应根据厂家推荐的钻井参数设计。由于井下动力钻具的转速高，要求的钻压小，因此，使用的钻头不宜采用密封轴承钻头，尤其是在浅层，可钻性好的软地层应使用铣齿滚动轴承钻头或 PDC 钻头。

2）定向前检查

定向前要根据直井轨迹和设计轨迹重新确定定向井方位角及最大井斜角。认真检查入井钻具，检查实际弯度与名义弯度是否相符；检查键是否偏离中心线；检查是否卡键；认真检查螺杆，并试运转。螺杆（或涡轮）入井前必须认真检查旁通阀是否有堵塞现象，间隙是否符合要求；螺杆入井前要用清水冲洗干净，螺杆入井前要试运转，注意观察旁通阀是否正常，螺杆功率是否符合要求；动力钻具入井（螺杆、涡轮）必须保证井眼畅通无阻，严禁用动力钻具划眼。

3）定向施工要点

（1）一般情况下，定向及扭方位推荐入井钻具组合：钻头+动力钻具+无磁钻铤+钻铤（2 柱）+加重钻杆（100~200m）+普通钻杆，特殊情况的钻具组合以设计为准。

（2）定向（扭方位）时，井斜角小于 10°时用磁性工具面施工，井斜角大于 10°时用高边工具面施工。在无磁干扰情况下使用随钻测斜仪定向，在有磁干扰的情况下使用陀螺仪定向。

（3）装置角的计算，采用沙尼金图解法或计算法。方位必须校正磁偏角。定向及扭方位过程中，要及时眼踪计算“狗腿度”，发现“狗腿度”超标或增斜效果达不到设计要求，及时根据现场情况更换弯接头。扭方位过程中，如出现效果差甚至出现反向效果，应立即停止施工，起出随钻仪器并重新坐键，如坐键没问题应起钻检查弯螺杆。

（4）定向、扭方位，中途建议用单点测斜仪校验随钻仪显示数据，大斜度井根据情况加密校验，以免因探管不准给施工造成误导。

（5）有下列情况之一者，不得进行定向或扭方位施工：井壁不稳定，井眼不畅通，井底不干净；钻井液性能达不到设计要求或不具备安全施工条件；设备有故障，安全措施没有落实好；送井动力钻具、弯接头、测斜仪经检查达不到规定标准；技术措施没落实好，主要技术岗位人员没到位。

（6）根据动力钻具的特性和推荐参数确定钻压及排量，按照动力钻具操作规程操作，严禁猛压猛放，造成动力钻具先期损坏。定向及扭方位施工前必须加适量润滑剂。

4）定向方式

（1）有线随钻测斜仪（SST）定向。

造斜钻具下到井底后，开泵循环 30min 左右，然后接旁通头或循环接头。将测斜仪的井下仪器总成下入钻杆内，使定向鞋的缺口坐在定向键上。定向造斜时，可从地面仪表直接读出实钻井眼的井斜、方位和工具面，司钻和定向井工程师要始终跟踪预定的工具面方向，保持井眼轨迹按预定方向钻进。

（2）随钻测量仪（MWD）定向。

MWD 井下仪器总成安装在下部钻具组合的非磁钻铤内，入井前要调整好工作模式和传输速度，并准确地测量偏移值，输入计算机。仪器在井下所测的井眼参数通过钻井液脉冲传至地面，信息经地面处理后，可迅速传到钻台。MWD 不仅可用于定向造斜，也可用于旋转钻进中的连续测量，是一种先进的测量仪器。

5）定向造斜中的注意事项

如果定向作业前的裸眼段较长，应短起下钻一趟，保证井眼畅通。井下马达下井前应在井口试运转，测量轴承间隙；记录各种参数，工作正常方可下井；MWD 等仪器下井前，必须输入磁场强度、磁倾角等参数；定向造斜钻进，要按规定加压，均匀送钻，以保持恒定的工具面。井下动力钻具出井时，按规定程序进行清洗、保养。

3. 增稳降斜井段轨迹控制

增、稳、降斜井段的轨迹控制主要是采用合理的钻具组合，优化配合合理的钻进参数，使井眼轨迹达到设计的增、稳、降斜要求。根据地层的自然增斜或降斜特性、合理地选择稳斜钻具组合、优化配合钻进参数、随时掌握实钻井眼轨迹情况是这一阶段的基础。

及时监测：按设计要求测斜，特殊情况加密测斜，一般最大测斜间距不超过 100m，特殊井的关键井段测斜间距应为 30m 左右。及时测算，随时作图，掌握井斜、方位的变化趋势。如果不能满足设计要求，应及时采取措施，严防井段不够，质量失控。

优化组合：入井扶正器必须认真丈量，外径达不到要求的不能使用。增斜钻具组合，根据地层可钻性，地层倾角，设计增斜率等因素，综合考虑选用微增或强增斜钻具组合，并尽可能地采用大钻压钻进；稳斜钻具组合，可根据井下情况选定；降斜钻具组合，以钟摆钻具为主，必要时可采用光钻铤钻具降斜；大斜度井可根据地层情况用微增钻具组合来进行稳斜钻进，特殊情况下可采用强增斜钻具稳斜，但必须加密监测，及时调整钻压，用钻压来控制井斜。

可更换钻具组合，改变近钻头稳定器与相邻稳定器之间的距离，距离越短，增斜率越低，距离越长，增斜率越高；可改变近钻头稳定器与相邻稳定器之间的钻铤刚度，刚度越高，增斜率越低；刚度越低，增斜度越高。

可改变更换近钻头稳定器与相邻稳定器的相对尺寸，增斜钻具一般使用单扶单弯螺杆，ϕ216mm 井眼一般增斜率 4°/100m 左右，随着井斜的增大增斜率也会增大。增斜钻具还可以调整双扶单弯的上扶正器尺寸来调节增斜率。

优化参数：应按设计钻井参数钻进，均匀送钻，使井眼曲率变化平缓。一般而言，降斜钻进时，钻压随井斜角减少而降低。可调整钻压改变增降斜率，增加钻压可使增斜率增大，减小钻压，则使增斜率降低。

4. 扭方位井段轨迹控制

一般地说，井斜的控制要比方位控制容易一些，影响方位的因素很多，除地层因素之外，钻井参数和钻具组合也对方位产生一定的影响。

在钻具组合方面，一般认为，对方位漂移产生主要的影响是前 30~60m 的钻具组件。稳定器越多，方位漂移总趋势的变化越小。

在钻井参数方面，钻压和转速也对方位产生影响。一般地认为，适当的高转速（90~110r/min）和中等钻压（98~147kN），抑制方位向右漂移的效果较好。

当实钻井眼方位漂移超过预期，轨迹严重偏离靶区范围，且根据当前的方位漂移趋势无望进入靶区时，应扭方位。扭方位钻具组合及其采用的钻井参数和定向造斜类似，尽量少下钻铤，防止压差卡钻；选择可钻性和稳定性较好的地层（尤其是大段砂层），实施扭方位作业；深井扭方位，由于反扭角较大，一般采用随钻测斜仪扭方位；井斜角较大井段（40°以上）扭方位，容易降斜。扭方位可以事先预置一定的角度，以弥补扭方位时的降斜效果。应依据实钻的轨迹，确定采用何种扭方位的工具面角度（增、降或稳斜）。

第二节　水平井钻井技术

水平井钻井技术是定向井钻井技术的延伸和发展，是 20 世纪 80 年代国际石油界迅速发展并日臻完善的一项综合性配套技术，它包括水平井油藏工程和优化设计技术、水平井井眼轨迹控制技术、水平井钻井液与油层保护技术、水平井测井技术和水平井完井技术等系列重要技术环节，综合了多种学科的一些先进技术成果。

一、水平井的分类

水平井是定向井的一种，是指井眼轨迹达到水平（井斜角达到 90°左右）以后，再在油层中延伸一定长度的井，延伸的长度一般大于油层厚度的 6 倍，如图 3-7 所示，其特点是增大了油层裸露面积，使泄油面积增大，可显著提高单井产量。

水平井的类型是根据从垂直井段向水平井段转弯时的转弯半径（曲率半径）的大小进行划分的，可分为长半径水平井、中半径水平井和短半径水平井，一般划分标准见表 3-1。

图 3-7　水平井示意图

表 3-1　水平井分类

类别	造斜率 （°）/30m	井眼曲率半径 m	水平段长度 m
长半径	<6	>280	300~1700
中半径	6~20	280~85	200~1000
中短半径	20~60	85~30	2000~500
短半径	≥60	≤30	100~300

二、水平井轨道类型

水平井的造斜段一般可分为三段，上造斜段、稳斜段和下造斜段。根据不同情况的需要，可将上述三段组合成 9 种不同形式的井眼轨迹。

（一）一般造斜轨道

一般造斜轨道由 3 段组成，第 1 段为上造斜段，其初始井斜角为 α_1，终止并斜角为 α_2，曲率半径为 R_1，长度为 S_1；第 2 段为稳斜段，井斜角为 α_2 长度为 S_2；第 3 段为下造料段，其初始井斜角为 α_2，终止井斜角为 α_3，曲率半径为 R_3，长度为 S_3。

（二）垂直造斜点轨道

垂直造斜点轨道由 3 段组成，其特点是造斜由垂直井眼开始，其上造斜段初始井斜角为 $\alpha_1=0$，其他与一般造斜轨道相同。

（三）目的层段水平轨道

目的层段水平轨道由 3 段组成，特点是下造斜段水平进入目的层，即下造斜段终止角 $\alpha_1=90°$。

（四）稳斜加下造斜段轨道

稳斜加下造斜段轨道由 2 段组成，其特点是利用已经钻斜的直井作为第一段，$\alpha_1=\alpha_2$。

（五）上造斜段加稳斜段轨道

上造斜段加稳斜段轨道由 2 段组成，其特点是充分利用地层自然造斜规律，先钻出上造斜段，再稳斜钻之目的层，$\alpha_2=\alpha_3$。

（六）单一稳斜轨道

单一稳斜轨道只有1段组成，其特点是 $\alpha_1=\alpha_2=\alpha_3$。

（七）双圆弧造斜轨道

双圆弧造斜轨道由2段组成，其特点是无稳斜段，$S_2=0$。

（八）单圆弧造斜轨道

单圆弧造斜轨道只有1段组成，其特点是无稳斜段和下造斜段，$\alpha_2=\alpha_3$，$S_2=0$。

（九）单圆弧加水平造斜段

单圆弧加水平造斜段由2段组成，其特点是无下造斜段，$\alpha_2=\alpha_3=90°$。

三、水平井井眼净化

在水平井中，岩屑易在井眼的低边形成岩屑沉积床，增大钻柱的摩阻和扭矩，下套管和固井困难，易造成卡钻等一系列问题，使得水平井井眼净化成为突出问题。

（一）影响井眼净化的因素

1. 井斜角

井斜角小于45°时，不易形成岩屑床，井斜角为45°~60°，环空返速较低时，井眼的低边形成岩屑沉积床，且向下滑动易形成堆积；井斜角大于60°时，极易形成岩屑沉积床，但岩屑沉积床稳定。

2. 钻柱偏心

在钻柱偏心的情况下，钻柱贴在下井壁，钻具的旋转对清岩产生明显效果，在这种情况下，旋转阻止了岩屑床的形成。随着旋转速度的提高，在不同的井斜情况下，钻柱的旋转扭动会使得悬浮岩屑的效果得到明显的提高。

3. 钻井液的流态和黏度

层流状态下，黏度提高，会减缓岩屑床的形成，且岩屑床较薄；紊流状态下，岩屑床的形成与黏度基本无关。

4. 钻进速度

在通常的钻速范围内，钻进速度对岩屑运移和岩屑床的影响不大。

5. 岩屑颗粒尺寸

岩屑颗粒越大，岩屑清除越难，岩屑床越厚。

6. 环空尺寸

在一定的流量条件下，环空越大，流速越低，越易形成岩屑床。

（二）提高井眼净化效果的方法

1. 提高环空返速

在各种井斜条件下，提高钻井液的环空返速都能提高钻井液的清除岩屑能力，改善井眼净化效果。

2. 增大钻杆尺寸

增大钻杆尺寸能提高环空流速，所以能改善井眼净化效果。

3. 加大钻井液密度

在保持钻井液其他性能不变的情况下，增大钻井液密度，提高了钻井液对岩屑的悬浮能力，能改善井眼净化效果。

4. 划眼起下钻

周期性划眼起下钻能起到搅动岩屑的作用，有利于把岩屑从井眼中消除。

5. 使用高速金刚石钻头

高速金刚石钻头产生细颗粒、粉末状的岩屑，岩屑颗粒小，便于携带，有利于改善井眼净化效果。

四、水平井完井方法

由于水平井的井身特点，水平井具有与直井不同的完井特点。

（一）长半径水平井完井

长半径水平井钻进的方法和钻直井基本是一样的，可用转盘钻进弯曲段和水平段。井筒中下套管、固井也无困难，完井方法可采用直井的所有方法。通常可以在井中下套管固井，再用射孔的方法打开产层。

在完钻后测井时，测井仪器是很难用电缆送入水平井眼中的，为此可用钻具将测井仪器送入，边起钻边测井。

在长半径的水平井筒中比较容易地下入套管，可采用正常的下套管固井的方法封闭井底，再用射孔枪射开产层。射孔枪难以用电缆送入水平井筒中，可以用油管传输射孔的工艺射开产层。

（二）中半径水平井的完井

中半径的水平井由于增斜段的半径小，完井方法的确定要看套管在弯曲段的受力情况而定。如果要下套管固井时，应当校核套管的弯曲应力和套管螺纹的密封性，保证套管的下入。当套管在弯曲段穿过时有一定的危险，则不能下套管完井，可选择裸眼完井、衬管完井、封隔器衬管完井等完井方法。

（三）中短半径和短半径水平井完井

由于受弯曲井段的限制，中短半径和短半径水平井是无法在水平井筒中下套管的。所以采用的完井方式只有裸眼完井、衬管完井、封隔器完井等几种方法可供选择。

1. 裸眼完井

水平井的裸眼完井是最简单的井底结构。一般把套管下到接近进入水平段的地方，注水泥封固，用小钻头钻开水平井段，裸眼完成。裸眼完井适用于较坚硬岩石的产层，如石灰岩产层等，这种完井方式特别适合垂直裂缝发育良好的坚固岩石油气层。

2. 衬管完井

水平井衬管完井的井底结构，如图 3-8 所示。完井时可先钻到水平段（水平段的起始点）套管，再用小钻头钻开水平段，下衬管。也可直接钻完水平井段，下套管只下到水平段顶部，水平段下入衬管。衬管用密封悬挂器（悬挂封隔器）挂在最后一层套管上，用封隔器密封环形空间。衬管要加扶正器，使其居中，衬管可以是割缝的，也可以是绕丝筛管。衬管完井方法简单，可支撑地层岩石，防止井壁坍塌，是较好的完井方法。

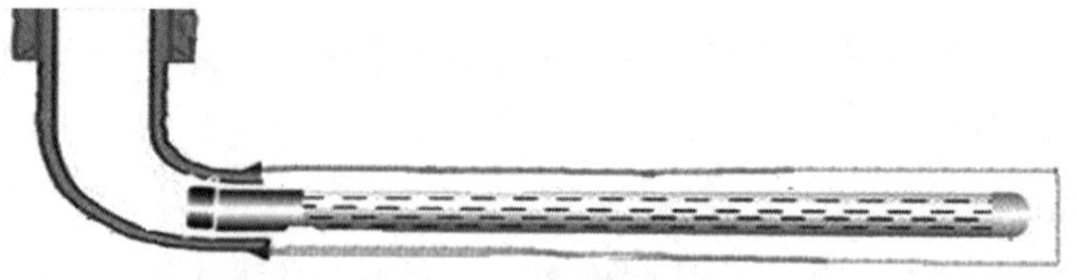

图 3-8　水平井割缝衬管完井

3. 封隔器完井

在裸眼水平井段中下筛管并在筛管的适当部位安放裸眼封隔器，使封隔器张开实现井段分隔，其作用是支撑弱的地层，按层段进行生产控制。这种井底结构，如图 3-9 和图 3-10 所示。

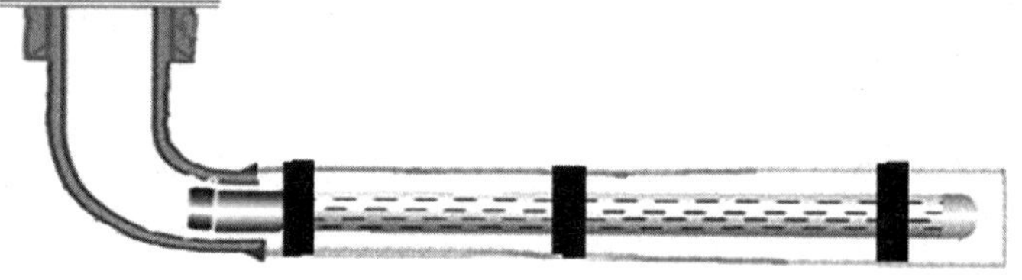

图 3-9　套管外封隔器及割缝衬管

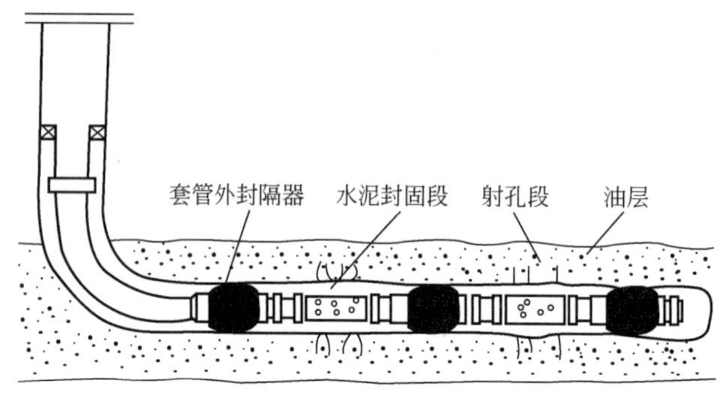

图 3-10　套管外封隔器及筛管完井

4. 砾石充填完井

在裸眼水平井眼下入筛管，并在环形空间充填砾石以支撑地层和防止地层出砂。在水平井中进行砾石充填是比较困难的。砾石充填完井，如图 3-11 所示。

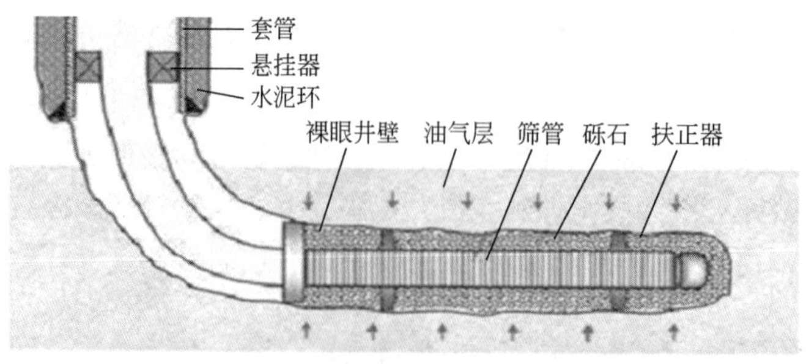

图 3-11　套管内砾石充填筛管完井

（四）超短半径水平井的完井

超短半径水平井钻井是用一根很细的高压冲蚀管在其中打入高压流体，管体处于塑性或半塑性状态，能在极短的距离内由垂直弯成水平，也有的超短半径水平井是用高压软管弯过弯曲段的。由于弯曲段很短，弯曲剧烈，井眼直径很小，很难再用其他管柱送入水平井眼进行完井。用高压软管冲成井眼后将软管拔出，只能裸眼完井。用钢管冲成井眼后，如有必要，可将钢管留在井中，用电化学腐蚀的方法，将喷嘴腐蚀掉，并把水平井眼中的钢管腐蚀成割缝衬管，再从上部切断，形成衬管完井。也可以在水平井眼中充填砾石。

如果在一个油层中不同的方位上钻多个井眼，各个井眼有干扰，就更不能用分别下管柱的完井方法，只能裸眼完井。

第三节 欠平衡钻井技术

一、欠平衡钻井技术概述

在钻井过程中，利用自然或人工方法，使井筒内钻井液液柱压力低于所钻地层的孔隙压力，允许地层流体进入井眼，并将其循环到地面加以有效控制的一种钻井技术，有时也称为负压钻井。欠平衡钻井与常规、近平衡钻井特点对比见表 3-2。

相对于传统的过平衡压力钻井，欠平衡钻井具有以下两个特点：

（1）钻井液液柱压力低于地层孔隙压力；

（2）允许地层流体进入井眼循环出并加以有效控制。

表 3-2 欠平衡钻井与常规、近平衡钻井的特点对比

对比项	常规、近平衡钻井	欠平衡钻井
$p_{井底}$与$p_{地层}$	$p_{井底}>p_{地层}$	$p_{井底}<p_{地层}$
钻井液密度	保持足够的密度，防止地层流体进入井筒	降低密度，使地层流体溢出
地层流体进入井筒时	停止钻井作业	继续钻进
井筒钻井液漏失时	停止钻井作业	继续钻进
对井内油气的处理	油气保留在井底	将油气带出井口
$p_{井底}<p_{地层}$时循环钻井液	不能保持槽液面不变	可保持液面不变

二、欠平衡钻井的关键技术

欠平衡钻井是一项复杂技术，该技术钻井液消耗量大，风险大，涉及多项不确定因素。因此，应在钻井作业之前、之中和之后进行综合工程评价，确保获得最大效益。对任何一口进行欠平衡作业的井都应要求地质、油藏、钻井、采油（气）和服务公司等专业人员组成多学科小组协同工作，其关键技术包括以下几项。

（一）欠平衡条件的产生

井下欠平衡条件的产生有自然法或是人工法两种：自然法是针对地层压力系数较高，直接采用低密度钻井液，循环系统的压力低于正钻地层的有效孔隙压力，使井底压力自然处于欠平衡状态，也就是所谓的“边喷边钻”。在大多数情况下，需要采用人工方式产生欠平衡条件。

在选择钻井液基液时，应综合考虑储层、流体、作业和经济等方面的因素，主要包括储层压力、钻井液基液与注入流体之间的配伍、钻井液基液与储层岩石之间的配伍以及储层岩石湿润性情况。另外，还应考虑钻井液基液本身的一些物理性能，如黏度应较低、无腐蚀性、毒性低和闪点高等。不凝气的选择应以安全性和经济性为准则。常用不凝气包括：

（1）空气；

（2）氮气；

（3）净化的废气；

（4）甲烷气。

注入方式主要有以下 4 种：

（1）通过钻杆注入不凝气，降低钻杆内外循环介质的密度；

（2）通过寄生管注入不凝气；

（3）通过同心管柱注入不凝气；

（4）连续油管是最理想的注入方法，可确保井下始终处于欠平衡状态。

（二）维持欠平衡条件

钻井水力参数、产出流体性能、多相流特性、储层局部压降幅度和产出流体向井中流入的程度以及一些常规作业（接单根、起下钻等）都是影响欠平衡钻井的因素。为避免欠平衡条件的丧失，应建立水力参数设计模型，随时监测作业参数，及时解决可能出现的问题。

（三）欠平衡钻井的井控技术

实施欠平衡钻井作业时，必须控制井口环空压力，确保钻进、起下钻及测井等作业顺利完成；同时对井口施加回压，使地层流体有控制地进入井内并循环出来，因此要保证欠平衡钻井的成功，必须配备配套先进的井控设备，在欠平衡条件下进行井控作业。井控装置主要包括：井口常规防喷器、旋转防喷器、节流压井管汇。旋转防喷器、节流压井管汇是进行欠平衡钻井的必备设备，其可靠的密封及安全操作至关重要。

（四）地面四相分离系统

地面四相分离系统对井内循环出的多相混合流体进行分离控制处理，清除钻井液中所侵入的油、气、岩屑，维持钻井液密度及良好性能。

（五）随钻测量技术

采用可压缩钻井液进行欠平衡钻井时，常规测量技术不适用，电磁波随钻测量仪的信号传输是通过地层而不是钻井液，可用于欠平衡钻井。但在高电阻率地层，其信号传输中断。此外，还可采用电缆传输信号的测量方法，应优先采用电磁波随钻测量仪。

三、欠平衡钻井中应注意的问题

（一）井身结构

欠平衡钻井作为一种特殊的工艺，对井身结构也有一定的要求。应重点考虑的问题是井眼尺寸、套管层次，技术套管应尽量下到油层顶部。

（二）地层情况

要求井眼稳定，油气层井段比较集中，欠平衡钻井的裸眼段不宜太长，地层压力层系单一，比较合适的地层有火成岩地层、不易破碎的灰岩地层等。另外，地层压力的大小直接影响到钻井施工方案的选取。

（三）选择钻井液类型

在钻井过程中只有产生负压值，才能实现欠平衡钻井。根据不同的地层压力、地层情况及产层情况，通过选择钻井液类型来实现欠平衡钻井，选择钻井液的性能还要满足携砂、保护井眼及有利于油气分离。

（四）负压值的确定

负压值是保证欠平衡钻井成功的重要参数，负压值应从井口装置、套管承压能力、旋转控制头的性能、井眼的稳定性、地面对产出液量分离能力等几个方面进行综合考虑。

（五）井控系统

旋转控制头是欠平衡钻井的核心设备，其结构及性能必须满足工艺要求，除旋转控制头外，作为欠平衡钻井的其他井控设备，也必须保证对每种工况都能做到用两种以上的方法进行控制。

四、欠平衡钻井的主要设备

欠平衡钻井所需设备包括旋转控制头、防喷器组、地面封闭循环系统、多相分离系统、钻井资料采集系统等。其中，旋转控制头或旋转防喷器是欠平衡钻井最重要的不可缺少的设备，其他设备及地面设施根据欠平衡钻井方式的不同相应配置。常规钻井液进行欠平衡钻井主要设备见表 3-3。

表 3-3 欠平衡（钻井液）钻井主要设备、装置列表

类型	名称	型号	数量	类型	名称	型号	数量
井口装置	旋转控制头		1	井口管汇	节流管汇	JG-70	2
	环行防喷器	FH35—35	1		压井管汇	YG-70	1
	双闸板防喷器	2FZ35—70	1		放喷管线	5in 钻杆	75m×2
	钻井四通		1		燃烧管线	10in 钢管	100m
	单闸板防喷器	FZ35—70	1				

续表

类型	名称	型号	数量	类型	名称	型号	数量
钻具内防喷工具	上旋塞	ϕ165mm	1	地面处理设备	三相分离器		1
	下旋塞	ϕ165mm	2		真空除气器		1
	投入式止回阀	ϕ165mm	2		锥形罐	40m^3	1
	旁通阀	ϕ165mm	2		循环罐	40m^3	4
	单流阀	ϕ165mm	4		储备罐	40m^3	4
控制系统	远程控制台		1		撇油罐	40m^3	2
	旋转头控制箱		1		储油罐	40m^3	2
	节流控制箱		1	其他	自动点火装置		1
	卡箍控制箱		1		防回火装置		1
监测系统	液面监测仪		1		防爆系统		1
	液面报警器		1		离心通风机		4
	硫化氢监测仪		4		防爆轴流泵		5
	综合录井仪		1		气体流量计		1

（一）旋转控制头

旋转控制头（RCH）是欠平衡钻井的必备设备之一。在钻井作业过程中，它在井眼环空与钻柱之间起封隔作用并提供安全有效的压力控制，同时具有将井眼返出流体导离井口的功能。目前常用的是 Williams7000 型和 7100 型旋转控制头（图 3-12）和 Shaffer 公司的旋转防喷器（图 3-13）。

1. Williams 7000 型和 7100 型旋转分流防喷系统

Williams7000 型和 7100 型旋转分流防喷系统是为压力较高的水平井欠平衡钻井和反循环钻井作业而设计。该装置使用两个橡胶芯子，提高了密封可靠性。该系列可在钻柱起出的情况下更换轴承总成。7000/7100 型系统包括：一套经高压测试的旋转控制头、一套动力支持系统、一套远控监测台。

图 3-12　旋转控制头

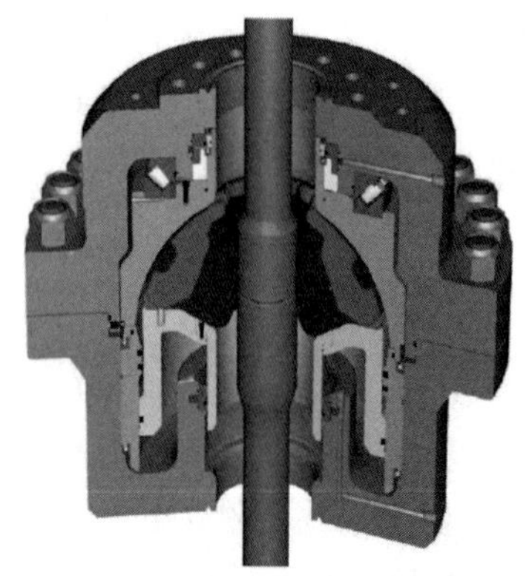
图 3-13　万能防喷器

2. Shaffer 公司旋转万能防喷器

Shaffer 公司推出的旋转防喷器（PCWD）一体两用，具备旋转控制头和常规环形防喷器的功能，产品性能特点：

（1）PCWD 为主动式旋转防喷器，在钻井过程中，它可以自动补充密封胶芯的橡胶量，从而保持了良好密封性能。

（2）液压系统的压力始终大于井筒压力，以保证井筒中的钻井液不会浸入液压系统。

（3）液压系统的压力可以人为调节，使设备达到最佳的密封及最小的胶芯磨损状态。

（4）液压系统压力可以自动调节，使动密封两侧压差最小，从而延长了动密封的使用寿命。

（5）11in 通径可使各种钻头及井下工具通过，而不需任何拆装工作。

（6）密封胶芯可密封住任何截面形状的钻柱（包括四方钻杆）。

（7）不需要方钻杆驱动器即可正常钻进。

（8）该旋转防喷器具有常规万能防喷器的性能。

（9）可以和顶部驱动装置配合使用。

（10）密封胶芯可开口，更换胶芯时可把钻柱留在井中（节省了换胶芯时间）。

（二）空气钻井设备

空气钻井设备是实施空气钻井的基础，与常规钻井设备配合使用，就可以完成空气钻井整个工艺过程。空气钻井主要设备平面布置如图 3-14 所示，其井场布置可参考图 3-15。

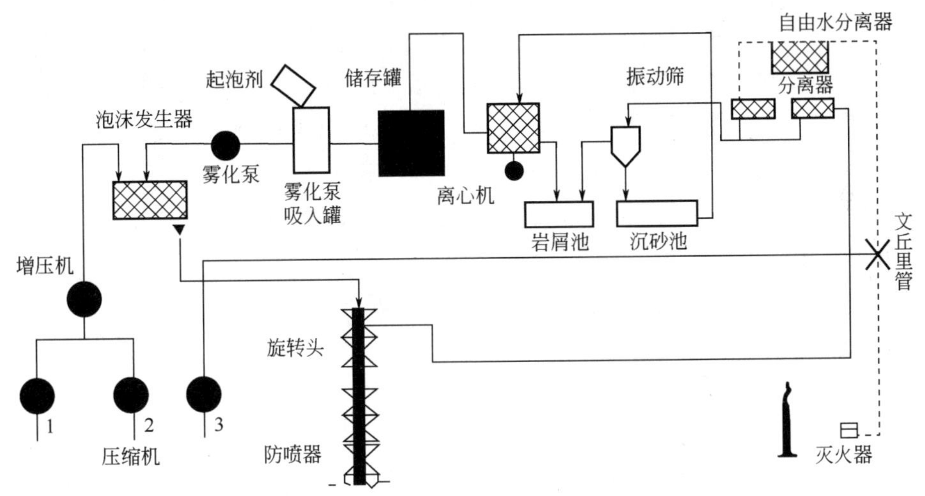

图 3-14 空气钻井主要设备平面布置图

（1）空气压缩机：其作用是为钻井和增压器提供低压空气。通常使用的压缩机排气压力为 2.4~3.45MPa，排气量为 25.5~32.6m^3/min。

（2）增压机：其作用是提供高压空气。通常使用的增压机吸入压力 2.4~3.45MPa，排气压力 9.8~15.2MPa。

（3）空气分离器：安装在振动筛上部，与排泄管一端相连的一组碗形容器。

（4）浮阀短节：浮阀分别接在钻柱的顶部和底部。底部浮阀的作用是防止钻屑回流到钻柱或导向空气马达中去，以免堵塞钻头。顶部浮阀的作用是在接单根时挡住钻柱内的高压空气。

（5）涤气器：涤气器的作用是除掉气流中过量的水，以便把气流中的水分控制到最低

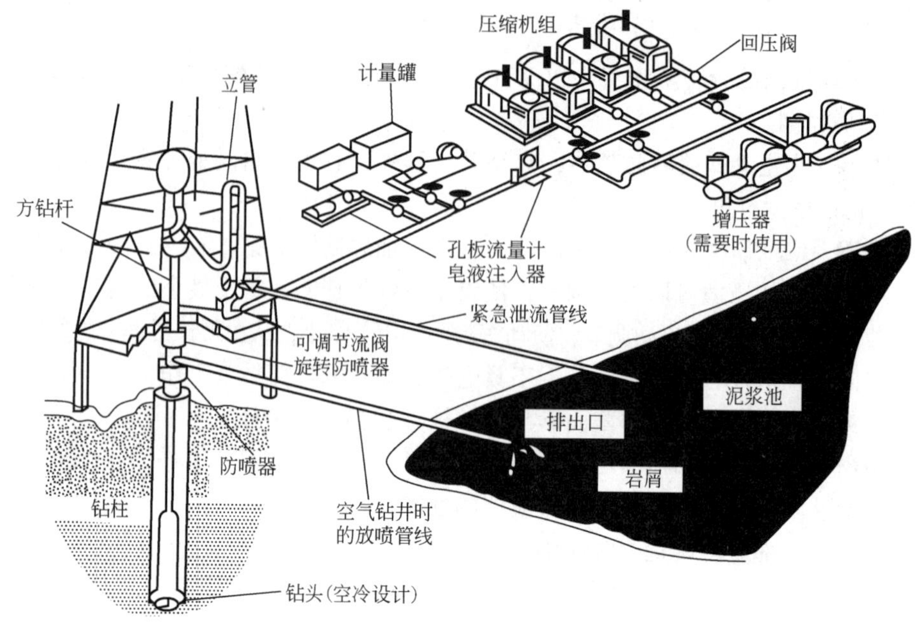

图 3-15　井场布置示意图

程度，并起到保护增压器的作用。

（6）液相注入器：液相注入器的作用是把发泡剂、防腐剂等注入高压空气管线。

（7）测量空气体积的流量计：一般使用孔板流量计测量空气的注入体积。

（8）取样器：取样器主要是由一小口径的管子，以一定的角度固定在排泄管的底边上。

（9）天然气、硫化氢检测器：天然气、硫化氢检测器可以窥视排泄管内的情况，能确定环空中钻屑和空气返出物中是否进入少量天然气、硫化氢。

（10）固相注入器和罐：固相注入器的功能是往井眼中注入干燥粉末，以便干燥渗水带或降低深井的扭矩。

（11）各类空气管汇和阀：包括排放管、卸放管等。

五、欠平衡钻井方式

欠平衡钻井的一般方式主要由所采用的钻井液的不同来划分，分别为常规钻井液钻井、注气钻井、泡沫钻井、雾化钻井以及空气钻井等。根据不同的循环介质（图 3-16），欠平衡

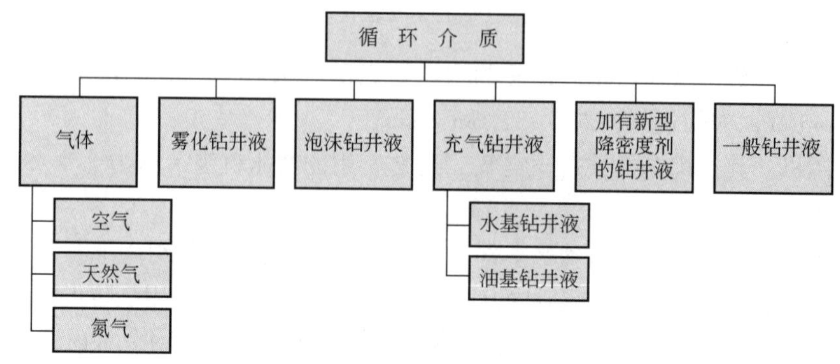

图 3-16　欠平衡钻井的不同循环介质

钻井设备、钻井工艺、井控工艺都有所不同。

（一）气体循环介质

气体作为欠平衡钻井介质，能够获得最小的密度，产生很低的井底压力，并避免任何外部流体侵入地层。

1. 优点

（1）产生的井底压力很低，可实现经济钻井；

（2）静液柱压力低，机械钻速快，钻头使用寿命长；

（3）采用空气，成本低；

（4）采用氮气，可减缓潜在的腐蚀。

2. 适用性

（1）地层孔隙压力当量钻井液密度低于 $0.01g/cm^3$ 的储层压力严重衰竭的油气藏；

（2）空气钻井适用于长页岩井段、坚硬的井壁稳定地层、水敏性低压地层、硬石灰岩层、硬石膏易漏地层、严重缺水地区等。

（二）雾化钻井液

雾化钻井是在大排量的空气中连续泵入一定量雾化液作为循环介质的欠平衡钻井技术。雾化钻井液气体体积百分含量比一般在94%~99.9%，而泡沫的气体含量为55%~94%，含气体量为0~55%的钻井液也称为充气钻井液。雾化钻井主要利用雾化钻井液中的表面活性剂降低表面张力、乳化分散、雾化、润滑等效应，以化学方式清除进入井眼中的地层液体，增强空气流举升力，达到井眼净化的目的。其优点是：润滑性较好、无滤饼。缺点是：存在地层水敏化问题，易腐蚀钻井设备。

雾化钻井一般适用于气藏的开发。

（三）泡沫钻井液

泡沫钻井液能产生很低的密度，具有携带岩屑和清洁井眼所需的良好流变性，其最大缺点是在地面很难从大量泡沫流体中清除固相。

泡沫包括硬胶泡沫和稳定泡沫。硬胶泡沫是由气体、黏土、稳定剂和发泡剂配成的稳定性比较强的分散体系。稳定泡沫是指空气（气体）、液体、发泡剂和稳定剂配成的分散体系。主要区别是硬胶泡沫含有膨润土。硬胶泡沫应用于需要泡沫寿命长，携带能力强的场所，但它对电解质、油品的污染敏感，一般不宜在油气井中应用。稳定泡沫则与各类电解质、原油及钻井过程中的污染物配伍。

1. 优点

（1）携砂性能好，可避免岩石的重复破碎；

（2）清除流入井筒的地层流体的能力也特别强；

（3）能适应环空中不同的压力变化；

（4）机械钻速快，钻头使用寿命长；

（5）对地层损害小，完井后一般不需要进行增产措施；

（6）静液柱压力低，可在易漏地层钻进。

其缺点是地面固相分离难度大、费用高、地层易水敏化，存在设备腐蚀问题。

2. 适用性

（1）地层孔隙压力为 0.45~0.65g/cm^3 当量钻井液密度的储层（压力严重衰竭地层）；

（2）可在易漏地层钻进；

（3）宜在缺水地区和永冻地区钻进。

（四）充气钻井

在人工诱导的欠平衡钻井中，用得最多的基础钻井液是充气水基或油基体系。还常使用纯净盐水、产出油或成品油。这些流体具有极低的黏度，在紊流中与足够的气体混合时，能起到很好的携岩和清洁井眼的作用。使用充气钻井液能很好地控制井底压力，有利于井眼稳定。

充气钻井包括空气钻井、天然气钻井和氮气钻井。其优点是：钻速快，不污染地层，可检测低压层，能有效控制井漏，钻井液费用低。不足之处是：流变性差，不能很好地携岩和清洁井眼，热传递能力差，井下动力钻具使用寿命短。在使用空气钻井时，钻遇油气层、煤层时易发生爆炸，而且与地层水等流体不相容、井眼稳定性差。适用地层包括：干地层、易漏层、不易压裂地层、钻井液易漏失地层、洞穴地层。不适合空气钻井的地层包括：出水严重的地层、含 H_2S 地层、高渗地层。

（五）加有新型降密度剂的钻井液

最新研究工作是围绕空心玻璃微珠或塑料微珠展开的。目的是为了在循环钻井液中悬浮这些微珠，以降低钻井液密度，使之能够利用标准方法进行循环和固相控制。

（六）一般钻井液

一般钻井液适用于可以边喷边钻的高压地层。一般钻井液体系具有很好的流变性能，能在欠平衡压力状态受到破坏时抑制钻井液漏失到地层中去。在井壁稳定性不好或不考虑井深损坏的情况下，采用一般钻井液。

1. 优点

（1）只需配备相对简单的欠平衡专用设备；

（2）不需要有关流体配制和管理方面的专门知识；

（3）可以使用常规的钻井液脉冲随钻测量仪；

（4）对裂缝性油气藏非常有利，可防止地层裂缝开口被岩屑所堵塞。

2. 适用性

主要应用于具有正常的或更高的孔隙压力梯度的储层。

六、欠平衡钻井设计应考虑的问题

正确应用欠平衡钻井技术，可以取得巨大的技术和经济效益，反之则会造成钻井成本增加、较严重的地层损害和减产等一系列负面效应。因此，在欠平衡钻井设计时，需要考虑的问题很多，这些问题包括：

（1）储层是均质性的还是非均质性的，是否做了大量岩心分析工作，能否对岩心进行适当评价；

（2）对所设计的欠平衡井是否有足够的井控能力；

（3）钻进时是否完全了解井底流体压力；

（4）设计和选择的井口控制设备能否完全控制井底流体压力；

（5）是否有足够的地方摆放欠平衡钻井设备；

（6）是否有适宜的储层筛选方法保证所选定的储层适于欠平衡钻井；

（7）是否有地质、油藏、钻井、完井和采油专家一起工作，评价所拥有的已知数据，从而选择储层的最佳部位来钻欠平衡井眼；

（8）是否通过电测资料分析了孔隙度、渗透率和预期的流体饱和度，以克服钻进期间出现的意外情况；

（9）是否对井眼稳定条件进行过分析。

第四节　钻井取心工艺

一、常用取心工具

钻井取心是提供地下原始资料的重要途径，也是获取地层岩性、地下含油情况等资料的最直接、最可靠的手段。通过取心并对所取岩心分析、研究，才能制定出合理的开发方案，才能准确地计算出地下油气储量，并为开发做准备。常规取心工具主要由安全接头、旋转总成、差值短节（或稳定器）、外筒、内筒、岩心爪组合件、取心钻头和辅助工具等部分组成。目前硬地层主要使用的取心工具以川式为主（如川 8-3、川 7-4 等取心工具），软地层以 250 系列为主（如 250P 系列 171.45mm×101.6mm，120.65mm×66.675mm 等），相配的取心钻头扣型各不相同。另一类取心工具为多功能检测取心状态的取心工具。

二、取心钻头

常用取心钻头有 PDC 钻头和巴拉斯钻头，依钻头直径和岩心直径选取。

（1）215.9（212.725）mm×101.6mm，可选钻头型号有：

PDC——RC10，RC476，RC475，RC476F 等。

巴拉斯——SC226，SC276，SC278，SC225，SC276FD，PC38 等。

（2）152.4（149.225）mm×66.675mm，可选钻头型号有：

巴拉斯——SC226，SC276，SC248，SC278，SC777 等。

（3）推荐选择取心钻头如表 3-4 所示。

表 3-4　推荐选择取心钻头表

取心钻头类型	适应地层	备　注
PDC	N，E，K，J，T	致密泥岩巴拉斯钻头比 PDC 钻头效果好
巴拉斯	C，D，O，S，∈	砂岩适合用取心钻头

（4）取心钻头使用后，应记录如下资料：厂家、规范、型号、入井序号、出厂编号，不再入井时，描述最后的磨损情况。

三、取心工艺

（一）准备工作

（1）井眼必须清洁畅通；

（2）保证井眼畅通，起下钻遇阻遇卡井段必须处理正常；

（3）保证井底清洁；

（4）出井钻头外径，不得小于取心钻头外径，否则，将用与取心钻头外径相适应的钻头通井。

（二）处理钻井液

按设计要求处理循环钻井液，使钻井液性能稳定，符合设计要求，井眼畅通后方可起钻准备取心。

（三）检查设备

取心前，必须对绞车刹车系统、钻井泵、仪表、传动系统、动力设备、钢丝绳等设备进行检查，确保设备能正常运转和工作，保证取心工作顺利进行。

（四）明确地质情况

（1）了解取心前的钻时、扭矩和钻井参数。

（2）了解地质预告取心井段的岩性情况。

（五）装配取心工具

取心工具如图 3-17 所示。

（1）对运到井场的取心工具必须进行全面检查：

① 对照规范，测量内外径和丈量长度；

② 内外筒弯曲度不超过二千分之一；

③ 内外筒无咬扁，无裂纹，无严重环槽，螺纹应完好；

④ 岩心爪敷焊的碳化钨应牢固，厚度均匀，弹性适中，自由状态时，内径应比取心钻头进心孔径小 1.5~3mm；

⑤ 悬挂轴承转动灵活，其本身的轴向间隙应小于 4mm；

⑥ 安全接头的摩擦环，螺纹应完好，O 形密封圈的尺寸应符合设计要求；

⑦ 未入过井的新取心工具，应全面检查，涂油和紧扣；

⑧ 检查水眼是否畅通，球座内不能有钢球。

（2）将井场组装好的取心工具平稳吊上钻台，放入井口内，卡好安全卡瓦，然后进行紧扣，工作内容如下：

① 取心工具紧扣扭矩。

250P 系列：171.45mm×101.6mm 或川 7-4 内筒串用 1219.2mm 链钳三人推紧；

250P 系列：120.65mm×66.675mm 或川 5-4 内筒串用 1219.2mm 链钳三人推紧。

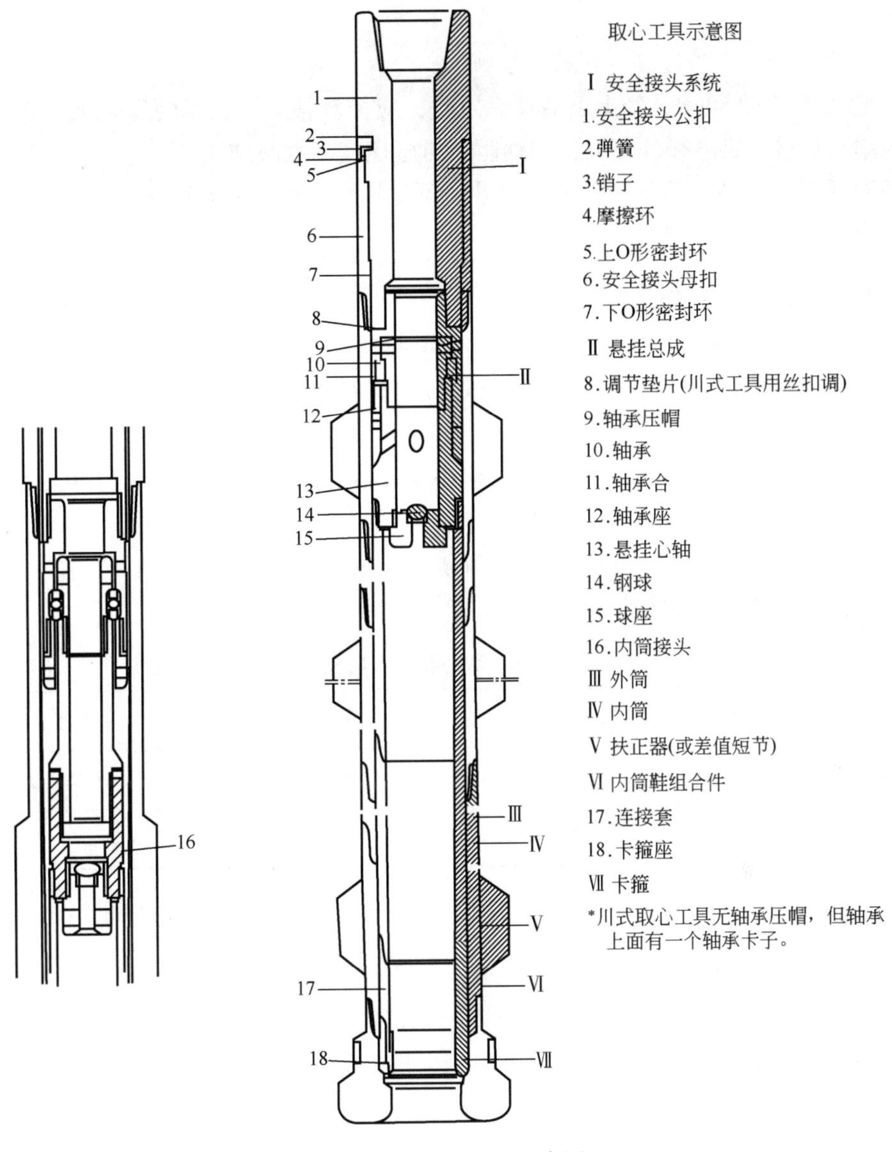

图 3-17 取心工具示意图

对外筒进行紧扣，如使用液压大钳，按弹簧法组合岩心爪外筒紧扣扭矩进行。

② 取心工具检查、组装和紧扣后，调节卡箍座与钻头内台肩之间的间隙，见表 3-5（松软破碎地层按下限值调节）。

表 3-5 卡箍座与钻头内台肩间隙表

取心工具类型或规范	间隙值大小，mm
250P，川 7-4	10~15
250P，川 5-4	8~12

③ 上卸取心钻头，应用钻头装卸器，防止因碰撞而损坏取心钻头。取心钻头紧扣后，应检查内筒在取心钻头内是否能转动，否则应查明原因并整改。

（六）下钻

（1）操作平稳，严禁猛刹、猛放、猛顿。

（2）遇阻不超过50kN，经上下活动无效时，应循环钻井液，不硬压强下。钻头离井底最后一根单根应接方钻杆循环下放，如遇阻，可轻压慢转划眼到底。

（3）严重遇阻井段，应下牙轮钻头通井，不能用取心钻头大段划眼。

（七）取心钻进

（1）实探井底，校对到底方入。

（2）循环15~30min后，卸方钻杆投球，同时调好方入。

（3）投球10min后，校好灵敏表，按指令调好转速、泵冲，正常后，下放钻具树心。

（4）树心：

① 215.9（212.725）mm取心钻头，用10~30kN钻压树心；152.4（149.225）mm取心钻头，用10~20kN钻压树心。

② 树心0.3m后，按每次10kN钻压逐渐加压到规定钻压。

（5）取心钻进参数（根据扭矩调整钻井参数），见表3-6。

表3-6 取心钻进参数表

取心钻头规范	钻压，kN	转数，r/min	排量，L/s
8½in	30~80	50~60	17~22
6in	20~50	50~55	9~13

（6）取心钻进由正副司钻操作，均匀送钻，不能随意将钻头提离井底，注意各种参数变化。

（八）割心

（1）对于砂泥岩互层段，避免在易水化剥落的泥岩段或松散砾石段割心，应选择钻速较快成柱性较好的砂岩段割心。

（2）对于较致密地层割心，应先刹住刹把磨一段时间，使岩心变细容易拔断。

（3）对于松散地层，快割心时，提前一米加大钻压10kN，适当降低转数，使岩心变粗，但禁止干钻割心。

（4）割心时，停转盘不停泵，第一步上提到原悬重，第二步上提0.3m，第三步再上提0.3m，如果悬重没有什么变化，可用这种方法提到1.5~2m高，如果上提悬重增加，超过悬重150kN，岩心未断，可刹住刹把，提高泵冲，多次猛合猛停泵，震断岩心，如果还不断可适当多提一点拉力，刹住刹把，重复用泵震断岩心。割完心后，可以起钻。

（5）取心过程中若长筒取心，割心时一般不超过150kN才可以接单根，方法是：割心上提钻具不转方向，接完单根后开泵下放钻具，静压150~200kN顶松岩心爪，然后上提钻具至原悬重，启动转盘迅速加上原取心钻进时钻压继续取心钻进，观察钻时变化，分析岩心爪是否顶松，如果与接单根比较，钻时升高幅度大，证明未顶松岩心爪，可重新顶或考虑起钻。所以接单根应选择机械钻速快、岩心成柱性好的地层割心，根据方钻杆情况可提前避开致密井段接单根。

（6）疏松、破碎和关键井段不宜接单根。

（九）起钻和出心

（1）割心后，如果在油气层井段，按井控工作细则进行考虑，可循环观察后决定是否立即起钻。

（2）起钻操作平稳，不猛刹、猛顿，用液压大钳或旋绳卸扣，防止甩掉岩心。

（3）起钻过程中，应及时向井内灌满钻井液。

（4）岩心出筒，用岩心钳在钻台上进行。应有地质人员把住岩心出筒关，井队人员负责岩心出内筒，并按要求放置合适地点。

（5）需要更换并重新组配好取心工具，以备下次取心。如果是最后一次取完心，就将外筒各扣拉松并进行清洗，平稳吊下钻台。

（十）井下情况的判断及处理

（1）钻时变化是判断卡心与否的重要依据。一般来讲，钻时增加到正常钻时的 1.5 倍时，应引起足够的重视，并进行综合的分析和处理。若怀疑钻遇泥岩夹层，应与泥岩地层对比。可加密钻时记录进行分析，判断是否卡心。

（2）转盘负荷轻，扭矩小，几乎不波动，可能卡心。

（3）泵压忽高忽低，钻时为零，可能卡心。

（4）返出岩屑明显增多，可能卡心、磨心。

（5）钻时猛增，但其后出现较快钻速，很容易给人一种已转入正常取心的假象，对于这种情况要做认真分析，防止对已出现的卡心发生误判，因此在未完全了解井下情况及其变化规律时，应慎重，不能单纯追求单筒进尺。

（6）一旦判断卡心，应果断割心起钻。

（7）泵压升高，或是钻头底面磨损或是流道被堵，或是内筒串松扣引起轴向间隙减小；泵压下降，应怀疑循环短路。无论哪种症状，都应立即起钻。

四、密闭取心

密闭取心能够在岩心形成过程中用密闭液把岩心保护起来，避免岩心受钻井液滤液的浸泡和污染，所取得的岩心资料能够更客观真实地反映地层情况，准确地取得地层油水饱和度、孔隙度、气体渗透率等重要的物性参数，为计算油气藏储量、制定合理的开采开发方案提供科学的依据。

在油田开发中，通过密闭取心可了解油气的分布和油气储量动用情况、水洗水淹程度、残余油的饱和度等。因而密闭取心受到各个油田的高度重视。

（一）密闭取心基本参数

（1）型号表示方法。示例：YM-215-115 表示可取岩心名义直径为 115mm，取心钻头外径为 215mm，中硬-硬地层密闭取心工具。

（2）取心工具的基本尺寸见表 3-7。

（3）密封活塞、浮动活塞等结构形式与主要尺寸见图 3-18、图 3-19 和表 3-8。

表 3-7 密闭取心工具型号与基本参数 单位：mm

工具型号	取心钻头				外岩心筒					内岩心筒					工具接头螺纹
	外径		内径		外径	内径	长度		螺纹代号	外径	内径	长度		螺纹代号	
	基本尺寸	极限偏差	基本尺寸	极限偏差			基本尺寸	极限偏差				基本尺寸	极限偏差		
RM-21-115	215	±1	115	±1	194	154	9000	±2	OX194	139.7	124	8500	±2	QX139.7	5½inFH
YM-211-115	215	±0.5	115	±0.5	194	154	9000	±2	QX194	139.7	124	8500	±2	OX139.7	5½inFH
RM-24z-136	244	±1	136	±1	216	172	9000	±2	OX216	160	144	8500	±2	QX160	5½inFH

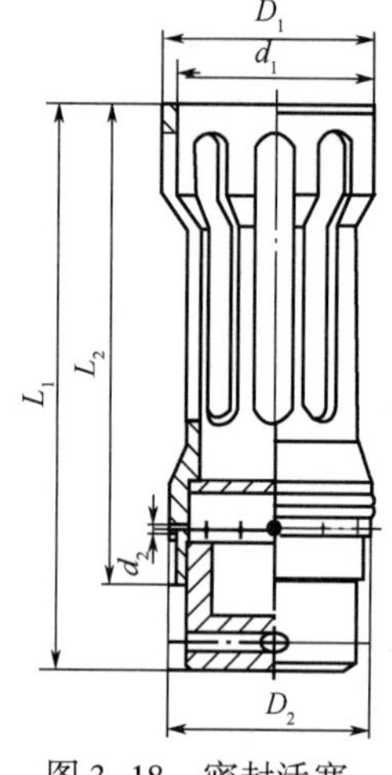

图 3-18 密封活塞

图 3-19 浮动活塞

（4）软地层岩心爪比钻头内径大 10~12mm，硬地层岩心爪比钻头内径小 2~3mm。

（5）内、外筒无裂纹、无结疤、无咬扁，并进行探伤检查。

表 3-8 密闭取心工具参数 单位：mm

工具型号	L_1	L_2	D_1	D_2	d_1	d_2
RM-215-115	390	330	118	115	108	7
RM-244—136	390	330	138	136	128	7

（二）密闭取心操作规程

1. 取心前准备

（1）工具选择。松软地层密闭取心应选用加压式工具，中硬至硬地层密闭取心应选用自锁式工具。

（2）工具检查。

① 内、外筒的平直度不超过 0.5‰，内、外径应符合图样要求，内、外筒无变形、无裂

纹，螺纹完好。

② 钻头出刃均匀完好，直径应符合图样或使用说明书的规定。钻头内腔密封面必须光滑。水眼通畅。固定密封活塞用的销孔须完好，不能有残留焊渣。

③ 岩心爪在使用前须整形，尺寸应符合图样要求，放入钻头内腔或缩径套内应试转灵活，且锥面部分相互贴合一致。

④ 所有密封圈必须完好无损，尺寸应符合图样要求。装配时应涂抹润脂，不允许有翻转扭折现象，Y 形密封圈的方向须一正一反。

⑤ 加压式工具的加压接头须滑动灵活，有效滑距不小于 200mm。上接头的加压台肩完好。加压中心杆无变形，平直度不超过 2‰，并有直径相同、数量充足的加压钢球。

⑥ 工具组装好后的轴向间隙，加压式工具为 15~20mm，自锁式工具为 8~10mm。

（3）井眼准备。

① 井身质量应符合设计要求。

② 钻井液性能必须符合设计要求，API 滤失量不大于 3mL，密度应控制在近平衡钻井所要求的范围内。

③ 起、下钻畅通无阻。

（4）地层预告。要专为取心绘制出 1∶200 比例的地层剖面图，并参照邻井取心情况确定下井工具的长度及取心措施，做到每筒岩心“穿鞋戴帽”。

（5）设备和仪表。设备和仪表配备齐全，性能良好，工作正常。如用加压式工具，应检查所有钻具及接头水眼，保证不大于 50mm 钢球能顺利通过。立管上部应设置 ϕ62mm 的投球丝堵。

（6）对油基型密闭液的性能要求。

① 外观：液面光洁，颜色随膨润土的颜色而变化。

② 绝对黏度（50℃时）：取心井深 2000m 左右，要求黏度 2000mPa · s 左右；取心井深 3000m 左右，要求黏度 3000mPa · s 左右；取心井深 3500m 以上，要求黏度 3500mPa · s。

③ 抽丝：在 20℃左右用玻璃棒蘸挑密闭液，丝长不少于 30cm。

④ 耐酸、耐碱、耐油性能：分别在 50%的 H_2SO_4 溶液、50%的 NaOH 溶液及柴油中浸泡 1h 均无变化。

（7）附件：顶心胶皮、大小头等辅助工具应配套齐全完好。

（8）定“基值”取心：钻达取心层位之前，在钻井液中不加示踪剂、工具中不加密闭液的条件下，为确定地层“基值”——岩心对显色剂的原始显色数值而必须进行一次常规取心。

（9）试取心：钻达取心层位之前，定“基值”取心后，在钻井液中加入示踪剂；工具中加入密闭液，至少进行一次试取心。

2. 下钻

（1）工具须平稳拉上钻台，严防碰撞活塞头。工具出入井口，用大钩提吊，外筒坐于井口时应使用安全卡瓦。

（2）将密闭液加热到 50℃左右，在井口向内筒缓慢灌入，要保证内筒的空气液面至分水接头水眼位置后要静止 5min，保证灌满。最后，加压式工具应将丝堵上紧，装加压中心杆，连接加压接头。

（3）内筒螺纹用链钳紧扣，外筒螺纹用13000~16000N·m扭矩值紧扣。

（4）下放钻具要平稳，下完钻铤要挂电磁刹车，下钻遇阻不得超过30kN。

（5）将取心钻头下至距井底10m左右，缓慢开泵，启动泵压不得超过8MPa。同时按规定数量均匀地向钻井液中加入示踪剂，在钻头不接触井底的条件下加药时间不少于一个循环周，可适当上下活动或转动钻具，使钻井液示踪剂含量达到0.2kg/m^{3}且分散均匀，以连续四个检测值符合规定为合格。

3. 取心钻进

（1）在开泵转动钻具的情况下校对指重表。对加压式工具，应先将钻头缓慢加压100kN，剪断密封活塞固定销，然后调整钻压至20kN，启动转盘，在规定的时间内将钻压由小到大调至正常。对自锁式工具，要求转动钻具，慢放到底，到井底后及时将钻压加至50kN，剪断密封活塞固定销，然后采用正常取心钻进参数钻进。

（2）钻压选择原则是在取得较高钻速条件下用较低钻压值。对一般中硬至硬地层，钻压为9~14kN/25.4mm直径。对一般松软地层，钻压应降低1/3；对极松软地层增加1/3。推荐转速为60~70r/min，软地层可适当增加。

（3）钻进操作要求：

① 送钻要均匀，增压要缓慢，严禁溜钻。

② 钻进中不停泵、不停转，遇蹩跳钻时可适当调整钻井参数。

③ 从钻头接触井底开始，直到取心钻进完毕为止，钻头始终不得离开井底。特殊情况需要提起钻头时，应割心起钻。

④ 必须做好钻时记录，并密切注意钻进变化。若发现钻时突然猛增，转盘蹩跳就可能是堵心的反映。经判断是堵心，应果断割心起钻。

4. 割心

1）加压式工具的投球加压割心法

（1）根据地层预告与钻时判断，应选择在泥岩段割心。

（2）钻完进尺，停转、停泵、量方入，做方入记号，而后缓慢上提钻具至保留钻压为止，让加压接头的六方滑动杆完全拉开，而钻头又不离开井底。

（3）在立管上部弯头丝堵处投球。每次投一球，并开泵送入钻杆（球经过方钻杆有撞击声）。按规定数量投球完毕，循环钻井液送球。送球时间按下式确定：

$$T=0.004 \cdot H$$

式中 T——送球时间，min；

H——井深，m。

（4）对于特别疏松的砂岩，将球送入钻杆后，停泵，让钢球自由下落。自由落球时间应为开泵送球时间的1.5倍。

（5）在钢球下落过程中，应适当转动钻具。

（6）待钢球全部就位以后，转动钻具10圈以上。停转、停泵，缓慢加压200~300kN。上提钻具至投球方入，变换钻具方位后重复加压一次。最后上提钻具至投球方入，间断转动转盘割心。当试转无蹩劲后开泵，顶通水眼，起钻。

2）自锁式工具的起钻自锁割心法

（1）割心层位应选择在成柱性较好的非油层井段。

（2）在条件允许情况下，钻进最后 0.3~0.5m 时，钻压可比原钻压增大 30~50kN。

（3）停钻、停泵、量方入。缓慢上提钻具，并注意观察指重表显示。一般悬重增加 100~300kN 又立即恢复，说明岩心被拔断；如果悬重不恢复，则应停止上提钻具。然后稍稍下放钻具，在保持悬重只增加 150kN，岩心受拉力的情况下，猛转转盘或闪动钻具或用开泵的方法直到指重表恢复原悬重为止。

（4）如果上提钻具至钻头离开井底时悬重不增加，应起钻。

5. 起钻

（1）割心完毕应立即起钻，应采用液气大钳或旋绳器卸扣，严禁转盘卸扣。

（2）起钻要求刹把操作平稳，严禁猛提猛放。

（3）起钻过程中应连续向井眼灌满钻井液。

（4）使用加压式工具，应将加压接头在井口整体卸下。取出加压中心杆和加压钢球时，应严防落井。

6. 岩心出筒

（1）雨天岩心不能出筒，并不得将工具提出井口，同时还须保持井眼灌满钻井液。

（2）正常出筒时，要求在两个小时之内出筒并取样完毕，同时要确保岩心不与水接触。

（3）出筒岩心应按顺序排好，丈量岩心计算收获率。

（4）对回收的工具，凡是用大钳紧扣的地方，必须用大钳松扣。

五、加压取心

加压取心是指利用取心工具的差动装置通过投球加压迫使岩心爪收缩获取岩心的取心方法，通常适用于松软或破碎性地层取心。

（一）型号表示方法

R-215-115 表示可取岩心名义直径为 115mm、取心钻头外径为 215mm 的软地层加压式常规取心工具。

（1）取心工具的系列及基本尺寸见表 3-9。

（2）加压接头与岩心爪的结构形式与主要尺寸见图 3-20、图 3-21、表 3-10。

表 3-9 加压式取心工具系列及基本尺寸 单位：mm

工具系列	取心钻头				外岩心筒					内岩心筒					工具接头螺纹
	外径		内径		外径	内径	基本长度		螺纹	外径	内径	基本长度		螺纹	
	基本尺寸	极限偏差	基本尺寸	极限偏差						尺寸	尺寸				
R-215-115	215	±1	115	±1	194	154	9000	±2	QX194	139.7	124	8500	±2	QX139.7	5¼inFH
R-244-120	244	±1	120	±1	216	172	9000	±2	QX216	139.7	124	8500	±2	QX139.7	5¼inFH

（3）加压接头内、外筒无裂纹，无结疤，无咬扁，并进行探伤检查。

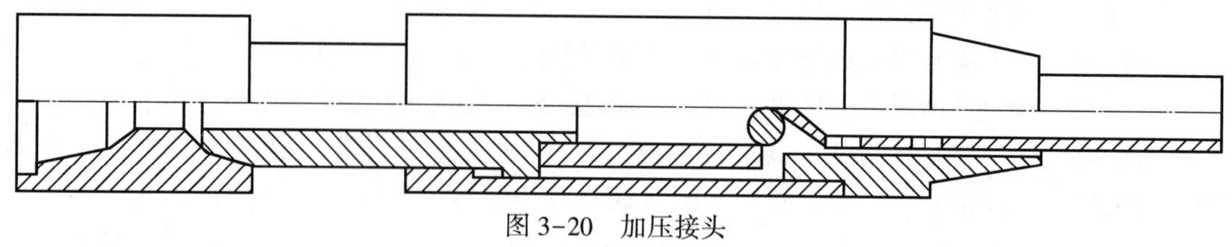

图 3-20 加压接头

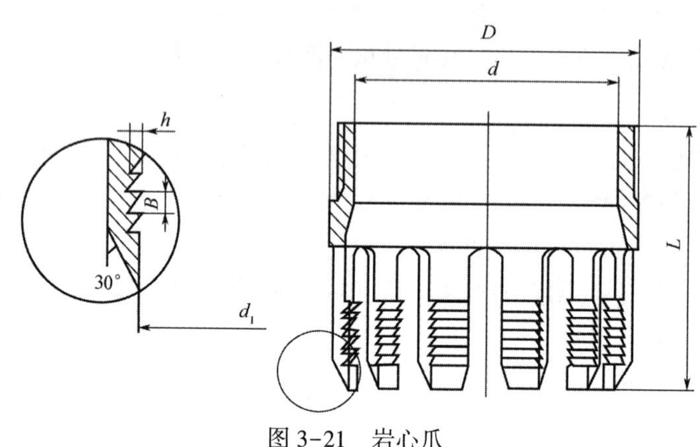

图 3-21 岩心爪

（4）取心工具组装后，悬挂轴承须转动灵活，岩心爪端轴向间隙 15~20mm，最后应进行清水试压。

（5）悬挂轴承灵活性检查，应将工具竖直吊起，在不装钻头的情况下，一人单手能动。

表 3-10 密闭取心工具参数

单位：mm

工具型号	L	D	d	d_1	B	h
RI-215-115	128	146	126	128	5	3
RJ-244-120	128	146	126	128	5	3

（二）工具检查

（1）内、外筒无咬扁、无裂纹、螺纹完好，直线度不超过 0.5‰，内、外径符合钻井设计要求，内筒内壁光滑。

（2）钻头出刃均匀完好，内、外径符合取心要求，内腔表面光滑，无焊渣，水眼畅通。

（3）岩心爪尺寸和性能符合规定要求，无毛刺、无变形。

（4）加压接头滑动灵活，有效滑距不小于 200mm，加压台肩完好，加压中心杆直线度不超过 2%，加压钢球数量符合加压接头使用要求，且直径相同。

（5）悬挂总成转动灵活，加压阀完好。

（6）销钉悬挂式工具的定位接头销套与分水接头销孔无损伤、无变形，弹簧悬挂式工具的压缩弹簧完好无损。

（7）工具组装后的轴向间隙为 15~20mm。

（8）所有密封件完好。

（9）长筒取心时，滑动接头滑动灵活，其有效滑距不得小于11mm。

（10）顶心护心胶皮、大小头等辅助工作配套齐全完好。

（三）井眼准备

（1）井身质量与钻井液性能符合钻井设计要求；

（2）井下情况正常，无漏失、无溢流，起下钻畅通无阻；

（3）井底无落物。

（四）地层预告

绘制1∶200取心井段的地层剖面图，参照邻井取心或录井资料确定下井工具的长度及取心措施。

（五）设备和仪表

（1）设备和仪表配备齐全，工作正常；

（2）检查在用钻具与接头的内径，保证取心专用钢球能顺利通过；

（3）立管上部须设置ϕ62mm的投球丝堵。

（六）下钻

（1）短筒取心工具应在地面装好，上、下钻台应平稳，出入井口用游车提吊。无台肩的光杆外筒坐井口时必须使用安全卡瓦。

（2）长筒取心工具应在井口连接，按钻头、外筒、内筒、加压接头、滑动接头的次序下井。滑动接头上、下钻台时其滑动部分须处于完全闭合状态。

（3）内筒螺纹用链钳上紧，外筒螺纹上紧扭矩值13000~16000N·m。

（4）装、卸取心钻头用钻头装卸器。

（5）下钻操作要平稳，严禁猛刹、猛放，下完钻铤应挂电磁刹车，遇阻不超过40kN，否则应接方钻杆开泵循环，慢转下放钻具，若遇阻严重，应及时起钻换牙轮钻头通井。

（6）下钻至钻头离井底一个单根高度时，应开泵循环，起动泵压不超过8MPa。在钻头离井底0.5m以上时，应活动钻具，清洗井底。在悬空转动钻具的情况下，校对指重表。

（七）钻进

1. 树心

转动并慢放钻具到井底试转。待转动平稳，采用钻压20~30kN、转速50r/min、正常排量，树心钻进0.3~0.5m，再逐步调整到最佳钻井参数。如果地层为特别疏松砂岩，一开始就应加足钻压，无须树心。

2. 操作要求

（1）操作平稳，送钻均匀，加压平缓，严防溜钻。

（2）钻进中无特殊情况不停泵、不停转、钻头不提离井底。如果蹩、跳钻严重，要调钻井参数。

（3）钻时记录要准确。要注意观察，分析钻时、钻压、泵压与转盘扭矩的变化情况，发现异常应果断处理。

六、长筒取心

（一）长筒取心准备

（1）提前做好备用单根、方入计算等。

（2）接单根方入按下式确定：

$$H \leqslant h_1-(h_2+h_3+h_4+h_5+h_6)$$

$$L \leqslant H-H_{min}$$

式中 H——接单根方入，m；

h_1——滑动接头有效滑距，m；

h_2——吊卡高度，m；

h_3——钻杆母接头高度，m；

h_4——方钻杆保护接头高度，m；

h_5——方钻杆配合接头高度，m；

L——待接单根长度，m；

H_{min}——能进行钻进的最小方入，m。

（3）钻至接单根方入停转。在松散地层同时停泵，在非松软地层应循环钻井液 3~5min。

（4）上提方钻杆，以钻头不离井底而又能坐吊卡为准。

（5）卸方钻杆时，必须保证井下钻具不转动。

（6）接完单根开泵，待钻井液返出后启动转盘，逐步加至正常钻压，重新开始钻进。

（二）割心

（1）根据地层预告与钻时，尽可能选择在泥岩井段割心。

（2）钻完进尺停转、停泵、量方入，并涂上方入记号。缓慢上提钻具保留钻压 5~10kN。

（3）投球应在立管上方丝堵处分次进行，每次投球一只，前球进入方钻杆再投后球，按规定数量投球完毕，最后开泵送球。

（4）对特别疏松砂岩，投球完毕后可不用开泵送球，让钢球在钻具中自然下落。自然下落时间约为开泵送球时间的 1.5 倍。

（5）开泵送球与自然落球过程中，应适当转动钻具。

（6）送球完毕停转盘、停泵，滑放钻具加压。对销钉悬挂式工具，当方钻杆有跳动，指重表指针突然回摆数格，说明悬挂销钉被剪断。此时应继续增加 100~200kN 钻压；对弹簧悬挂式工具须加压 300kN 并维持 1min。然后上提钻具至投球方入，适当转动钻具变换方位，重压一次。最后上提钻具保留钻压 10kN，间断转动转盘割心。当试压无蹩劲后开泵顶通钻头水眼，起钻。

（三）起钻

（1）割心完毕尽快起钻。

（2）起钻操作要平稳。起钻必须用液气大钳或旋绳卸扣，严禁转盘卸扣。

（3）起钻过程中，应连续向井眼灌满钻井液。

（4）取心工具下钻台，大钳紧扣的螺纹都必须松扣。

（四）岩心出筒

（1）岩心出筒要及时，并按顺利摆放。

（2）计算岩心收获率。

七、定向取心

（一）取心准备

1. 工具、仪器的选择

（1）定向取心工具、测斜仪和无磁钻铤必须配套，其性能应满足使用要求；

（2）浅井段定向取心可选用磁力多点照相测斜仪，深井定向取心选用电子多点测斜仪；

（3）测斜仪必须处于无磁钻铤中部，无磁钻铤长度根据取心井的井斜角、方位角确定，见图3-22。

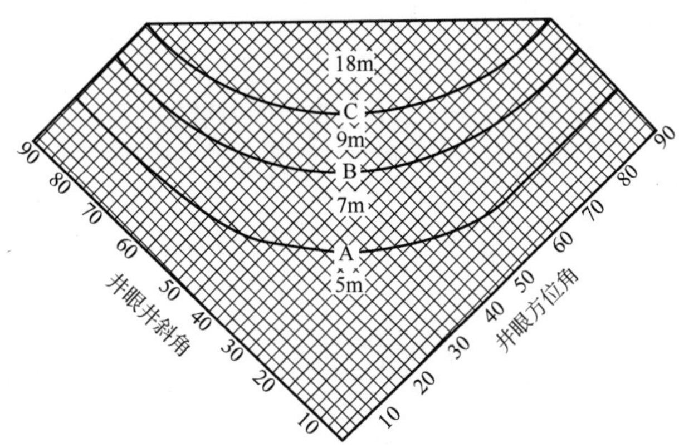

图3-22　确定无磁钻铤长度图

2. 检查工具部件。

（1）内、外筒无变形、无裂纹，螺纹完好。直线度不超过0.5‰。

（2）内筒外表面的定向刻线标记清晰，内壁光滑。

（3）悬挂总成转动灵活，轴向活动间隙值应小于2mm。

（4）安全接头的摩擦环完好。

（5）外筒稳定器外径应小于取心钻头外径1.0~3.0mm。

（6）岩心爪座上的刻痕刀固定牢固，刀刃完整无缺。

（7）岩心爪爪面敷焊的碳化钨颗粒应牢固，厚度均匀；岩心爪锥面与岩心爪座锥面紧贴时应完全吻合。

（8）取心钻头出刃均匀，新度与外径应符合取心要求。

（9）岩心钳、内筒卡盘、岩心标、钻头装卸器等辅助工具应配套齐全。

（10）O形橡胶密封圈应在有效期内使用。

3. 工具装配

（1）根据井深、地层选择相适应的取心钻头和岩心爪。

（2）悬挂接头、内筒、连接套、岩心爪座依次连接紧，准确计算测斜仪标记方位同岩心爪座的主刃标记方位的误差角。

（3）正确装配，其轴向间隙在 8.0~13.0mm 以内。

4. 检查测斜仪

（1）磁力多点照相测斜仪经地面模拟试验，其计时器、灯泡和照相机工作正常后，换装额定节数（1.5V）的碱性高能电池和胶片。

（2）电子多点测斜仪经地面模拟试验，其计时器、测量和储存器工作正常后，换装额定节数（1.5V）的碱性高能电池和储存器。

（3）根据井深与下钻速度，预定测斜仪延迟启动时间；根据岩石可钻性，预定测斜仪定向点间隔时间的程序。

（4）测斜仪入井前，启动计时器，并同时启动地面秒表计时。

（5）井温超过 104℃时，测斜仪必须加装隔热筒。

5. 井眼要求

（1）井身质量与钻井液性能符合钻井设计要求。

（2）井内无漏失、无溢流，起、下钻畅通。

（3）井底无金属落物。

6. 绘制地层剖面图

为定向取心井段绘制 1∶200 比例的地层剖面图。

（二）下钻

（1）取心工具上、下钻台应平稳吊升或下放，出入井口用游车提放。无外筒稳定器的光杆外筒坐转盘时必须用安全卡瓦卡牢。

（2）内筒螺纹用链钳旋紧，外筒螺纹旋紧扭矩见表 3-11。

表 3-11 取心筒紧扣扭矩

外筒外径×外筒内径，mm	扭矩，N·m
ϕ133×ϕ101	8000~9000
ϕ172×ϕ136	12000~13000
ϕ180×ϕ144	13000~16000

（3）用外筒旋紧扭矩上紧钻头，上、卸钻头应使用钻头装卸器。

（4）测斜仪入井时，测斜仪的斜口管鞋应与取心工具的归位键完全就位后方能入井。

（5）下钻操作平稳。下完钻铤应使用电磁刹车，遇阻超过 40kN，处理无效，应及时起钻换牙轮钻头通井。

（6）应在延迟启动时间前 40min 下完钻具，循环钻井液，清洗井底；在延迟启动时间前 5min 连续转动钻具，同时校对指重表。

（三）钻进

（1）先低速转动并慢放钻具到井底试运转，待转动平稳后，再树心，然后逐步调整到正常的取心参数钻进。

（2）树心时，钻压为正常取心钻压的¼～⅓，转速、排量为正常取心转速、排量的½～¾。

（3）正常的取心参数应根据取心工具尺寸、钻头类型、地层、钻井液性能和井眼条件确定。

（4）取心钻进要送钻平稳、均匀。若地层软硬变化或发生蹩跳钻应及时调整取心参数，直到获得最佳取心效果。

（5）取心钻进中无特殊情况，不停泵、不停转，钻头不提离井底。

（6）磁力多点照相定向前 2min 必须停泵、停转，并保持钻具静止。照相定向后 1～2min，先上提钻具使钻压保持 10～20kN，再开泵，然后启动转盘逐步调整到正常的取心参数继续钻进。

（7）电子多点定向同常规取心钻进一样，连续取心钻进。

（8）取心钻进时，随时观察钻时、钻压与转盘扭矩的变化，发现异常情况果断处理。

（四）割心

（1）应根据地层预告和钻时，尽可能选择在岩心成柱性较好的地层割心。

（2）割心操作要平稳，严禁猛提、猛放。

（3）一般地层割心，匀速上提钻具，指重表显示岩心被抓牢，继续上提直至岩心断，即可起钻。

（4）散碎地层割心，上提钻具长度超过钻具伸长与钻具压缩距之和，悬重不增加，下放钻具距原方入 0. 20m，重新上提钻具，悬重仍不增加，即可起钻。

（5）一般地层中途割心，均速上提钻具，悬重增加不超过 150kN，若岩心未断，保持岩心受拉状态，增大钻井液排量或转动钻具，也可增大钻井液排量并转动钻具，直至割断岩心。若需继续取心，下放钻具，顶松岩心爪即可钻进。

（6）散碎地层中途割心，上提钻具长度超过钻具伸长与钻具压缩距之和，悬重不增加，割心结束。需继续取心，下放钻具到原方入即可钻进。

（五）起钻

（1）起钻操作平稳，用液压大钳或旋绳卸扣。

（2）取心工具被卡，解除无效时，应及时从安全接头处倒开，起出测斜仪、内筒。

（3）起钻过程中，应连续向井内灌满钻井液。

（4）正常情况下，测斜仪应随起钻取出。特殊情况可用打捞矛单独捞出。

第五节 固井工艺

固井是油气井建井过程中的一个重要环节，简单来说就是在已钻出的井眼中下入一定尺寸的套管，并在套管与井壁或套管与套管之间的环形空间内注入水泥的工艺过程。注入的水泥将套管柱与井壁岩石牢固地固结在一起，可以将油、气、水层及复杂层位封固起来，以利于进一步钻进或开采。固井质量好坏直接影响油气产量和生产管理。

一、井身结构

所谓井身结构，就是在已钻成的裸眼井内下入直径不同长度不等的几层套管，然后注入水泥浆封固环形空间间隙，最终形成由轴心线重合的一组套管和水泥环的组合，如图 3-23 所示。

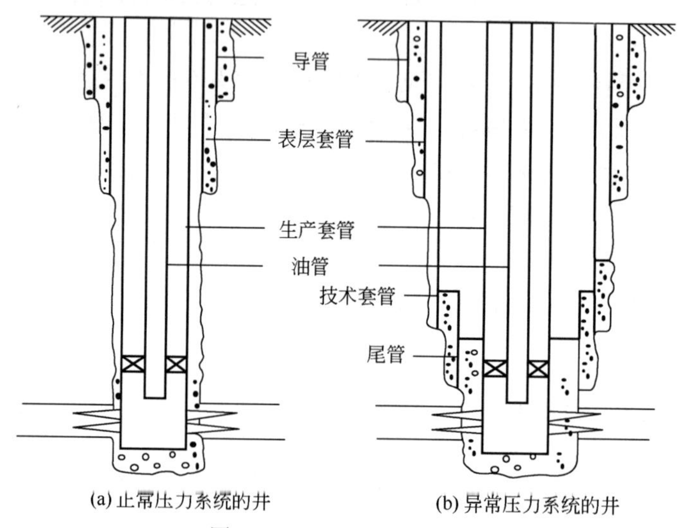

图 3-23　井身结构示意图

井身结构包括以下几方面的内容：所下套管的层次、直径、各层套管下入的深度、井眼尺寸（钻头尺寸）、各层套管的水泥返高等。

（一）导管

导管的作用是在钻地表井眼时把钻井液从地表引导到钻井装置平面上。其长度变化较大，在坚硬的岩层中约 10~20m，在松软易塌地层则可能上百米。

（二）表层套管

表层套管下入深度约在 30~1500m。通常，水泥浆返至地面，用它来防止浅水层污染，封隔浅层流砂、砾石层及浅层气。同时也用来安装井口防喷器，它也是井口设备（套管头和采油树）的唯一支撑部件，并且承受依次下入的各层套管（包括采油管柱）的荷载。

（三）技术套管

技术套管也称中间套管，用来封隔坍塌地层及高压水层，防止井径扩大，以便继续钻进。技术套管还用来分隔不同的压力层系，以便能够建立正常的钻井液循环。它也为井控设备的安装、防喷、防漏、悬挂尾管提供了条件。

（四）生产套管（多数是指油层套管）

油层套管的主要作用是把储集层中的油气从套管中采出来，并用来保护井壁，隔开各层的流体，达到油气井分层测试、分层开采、分层改造的目的。通常，水泥返至产层顶部200m以上。

（五）尾管

尾管分为钻井尾管和采油尾管，其实就是一段短套管。它的优点是下入长度短、费用低、节约成本。

目前常用的井身结构是只下入两层套管。首先用13in钻头开钻，下入10in的表层套管，然后用7in的钻头钻进，下入5in的油层套管。

二、固井工艺技术介绍

（一）常规固井工艺

常规固井工艺是指在井身质量较好，且井下无特殊复杂情况，封固段较短的封固要求下，将配制好的水泥浆，通过前置液、下胶塞（隔离塞）与钻井液隔离后，一次性地通过高压管汇、水泥头、套管串注入井内，从管串底部进入环空，到达设计位置，以达到设计井段的套管与井壁间的有效封固。

套管串结构：引鞋+旋流短节+2根套管+浮箍+套管串。

施工流程：注前置液→注水泥浆→压碰压塞（上胶塞）→替钻井液→碰压→候凝。

保证施工安全和固井质量的基本条件：

（1）井眼畅通；

（2）井底干净；

（3）井径规则，井径扩大率小于15%；

（4）固井前井下不漏失；

（5）钻井液中无严重油气侵，油气上窜速度小于10m/h；

（6）套管居中，居中度不小于75%；

（7）套管与井壁环形间隙大于20mm；

（8）钻井液性能在不影响井壁稳定、保证井下压稳的情况下，应保证低黏度、低切力、低密度，具有良好的流动性能；

（9）水泥浆稠化时间、流动度等物理性能应满足施工要求；

（10）水泥浆和钻井液要有一定密度差，一般要大于0.2g/mL；

（11）下灰设备、供水设备、注水泥设备、替钻井液设备及高低压管汇等，性能满足施工要求。

（二）内管法固井工艺

内管法固井工艺是用下部连接有浮箍插头的小直径钻杆插入套管的插座式浮箍（或插座式浮鞋），与环空建立循环，用水泥车通过钻杆向套管外环空注水泥。采用该工艺注水泥能减少水泥浆在套管内与钻井液的掺混，缩短顶替钻井液时间。用该工艺进行表层固井施工时，水泥浆可提前返出，从而减少因附加水泥量过大而造成的浪费和环境污染。该工艺一般用于大直径套管固井。

套管串结构：插入式浮鞋+套管串（或：引鞋+1根套管+插入式浮箍+套管串）。

钻杆串结构：插头+钻杆扶正器+钻杆串。

工艺流程：注入前置液→注水泥浆→替钻井液（替入量比钻杆内容积少 0.5m^3）→放回压检查回压阀是否倒流→上提钻杆循环出多余的水泥浆。

（三）尾管固井工艺

尾管固井是指不延伸至井口的套管固井，这段不到井口的套管称作尾管。较短的尾管可坐于井底，但绝大部分必须要求实施尾管悬挂，这样管柱不至于大幅度弯曲，利于保证固井质量，便于进行增产作业。悬挂器装在尾管顶部，尾管由尾管悬挂器悬挂于上层套管内壁。尾管固井的主要目的有：经济性、满足使用复合钻具或复合油管、改善钻井或注水泥环空水力条件等。

最常用的尾管悬挂器是液压式尾管悬挂器。

套管串结构：引鞋+1 根套管+浮箍+1 根套管+浮箍+1 根套管+球座短节（含托篮）+尾管串+尾管悬挂器总成+送入钻杆。

工艺流程：按作业规程下入尾管及送入钻杆到设计位置→开泵循环→投球→憋压剪断座挂销钉悬挂器座挂→倒扣→憋压剪断球座销钉循环钻井液→注前置液→注水泥浆→释放钻杆胶塞→替钻井液→碰压→上提中心管循环出多余的水泥浆→起钻候凝。

（四）尾管回接固井工艺

尾管固井的目的有两种情况，一种情况是为了节约套管，减少钻井投资；另一种情况是为了减少一次下套管负荷，或者减少一次固井封固段，减小一次固井环空流动阻力，防止固井时压漏地层。当是后一种情况时，尾管固井后，还需要套管回接至井口，以保证上部井段的抗内压能力。采用尾管固井工艺的井，一旦上层套管发生损坏，也要进行尾管回接固井，封隔上部漏失段。尾管回接固井工艺与常规固井基本相同，只是套管串下部结构有所差异。

（五）分级固井工艺

分级固井工艺是把可以通过地面控制打开和关闭的一种特殊工具串联于套管中的一定位置，在固井时使注水泥作业分两次（级）或多次（级）施工完成，该特殊工具称为分级注水泥器，简称为分级箍。在封固段大于或等于 1500m 的井进行固井作业时常采用分级固井工艺。分级箍分为机械式分级箍、压差式分级箍和机械压差双作用分级箍三种。机械式分级箍是靠投重力塞，再憋压推动打开套打开循环孔；压差式分级箍是靠直接憋压，使打开套上下产生压力差推动打开套打开循环孔；机械压差双作用分级箍具备直接憋压打开和投重力塞打开两种功能。所有的分级箍的关闭都是靠注水泥后释放关闭塞，在碰压时关闭塞推动关闭套下移，关闭循环孔。

分级固井适用井型：

（1）一次要求注水泥量过大的井；

（2）封固段过长的井；

（3）地层破裂压力系数低的井；

（4）地层渗透性漏失严重的井；

（5）封固段中间有严重漏失层的井；

（6）下部有高压层，固井候凝期间需要防止候凝失重的井；

（7）上下封隔层距离较远，而中间不需水泥封隔的井。

（六）选择式注水泥固井工艺

选择式注水泥固井工艺是根据开发要求，在裸眼井段的某一小段进行注水泥固井，以保证水泥浆不污染封固段上下的产层。该工艺多用于需要裸眼完井的低渗产层固井，且固井后需要实施压裂酸化等增产措施，或两产层要求绝对封隔且必须要保护产层不受水泥浆污染井的固井。其工艺特点是：将分级注水泥器、多个套管外封隔器分别连接与套管串中，用专用工具将封隔器分别胀开，打开分级箍进行选择式注水泥，然后关闭分级箍，起出专用工具。

（七）筛管（裸眼）顶部注水泥固井工艺

筛管（裸眼）顶部注水泥固井工艺是根据开发要求，在裸眼井段下入筛管，只将筛管（裸眼）顶部套管注水泥固井，以保证不污染封固段以下的产层，达到增产的目的。该工艺在水平井完井中使用的较多。其工艺特点是：在套管串结构中，在筛管（裸眼）上部分别安装盲管、封隔器、分级注水泥器，固井前将封隔器胀开，打开分级箍进行注水泥，然后关闭分级箍。

（八）封隔器完井及水泥充填封隔器工艺

封隔器完井工艺是以保护油气层为主要目的一种完井工艺，有时也作为处理复杂井固井的一种手段。该工艺是在裸眼井段下入套管后，在产层段不采用注水泥封固套管施工，而是在产层上下采用套管外封隔器封隔环空，然后，再将封隔器以上套管注水泥封固。此工艺多用于低渗井，以保护产层不受水泥浆污染，达到增产的目的。这种工艺即适用于单层开发也适用于多层开发，即适用于全井下套管也适用于尾管。其工艺特点是：在套管串结构中，根据设计要求加入数组封隔器，在封隔器上部加入分级箍，然后将封隔器胀开封隔住产层，打开分级箍进行封隔器以上套管外注水泥固井。最初采用的封隔器完井工艺是用钻井液充填封隔器，由于钻井液不能凝固，封隔器胶筒长时间腐蚀损坏后，就不能保证层间的封隔，降低了油井寿命。为了解决这一问题，提高封隔器完井的油井寿命，该工艺又进一步发展为水泥浆充填封隔器完井工艺，即用水泥浆代替钻井液充填封隔器，可大大提高封隔器完井的油井寿命。

第四章　钻井井控

第一节　溢流的原因、预防与显示

一、溢流原因分析及预防

在正常钻进或起下钻作业中，地层流体向井眼内流动必须具备下面两个条件：

（1）井底压力小于地层流体压力；

（2）地层具有允许流体流动的条件。

当井底压力比地层流体压力小时，就存在着负压差值，这种负压差值在遇到高孔隙度、高渗透率或裂缝连通性好的地层，就可能发生溢流。导致溢流发生的主要原因包括：钻时井内未灌满钻井液；钻井液漏失；钻井液密度低；抽汲；地层压力异常。

（一）起钻时井内未灌满钻井液

起钻过程中，由于钻柱的起出，钻柱在井内的体积减小，井内的钻井液液面下降，静液压力就会减少。在裸眼井段，只要静液压力低于地层压力，溢流就可能发生。

起钻过程中，需要及时准确地向井内灌满钻井液以维持足够的静液压力，灌入的钻井液体积应等于起出的钻具体积。起出钻具体积，也就是钻具的排替量，即钻具本身体积所代换的等量钻井液体积。对普通尺寸的钻杆和钻铤应以钻具体积表的数据为准，也可由下面的公式计算：

$$\text{排替量 m}^3/\text{m}=7.854\times10^{-7}\times[\text{外径}^2(\text{mm})-\text{内径}^2(\text{mm})]$$

钻具体积取决于每段钻具的长度、外径、内径，常用标准钻杆体积见表4-1。

表4-1　常用标准钻杆体积

通径 mm	壁厚 mm	名义质量 kg/m	单位质量 kg/m	单位体积 L/m	立柱体积，L		
					1柱	5柱	10柱
73.0	5.5	10.20	10.91	1.39	38.2	191	382
	9.2	15.49	16.22	2.07	56.8	284	568
88.9	6.5	14.15	15.23	1.95	53.6	268	536
	9.3	19.81	20.53	2.63	72	360	720
	11.4	23.08	23.96	3.06	83.9	420	839
114.3	6.9	20.48	22.44	2.87	78.7	393	785
	8.6	24.72	26.49	3.38	82.7	413	827
	10.9	29.79	32.14	4.05	111	555	1110
127.0	7.5	24.18	26.33	3.36	92.2	461	922
	9.2	29.04	30.65	3.92	107	537	1073

由于某种原因造成钻头水眼堵或钻具水眼堵，这种情况下灌入的钻井液体积等于所起出钻具的排替量与内容积之和。对于钻具的内容积，可以从钻具体积表中查出，也可以用下面的公式来计算：

$$内容积\ m^3/m=7.854\times10^{-7}\times内径^2(mm)$$

此时，灌浆量 m^3/m = 排替量+内容积 = $7.854\times10^{-7}\times$外径^2（mm）

实际灌入钻井液的体积可以用下列装置中的一种进行测量：

（1）钻井液补充罐；

（2）泵冲数计数器；

（3）流量计；

（4）钻井液罐液面指示器。

钻井液补充罐是最可靠的测量设备，容积通常为 1.6m^3、6.4m^3，刻度一般为 80L/格（0.5bbl）左右。当补充罐内钻井液灌入井内后，再从循环罐内向其补充钻井液。最普通的钻井液补充罐是重力灌注式罐，为了使补充罐工作正常，其出口管必须高于井口的进口，用闸门来控制钻井液的灌注。另一种补充罐是使用一个离心泵把钻井液从罐内打到井里，井里溢出的钻井液返回到罐里，这种罐可以连续进行灌注，而且罐可以放置在地面上，方便安装。

通过泵冲数来计量泵入井内的钻井液量时，要准确的知道泵的每冲排量和泵效率，这就需要定期校验泵效率。

使用流量计也可以监控灌注量。但大多数流量计的精确度容易受钻井液性能的影响，如果没有校正和适当的保养就可能得不到准确的数值。

钻井液灌液面指示器也可以显示灌入量。但如果钻井泵同时从几个灌内抽取钻井液，这时液面的变化不容易检测出。所以在起下钻灌入钻井液时，最好单独隔离个罐，以提高计量的准确度。

不论使用哪种灌注设备，灌入的钻井液量必须与起出的钻具体积进行比较，要保证其数值相等。如果二者数据不相等，要立即停止起钻作业，查找原因，并视具体情况采取相应措施。为保证起钻灌入钻井液工作及时准确地执行，必须指定专人在起下钻时专门负责这项工作。同时，要遵循以下灌钻井液的基本原则：

（1）连续灌入钻井液，或每起出 3 个钻杆立柱或 1 个钻铤立柱时，应灌入并检查一次钻井液量，在起钻过程中决不能让井内的液面下降超过 30m。

（2）应当通过灌钻井液的管线向井内灌钻井液，不能用压井管线代替。

（3）钻井液灌注管线在防溢管上的位置不能与井口钻井液返出管线在同一高度。如果两管线在同一高度则经管线灌入的钻井液可能直接从出口管流出，从而误认为井筒已灌满。

（二）井眼漏失

由于钻井液密度过高或下钻时的压力激动，使得作用于地层上的压力超过地层的破裂压力或漏失压力而发生漏失。在深井、小井眼里使用高黏度的钻井液钻进时，环空压耗过高也可能引起循环漏失。另外，在压力衰竭的砂层、疏松的砂岩以及天然裂缝的碳酸岩中漏失也是很普遍的。由于大量钻井液漏入地层，引起井内液柱高度下降，从而使静液压力和井底压力降低，由此导致溢流发生。

减少漏失的一般原则是：

（1）设计好井身结构，正确确定套管下深。

（2）做地层破裂压力试验和地层承压能力试验，提高地层承压能力。地层承压能力试验一般是在即将钻开目的层之前进行的，其目的就是检验上部裸眼井段的地层承压能力，保证钻开目的层提高钻井液密度后不会出现井漏。若地层承压能力过低，可通过堵漏等措施来提高地层承压能力，直到满足钻开油气层所需的承压能力要求。

（3）在下钻时控制下钻速度，将激动压力减至最小，并分段循环，缓慢开泵，降低由于钻井液由静止到流动所引起的过高循环压力损失。

（4）保持好钻井液性能，使其黏度和静切力维持在最佳值上，同时提高钻井液对岩屑的悬浮携带能力。

（三）钻井液密度低

钻井液密度下降是导致溢流的一个最常见的原因。钻井液密度下降通常是由以下几种原因引起的：

（1）钻开异常高压油气层时，油气侵入钻井液，引起钻井液密度下降、静液压力降低。发现此情况，应及时除气，不要把气侵钻井液再重复循环到井内，同时调整钻井液密度，平衡产层压力，防止发生溢流。

（2）处理事故时，向井内泵入原油或柴油，造成静液压力减小。因此，在处理事故向井内注油时，应进行压力校核，若原油不能平衡产层压力时，应注解卡剂。

（3）钻井液混油造成静液压力下降。向井内钻井液混油以减小摩阻时，要控制混油速度，并校核压力是否平衡。

（4）钻井液性能做大处理时，未能做好压力平衡计算并按设计程序处理，造成钻井液密度下降。

（5）岗位人员责任心不强，未及时发现清水或胶液混入钻井液灌内等。

（四）起钻抽汲

起钻抽汲会降低井底压力，当井底压力低于地层压力时，就会造成溢流。这是由于钻井液黏附在钻具外壁上并随钻具上移，同时，钻井液要向下流动，填补钻具上提后下部空间，由于钻井液的流动没有钻具上提得快，这样就在钻头下方造成一个抽汲空间并产生压力降，从而产生抽汲作用。

抽汲压力主要受管柱结构、井身结构和井眼尺寸、起钻速度、钻井液性能、钻头或扶正器泥包等因素的影响。所以，起钻前应检查井底压力能否平衡地层压力，判断是否会发生抽汲溢流，检查方法一般用短程起下钻法。

（1）一般情况下试起 10~15 柱钻具，再下入井底循环一周以上，观察并测量返出的钻井液，若钻井液无油气侵，或根据油气上窜时间判断，若满足起钻要求，则可正式起钻；否则，应循环排除油气侵，并适当提高钻井液密度，以达到起钻过程中不发生溢流的目的。

（2）特殊情况时（需长时间停止循环或井下复杂时），将钻具起至套管鞋内或安全井段，停泵检查一个起下钻周期或需停泵工作时间，若井口无外溢，则再下入井底循环一周以上，正常后起钻。

（五）地层压力异常

钻遇异常压力地层并不一定会直接引起溢流。如果钻井液密度低或其他原因造成井底压力小于地层压力，则会引起溢流发生。

因此，在钻进过程中特别是在探井的钻进过程中，要做好随钻压力监测，准确判断地层压力。其次，井控装备选择、安装要符合 SY/T 5964—2006《钻井井控装置组合配套　安装调试与维护》和《石油与天然气钻井井控规定》的要求，并按规定进行日常的维护、检查和试压，保证井控装备处于良好的工作状态。另外，现场的作业人员要具备进行二次井控的技术能力，严格执行坐岗制度以保证及时发现溢流。通过平时的防喷演习熟练掌握关井程序，确保在发现溢流后能正确地关井。掌握基本的常规压井方法，保证关井后能及时恢复井内的压力平衡。

二、溢流显示

溢流信号分为告警信号（间接显示）和告急信号（直接显示）两类。

（一）告警信号（间接显示）

1. 钻速突然加快或放空

当钻遇异常高压地层过渡带时，地层孔隙度增大，破碎单位体积岩石所需能量减小，同时井底正压差减小也有利于井底清岩，此时钻速会突然加快。钻遇碳酸盐岩裂缝发育层段或钻遇溶洞时，往往发生蹩跳钻或钻进放空现象。所以，钻速突然加快或放空是可能发生溢流的前奏。

钻遇到钻速突快地层，进尺不能超过 1m，地质录井人员应及时通知司钻停钻观察，如放空到底后，停钻上提钻柱，检测是否发生溢流。

2. 泵压下降，泵速增加

井内发生溢流后，若侵入流体密度小于钻井液密度，钻柱内液柱压力就会大于环空液柱压力，由于 U 形管效应使钻具内的钻井液向环空流动，故泵压下降。气体沿环空上返时体积膨胀，使环空压耗减小，也会使泵压下降。泵压下降后，泵负荷减小，则泵速增加。

3. 钻具悬重发生变化

天然气侵入井内后，使环空钻井液平均密度下降，钻具所受浮力减小而悬重增加。若溢流为盐水时，其密度小于钻井液密度则悬重增加，其密度大于钻井液密度则悬重减小。地层的油气流体通常会使钻井液密度减小，因而悬重增加。

4. 钻井液性能发生变化

油或气侵入钻井液，会使钻井液密度下降，黏度升高；地层水侵入钻井液，会使钻井液密度和黏度都下降。钻井液中还有油花、气泡、油味或硫化氢味等。

5. 气测烃类含量升高或氯根含量增高

在钻井过程中，气测烃类含量升高，说明有油气进入井内，如氯根含量增高，可能是地层水进入井筒。

6. *dc* 指数减小

正常情况下，随着井深的增加，*dc* 指数越来越大。如果 *dc* 指数减小，则可能是钻遇到异常高压地层的显示。

7. 岩屑尺寸加大

随着正压差减少，大块页岩将开始坍塌，这些坍塌造成的岩屑比正常岩屑大一些，多呈长条状，带棱角。

（二）告急信号（直接显示）

1. 出口管线内钻井液流速增加，返出量增加

地层压力大于井底压力时，地层流体流入井内，增加了环空上返速度。天然气临近井口时因压力降低而快速膨胀，使出口管线内的钻井液流速加快，流量增加。

2. 停泵后井口钻井液外溢

停止循环后，井口钻井液外溢，说明可能发生了溢流。但应注意井筒中钻柱内外钻井液密度不一致，钻柱内钻井液密度比环空钻井液密度高时，停泵钻井液也会外溢。

3. 钻井液罐液面上升

钻井液罐液面升高是发现溢流的一个可靠信号。罐内钻井液的增量，就是井内已侵入的地层流体量，即溢流量，其大小取决于地层的渗透率、孔隙度和井底压差。地层渗透性高、孔隙度好，地层流体向井内流动快，反之流动慢。井底欠平衡量越大，溢流越严重。地层流体进入井内的条件不同，液面升高的速度也不同。钻井液罐液面升高有四种形式：

（1）钻开高渗透性的高压油气层时，井底压力欠平衡量较大，钻井液从井内快速流出，钻井液罐液面快速升高。从井内返出大量钻井液之前，钻井液并无油气侵显示，通常会有钻进放空现象。

（2）钻开高渗透性的油气层时，井底压力欠平衡量小，地层流体进入井内的速度开始很小，钻井液罐液面升高也很慢，但随着井内侵入的地层流体增加，欠平衡量增大，钻井液快速从井内流出，钻井液罐液面迅速升高。

（3）钻开低渗透性的高压层时，井底压力处于欠平衡状态，地层流体向井内流动时，受到的阻力大，因而钻井液罐液面升高缓慢。如果压差很小，常有气侵显示。

（4）钻开高压气层后，井底处于欠平衡，高压气体侵入井筒。开始时罐内液面上升很慢，随着气体被循环至井口附近时，由于气体体积急剧膨胀，罐内液面快速升高。

（5）起钻过程中，因抽汲导致天然气进入井内，天然气在井内滑脱上升并逐渐膨胀，临近井口体积迅速膨胀，引起钻井液罐液面变化。

4. 起钻时灌入的钻井液量小于起出钻具体积

起钻时，井内钻井液液面会随起出钻具而相应下降。如果经计量发现应灌入量减小，说明地层流体进入井筒，填补了部分起出钻具的空间，当进入井内的流体使全井液柱压力小于地层压力时就会出现溢流。

5. 下钻时返出的钻井液体积大于下入钻具的体积

进入井筒内的气体，在井眼深部时体积增加较小，或受钻井液性能等因素的影响，滑脱上升速度较慢，因此起钻时有可能并未注意到它的影响。到了下钻时，气体有可能已经逐渐上升到井眼上部，其体积膨胀得越来越快，导致溢流现象越来越明显。

三、溢流的及早发现与处理

尽早发现并迅速控制井口，是做好井控工作的关键。

（一）及早发现溢流的重要性

1. 及时发现溢流并迅速控制井口是防止井喷的关键

井喷或井喷失控大多是溢流发现不及时或井口控制失误造成的。在钻遇气层时，由于天然气密度小、可膨胀、易滑脱等物理特性，从溢流到井喷的时间间隔短。若发现不及时或控制不正确，就容易造成井喷，甚至失控着火。

2. 及早发现溢流可减少关井和压井作业的复杂情况

溢流发现得越早，关井时进入井筒的地层流体越少，关井套压和压井最高套压就越低，越不易在关井和压井过程中发生复杂情况，有利于关井及压井安全，使二次井控处于主动。进入井筒的地层流体越少，对钻井液性能破坏越小，井壁越不易失稳，压井作业越简单。所以及早发现溢流，直接关系到排除溢流、恢复和重建井内压力平衡时能否处于主动。

3. 防止有毒气体的释放

在钻遇含硫化氢、二氧化碳的地层时，及时处理溢流可以防止这类气体造成更大的危害。

4. 防止造成更大的污染

溢流发生后，为了不使井口承受过高的压力，必要时要通过放喷管线放喷，这样就使施工井附近的环境造成严重污染，危及农田水利、渔场、牧场、林场等，及早发现及处理溢流可有效避免井口承受过高压力。

（二）及早发现溢流的基本措施

1. 严格执行坐岗制度

坐岗人员负有监测溢流的岗位职责，坐岗中要严密注意以下几种情况：

（1）钻井液出口流量变化；

（2）循环罐液面变化；

（3）钻井液性能变化；

（4）起钻钻井液的灌入量；

（5）录井全烃值的变化。

2. 做好地层压力监测工作（特别是在探井的钻井过程中）

当 *dc* 指数偏离正常趋势线时，要及时校核井底压力能否平衡地层压力，调整钻井液密度。

3. 做好起下钻作业时的溢流监测工作

起钻前要测油气上窜速度，进行短程起下钻，判断抽汲压力的影响。

4. 钻进过程中密切观察参数的变化

遇到钻速突快、放空、悬重和泵压等发生变化，都要及时停钻，根据情况判断是否发生了溢流。

第二节　关井程序

钻开油气层前，应充分做好钻开油气层的思想、组织、措施和设备器材的准备。在钻井过程中，应加强坐岗观察，及时发现溢流，及时关井控制井口。

关井是控制溢流的关键方法，但关井处置不当就可能引起井漏，或施工井周围地面的窜通，造成钻井设备毁坏、人员伤亡和环境的污染。发生溢流不能实施关井时，应该按要求进行分流放喷或有控制放喷。

一、关井方法

发生溢流后有两种关井方法，一是硬关井，指一旦发现溢流或井涌，立即关闭防喷器的操作程序。二是软关井，指发现溢流关井时，先打开节流阀一侧的通道，再关防喷器，最后关闭节流阀的操作程序。

硬关井时，由于关井动作比软关井少，所以关井快，但井控装置受到“水击效应”的作用，特别是高速油气冲向井口时，对井口装置作用力很大，存在一定的危险性。软关井的关井时间长，但它防止了“水击效应”作用于井口。

硬关井的主要特点是地层流体进入井筒的体积小，即溢流量小，而溢流量是井控作业能否成功的关键。因此，在一些要求溢流量尽可能小的井中，例如含硫化氢油气井，如果井口设备和井身结构具备条件，可以考虑使用硬关井。另外，若能做到尽早发现溢流显示，则硬关井产生的“水击效应”就较弱，也可以使用硬关井。硬关井制定的关井程序比按软关井制定的关井程序简单，控制井口的时间短，因此在早期井控工作中特别是液压控制设备出现之前，普遍使用硬关井。但目前钻井现场的关井作业均液压设备为主，所有的液压控制都集中布置，防喷器和几个关键的闸阀均为液压操作，大大简化了关井程序，减少了关井时间，特别是鉴于过去硬关井造成的失误，我国行业标准目前推荐采用软关井方式。

二、关井程序

具体的关井程序由于各油田的规定不同而略有差别。但有一点是共同的：必须关闭防喷器，以最快的速度控制井口，阻止溢流的进一步发展，以下的关井程序供参考。

（一）常规的关井操作程序

1. 钻进时发生溢流

（1）发信号。由司钻发出报警信号，其他岗位人员停止作业，按照井控岗位分工，迅速进入关井操作位置。

（2）停转盘，停泵，把钻具上提至合适位置。由司钻停止钻进作业，停泵，上提钻具将钻杆接头提出转盘面 0.4~0.5m，指挥内外钳工扣好吊卡。

（3）开平板阀，适当打开节流阀。若节流阀平时就已处于半开位置，此时就不需要再继续打开了。若节流阀的待命工况是关位，需将其打开到半开位置，如果是液动节流阀，安装有节流管汇控制箱，由内钳工负责操作；如果是手动节流阀，由场地工负责操作。如果平板阀是液动平板阀，安装了司钻控制台，由司钻通过司钻控制台打开液动平板阀，副司钻在远程控制台观察液动平板阀控制手柄的开关状态。否则，由副司钻通过远程控制台打开液动平板阀；如平板阀不是液动阀，由井架工负责打开手动平板阀。

（4）关防喷器。由司钻发出关井信号。如安装了司钻控制台，由司钻通过司钻控制台关防喷器，副司钻在远程控制台观察防喷器相关控制手柄的开关状态，若发现防喷器控制手柄没有到位或司钻控制台操作失误，要立即纠正；如未安装司钻控制台，由副司钻通过远程控制台关防喷器。

（5）关节流阀试关井，再关闭节流阀前的平板阀。如果是液动节流阀，安装有节流管汇控制箱，由内钳工负责操作关闭液动节流阀；如果是手动节流阀，由场地工负责操作关闭节流阀。节流阀关闭，井架工需将节流阀前面的平板阀关闭以实现完全关井。

（6）录取关井立压，关井套压及钻井液增量。关井后，内钳工协助钻井液工记录关井立压、关井套压、循环罐内钻井液增量，并由钻井液工将三个参数报告司钻和值班干部。

2. 起下钻杆时发生溢流

（1）发信号。由司钻发出报警信号，其他岗位人员停止作业，按照井控岗位分工，迅速进入关井操作位置。

（2）停止起下钻杆作业。由司钻操作将井口钻杆坐在转盘上，指挥内外钳工做好抢装钻具内防喷工具准备工作。

（3）抢装钻具内防喷工具并关闭。由司钻根据溢流情况判断，是否允许抢起或抢下钻杆。若井下情况允许，要组织井架工、内外钳工抢起或抢下钻杆，然后抢接备用内防喷工具；否则，直接抢接备用内防喷工具。内防喷工具接好后，内钳工负责将其关闭，然后将钻具提离转盘。

（4）开平板阀，适当打开节流阀。若节流阀平时就已处于半开位置，此时就不需要再继续打开了。若节流阀的待命工况是关位，需将其打开到半开位置。如果是液动节流阀，安装有节流管汇控制箱，由内钳工负责操作；如果是手动节流阀，由场地工负责操作。如果平板阀是液动平板阀，安装了司钻控制台，由司钻通过司钻控制台打开液动平板阀，副司钻在远程控制台观察液动平板阀控制手柄的开关状态，否则，由副司钻通过远程控制台打开液动平板阀；如平板阀不是液动阀，由井架工负责打开手动平板阀。

（5）关防喷器。由司钻发出关井信号。如安装了司钻控制台，由司钻通过司钻控制台关防喷器，副司钻在远程控制台观察防喷器相关控制手柄的开关状态，若发现防喷器控制手柄没有到位或司钻控制台操作失误，要立即纠正，如未安装司钻控制台，由副司钻通过远程控制台关防喷器。

（6）关节流阀试关井，再关闭节流阀前的平板阀。如果是液动节流阀，安装有节流管汇控制箱，由内钳工负责操作关闭液动节流阀，如果是手动节流阀，由场地工负责操作关闭节流阀。节流阀关闭，井架工需将节流阀前面的平板阀关闭以实现完全关井。

（7）录取关井套压及钻井液增量。关井后内钳工协助钻井液工记录关井套压、循环罐内钻井液增量，并由钻井液工将参数报告司钻和值班干部。

3. 起下钻铤时发生溢流

（1）发信号。由司钻发出报警信号，其他岗位人员停止作业，按照井控岗位分工，迅速进入关井操作位置。

（2）停止起下钻铤作业。由司钻操作将井口钻铤坐在转盘上，根据溢流情况判断是否允许抢下钻杆，若不能抢下钻杆时，井架工应立即从二层台下来。同时指挥内外钳工做好抢接防喷单根的准备工作。

（3）抢接防喷单根并关闭其连接的内防喷工具。组织井架工、内外钳工抢接防喷单根，防喷单根接好后，内钳工负责关闭内防喷工具，司钻将钻具提离转盘。

（4）开平板阀，适当打开节流阀。若节流阀平时就已处于半开位置，此时就不需要再继续打开了。若节流阀的待命工况是关位，需将其打开到半开位置。如果是液动节流阀，安装有节流管汇控制箱，由内钳工负责操作；如果是手动节流阀，由场地工负责操作。如果平板阀是液动平板阀，安装了司钻控制台，由司钻通过司钻控制台打开液动平板阀，副司钻在远程控制台观察液动平板阀控制手柄的开关状态，否则，由副司钻通过远程控制台打开液动平板阀；如平板阀不是液动阀，由井架工负责打开手动平板阀。

（5）关防喷器。由司钻发出关井信号。如安装了司钻控制台，由司钻通过司钻控制台关防喷器，副司钻在远程控制台观察防喷器相关控制手柄的开关状态，若发现防喷器控制手柄没有到位或司钻控制台操作失误，要立即纠正，如未安装司钻控制台，由副司钻通过远程控制台关防喷器。

（6）关节流阀试关井，再关闭节流阀前的平板阀。如果是液动节流阀，安装有节流管汇控制箱，由内钳工负责操作关闭液动节流阀；如果是手动节流阀；由场地工负责操作关闭节流阀。节流阀关闭，井架工需将节流阀前面的平板阀关闭以实现完全关井。

（7）录取关井套压及钻井液增量。关井后内钳工协助钻井液工记录关井套压、循环罐内钻井液增量，并由钻井液工将参数报告司钻和值班干部。

4. 空井时发生溢流

（1）发信号。由司钻发出报警信号。

（2）停止其他作业。岗位人员听到报警信号后，立即停止作业，按照井控岗位分工，迅速进入关井操作位置。

（3）开平板阀，适当打开节流阀。若节流阀平时就已处于半开位置，此时就不需要再继续打开了。若节流阀的待命工况是关位，需将其打开到半开位置。如果是液动节流阀，安装有节流管汇控制箱，由内钳工负责操作；如果是手动节流阀，由场地工负责操作。如果平板阀是液动平板阀，安装了司钻控制台，由司钻通过司钻控制台打开液动平板阀，副司钻在远程控制台观察液动平板阀控制手柄的开关状态。否则，由副司钻通过远程控制台打开液动平板阀；如平板阀不是液动阀，由井架工负责打开手动平板阀。

（4）关防喷器。由司钻发出关井信号。如安装了司钻控制台，由司钻通过司钻控制台关防喷器，副司钻在远程控制台观察防喷器相关控制手柄的开关状态，若发现防喷器控制手柄没有到位或司钻控制台操作失误，要立即纠正；如未安装司钻控制台，由副司钻通过远程控制台关防喷器。

（5）关节流阀试关井，再关闭节流阀前的平板阀。如果是液动节流阀，安装有节流管汇控制箱，由内钳工负责操作关闭液动节流阀；如果是手动节流阀，由场地工负责操作关闭节流阀。节流阀关闭，井架工需将节流阀前面的平板阀关闭以实现完全关井。

（6）录取关井套压及钻井液增量。关井后，钻井液工将关井套压、循环罐内钻井液增量报告司钻和值班干部。

空井发生溢流时，若井内情况允许，也可在发出信号后抢下几柱钻杆，然后按起下钻杆的关井程序关井。

（二）顶驱钻机关井操作程序

1. 钻进工况

（1）发出信号。由司钻发出报警信号，其他岗位人员停止作业，按照井控岗位分工，迅速进入关井操作位置。

（2）上提钻具，停顶驱，停泵。由司钻负责上提钻具，将井口钻杆接头提出转盘面0.4~0.5m左右，指挥内外钳工扣好吊卡。停止顶驱，停泵。

（3）开平板阀，适当打开节流阀。若节流阀平时就已处于半开位置，此时就不需要再继续打开了。若节流阀的待命工况是关位，需将其打开到半开位置。如果是液动节流阀，安装有节流管汇控制箱，由内钳工负责操作；如果是手动节流阀，由场地工负责操作。如果平板阀是液动平板阀，安装了司钻控制台，由司钻通过司钻控制台打开液动平板阀，副司钻在远程控制台观察液动平板阀控制手柄的开关状态，否则，由副司钻通过远程控制台打开液动平板阀；如平板阀不是液动阀，由井架工负责打开手动平板阀。

（4）关防喷器。由司钻发出关井信号。如安装了司钻控制台，由司钻通过司钻控制台关防喷器，副司钻在远程控制台观察防喷器相关控制手用的开关状态，若发现防喷器控制手柄没有到位或司钻控制台操作失误，要立即纠正；如未安装司钻控制台，由副司钻通过远程控制台关防喷器。

（5）关节流阀试关井，再关闭节流阀前的平板阀。如果是液动节流阀，安装有节流管汇控制箱，由内钳工负责操作关闭液动节流阀；如果是手动节流阀，由场地工负责操作关闭节流阀。节流阀关闭，井架工需将节流阀前面的平板阀关闭以实现完全关井。

（6）录取关井立压，关井套压及钻井液增量。关井后，内钳工协助钻井液工记录关井立压、关井套压、循环罐内钻井液增量，并由钻井液工将三个参数报告司钻和值班干部。

2. 起下钻杆工况

（1）发信号。由司钻发出报警信号，其他岗位人员停止作业，按照井控岗位分工，迅速进入关井操作位置。

（2）停止起下钻杆作业。由司钻操作将井口钻杆坐在转盘上，指挥内外钳工做好抢装钻具内防喷工具准备工作。

（3）抢接顶驱。由司钻根据溢流情况判断，是否允许抢起或抢下钻杆。若井下情况允许，要组织井架工、内外钳工抢起或抢下钻杆，否则，直接抢接顶驱。顶驱接好后，司钻将钻具提离转盘。

（4）开平板阀，适当打开节流阀。若节流阀平时就已处于半开位置，此时就不需要再继续打开了。若节流阀的待命工况是关位，需将其打开到半开位置。如果是液动节流阀，安装有节流管汇控制箱，由内钳工负责操作；如果是手动节流阀，由场地工负责操作。如果平板阀是液动平板阀，安装了司钻控制台，由司钻通过司钻控制台打开液动平板阀，副司钻在远程控制台观察液动平板阀控制手柄的开关状态。否则，由副司钻通过远程控制台打开液动平板阀；如平板阀不是液动阀，由井架工负责打开手动平板阀。

（5）关防喷器。由司钻发出关井信号。如安装了司钻控制台，由司钻通过司钻控制台关防喷器，副司钻在远程控制台观察防喷器相关控制手柄的开关状态，若发现防喷器控制手柄没有到位或司钻控制台操作失误，要立即纠正。如未安装司钻控制台，由副司钻通过远程控制台关防喷器。

（6）关节流阀试关井，再关闭节流阀前的平板阀。如果是液动节流阀，安装有节流管汇控制箱，由内钳工负责操作关闭液动节流阀，如果是手动节流阀，由场地工负责操作关闭节流阀。节流阀关闭，井架工需将节流阀前面的平板阀关闭以实现完全关井。

（7）录取关井立压，关井套压及钻井液增量。关井后，内钳工协助钻井液工记录关井立压、关井套压、循环罐内钻井液增量，并由钻井液工将参数报告司钻和值班干部。

3. 起下钻铤工况

（1）发信号。由司钻发出报警信号，其他岗位人员停止作业，按照井控岗位分工，迅速进入关井操作位置。

（2）停止起下钻铤作业。由司钻操作将井口钻铤坐在转盘上，并根据溢流情况判断是否允许抢下钻杆，若不能抢下钻杆时，井架工应立即从二层台下来。同时指挥内外钳工做好抢接防喷单根的准备工作。

（3）抢接防喷单根并关闭内防喷工具。组织井架工、内外钳工抢接防喷单根，防喷单根接好后，内钳工负责关闭其所连接的内防喷工具，司钻将钻具提离转盘。

（4）开平板阀，适当打开节流阀。若节流阀平时就已处于半开位置，此时就不需要再继续打开了。若节流阀的待命工况是关位，需将其打开到半开位置。如果是液动节流阀，安装有节流管汇控制箱，由内钳工负责操作；如果是手动节流阀，由场地工负责操作。如果平板阀是液动平板阀，安装了司钻控制台，由司钻通过司钻控制台打开液动平板阀，副司钻在远程控制台观察液动平板阀控制手柄的开关状态。否则，由副司钻通过远程控制台打开液动平板阀；如平板阀不是液动阀，由井架工负责打开手动平板阀。

（5）关防喷器。由司钻发出关井信号。如安装了司钻控制台，由司钻通过司钻控制台关防喷器，副司钻在远程控制台观察防喷器相关控制手柄的开关状态，若发现防喷器控制手柄没有到位或司钻控制台操作失误，要立即纠正。如未安装司钻控制台，由副司钻通过远程控制台关防喷器。

（6）关节流阀试关井，再关闭节流阀前的平板阀。如果是液动节流阀，安装有节流管汇控制箱，由内钳工负责操作关闭液动节流阀，如果是手动节流阀，由场地工负责操作关闭节流阀。节流阀关闭，井架工需将节流阀前面的平板阀关闭以实现完全关井。

（7）录取关井套压及钻井液增量。关井后内钳工协助钻井液工记录关井套压、循环罐内钻井液增量，并由钻井液工将参数报告司钻和值班干部。

4. 空井发生溢流

（1）发信号。由司钻发出报警信号。

（2）停止其他作业。岗位人员听到报警信号后，立即停止作业，按照井控岗位分工，迅速进入关井操作位置。

（3）开平板阀，适当打开节流阀。若节流阀平时就已处于半开位置，此时就不需要再继续打开了。若节流阀的待命工况是关位，需将其打开到半开位置。如果是液动节流阀，安装有节流管汇控制箱，由内钳工负责操作；如果是手动节流阀，由场地工负责操作。如果平板阀是液动平板阀，安装了司钻控制台，由司钻通过司钻控制台打开液动平板阀，副司钻在远程控制台观察液动平板阀控制手柄的开关状态，否则，由副司钻通过远程控制台打开液动平板阀；如平板阀不是液动阀，由井架工负责打开手动平板阀。

（4）关防喷器。由司钻发出关井信号。如安装了司钻控制台，由司钻通过司钻控制台关防喷器，副司钻在远程控制台观察防喷器相关控制手柄的开关状态，若发现防喷器控制手柄没有到位或司钻控制台操作失误，要立即纠正；如未安装司钻控制台，由副司钻通过远程控制台关防喷器。

（5）关节流阀试关井，再关闭节流阀前的平板阀。如果是液动节流阀，安装有节流管汇控制箱，由内钳工负责操作关闭液动节流阀；如果是手动节流阀，由场地工负责操作关闭节流阀。节流阀关闭，井架工需将节流阀前面的平板阀关闭以实现完全关井。

（6）录取关井套压及钻井液增量。关井后，钻井液工将循环罐内钻井液增量报告司钻和值班干部。

同样，空井发生溢流时，若井内情况允许，可在发出信号后抢下几柱钻杆，然后实施关井。

（三）下套管固井作业井控关井程序

1. 下套管作业发生溢流

（1）发信号。由司钻发出报警信号。

（2）停止下套管作业。由司钻操作将井口套管坐在转盘上，钻井队值班干部要根据溢流情况，组织内外钳工或专业下套管人员做抢了下套管准备。

（3）抢下套管。若根据溢流情况判断，若允许抢下套管，而且套管下的较少或接近下完，要抢下套管或抢下套管至设计井深然后抢接能连接套管、方钻杆的变扣接头和备用旋塞阀。若根据溢流情况不允许抢下套管时，应抢接带变扣接头的备用旋塞阀。当下入套管为立柱时，井架工必须从二层台下来。司钻负责将井口套管提离转盘。

（4）开平板阀，适当打开节流阀。若节流阀平时就已处于半开位置，此时就不需要再继续打开了。若节流阀的待命工况是关位，需将其打开到半开位置。如果是液动节流阀，安装有节流管汇控制箱，由内钳工负责操作；如果是手动节流阀，由场地工负责操作。如果平板阀是液动平板阀，安装了司钻控制台，由司钻通过司钻控制台打开液动平板阀，副司钻在远程控制台观察液动平板阀控制手柄的开关状态，否则，由副司钻通过远程控制台打开液动平板阀；如平板阀不是液动阀，由井架工负责打开手动平板阀。

（5）关防喷器。由司钻发出关井信号。如安装了司钻控制台，由司钻通过司钻控制台关防喷器，副司钻在远程控制台观察防喷器相关控制手柄的开关状态，若发现防喷器控制手柄没有到位或司钻控制台操作失误，要立即纠正，如未安装司钻控制台，由副司钻通过远程控制台关防喷器。

（6）关节流阀试关井，再关闭节流阀前的平板阀。如果是液动节流阀，安装有节流管汇控制箱，由内钳工负责操作关闭液动节流阀；如果是手动节流阀，由场地工负责操作关闭节流阀。节流阀关闭，井架工需将节流阀前面的平板阀关闭以实现完全关井。关井后由司钻组织内外钳工接回压阀和方钻杆。

（7）录取关井套压及钻井液增量。关井后，钻井液工将关井套压、循环罐内钻井液增量报告司钻和值班干部。

2. 下尾管时发生溢流

下尾管时发生溢流，通常的处理方法与起下钻杆时发生溢流一样。如果尾管已快接近井底，在没有卡钻之前应尽力强行下到预定的位置。如果尾管不能强行下到预定位置，也可考虑强行起到套管内。具体的控制程序可参照起下钻时的关井程序，在井控设计中明确或在下尾管之前制订好。

3. 固井作业时发生溢流

（1）发信号。由司钻发出报警信号。

（2）停止其他作业。钻井队人员停止作业，按照井控职责分工迅速进入关井操作位置。

（3）继续注替作业。固井施工人员听到报警信号后，要继续注水泥或替入钻井液作业，直至碰压为止。

（4）开平板阀，适当打开节流阀。若节流阀平时就已处于半开位置，此时就不需要再继续打开了。若节流阀的待命工况是关位，需将其打开到半开位置。如果是液动节流阀，安装有节流管汇控制箱，由内钳工负责操作；如果是手动节流阀，由场地工负责操作。如果平板阀是液动平板阀，安装了司钻控制台，由司钻通过司钻控制台打开液动平板阀，副司钻在远程控制台观察液动平板阀控制手柄的开关状态，否则，由副司钻通过远程控制台打开液动平板阀；如平板阀不是液动阀，由井架工负责打开手动平板阀。

（5）关防喷器。由司钻发出关井信号。如安装了司钻控制台，由司钻通过司钻控制台关防喷器，副司钻在远程控制台观察防喷器相关控制手柄的开关状态，若发现防喷器控制手柄没有到位或司钻控制台操作失误，要立即纠正，如未安装司钻控制台，由副司钻通过远程控制台关防喷器。

（6）调节节流阀。由井队技术员负责调节节流阀；使放喷量要略小于固井注入排量，直到碰压为止，同时内钳工观察记录井口套压值，井架工负责关闭平板阀，关井。

（7）记录套管压力、井口压力、钻井液增量。关井后，内钳工协助钻井液工记录井口压力、套管压力、循环罐内钻井液增量，并将三个参数报告司钻和值班干部。如果套管压力为零，井口压力正常，证明溢流已经制止，按常规固井程序候凝；如套压不为零，说明溢流没有制止，应根据研究好的措施实施作业。

（四）测井工况

测井作业时发生溢流，应视溢流的态势，可能的井侵类型（油侵、气侵、还是水侵）

进行快速判断与决策。若溢流不严重，且为水侵，则争取把电缆起出，然后按空井工况去完成关井操作程序；如果溢流来势强烈，则切断电缆，迅速按空井工况完成关井操作程序。因此，电测队需要事先准备好剪断电缆的工具。另外，测井作业实施前，测井公司可与生产经营单位、钻井队共同制定一个应急措施，明确各方的井控职责，特别要明确在什么情况下必须剪断电缆，以及由何人做出这一决策。需要注意的是，无论是强起电缆后关井，还是剪断电缆关井，关井过程都需要钻井队与测井队共同完成，因此，观场的协调指挥是非常重要的。

三、关井立管压力的确定

(一) U 形管原理

将钻柱和环空视为一连通的 U 形管，井底所在地层视为 U 形管底部。若环空发生溢流后关井，则钻柱、环空、地层压力系统有如下关系：

$$p_{\mathrm{d}}+p_{\mathrm{md}}=p_{\mathrm{p}}=p_{\mathrm{a}}+p_{\mathrm{ma}}$$

式中 p_{d}——关井立管压力，MPa；

p_{md}——钻柱内钻井液柱压力，MPa；

p_{p}——地层压力，MPa；

p_{a}——关井套压，MPa；

p_{ma}——环空液柱压力，MPa。

由这一关系式可知，地层压力可由关井立管压力和关井套压两个方向进行求取，但由于环空受进入井筒地层流体的影响，钻井液密度难于精确计算，因此一般由立管压力计算地层压力。

(二) 钻柱中未装钻具回压阀时测定关井立管压力

立管压力可直接从立管压力表上读取。但值得注意的是，发生溢流后由于井眼周围的地层流体进入井筒，致使井眼周围的地层压力形成压降漏斗，此时井眼周围地层压力低于实际地层压力，越远离井眼，越接近或等于原始地层压力。一般情况下，待关井后 10~15min，井眼周围的地层压力才恢复到原始地层压力，此时读到的立管压力值才是地层压力与钻柱内钻井液静液柱压力之差。

井眼周围地层压力恢复时间的长短与地层压力与井底压力的差值、地层流体种类、地层渗透率等因素有关。为了更准确地确定关井立管压力，一般是在关井后每 2min 记录一次关井立压和关井套压，根据所记录的数据。做关井压力—关井时间的关系曲线，如图 4-1 所

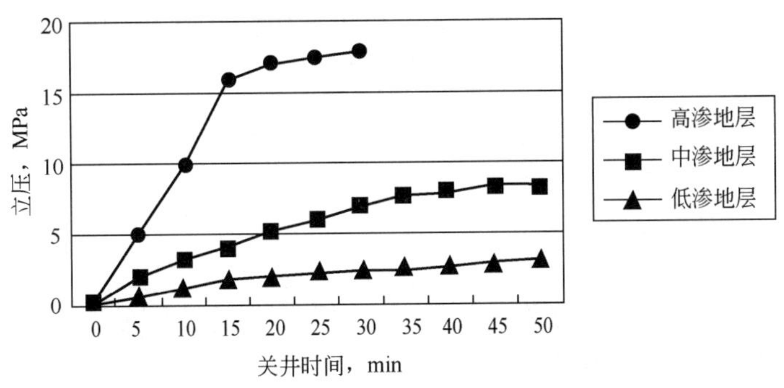

图 4-1 关井时间与关井压力关系曲线

示。借助曲线，找出关井立压值。

（三）钻具中装有钻具回压阀时测定关井立管压力的方法

如果所装钻具回压阀是带有传压孔的，则不能影响在立压表上读取关井立压。如果是普通回压阀，关井立管压力可以用以下方法确定。

1. 不循环法

这种方法在不知道钻井泵泵速和该泵速下的循环压力时采用。

（1）在井完全关闭的情况下，缓慢启动泵并继续泵入钻井液。

（2）注意观察套压，当套压开始升高时停泵，并读出立管压力值（p_{d1}）。

（3）从读出的立管压力值中减去套压升高值，则为所测定的关井立管压力值。

$$p_d = p_{d1} - \Delta p_a$$

式中 p_d——关井立管压力值，MPa；

p_{d1}——停泵时立管压力值，MPa；

Δp_a——关井套压升高值，MPa。

2. 循环法

这种方法在知道钻井泵泵速和该泵速下的循环压力时采用。

（1）缓慢启动泵，调节节流阀保持套压等于关井套压。

（2）使泵速达到压井泵速，套压始终等于关井套压。

（3）读出立管总压力（p_t），减去循环压力，则差值为关井立管压力值。

$$p_d = p_t - p_{ci}$$

式中 p_t——立管总压力，MPa；

p_{ci}——已知泵速下的循环压力，MPa。

（四）圈闭压力对关井立管压力的影响

所谓圈闭压力，是在立管压力表或套管压力表上记录到的超过平衡地层压力的压力值。产生圈闭压力的原因主要有两点，一是停泵前关井，二是关井后天然气溢流滑脱上升。显然，用含有圈闭压力的关井立管压力值所计算出来的地层压力是不准确的。

检查或消除圈闭压力的方法是通过节流管汇，从环空放出少量钻井液，这样可排除钻柱内被污染的钻井液。每次放出钻井液 40~80L，然后关闭节流阀和平板阀，观察立管压力的变化。如果立管压力下降，说明有圈闭压力。应再次打开节流阀和平板阀放 40~80L 钻井液，然后关井。如果立管压力仍有下降，重复以上操作，直到立管压力停止下降为止。此时的立管压力才是真实的关井立管压力。如果放出钻井液后，立管压力没有变化，而套压有所增加，说明没有圈闭压力，套压升高是由于环空静液压力减小所引起的。排放钻井液过程使立管压力一直下降到零，则停止排放。

四、关井套压的控制

发生溢流关井时，其最大允许关井套压值原则上不得超过下面三个数值中的最小值：

（1）井口装置的额定工作压力；

（2）套管最小抗内压强度的 80% 所允许的关井压力；

(3) 地层破裂压力所允许的关井套压值。

按规定，井口装置的额定工作压力要与地层压力相匹配，如果井口装置是严格按规定进行选择、安装和试压的，其承压能力应完全满足关井的要求。在一口设计正确的井中，该数值通常是最大的。

套管抗内压强度可以在相关的钻井手册中查到，其数值的大小取决于套管外径、壁厚与套管材料。根据套管抗内压强度确定关井套压时需要考虑一定的安全系数，即一般要求关井套压不能超过套管抗内压强度的 80%。一旦在施工中出现了套管磨损，或溢流物中有硫化氢存在，以及其他一些影响套管强度的因素，需要考虑重新确定该数值。另外，在具体计算时还要考虑套管外水泥封固，管内外流体密度不同带来的影响，管内为施工中所用的钻井液，管外流体密度选择尚无统一定论，有的油田按清水或地层盐水考虑，有的油田则根据地层压力确定。

地层所能承受的关井压力，取决于地层破裂压力梯度、井深以及井内液柱压力。一般情况下、套管鞋通常是裸眼井段最薄弱的部分。因此，现场以套管鞋处的地层破裂压力所允许的关井套压值作为最大允许关井套压，其计算方法如下：

$$p_{amax}=(\rho_e-\rho_m)gh$$

式中　p_{amax}——最大允许关井套压，MPa；

ρ_e——地层破裂压力当量钻井液密度，g/cm^3；

ρ_m——井内钻井液密度，g/cm^3；

g——常数，9.81N/kg；

h——地层破裂压力试验层（套管鞋）垂深，m。

五、关井时应注意的问题

(1) 关井操作要迅速果断，保证关井一次成功。

为了保证在紧急情况下能够及时正确地关井，作业人员要熟练掌握关井程序，并确保井控装置处于待命工况，熟悉井口防喷器组的组合形式和管汇闸门的开关情况。另外，关井操作由司钻统一指挥，防止误操作，如泵未停稳就关井，全封闸板封钻杆等情况。

(2) 合理控制井口压力，井口压力不准超过最大允许关井套压，具体有以下几种情况。

① 在关井过程中，节流阀还未完全关闭，即已达到最大允许关井套压时，此时不能再继续关节流阀，应控制在接近最大允许关井套压的情况下，节流放喷，并以钻进排量迅速向井内泵入所储备的高密度钻井液，采用低节流法压井，控制溢流，重建井内压力平衡。

② 关井后由于天然气带压上升导致井口压力不断升高，如果任其发展，最终井口压力有可能会达到甚至超过最大允许关井套压。

③ 需要放喷泄压时，严禁用打开防喷器的方式来泄压，要通过节流管汇、放喷管线放喷降压。

(3) 关井后认真坐岗，准确记录立压、套压变化，并画出压力变化面线。

(4) 关井后要及时组织压井。在实施压井作业前，应根据井口压力变化情况，间隔一段时间向井内泵入加重钻井液，同时用节流管汇控制回压，保持井底压力略大于地层压力排放井口附近含气钻井液。若等候时间长，则应及时实施司钻法第一步排除溢流，防止井口压力过高。对于含硫化氢油气井，溢流关井后更要及时组织压井，根据具体情况可以考虑使用压回法，或把事先储备的加重钻井液泵入井内，使用常规压井压井。

总之，加强溢流监测，一旦发现溢流必须按照正确的方法关井。在有毒气体溢出井口时，靠近井口作业必须戴好正压式空气呼吸器。

第三节 压井工艺

压井是向失去压力平衡的井内泵入高密度的钻井液，并始终控制井底压力略大于地层压力，以重建和恢复压力平衡的作业。压井过程中，控制井底压力略大于地层压力是借助节流管汇，控制一定的井口回压来实现的。

一、压井原理

压井是以 U 形管原理为依据进行的。把井眼循环系统想象成个 U 形管，钻柱水眼是 U 形的一侧管柱，环空是 U 形的另一侧管柱，U 形管底部是一压力平衡点，左右两侧管内的压力在此处达到平衡。

在压井循环时，井内存在如下平衡关系：

$$p_T - p_{cd} + p_{md} = p_b = p_a + p_{ma} + p_{bp}$$

式中 p_T——循环时立管总压力；

p_{cd}——钻柱内压力降；

p_{md}——钻柱内静液压力；

p_b——井底压力；

p_a——环空回压；

p_{ma}——环空静液压力；

p_{bp}——环空流动阻力。

压井循环时，随着压井钻井液的逐渐泵入，钻柱内静液压力 p_{md} 逐渐增大，要维持井底压力略大于地层压力并保持不变，就可以通过控制循环立管总压力 p_T 逐渐降低实现，而循环立管总压力又是通过调节节流阀的开启程度控制的。

压井是要保持压井排量不变，钻柱内压力降 p_{cd} 才不变，才能实现作用于井底的压力不变。另外，环空流动阻力 p_{bp} 数值比较小，又是增加井底压力，压井时有利于平衡地层压力，通常可以忽略不计。

二、压井基本数据计算

（一）判断溢流类型

1. 计算溢流在环空中占据的高度

计算公式为：

$$h_w = \Delta V / V_a$$

式中 h_w——溢流在环空中占据的高度，m；

ΔV——钻井液增量，m^3；

V_a——溢流所在位置井眼单位环空容积，m^3/m。

2. 计算溢流物的密度

计算公式为：

$$\rho_w=\rho_m-(p_a-p_d)/0.00981h_w$$

式中 ρ_w——溢流物的密度，g/cm^3；

ρ_m——当前井内钻井液密度，g/cm^3；

p_a——关井套压，MPa；

p_d——关井立压，MPa。

如果 ρ_w 在 0.12~0.36g/cm^3 之间，则为天然气溢流；如果 ρ_w 在 0.36~1.07g/cm^3 之间，则为油溢流或混合流体溢流；如果 ρ_w 在 1.07~1.20g/cm^3 之间，则为盐水溢流。

（二）地层压力（p_p）

地层压力计算公式为：

$$p_p=p_d+\rho_m gh$$

式中 ρ_m——钻具内钻井液密度，g/cm^3。

h——垂直井深，m。

（三）压井钻井液密度（ρ_k）

压井钻井液密度计算公式为：

$$\rho_k=\rho_m+p_d/gh$$

压井钻井液密度的最后确定要考虑安全附加值，同时其计算结果要适当取大。

（四）初始循环压力

压井钻井液刚开始泵入钻柱时的立管压力称为初始循环压力，计算公式为：

$$p_{Ti}=p_d+p_L$$

式中 p_{Ti}——初始循环压力，MPa；

p_L——低泵速泵压，即压井排量下的泵压，MPa。

因为压井施工很难调节节流阀使立压刚好等于计算值，为保证压井成功，可考虑给理论计算结果附加一定数值，根据施工经验，一般可取 1.5~3.5MPa。

p_L 可用两种方法求得：

第一种方法是低泵冲试验法。一般在即将钻开目的层时开始，每只钻头入井开始钻进前以及每日白班开始钻进前，做低泵冲试验，用选定的压井排量循环，并记录下泵冲数、排量和循环压力，即低泵速泵压。当钻井液性能或钻具组合发生较大变化时应补测。

压井排量一般取钻进时排量的 1/3~1/2。这是因为：

（1）正常循环压力加上关井立压可能超过泵的额定工作压力；

（2）大排量高泵压所需的功率，也许要超过泵的输出功率；

（3）大量流体流经节流阀可能引起过高的套管压力，如果压井循环时，节流阀阻塞，可能导致地层破裂。

采用较低排量时，由于降低了泵等钻井设备负荷，提高了钻井设备在压井中的可靠性。同时，较低的循环速度，有利于压井作业加重钻井液时对密度的控制，并且在调节节流阀时，有较长的反应时间。

第二种方法是根据水力学公式计算，但误差较大。若已知钻进排量为 Q 时，泵压为 p_c，压井排量为 Q_L，根据循环系统压力损耗公式：

$$p_c/p_L=(Q/Q_L)^2$$

可求出压井排量下的循环压力 p_L。

溢流发生后，也可以用关井套压求初始循环总压力：

（1）缓慢开启节流阀并启动泵，控制套压等于关井套压。

（2）使排量达到压井排量，保持套压等于关井套压。

（3）此时的立管压力表读值近似于所求初始循环总压力。

值得注意的是，此法中保持套压不变的时间要短（<5min），以免压漏地层。此法的优点在于钻遇异常高压层前未记录压井排量下的循环压力，或者虽有记录，但变换了泵或更换了缸套等情况下可测定初始循环压力。

(五) 终了循环压力

压井钻井液到达钻头时的立管压力称为终了循环压力，计算公式为：

$$p_{Tf}=(\rho_k/\rho_m)p_L$$

(六) 压井钻井液从地面到达钻头的时间

计算公式为：

$$t_d=1000V_d/60Q$$

式中 t_d——压井钻井液从地面到达钻头的时间，min；

V_d——钻具内容积，m^3；

Q——压井排量，L/s。

(七) 压井钻井液从钻头到达地面的时间

计算公式为：

$$t_a=1000V_a/60Q$$

式中 t_a——压井钻井液从钻头到达地面的时间，min；

V_a——环空容积，m^3；

Q——压井排量，L/s。

(八) 钻井液加重

1. 配制一定量加重钻井液所需加重材料的计算

计算公式为：

$$G=\rho_s V_1(\rho_1-\rho_0)/(\rho_s-\rho_0)$$

式中 G——需要的加重材料重量，1000kg；

ρ_s——所用加重剂密度，g/cm^3；

ρ_1——加重后的钻井液密度，g/cm^3；

ρ_0——原钻井液密度，g/cm^3；

V_1——加重后钻井液体积，m^3。

在这种情况下，需要的原浆体积为加重后钻井液体积（V_1）减去所加入的加重剂体积。

2. 定量钻井液加重时所需加重材料的计算

计算公式为：

$$G=\rho_s V_0(\rho_1-\rho_0)/(\rho_s-\rho_1)$$

式中 G——需要的加重材料重量，1000kg；

ρ_s——所用加重剂密度，g/cm^3；

ρ_1——加重后的钻井液密度，g/cm^3；

ρ_0——原钻井液密度，g/cm^3；

V_0——加重前钻井液体积，m^3。

在这种情况下，加重后的钻井液总体积为加重前的钻井液体积（V_0）加上所加入的加重剂体积。

三、压井方法的选择

正确确定压井方法，应该考虑以下因素：

（1）溢流类型。天然气溢流是确定压井方法必须考虑的因素。天然气流体进入井筒速度快，关井后向上运移膨胀，造成井口压力升高，同时可能伴随硫化氢。

（2）溢流量。进入井筒的溢流量，对压井过程中套管压力的大小起着重要作用，溢流量越大，压井过程中套压值越高。

（3）地层的承压能力。钻井液密度的安全窗口值越大，在压井过程中调整的余地越大。

（4）立管压力、套管压力的大小以及关井压力上升的速度。地层压力越高，压井难度越大，若立管压力值、套管压力值上升速度很快，不尽快实施压井，可能损坏井口造成井喷失控，同时可能压漏地层，造成施工井周围地面窜通。

（5）套管下深及井眼几何尺寸。套管下入深度决定地层破裂压力的大小，地层的承压能力直接决定压井方法，有技术套管和仅有表层套管的井，压井方法必然是不同的。井眼几何尺寸，决定溢流的高度和压井液的量，溢流的高度关系套压值的大小，压井液的量则涉及压井准备工作的难易。

（6）井口装置压力等级及井口的完好程度。

（7）压井实施的难易程度。

（8）压井作业所需时间的长短。

（9）施工井内有无钻具及钻具下深。

（10）加重钻井液和加重剂储备情况及后勤保障能力。

（11）现场设备的加重能力。

（12）施工井的周边状况。施工井周边是否是居民区、河流、农田、草场、道路等状况。

总之要全面考虑上述因素，结合施工井地面、井下的特殊问题进行综合分析，在充分考虑各种方法利弊的基础上确定施工方案，同时为确保压井作业的成功，对施工中可能出现的问题，应有完善的应急处理措施。

四、常规压井方法

（一）关井立压为零

常规方法包括关井立管压力为零的压井和关井立管压力不为零的压井。关井立管压力为零的压井，是钻井液的静液压力可以平衡地层压力，发生溢流是因为抽汲、井壁扩散气、钻屑气等进入井内的气体膨胀所致，其处理方法如下：

（1）当关井套压也为零时，保持钻进时的排量和泵压，敞开井口循环就可恢复井的压力控制。

（2）当关井套压不为零时，通过节流阀节流循环，在循环过程中，控制循环立压不变，当观察到套压为零时，停止循环。

上述两种情况经循环排除溢流后，应再用短程起下钻检验，判断是否需要调整钻井液密度，然后恢复正常作业。

（二）关井立压不为零

关井立管压力和套管压力都不为零时的常规压井方法主要有以下几种。

1. 司钻法压井（二次循环法）

司钻法是发生溢流关井求压后，第一循环周用原密度钻井液循环，排除环空中已被地层流体污染的钻井液，第二循环周再将压井液泵入井内，用两个循环周完成压井，压井过程中保持井底压力不变。

1）司钻法压井步骤

（1）录取关井资料，计算压井所需数据，填写压井施工单（图 4-2），绘出压力控制进

井号____________日期____________设计人____________

原始记录数据

垂直井深H=__________ m　　　　测量井深H=__________m

原钻井液密度 ρ_m =__________ g/cm^3　　　　钻井排量Q= __________L/s

套管鞋处深度h=__________ m　　　　压井排量Q_1= __________L/s

破裂压力梯度G_f=__________ kPa/m　　　　低泵速v= __________冲/min

低泵速泵压p_{ci}= __________MPa

溢流时记录的数据

关井套管压力p_d= __________MPa　　　　关井立管压力P_a= __________MPa

钻井液池增量ΔV= __________m^3

压井计算数据

压井钻井液密度$\rho_{ml}=\rho_m+0.102p_d/H$=(　)+(　)= ______ g/cm^3

初始循环立管压力$p_{Ti}=p_d+p_{ci}$=(　)+(　)= ______ MPa

终了循环立管压力$p_{Tf}=(\rho_{ml}/\rho_m)p_{ci}$=(　/　)×(　)= ______ MPa

地面到钻头容积、时间V_1= ______ L, ______ min， ______ 冲

钻头到地面容积、时间V_2= ______ L, ______ min， ______ 冲

管内外总容积、时间V= ______ L, ______ min， ______ 冲

最大允许关井套压$[p_a]=(G_f-G_m)h$=(　-　)×(　)=MPa

图 4-2　压井施工单

度表，作为压井施工的依据。

表 4-2　立管压力控制表

压井控制立管压力										
时间 min										
泵冲次										
立压 MPa										

（2）第一步用原钻井液循环排除溢流。

① 缓慢开泵，逐渐打开节流阀，调节节流阀使套压等于关井套压并维持不变，直到排量达到选定的压井排量。

② 保持压井排量不变，调节节流阀使立管压力等于初始循环压力 p_{Ti}，在整个循环周保持不变。调节节流阀时，注意压力传递的迟滞现象，液柱压力传递速度大约为 300m/s，3000m 深的井，需 20s 左右才能把节流变化的压力传递到立管压力表上。

③ 排除溢流，停泵关井，则关井立压等于关井套压。

在排除溢流的过程中，应配制加重钻井液，准备压井。

（3）第二步泵入压井液压井，重建井内压力平衡。

① 缓慢开泵，迅速开节流阀平板阀，调节节流阀，保持关井套压不变。

② 排量逐渐达到压井排量并保持不变。在压井液从井口到钻头这段时间内，调节节流阀，控制套压等于关井套压并保持不变（也可以控制立管压力由初始循环压力逐渐下降到终了循环压力）。

③ 压井液出钻头沿环空上返，调节节流阀，控制立管压力 p_{Tf}，并保持不变。当压井液返出井口后停泵关井，关井立管压力、套管压力应皆为零。然后开井，井口无外溢，则说明

压井成功。

2）司钻法压井过程中立管压力及套管压力变化规律

（1）立管压力变化规律。如图 4-3 所示，第一循环周 0~t_2 时间内，立管压力保持初始循环压力 p_{Ti} 不变；第二循环周 t_2~t_3 时间内，压井钻井液由井口至钻头，立管压力由到 p_{Ti} 下降到 p_{Tf}；t_3~t_4 时间内，压井钻井液由井底返出井口，立管压力保持终了循环压力 p_{Tf} 不变。

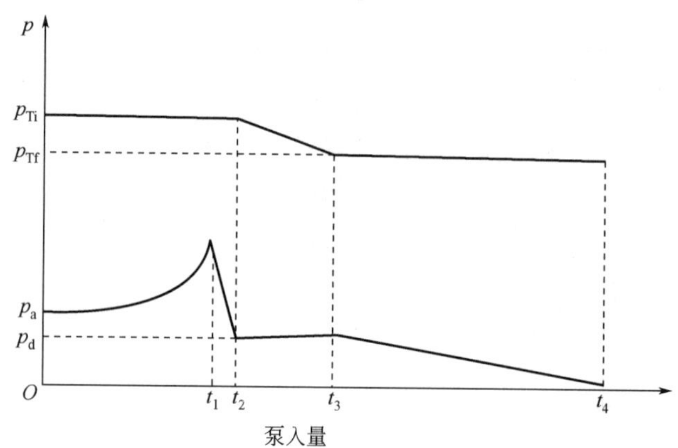

图 4-3　司钻法压井排除气体溢流时立压及套压变化趋势

（2）套管压力变化规律。天然气溢流套压变化规律，0~t_1 时间内，天然气溢流上返到井口，套压逐渐上升并达到最大值；t_1~t_2 时间内，天然气溢流返出井口，套压下降到关井立管压力值；t_2~t_3 时间内，压井钻井液由井口到井底，套管压力不变，其值等于关井立压值；t_3~t_4 时间内，压井钻井液由井底沿环空返至井口，套压逐渐下降到零。

油及盐水溢流套压变化规律如图 4-4 所示：0~t_1 时间内，溢流物沿环空上返到井口，套压等于关井套压不变；t_1~t_2 时间内，溢流物返出井口，套压由关井套压下降到关井立压；t_2~t_3 时间内，压井钻井液由井口到井底，套管压力不变，其数值等于关井立压；t_3~t_4 时间内，压井钻井液由井底沿环空返至井口，套压逐渐下降到零。

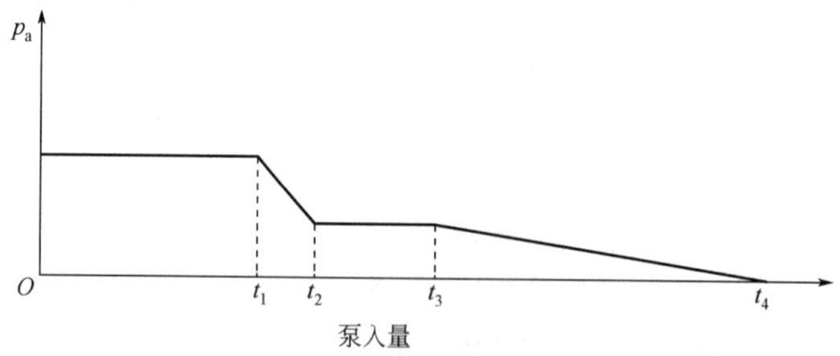

图 4-4　司钻法压井排除液体溢流时套压变化趋势

2. 工程师法压井（一次循环法或等待加重法）

工程师法压井是指发现溢流关井后，先配制压井钻井液，然后将配制好的压井液直接泵入井内，在一个循环周内将溢流排除并建立压力平衡的方法。在压井过程中保持井底压力不变。

1）压井步骤

（1）录取关井资料，计算压井数据，填写压井施工单。压井施工单与司钻法压井施工单略有不同，主要区别是立管压力控制进度表不同。

（2）配制压井液。压井液密度要均匀，其他性能尽量与井内钻井液保持一致。

（3）将压井钻井液泵入井内，开始压井施工。

① 缓慢开泵，逐渐打开节流阀，调节节流阀，使套压等于关井套压不变，直到排量达到选定的压井排量。

② 保持压井排量不变，在压井液由地面到达钻头这段时间内，调节节流阀，控制立管压力按照“立管压力控制进度表”的变化，由初始循环压力逐渐下降到终了循环压力。

③ 压井液返出钻头，在环空上返过程中，调节节流阀，使立管压力等于终了循环压力并保持不变。直到压井液返出井口，停泵关井，检查关井套压、关井立压是否为零，如为零则开井，开井无外溢说明压井成功。

2）工程师法压井过程中立管压力及套管压力变化规律

（1）立管压力变化规律。

立管压力变化规律如图 4-5 所示，$0\sim t_1$ 时间内，压井液从地面到钻头，立管压力由初始循环压力 p_{Ti} 下降到终了循环压力 p_{Tf}；t_1-t_4 时间内，压井液由井底返至井口，立管压力保持终了循环压力不变。

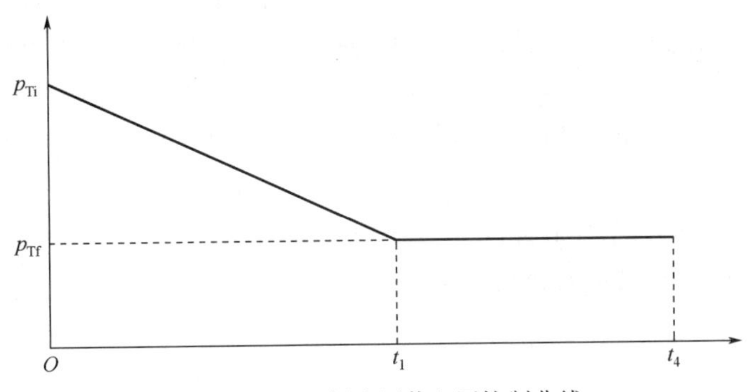

图 4-5 工程师法压井立压控制曲线

（2）套管压力变化规律。

溢流为油或盐水时套压变化如图 4-6 曲线②所示，$0\sim t_1$ 时间内，压井钻井液由地面到钻头，套管压力不变，其值等于初始关井套压；$t_1\sim t_2$ 时间内，压井钻井液进入环空，溢流物逐渐到达井口，套管压力缓慢下降；$t_2\sim t_3$ 时间内，溢流物排出井口，套管压力迅速下降；$t_3\sim t_4$ 时间内，压井钻井液排替环空内原来密度的钻井液，套管压力逐渐降低。

溢流为气体时套压变化如图 4-6 曲线①所示，$0\sim t_1$ 时间内，压井钻井液从地面到钻头，气体在环空上升膨胀，套压逐渐升高到第一个峰值；$t_1\sim t_2$ 时间内，套压的变化受压井钻井液柱和气体膨胀的影响。一般是压井钻井液在环空开始上升时，套压稍有下降，然后有一段套压平稳，变化不大，然后逐渐升高，气体接近井口时套压迅速升高，达到第二个峰值。两个峰值哪个为极值，取决于溢流井深、压井钻井液与原钻井液密度差、井眼环空容积系数及压井排量等因素，多数第二个峰值为极值。$t_2 \sim t_3$ 时间内，气体排出，套压迅速下降；$t_3 \sim t_4$ 时间内，压井钻井液排替原钻井液，套压逐渐下降；加重钻井液返至井口、套压下降为零，压井结束。

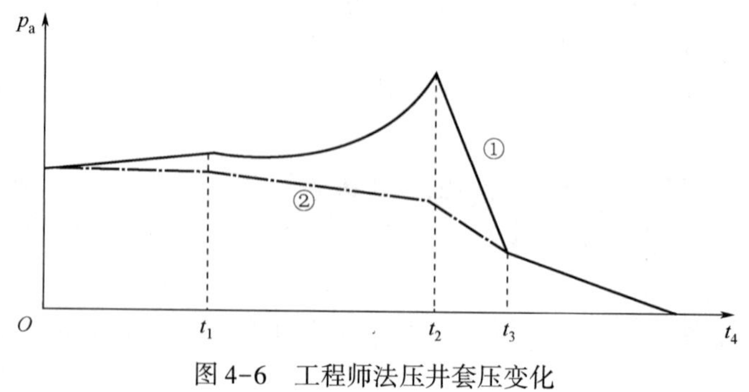

图 4-6　工程师法压井套压变化

3. 边循环边加重压井法

边循环边加重法压井是指发现溢流关井求压后，一边加重钻井液，一边即把加重的钻井液泵入井内，在一个或多个循环周内完成压井的方法。

这种方法常用于现场，当储备的高密度钻井液与所需压井钻井液密度相差较大，需加重调整，且井下情况复杂需及时压井时，多采用此方法压井。此法在现场施工中，由于钻柱中的压井钻井液密度不同，给控制立管压力以维持稳定的井底压力带来困难。若压井钻井液密度等差递增，并均按钻具内容积配制每种密度的钻井液量，则立管压力也就等差递减，这样控制起来相对容易一些。

将密度为 ρ_m 的钻井液提高到密度为 ρ_1 压井液，当其到达钻头时的终了立管压力为：

$$p_{Tf1} = p_L \rho_1 / \rho_m + (\rho_k - \rho_1) gH$$

式中　p_{Tf1}——终了立管压力，MPa；

ρ_1——第一次调整后的钻井液密度，g/cm^3；

ρ_k——压井钻井液密度，g/cm^3；

ρ_m——原钻井液密度，g/cm^3；

H——井深，m；

p_L——低泵速泵压，MPa。

此公式的物理意义是：在密度为 ρ_1 压井液从地面到钻头的过程中，需要控制立管压力从初始循环压力 p_{Ti} 逐渐下降到终了循环压力 p_{Tf1}；钻井液沿环空上返过程中，应控制立管压力等于终了循环压力 p_{Tf1} 不变。当第二循环周压井钻井液密度重新调整后，应再重新确定初始循环压力和终了循环压力，直到压井结束。

(三) 常规压井方法的基本原则

(1) 在整个压井过程中，始终保持压井排量不变；

(2) 采用小排量压井，一般压井排量为钻进排量 1/3~1/2；

(3) 压井钻井液量一般为井筒有效容积的 1.5~2 倍；

(4) 压井过程中要保持井底压力恒定并略大于地层压力，通过控制回压（立、套压）

来达到控制井底压力的目的；

（5）要保证压井施工的连续性。

（四）压井作业中应注意的问题

（1）开泵与节流阀的调节要协调。从关井状态改变为压井状态时，开泵和打开节流网应协调，节流阀开得太大，井底压力数降低，地层流体可能侵入井内；节流阀开得太小，套压升高，井底压力过大，可能压漏地层。

（2）控制排量。整个压井过程中，必须用选定的压井排量循环并保持不变，由于某种原因须改变排量时，必须重新测定压井时的循环压力，重算初始压力和终了压力。

（3）控制好压井钻井液密度。压井钻井液密度要均匀，其大小要能平衡地层压力。

（4）要注意立管压力的滞后现象。压井过程中，通过调节节流阀控制立压、套压，从而达到控制井底压力的目的，压力从节流阀处传递到立压表上，要滞后一段时间，其长短主要取决井深、溢流的种类及溢流的严重程度。

（5）节流阀堵塞或刺坏。钻井液中的砂粒、岩屑很可能堵塞节流阀，高速液流可能刺坏节流阀。堵塞时套压升高，解决的办法是迅速打开节流阀，疏通后，迅速关回到原位，若不能奏效成功，应改用备用节流阀。若节流阀刺坏严重，应改用备用节流阀或更换节流阀。

（6）钻具刺坏。钻具刺坏，泵压下降，泵速提高。钻具断，悬重减小。可观察立压、套压，若两者相等，说明溢流在断口下方，若是气体溢流。让气体上升到断口时，再用高密度钻井液压井；若关井套压大于关井立压，说明溢流已经上升到断口上方，可立即用高密度钻井液压井。

（7）钻头水眼堵。水眼堵时，立管压力迅速升高，而套压不变。记下套压，停泵关井，确定新的立管压力值后，再继续压井；水眼完全堵死，不能循环时，先关井，再进行钻具内射孔，然后压井。

（8）井漏。压井过程中若发生井漏，应先进行堵漏作业，然后再进行压井。

五、非常规压井方法

非常规压井方法是溢流、井喷井不具备常规压井方法的条件而采用的压井方法，如空井井喷、钻井液喷空的压井等。

（一）平衡点法

平衡点法适用于井内钻井液喷空后的天然气井压井，要求井口条件为防喷器完好并关闭，钻柱在井底，天然气经过放喷管线放喷。这种压井方法是一次循环法在特殊情况下压井的具体应用。

此方法的基本原理是：设钻井液喷空后的天然气井在压井过程中，环空存在一“平衡点”。所谓平衡点，即压井钻井液返至该点时，井口控制的套压与平衡点以下压井钻井液静液柱压力之和能够平衡地层压力。压井时，当压井钻井液未返至平衡点前，为了尽快在环空建立起液柱压力，压井排量应以在用缸套下的最大泵压求算，保持套压等于最大允许套压；当压井钻井液返至平衡点后，为了减小设备负荷，可采用压井排量循环，控制立管总压力等于终了循环压力，直至压井钻井液返出井口，套压降至零。

平衡点按下式求出：

$$H_B = p_{aB}/0.00981\rho_k$$

式中　H_B——平衡点深度，m；

p_{aB}——最大允许控制套压，MPa。

根据上式，压井过程中控制的最大套压等于“平衡点”以上至井口压井钻井液静液柱压力。当压井钻井液返至“平衡点”以后，随着液柱压力的增加，控制套压减小直至零，压井钻井液返至井口，井底压力始终维持一常数，且略大于地层压力。因此，压井钻井液密度的确定尤其要慎重。

（二）置换法

当井内钻井液已大部分喷空，同时井内无钻具或仅有少量钻具不能进行循环压井，但井口装置可以将井关闭，压井钻井液可以通过压井管汇注入井内，这种条件下可以采用置换法压井。通常情况下，由于起钻抽汲，钻井液不够或灌钻井液不及时，电测时井内静止时间过长导致气侵严重引起的溢流，经常采用此方法压井。

操作方法：

（1）通过压井管线注入一定量的钻井液，允许套压上升某一值（以最大允许值为限）。

（2）关井一段时间，使泵入的钻井液下落，通过节流阀缓慢释放气体，套压降到某一值后关节流阀。套压降低值与泵入的钻井液产生的液柱压力相等，即：

$$\Delta p_a = 0.00981\rho_k \Delta V/V_h$$

式中　Δp_a——套压每次降低值，MPa；

ΔV——每次泵入钻井液量，m^3；

V_h——井眼单位内容积，m^3/m。

重复上述过程就可以逐步降低套压。一旦泵入的钻井液量等于井喷关井时钻井液罐增量，溢流就全部排除了。置换法进行到一定程度后，置换的速度将因释放套压、泵入钻井液的间隔时间变长而变慢，此时若条件具备下钻到井底，采用常规压井方法压井。下钻时，钻具应装有回压阀，灌满钻井液。当钻具进入井筒钻井液中时，还应排掉与进入钻具之体积相等的钻井液量。

置换法压井时，泵入的加重钻井液的性能应有助于天然气滑脱。

（三）压回法

所谓压回法，就是从环空泵入钻井液把进入井筒的溢流压回地层。此法适用于空井溢流，天然气溢流滑脱上升不很高、套管下得较深、裸眼短，具有渗透性好的产层或一定渗透性的非产层，特别是含硫化氢井的溢流。

具体施工方法是：以最大允许关井套压作为施工的最高工作压力，挤入压井钻井液（可以是钻进用钻井液或稍重一点的钻井液），挤入的量至少等于关井时钻井液增量，直到井内压力平衡得到恢复。

使用压回法要慎重，不具备上述条件的溢流最好不要采用。

（四）低节流压井方法

这种方法是指发生溢流后不能关井，关井套压超过最大允许关井套压，因此只能控制在接近最大允许关井套压的情况下节流放喷。

1. 不能关井的原因

（1）高压浅气层发生溢流；

（2）表层或技术套管下得太浅；

（3）发现溢流太晚。

2. 压井原理

低节流压井就是在井不完全关闭的情况下，通过节流阀控制套压，使套压在不超过最大允许关井套压的条件下进行压井。当高密度钻井液在环空上返到一定高度后，可在最大允许关井套压范围内试关井，关井后，求得关井立管压力和压井钻井液密度，然后再用常规法压井。

3. 减少地层流体的措施

低节流压井过程中，由于井底压力不能平衡地层压力，地层流体仍会继续侵入井内，从而增加了压井的复杂性，为减少地层流体的继续侵入，则可以：

（1）增大压井排量，可以使环空流动阻力增加，有助于增大井底压力。

（2）提高第一次循环的压井液密度，高密度压井液进入环空后，能较快地增加环空的液柱压力，抑制地层流体地侵入。

（3）如果地层破裂压力是最小极限压力时，当溢流被顶替到套管内以后，可适当提高井口套压值。

六、特殊情况下的压井作业

（一）起下钻中发生溢流后的压井

在起下钻过程中，常常由于抽汲或未及时灌钻井液使井底压力小于地层压力而引起溢流发生，因钻具不在井底，必须根据不同情况采用不同方法进行控制。

1. 暂时压井后下钻的方法

发生溢流关井后，由于一般溢流在钻头以下，直接循环无法排除溢流，可采用在钻头以上井段替成压井液暂时把井压住后，开井抢下钻杆，钻具下到井底后，用司钻法排除溢流即可恢复正常。

这种方法实际上就是工程师法的具体应用，只是将钻头处当成“井底”。根据关井立压确定暂时压井液密度和压井循环立管压力的方法同工程师法类似，但是要注意此时的低泵速泵压需要重新测定。压井循环时，在压井液进入环空前，保持压井排量不变，调节节流阀控制套压为关井套压并保持不变；压井液进入环空后，调节节流阀控制立压为终了循环压力并保持不变。直到压井液返至地面，至此替压井液结束，此时关井套压应为零。

井口压力为零后，开井抢下钻杆，力争下钻到底，则用司钻法排除溢流，即可恢复正常。

如下钻途中，再次发生井涌，则重复上述步骤，再次压井后下钻。

2. 等候循环排溢流法

这种方法是关井后，控制套压在安全允许压力范围内，等候天然气溢流滑脱上升到钻头以上，然后用司钻法排除溢流，即可恢复正常。通常，天然气在井内钻井液中的滑脱上升速度大致为 270~360m/h。

（二）井内无钻具的空井压井

溢流发生后，即使井内无钻具或只有少量的钻具，也能实现关井。这种情况通常是由于起钻时发生强烈的抽汲或起钻中未按规定灌够钻井液，使地层流体进入井内，或因进行电测空井作业时，钻井液长期静止而被气侵，不能及时除气所造成。

在空井情况下发生溢流后，不能再将钻具下入井内时，应迅速关井，记录关井压力，然后用体积法（容积法）进行处理。

体积法的基本原理是控制一定的井口压力以保持压稳地层的前提下，间歇放出钻井液，让天然气在井内膨胀上升，直至上升到井口。

操作方法是：先确定允许的套压升高值，当套压上升到允许的套压值后，通过节流阀放出一定量的钻井液，然后关井，关井后气体又继续上升，套压再次升高，再放出一定量的钻井液，重复上述操作，直到气体上升到井口为止。

气体上升到井口后，通过压井管线以小排量将压井液泵入井内，当套压升高到允许的关井套压后立即停泵。钻井液沉落后，再释放气体，使套压降低值等于注入钻井液所产生的液柱压力。重复上述步骤，直到井内充满钻井液为止。

根据实际情况，也可以采用压回法或置换法压井。

（三）又喷又漏的压井

当井喷与漏失发生在同一裸眼井段时，这种情况需首先解决漏失问题。否则，压井时因压井液的漏失而无法维持井底压力略大于地层压力。根据又喷又漏产生的不同原因，其表现形式可分为上喷下漏，下喷上漏和同层又喷又漏。

1. 上喷下漏的处理

上喷下漏俗称“上吐下泻”。这是因在高压层以下钻遇低压层（裂缝、孔隙十分发育）时，井漏将使在用钻井液和储备钻井液消耗殆尽，井内得不到钻井液补充，因液柱压力降低而导致上部高压层井喷。其处理步骤是：

（1）在高压层以下发生井漏，应立即停止循环，定时定量间歇性反灌钻井液，尽可能维持一定液面来保持井内液柱压力略大于高压层的地层压力。确定反灌钻井液量和间隔时间有三种方法：第一种是通过对地区钻井资料的分析统计出的经验数据决定；第二种是测定漏速后决定；第三种是由建立的钻井液漏速计算公式决定。最简单的漏速计算公式是：

$$Q=\pi D^2 h/4T$$

式中 Q——漏速，m^3/h；

D——井眼平均直径，m；

h——时间 T 内井筒动液面下降高度，m；

T——时间，min。

（2）反灌钻井液的密度应是产层压力当量钻井液密度与安全附加当量钻井液密度之和。

（3）也可通过钻具注入加入堵漏材料的加重钻井液。

（4）当漏速减小，井内液柱压力与地层压力呈现暂时动平衡状态后，可着手堵漏并检测漏层的承压能力，堵漏成功后就可实施压井。

2. 下喷上漏的处理

当钻遇高压地层发生溢流后，提高钻井液密度压井，而将高压层上部某地层压漏后，就会出现所谓下喷上漏。

处理方法是：立即停止循环，定时定量间歇性反灌钻井液。然后隔开喷层和漏层，再堵漏以提高漏层的承受能力，最后压井。在处理过程中，必须保证高压层以上的液柱压力大于高压层压力，避免再次发生井喷。隔离喷层和漏层及堵漏压井的方法主要是：

（1）通过环空灌入加有堵漏材料的加重钻井液，同时从钻具中注入加有堵漏材料的加重钻井液。加有堵漏材料的加重钻井液，即能保持或增加液柱压力，也可减小低压层漏失和堵漏。

（2）在环空灌入加重钻井液，在保持或增加液柱压力的同时，注入胶质水泥，封堵漏层进行堵漏。

（3）上述方法无效时，可采用重晶石塞-水泥-重晶石塞-胶质水泥或注入水泥隔离高低压层，堵漏成功后继续实施压井。

3. 同层又喷又漏的处理

同层又喷又漏多发生在裂缝、孔洞发育的地层，或压井时井底压力与井眼周围产层压力恢复速度不同步的产层。这种地层对井眼压力变化十分敏感，井底压力稍大则漏、稍小则喷。

处理方法是：通过环空或钻具注入加重后的钻井液，钻井液中加入堵漏材料。此法若不成功，可在维持喷漏层以上必需的液柱压力的同时，采用胶质水泥或水泥堵漏，堵漏成功后压井。

（四）浅井段溢流的处理

浅层段溢流的处理，在有井口装置或允许最大关井套压很低的情况下，建议采用非常规压井方法中介绍的方法进行处理。在未安装防喷器，条件具备的情况下应抢下钻具，为处理溢流提供必需的通道，根据现场的具体情况进行处理。在处理过程中，因缺乏井口控制装置，要十分注意人员安全，防止井口着火。

七、井控作业中易出现的错误做法

井控作业中的错误做法会带来不良后果，轻者会拖延井内压力系统实现动平衡的时间，重者会造成井喷失控，甚至井喷失控着火。

（一）发现溢流后不及时关井、仍循环观察

这只能使地层流体侵入井筒更多，尤其是天然气溢流，在气体向上运移的过程中因体积膨胀而排替出更多的钻井液。此时的关井立管压力就有可能包含圈闭压力，据此计算的压井钻井液密度就偏高，压井时立管循环总压力、套压、井底压力也就偏高；发现溢流后继续循

环还可能诱发井喷，增加压井作业的难度。所以，发现溢流或疑似凝流，必须毫不犹豫地关井。

（二）发现溢流后把钻具起到套管内

操作人员担心关井期间钻具处于静止状态而发生黏附卡钻，即使钻头离套管鞋很远也要将钻具起到套管内，从而延误了关井时机，让更多的地层流体进入了井筒，其后果是所计算的压井钻井液密度比实际需要的偏高。其实，处理溢流时防止钻具黏附卡钻的主要措施是尽可能地减少地层流体进入井筒。

（三）起下钻过程中发生溢流时仍企图起下钻完

这种情况大多发生在起下钻后期发生溢流时，操作人员企图抢时间起完钻或下钻完。但往往适得其反，关井时间的延误会造成严重的溢流，增加井控的难度，甚至恶化为井喷失控。正确方法是关井后压井，压井成功后再起钻或下钻。

（四）关井后长时间不进行压井作业

对于天然气溢流，若长时间关井，天然气会滑脱上升积聚在井口，使井口压力和井底压力显著升高，以致会超过井口装置的额定工作压力、套管抗内压强度或地层破裂压力。若长期关井又不活动钻具，还会造成卡钻事故。

（五）压井钻井液密度过大或过小

时常会因为地层压力求算不准确，而使得压井钻井液密度偏高或偏低。压井钻井液密度过大会造成过高的井口压力和井底压力，过小会使地层流体持续侵入而延长压井作业时间。

（六）排除天然气溢流时保持钻井液罐液面不变

地层流体是否进一步侵入井筒，取决于井底压力的大小。排除天然气溢流时，判断井底压力是否能够平衡地层压力，天然气是否在继续侵入井内，不能根据钻井液罐液面升高来判断。若把保持井底压力大于地层压力等同于保持钻井液罐液面不变，唯一的办法是关小节流阀，不允许天然气在循环上升中膨胀，其后果是套压不断升高、地层被压漏甚至套管断裂、卡钻，以致发生地下井喷和破坏井口装置。排除溢流保持钻井液罐液面不变的方法仅适于不含天然气的盐水溢流和油溢流。

（七）企图敞开井口使压井钻井液的泵入速度大于溢流速度

当井内钻井液喷空后，因其他原因无法关井，在不控制一定的井口回压，企图在敞开井口的条件下，尽可能快地泵入压井液建立起液柱压力，把井压住是不可能的。尤其是天然气溢流，即使以中等速度侵入井筒，它从井筒中举出的钻井液也比泵入的多。该做法的实际后果是替喷，造成溢流以更大的量和速度进入井筒。

（八）关井后闸板刺漏仍不采取措施

闸板刺漏将造成闸板胶芯不能密封钻具，若不及时处理则刺漏更加严重，甚至会刺坏钻具，致使钻具断落。正确的做法是带压更换闸板，为压井提供保证。

第五章　钻井作业监督要点

本章主要结合长庆油田公司钻井工程技术规范和相关监督管理要求，整理编写钻井工程各工序监督应知应会知识和监督技术要点，仅供参考。

第一节　钻井监督岗位应知

一、开工验收

（一）人员及持证

钻井队配置队长 1 名，副队长 1 名，钻井技术员 1 名，定向技术员（可兼职）1 名，钻井液大班 1 名，大班司钻 1 名，大班司机 1 名，司钻 3 名，副司钻 3 名，井架工 3 名，其他岗位人员 20 型钻机≥12（30 型 15，40 型 18，50 型 21，70 型 24）人，总人数合计≥27（30 型 30，40 型 33，50 型 36，70 型 39）人；正、副司钻持司钻证、钻井液不落地操作工持操作证、井架工以上持井控证、H_2S 证，全员持 HSE 培训合格证，证件齐全有效。

（二）井场规格

油井：单井井场长×宽不小于 80m×45m；水平井井场长×宽不小于 80m×60m。气井：各井型井场长×宽不小于 100m×70m。油井丛式井单排方向上每增加一口井，井场长度增加 5m；气井丛式井单排方向上每增加一口井，井场长度增加 10m。若采用钻井液不落地处理工艺的井，井场面积在满足设备安全摆放的基础上增加 $200m^2$，用于摆放整套钻井液不落地设备。

（三）设备布置

钻井锅炉房、发电房、储油罐摆放符合安全要求。锅炉房与井口相距大于等于 50m，发电房、储油罐与井口相距大于等于 30m，储油罐与发电房相距大于等于 20m。

（四）消防器材

MFT35 干粉灭火器 4 具；MFZ8kg 干粉灭火器 10 具；5kgCO_2 灭火器 7 具；消防斧 2 把；消防钩 2 把；消防锹 6 把；消防桶 8 个；消防砂大于等于 $4m^3$；消防毛毡 10 条；消防泵 1 台；ϕ19mm 直流水枪 2 只；配快速接头 1 个；消防水龙带 100m。

（五）监督重点

（1）施工队伍资质、人员持证；

（2）钻井设备配备、安装及检测；

（3）安全防护设施配备、校验，安全标志、警示牌、安全警戒线设置；

（4）井场环保、钻井井场及钻前道路验收。

二、钻井一开

按照《工程设计》要求，查验钻具、表层套管及其他开钻工作准备情况，跟踪表层施工过程，对照固井施工设计，监督落实固井质量标准。

（一）表层井身质量标准

表层井身质量标准见表 5-1。

表 5-1 表层井身质量标准

井段	井斜角，(°)	全角变化率，(°)/30m	水平位移，m
H<1000	≤2	≤2.1	≤20
1000≤H<2000	≤3	≤2.7	≤30

（二）表层套管设计

表层套管规格、钢级、下深、联顶节长度，符合设计要求；套管下深进入稳定地层 30m 以上，套管与井口中心垂直偏差≤10mm。

（三）测斜间距

直井：1000m 以前，每 50m 测斜一次，1000m 以后，100m 测斜一次；丛式井组中直井测斜间距：1000m 以前，每 30m 测斜一次，1000m 以后，50m 测斜一次。若井斜有超标趋势，应加密测斜。

采用 MWD 无线随钻工具施工时，按设计要求记录井身质量数据。

（四）监督重点

表层防斜、防漏，表层套管质量、下深、表套固井。

三、钻井二开

根据井型查验井控装备型号、安装、试压及维护保养情况，掌握二开直井段施工、二开斜井段施工监督内容及标准。

（一）试压要求

压力不超套管抗内压强度 80%前提下，环型防喷器试压至额定工作压力 70%，闸板防喷器、旋塞、四通以及节流压井管汇、防喷管线试压至额定工作压力，天然气井放喷管线试压≥10MPa；稳压≥10min，压降≤0.7MPa。水平井：安装分级箍的套管串试压到分级箍额定工作压力（25MPa），稳压 10min，压降 0.7MPa，环形试压到额定工作压力 70%。下钻钻穿分级箍后试压 30MPa，稳压 30min，压降 0.5MPa，重点监督不得钻穿第一个浮箍。放喷管线试压 10MPa，稳压 10min，压降 0.7MPa。

（二）防喷器组合

气田及油田一级风险井中的“三高”井、欠平衡井、在已开发的彭阳地区庄 211、演

224、镇 429 等区域硫化氢含量大于等于 100mL/m^3 的井、发生过井喷、着火事故区域的井，从下到上配“四通+双闸板防喷器+环形防喷器”。

其他油田一级风险井以及油田二级、三级风险井，从下到上配“四通+双闸板防喷器”或从下到上配“四通+单闸板防喷器+环形防喷器”。

防喷器保护法兰厚 40mm，内径比防喷器通径小 20mm；压力小于等于 35MPa 的井防喷管线可用同压力级别高压耐火隔热软管，法兰和管体连接不得焊接。

（三）远控台

远控台气源压力为 0.65～0.8MPa，司控台与远控台压力值误差不超 0.6MPa。储能器预充氮气压 7MPa±0.7MPa、储能器压力 18.5～21MPa、管汇控制压力及环形控制压力 10.5MPa。

（四）节流压井管汇

管汇压力 21MPa 高量程压力表选择 25MPa，管汇压力 35MPa 高量程压力表选择 40MPa，管汇压力 70MPa 高量程压力表选择 100MPa，低量程压力表量程气井 10～16MPa，油井 6～10MPa，压力表下有高压控制闸阀。

（五）放喷管线

气井安装 2 条放喷管线，出口距井口 75m（高含硫井 100m，管线夹角 90°～180°），放喷口 50m 以内不得有各种设施；油井至少装一条放喷管线，接出井口 50m 以远；放喷管线通径大于等于 78mm。

（六）监督重点

（1）查看井控设备铭牌、检测报告；

（2）查看设备安装；

（3）现场旁站监督试压过程，签字确认结果。

四、钻开油气层验收

掌握井控装置、加重材料、井控工艺管理、防火防爆、停注泄压监督内容及标准。

（一）加重材料储备

气井一级风险井储备加重材料不少于 60t，同时储备密度高于最高（目的层）地层压力当量钻井液密度 0.3g/cm^3 的加重钻井液不少于 60m^3；二级风险井储备加重材料不少于 50t，同时储备密度高于最高（目的层）地层压力当量钻井液密度 0.2g/cm^3 的加重钻井液不少于 40m^3；油井一级风险井：储备加重材料不少于 50t；二级、三级风险井储备加重材料不少于 30t；距离加重材料储备点超过 200km 以外或交通不便的井加重材料储备量在以上要求的基础上增加 50%以上，符合要求。

（二）钻井液密度

执行钻井工程设计，进入目的层前转换钻井液体系并达到设计要求。发生溢流、井涌后，监督及时督促关井、加重、压井。

（三）停注泄压

严格执行《长庆油田钻井、试油施工过程周边注水井停注泄压管理办法》（暂行）。

（四）监督重点

钻井液体系转换、油气层浸泡时间等。

五、中完作业

掌握井身质量、井控安全、下套管过程、固井作业监督内容及标准。

（一）套管丈量、清洗、外观检查、通内径

套管按照入井顺序排放整齐，清点套管数量，丈量长度，螺纹清洗干净，垛高不超过三层，层间有垫杠，防腐套管有保护措施。套管用油漆进行编号，通内径有记录，通径规直径等于套管内径值减 3.18mm，ϕ139.7mm 和 ϕ114.3mm 套管通径规长度不小于 150mm，ϕ177.8mm 套管通径规长度不小于 200mm。套管的钢级、壁厚要符合设计要求。

（二）套管串结构

（1）浮箍位置执行地质要求；

（2）浮鞋、浮箍之间距离：油井 10m 左右，气井 20m 左右；

（3）短套管安放位置与地质要求误差小于 9m；

（4）扶正器加放位置执行钻井工程设计，扶正器安装在套管接箍部位，穿销钉并折弯 90°。

（三）密封脂涂抹

严格按照下套管作业程序和甲方要求，规范使用套管螺纹脂，气井所用长圆螺纹（LC）套管，必须选用粘接型螺纹脂 Catt101 或 TOP-101。

（四）灌钻井液及中途循环

（1）正常情况下油井每下 50 根套管灌满钻井液一次，气井、油田水平井每下 30 根套管灌满钻井液一次。特殊情况要加密灌浆次数；

（2）下套管至 1000m 左右必须循环一周（避开易垮塌层位），特殊情况要加密循环次数。

（五）固井设备及人员持证

固井水泥车数量不少于 2 台，井口工和技术员必须持有井控培训合格证。

（六）固井质量

固井质量合格率 100%；声幅相对值≤15%为优等，≤30%为合格；低密度水泥≤40%为合格。

（七）试压

油井：15MPa（注水井 20MPa），试压 30min 压降小于 0.5MPa。试压时甲乙双方到场并签字确认。

天然气井：管串中无分级箍时 30MPa、有分级箍时 25MPa，试压 30min 压降小于 0.5MPa。试压时监督、钻井队、试压服务队三方到场，并出具合格的试压曲线图，试压时

甲乙双方到场并签字确认。

（八）监督重点

（1）复核完钻井深和中靶情况；

（2）完井期间的井控安全；

（3）现场抽检套管及附件的数量和质量；

（4）查验水泥车和灰罐车的设备身份证、经审批签字后的固井施工设计；

（5）旁站监督下套管、固井作业。

六、钻井三开

掌握井控设备设施、三开钻进及其他项目监督项目检查。

（一）三开钻进

（1）钻头型号、规格、厂家以及钻具结构符合《工程设计》要求；

（2）入井钻具、接头、工具的编号、丈量的原始纸质记录应和电子记录相符。

（二）监督重点

井控设备、入井钻具结构、井身质量检查。

七、水平井段钻井

掌握水平段井身质量、测斜仪器、导眼回填检查监督内容及标准。

（一）水平段质量标准

（1）斜井段全角变化率≤10°/30m，测斜间距≤10m；

（2）水平段测斜间距≤10m，水平段纵向距靶点向上或向下均不超过 2m，横向不超过 20m；

（3）剖面符合率大于 95%。

（二）监督重点

（1）严格按设计施工；

（2）定向仪器检查与校验（采用 MWD 或 LWD 定向仪器）；

（3）井斜和方位的控制；

（4）入窗垂深校核；

（5）根据预测井眼轨迹和地质提供的数据，检查钻具结构和钻井参数调整情况，实时监控井眼轨迹，及时纠偏，确保中靶；

（6）检查设计变更审批；

（7）记录地质、工程施工调整情况。

八、下尾管

（一）完井方式

采用 7in 技术套管悬挂 4½in 尾管（盲管或筛管）不固井完井，用连续油管酸化+酸压

（下古）或不动管柱水力喷射压裂（上古）工艺完井。

（二）井眼轨迹要求

斜井段全角变化率≤12°/30m，水平段全角变化率≤12°/30m。

（三）下尾管通井要求

（1）采用与水平段钻井过程中一致的钻具组合+牙轮钻头（去掉喷嘴）进行通井，通井到底，井眼畅通无阻；要求在水平段及水平段以上300m井段内起下钻速度不超过0.5m/s。

（2）通井、下尾管施工必须采用35MPa及以上（或70MPa）的井口防喷器。

（3）套管的对扣及上扣按照API标准5CL的推荐方法进行，螺纹连接使用规定的螺纹密封脂CASTTA101（TOP101），上至规定扭矩。

（四）监督重点

管串结构、井眼准备、下尾管操作。

九、完井井口

（1）油井完井井口平正，封固可靠，套管接箍上端面高出井场平面0.3m±0.1m，使用厚度大于等于40mm的环形钢板，环形钢板外圆周与表层套管焊牢在一起，油层套管必须坐在环形钢板上，按规定戴好护帽。护帽、环型钢板上必须焊上井号字样，字迹整齐清楚、大小为40mm×40mm的方块字体，保证不脱落。

（2）气井完井井口执行《关于认真落实标准套管头安装规程的通知》（长油工程函字〔2014〕2号）和《关于明确芯轴式套管头侧导流管线现场安装流程的通知》。

第二节　钻井监督岗位应会

一、开工验收

（1）工程设计单位名称、设计人、审核人、审批人及审批日期；

（2）施工作业资质证书、市场准入证书、安全生产许可证书、中标队伍通知书；

（3）钻井设备设施配备、井架检测、主要设备安装标准及要求；

（4）现场电路电器、防火防爆要求，有毒有害气体检测、正压空气呼吸器配置，安全标志、警示牌、警戒线设置要求；

（5）现场资料各类及运行要求，现场运行制度；

（6）井口、水柜四周、发电机、油罐、钻井液循环罐、钻井泵、化工药品存放等环保要求。

二、钻井一开

（1）钻具丈量准确，记录翔实，钻具结构、钻头型号符合设计要求；

（2）导管、表层套管规格、钢级、长度符合《工程设计》要求；

（3）表层施工质量控制要点：表层防斜、表层井深、表套下深；

（4）检查固井施工设计，固井设备身份证及人员持证，固井水和相关材料的准备情况，井眼准备，严格监督执行固井设计要求，水泥浆密度应保持均匀，平均密度与设计密度误差不超过0.025g/cm^3，收集水泥浆密度原始记录；

（5）水泥返至地面，井底预留15m以上水泥塞，井口按要求回填。

三、钻井二开

（1）监督执行集团公司、长庆油田分公司井控设备生产厂家准入规定，设备检修周期。

（2）落实井控设备设施安装监督检查内容及要求。

（3）监督执行《长庆油田石油与天然气钻井井控实施细则》《钻井工程设计》试压要求，井控装置试压卡片填写。

（4）二开直井段施工：防斜打直、测斜间距、防碰图绘制、造斜点位置、井眼轨迹、全角变化率、油气层中靶半径等符合相关要求；监督落实防喷演习、地层漏失压力实验、低泵冲实验、注水井停注泄压等要求。

（5）二开斜井段施工：

① 检查入井钻具、接头、工具的编号、丈量要求；

② 监督落实指重表、泵压表及自动记录仪等检查要求；

③ 钻井液体系及性能符合要求；

④ 监督落实井斜控制要求，测斜间距，对测斜数据真实性进行验证；

⑤ 井身剖面符合直—增或直—增—稳要求；

⑥ 油气层中靶、井径扩大率符合要求；

⑦ 井眼轨迹防碰，测斜数据处理，井身垂直剖面图、水平剖面图符合要求，检查井眼轨迹控制；

⑧ 钻井队防喷演习开展符合要求，对防喷演习水平达不到要求的队伍要现场开展培训指导。

四、钻开油气层验收

（一）井控装置

（1）防喷器组合要求；

（2）防喷器控制系统的控制能力应满足控制对象的数量及开、关要求，并且备用一个控制对象；

（3）井控管汇、节流管汇、压井管汇、放喷管线、防喷管线等配置安装符合《石油与天然气钻井井控实施细则》及设计要求；

（4）节流管汇液控箱连接紧固，压力表量程符合要求、齐全灵敏；

（5）闸阀有标识牌，开关状态正确，开关灵活；

（6）钻井液回收管线弯管夹角大于120°，固定牢固；

（7）钻井液气体分离器和除气器配备安装符合《石油与天然气钻井井控实施细则》要求；

（8）方钻杆上下旋塞、止回压阀开关灵活；

（9）防喷单根接头与井内钻具接头匹配，摆放在鼠洞内；

（10）振动筛和除砂器运转正常；

（11）钻井液液面报警、检测仪器调节合理、灵敏，加重装置运转正常；

（12）自动点火装置完好，位置符合要求；

（13）井控装置示意图与现场实物对应，张贴于值班房。

（二）井控工艺

（1）工程、地质、井控设备及钻井液性能交底工作落实，交底记录齐全；

（2）对照《工程设计》，核对钻井液体系已按要求进行了性能转换；

（3）关井提示牌数据齐全、准确、位置正确；

（4）坐岗制度落实，进入油气层前100m由井控坐岗工和录井工开始坐岗，钻进中每15min监测一次钻井液（罐）池液面和气测值，起钻或下钻过程中核对钻井液罐入或返出量；

（5）干部值班制度落实，记录齐全；

（6）井控设备设施台账格式和要素符合《石油与天然气钻井井控实施细则》规定，台账设施与实物相符，设备检修、试压合格证齐全有效；

（7）井控例会应每周召开一次，记录齐全；

（8）检查井控设备保养记录，应定人定岗管理和保养，记录齐全，负责人审核齐全；

（9）井控应急预案：应有井控管理组织机构，成员分工及职责明确，有发生险情的应急响应程序，内外部应急资源（加重材料储备库、消防、医疗、公安单位通信联络方式）齐全；

（10）井控演习应每班组每月各种工况下的井控演习不少于一次，夜间也应安排防喷演习；

（11）井控培训有计划、有教案、培训及考核有记录。

（三）防火防爆

（1）井控报警装置完好；

（2）柴油机排气管不面向油罐、不破漏、无积炭，有冷却装置，附件齐全完好；

（3）发电房、储油罐距井口距离不小于30m，储油罐与发电房相距不小于20m，锅炉房距井口不小于50m；发电房、锅炉房设置在季节风上风侧位置；

（4）井场严禁吸烟，需要使用明火及动用电气焊前，严格按《动火作业安全管理规范》（Q/SY 1241—2009）规定办理动火手续、落实防火防爆安全措施，方可实施；

（5）钻台上下、机泵房周围禁止堆放杂物及易燃易爆物，钻台、机泵房下无积油；

（6）钻开油气层后进入井场的车辆必须佩戴防火装置，并按规定路线行驶；

（7）风向标齐全完好；

（8）排风扇应配置齐全完好；

（9）消防设备设施、气体检测仪、正压式空气呼吸器完好。

五、中完作业

（一）井身质量

（1）完钻井深、中靶半径符合设计要求；

（2）下套管前井眼准备符合要求。

（二）下套管过程

（1）入井材料符合要求；

（2）套管串及附件应符合设计要求；

（3）扶正器有出厂合格证，规格及数量符合设计要求；

（4）浮箍、浮鞋符合设计要求，浮箍必须采用弹簧复位式，能正常复位，密封牢靠，拍照备查；

（5）短套管、联顶节、循环接头检查完好；

（6）下套管应更换防喷器闸板芯子，气井和一级风险油井在下套管前必须更换与套管尺寸相同的防喷器闸板；

（7）有下套管操作标准及相关要求。

（三）固井作业

（1）固井设备身份证及人员持证符合要求；

（2）有固井施工设计，并经过审批；

（3）有设计水泥浆密度及预计施工压力；

（4）水泥返高计算符合要求；

（5）灰罐水泥标号、灰量符合要求；

（6）碰压可靠，油井套管固井碰压可代替套管柱试压的应符合《关于明确油井套管柱试压规范的通知》的要求；

（7）候凝情况检查符合要求。

六、钻井三开

（1）闸板防喷器、环形防喷器、远程控制台、方钻杆上下旋塞、三通及高压软管完好，符合设计要求；

（2）远程控制台控制压力在正常工作范围，液控管线完好；

（3）节流压井管汇、防喷管线、放喷管线、套管头侧导流装置试压合格。

七、水平段钻进

（1）钻具结构应符合《工程设计》要求，入井钻具、接头、工具编号、丈量记录与电子记录相符。

（2）钻井液体系符合《工程设计》要求。

（3）入窗地层、井深、垂深、井斜和方位符合要求。

（4）设计水平段长度与实际水平段长度相符。

（5）轨迹调整、工艺变更等记录应齐全；根据预测井眼轨迹和地质提供的数据，检查钻具结构和钻井参数调整情况，实时监控井眼轨迹，及时纠偏，确保中靶。

（6）定向仪器采用 MWD 或 LWD 定向仪器，校验准确。

八、水平段钻进

（一）尾管检查

（1）送井尾管型号、规格、钢级、数量与尾管领取通知单一致，厂家符合油田公司要求；

（2）尾管应使用通径规逐根通径，清洗螺纹，丈量长度，记录准确；

（3）尾管附件检查与下套管附件检查内容及标准相同；

（4）尾管结构、下深应符合《工程设计》要求；

（5）完钻井深应满足下尾管和组配要求，井眼畅通、井壁稳定。

（二）下尾管操作

（1）气井及油井水平井使用带扭矩的套管钳，扭矩值设定符合设计要求；

（2）下尾管到位后应灌满钻井液，循环保证进出口密度差小于 0.02g/cm^3；

（3）尾管丢手应严格执行操作规程。

九、完井井口

（1）完井井口管外不气窜、水窜；井口四周水泥砂浆打平、打实，井口无晃动；大小盖帽戴好并且焊接牢固，丛式井各井口平齐，高低一致。

（2）最后加盖盲板，为了防止被盗，点焊盲板、法兰及阀门螺母交井。

（3）弃井要求：将地下 1m 以上的套管头切除，同时做好地下隐蔽；弃井时全井段用水泥封固，必须把油气层、水层封死。

（4）井场做到工完料净，大小鼠洞填平，井场平整。

十、异常情况及处置

（1）溢流：溢流量、钻井液性能、施工井基本情况、采取的技术措施，填写《溢流压井措施作业备忘单》，按照公司信息管理规定做好信息报送。

（2）井涌：井涌量、钻井液性能、施工井基本情况、采取的技术措施，按照公司信息管理规定做好信息报送。

（3）井喷：井喷基本情况、现场钻井液量、加重材料量、压井方案、施工井基本信息，按照公司信息管理规定做好信息报送。

（4）井漏：井漏起始时间、漏失层位、漏失量、钻井液密度、堵漏方案，督促施工队伍及时采取技术措施，防止引起井下垮塌或井控险情，填写《井漏堵漏措施作业备忘单》。

第三节　监督资料与信息

本章以长庆油田工程技术部及川庆长庆监督公司相关规定为例，整理编写了工程监督信息及资料管理要求，仅供参考。

一、工程监督信息划分

工程监督信息实行分级管理，分为 A 类、B 类和 C 类。

A 类工程监督信息包括但不限于：

（1）施工单位发生的各类重大工程质量事故和产品质量事故；

（2）施工单位发生的溢流量超过两方及以上，或发现 H_2S 和 CO 气体含量超过二级报警值井控险情；

（3）施工单位发生一般 A 类及以上安全生产事故；
（4）施工单位在敏感区域发生的环境污染事件。
B 类信息包括但不限于：
（1）施工单位发生的一般工程质量事故；
（2）施工单位发生“油气侵或溢流量两方以下”的井控险情；
（3）施工单位发生一般 B 类安全生产事故；
（4）现场存在的一般及以上不符合；
（5）各级检查或审核中出现的一般不符合；
（6）不符合整改验收信息；
（7）施工单位在管理中的特色做法和重要安全活动信息；
（8）上级部门检查、审核信息。
C 类信息包括但不限于：
（1）施工单位发生的除 A、B 类信息外的其他信息；
（2）施工单位发生的通过日报、周报、月报上报的信息。

二、工程监督信息汇报原则

A 类信息：采取双向汇报。发生后 20min 以内由现场监督人员通过电话或网络将基本情况汇报到总监（或班长），由总监（或班长）报送公司石油工程监督管理科和监督部，并在《工程监督任务书》记录。

B 类信息：由现场监督员当日通过网络、电话或书面将详细信息报送监督部工程总监（或班长），并在《工程监督任务书》记录。

C 类信息：由现场监督员当日报送监督部工程总监或班长，监督部工程总监或班长将当日信息以电子或文本材料报到监督部，由监督部跟踪管理。

《工程监督任务书》上应准确填写汇报时间、信息接收单位、接收人、汇报主要事项及内容、甲方（监督部）指令及意见。

三、资料填写及录入

（一）资料填写

（1）现场检查后按要求填写《钻井工程监督签认表》，增加《固井工序监督签认表》《发现问题整改通知单》；

（2）检查结果在《钻井监督任务书》中进行填写确认，并做好相关记录。

（二）资料录入

长庆油田公司工程技术部信息平台数据录入后，总监、班长必须对录入数据进行审核，确认数据准确无误后再进行提交，监督数据录入准确率必须达到 100%。

第二篇

井下作业工程监督

井下作业是油田勘探开发过程中保证油水井正常生产的技术手段。在油田开发过程中，根据油田调整、改造、完善、挖潜的需要，按照工艺设计要求，利用一套地面和井下设备、工具，对油、水井采取各种井下技术措施，达到提高注采量，改善油层渗流条件及油、水井技术状况，提高采油速度和最终采收率的目的。井下作业监督就是对井下施工过程进行监督，以确保施工质量符合甲方及设计要求。

第六章　井下作业设备

井下作业机械设备主要包括动力设备、提升设备、循环冲洗设备和旋转设备等。

第一节　动力设备

动力设备是指在井下作业施工中所使用的通井机和修井机等，它们是井下作业过程中的主要动力来源。目前油田井下作业最常用的动力设备为通井机和修井机，它们主要用于起下油管、钻杆、抽油杆及井下打捞等施工项目。

一、通井机

履带式修井机一般统称通井机（图 6-1），是目前各油田修井作业中最常用的一种动力设备，用于起下油管、钻杆（抽油杆）以及井下打捞、抽汲等施工作业。履带式通井机不配带井架，其越野性能好，适用于低洼地带。但它的缺点是行走速度慢，不适应快速转移施工的要求。

图 6-1　履带式通井机

目前，作业施工现场上用得比较多的通井机是青海工程机械厂制造的 XT-12 通井机和鞍山红旗拖拉机制造的 AT-10 通井机两种型号。它们都是由底盘部分、发动机部分和通井装置三部分组成。

XT-12 通井机的底盘是采用青海工程机械厂生产的 QT-100ET 推土机的底盘，其发动机采用上海柴油机厂生产的 6135AK-6 型柴油机或贵州柴油机厂生产的 6135AK-10 柴油机。该机的通井装置变速箱为斜齿常啮合式，有正反转各 8 种速度。制动部分为带式制动气压助力。

AT-10 通井机是用鞍山红旗拖拉机制造厂生的红旗 120 拖拉机的底盘，其发动机采用天津机械厂生产的 6130T3 型柴油机。该机的通井装置变速箱为斜齿常啮合传动，正反转各 4 档，压力油润滑，制动部分为液压助力、带式制动。

二、修井机

修井机是一种轮胎式自带井架的修井设备，它行走方便，安装简单，适应于快速搬迁施工作业及井场、道路状况较好的地区。修井机一般由动力设备、传动设备和工作设备组成。

常用的修井机型号有：XJ－350、XJ－450、XJ－650、XJ－1000、XJ－80、XJ－120、W65B 等。

（一）XJ-350 修井机

XJ-350 修井机（图 6-2）主要用于浅井修井、试油、投捞、检泵作业，其主要工作系统为提升作业系统、旋转作业系统和底盘行走系统。配置齐全，适应范围广，配备钻台和相关部件可进行大修和侧钻以及水井钻井作业。具有整机布置合理、结构紧凑、移运性能好、现场安装方便、使用维护简单等特点。

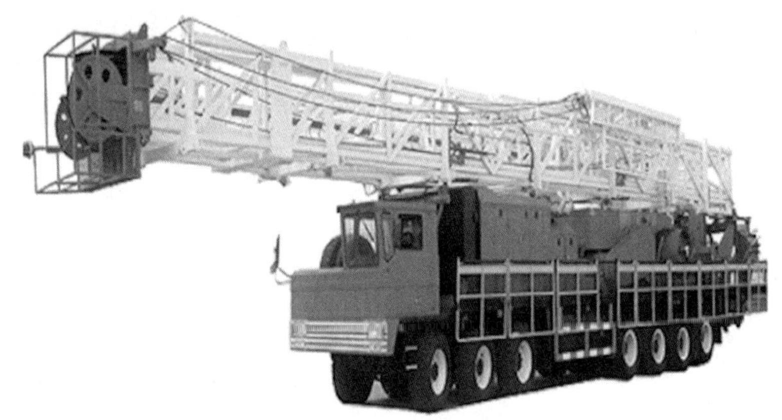

图 6-2　XJ-350 修井机

（二）XJ-450 修井机

XJ-450 修井机主要用于中浅井大修、修井、试油、投捞、检泵作业，其主要工作系统为提升作业系统和旋转作业系统。最大静钩载为 1125kN，配备钻台和相关附件可进行大修和侧钻作业。

（三）XJ-1000 修井机

XJ-1000 修井机是采用双发动机并车结构的大型自走式修井作业设备，其最大静钩载达 1700kN。主要针对陆上油田深井大修、修井、试油、投捞、检泵作业，其主要工作系统为提升作业系统、旋转作业系统和底盘行走系统。动力强劲，性能可靠，适应范围广，可用于 3000m 以内的中浅井钻井作业。

（四）XJ-120 修井机

XJ-120 为单滚筒车装自走式修井机（可根据用户要求配置双滚筒捞砂滚筒+主滚筒），为石油矿场专用设备，额定钩载 1250kN，最大钩载 1575kN，适用于深度为 8500m（中 73mm 外加厚油管）的修井作业。底盘驱动形式为 12×8（前 3 后 3），车桥选用整体锻造式索玛重型宽距车轿，适应于长时间行驶；车架为 16Mn 宽翼缘型材焊接而成的特别加强梁；

动力为CAT3412BDTTA柴油机和ALLISONCLBT6061传动箱；井架为矩形管门形两节伸缩式结构，高度35m，配4.5m伸缩钻台，ZP175转盘。

第二节 提升设备

井下作业用的提升设备包括：井架、天车、游动滑车、大钩、钢丝绳、吊环及地滑车等。

一、井架

（一）井架的用途

井架的用途主要是装置天车，支撑整个提升设备，以便悬吊井下设备、工具和进行各种起下作业。

（二）井架的分类

从井架（图6-3）的可移动性来分，有固定式井架和可移动式井架；从井架的高度来分，固定式井架又可分为18m、24m、29m等几种井架。目前在井下作业中，常用的固定式井架有BJ-18型、BJ-29型和JJ-80-18型等，常用井架技术参数见表6-1。

图6-3 井架

表6-1 常用井架技术规格

井架型号	配套天车	井架高度，m	额定负荷，kN	最大负荷，kN	支脚距，mm	自重，t
BJ1-18	TC-50	18.28	400	600	1530	3.035
	TC1-50	18.28	500	700	1530	3.625
BJ2-18	TC-30	18.28	300	450	1530	3.42
BJ-18	TC3-50	18.28	500	700	1530	3.42
BJ-29	TC1-50	28.9	500	700	2130	5.8
JJ-80-18	T3-2-1	18.3	800	1000	1530	4.5
JJ-80-21	T3-2-1	21.3	800	1000	1530	5.162
JJ-80/29-W	T3-2-1	29	800	1000	1520	6.403

（三）井架的安装施工及使用要求

以 BJ-18 型井架为例介绍移动式井架的安装。BJ-18 型移动式井架按 97°角的标准立起后，支脚底座面到井架顶面的垂直高度为 18m，主要由本体、支座、天车和绷绳等组成。

1. 绷绳钻进地锚位置准备

先确定井架立放的方向，然后根据井深负荷和井架高度确定绷绳位置及数目。一般前面两道绷绳，后面四道绷绳。

（1）绷绳坑到井口距离：

后一道坑：20~22m；开挡：12~16m。

后二道坑：18~20m；开挡：14~16m。

前绷绳坑：18~20m；开挡：18~20m。

（2）地锚深度不小于 2m。

（3）绷绳和地锚必须定期检查。

2. 井架基础

井架基础的作用是使井架承受负荷后不会下沉、倾斜与翻转，在施工作业过程中要保持稳定性。井架基础的种类较多，主要有混凝土浇筑、木方组装、管子排列焊接、混凝土预制等几种。

3. 井架的立放操作

立放 BJ-18 型井架现场多用两种方法，一是立放运井架车立放，另一是吊车立放。

4. 井架的使用要求

（1）使用应在安全负荷范围内；

（2）在重负荷时不许猛刹猛放；

（3）不允许超负荷使用；

（4）井下作业施工中，每天对天车、地滑车、游动滑车打黄油一次；

（5）所有黄油嘴保持完好，若卡、堵、坏打不进黄油时，应及时修理或更换；

（6）发现井架扭弯、拉筋断裂、变形时，及时请示有关部门鉴定处理后方可使用；

（7）经常检查各道绷绳吃力是否均匀，绳卡、天车、井架螺丝等是否紧固；

（8）井架基础附近不能积水和挖坑。

二、天车

天车是一组定滑轮，天车通过钢丝绳与游动滑车构成游动系统，改变从绞车滚筒钢丝绳来的拉力方向，以完成悬吊与起下作业。结构如图 6-4 所示。

三、游动滑车

游动滑车是一组动滑轮，通过钢丝绳与天车组成游动系统，使从绞车滚筒钢丝绳来的拉力变为井下管柱上升或下放的动力，并有减轻动力设备的负荷的作用。结构如图 6-5 所示。

图 6-4 天车

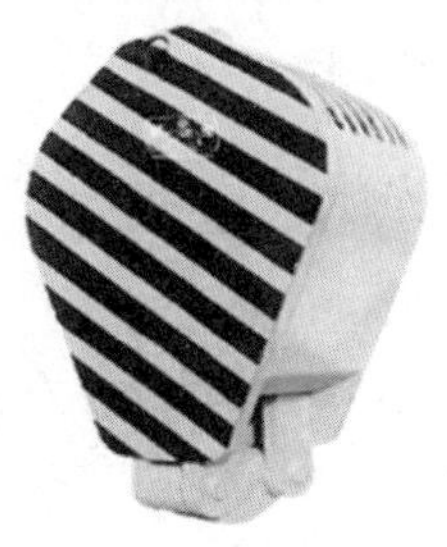

图 6-5 游动滑车

四、大钩

大钩的作用是悬吊井内管柱，实现起下作业。大钩有一个主钩和两个侧钩。主钩用于悬挂水龙头，两个侧钩用于悬挂吊环。

五、钢丝绳

钢丝绳的主要用途是通过天车把绞车、游动滑车连在一起组成游动系统，从而把绞车的旋转运动变为游动滑车的升降运动，达到起下作业的目的。另外，钢丝绳还可用于井架绷绳，固定稳定井架。

钢丝绳是由钢丝中间夹麻芯缠死制成的，从结构组成（股数×丝数）上分有 6×19、6×24、9×37 等几种；从捻制方法分，有顺捻和逆捻。顺捻：伸缩性大，易松股打扭，强度较小，弯曲性、耐磨性好；逆捻与顺捻特点相反。

六、吊环

吊环是起下管柱时连接大钩与吊卡用的专用提升用具。用来悬挂吊卡，吊环成对使用。按结构不同，吊环分单臂吊环和双臂吊环两种形式。

七、吊卡

（一）油管吊卡

油管吊卡是用来卡住并起吊油管、钻杆、套管等的专用工具。修井作业施工中常用的吊卡一般有活门式和月牙形两种。基本结构形式如图 6-6、图 6-7 所示。

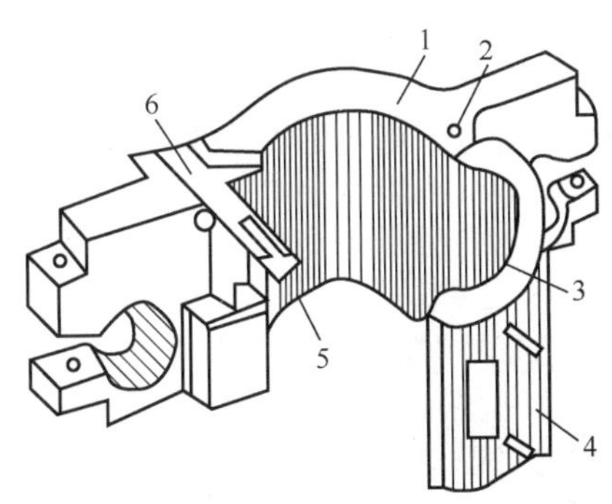

图 6-6 活门式吊卡

1—吊卡体；2—活门销子；3—吊卡活门；4—手柄；5—锁扣销子；6—锁扣

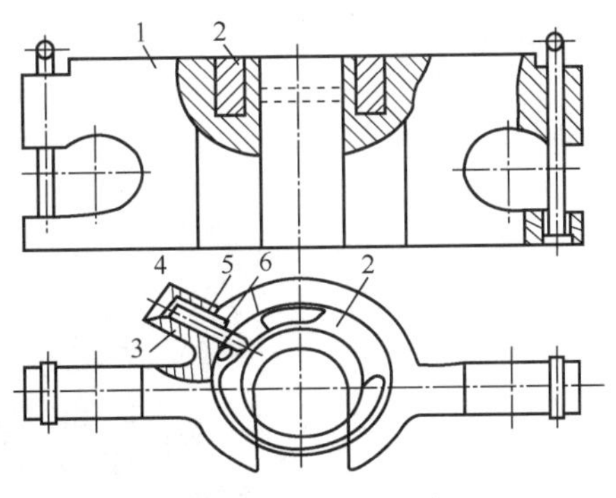

图 6-7 月牙形吊卡

1—壳体；2—凹槽；3—插栓；4—手柄；5—弹簧；6—弹簧底垫

（二）抽油杆吊卡

抽油杆吊卡是起下抽油杆的专用吊卡，如图 6-8 所示。

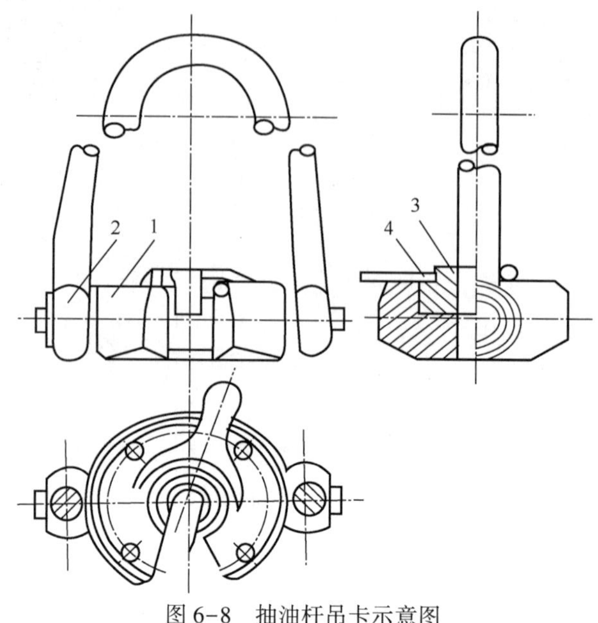

图 6-8 抽油杆吊卡示意图

1—卡体；2—吊环；3—卡具；4—手柄

第三节 循环冲洗设备及旋转设备

一、循环冲洗设备

在井下作业修井过程中，循环冲洗设备的主要作用是向井内打入各类液剂，实现循环和洗井工艺，完成井下作业和修井施工中的压井、冲砂、替喷（诱喷）洗井，以及改造措施中的向井内泵送酸液和压裂液、水力喷砂等各项工作。循环冲洗设备主要包括钻井泵、洗井车、高压洗井管线、水龙头、水龙带、弯头及管汇等。

（一）钻井泵

钻井泵（图 6-9）是修井作业最基本的循环冲洗设备，用途是将钻井液、修井液等打

图 6-9 钻井泵

入井内，进行循环冲洗、压井或其他施工作业。修井施工中常用的是卧式活塞型双作用泵。这种泵的结构组成为动力端和液力端两个部分，带动泵的动力有电动机或内燃机。

(二) 水泥车

水泥车（图 6-10）是专供油、气井进行循环、洗井、压井、注水泥和进行其他挤注工作使用的特种车辆。上面装有活塞泵、柱塞泵、带标尺的水箱、管线、混合翻斗以及附加动力设备和变速箱等。作用是完成上述的循环洗井等各项作业，注水泥时水泥浆全部由它配置和泵送。

图 6-10　水泥车

(三) 压裂车

油田专用压裂车（图 6-11）是压裂施工的主要设备，属油气田钻采特种车辆设备。主要作用是向油气井内注入高压、大排量的压裂液，通过向地层泵液注压将地层压开，把支撑剂挤入裂缝，提高油气层渗透率和油、气井采收率。油气田现场施工对压裂车技术性能要求很高，压裂车须具有压力高、排量大、耐腐蚀、抗磨损性强等特点。一般油田专用压裂车多以成套设备即成套压裂机组形式出现，压裂泵车是压裂施工机组核心设备，主要由发动机、液力变速箱、压裂泵、控制系统和其他附件组成。压裂机车组一般由压裂泵车、仪表车、配液撬、压裂酸化管汇车、混砂车、输砂车和供液车等组配而成，是装有底盘的移动泵注设备，通过高压、大排量泵注酸液或处理液，实现压裂增产目的。

图 6-11　压裂车

压裂车按其适用不同油气资源特定工况环境分两类：常规油气田专用压裂车和非常规油气（页岩气、页岩油和煤层气）资源开采专用压裂车。

按设备型号、压力等级、机组输出功率等技术参数分：35MPa、70MPa、105MPa、120MPa、180MPa、400MPa 等不同压力等级设备或多种型号机组（如 RR1500 型压裂车、HQ-2000 压裂酸化机组、HF2000 压裂车组）。

（四）管汇及弯头

管汇，又叫总机关，它的作用是汇集液流和改变液流方向，并有控制高压液流的作用。它由一些高压阀门、活接头、弯头、三通和短节等组合而成。由于管汇比较笨重，为了提高管汇利用率，便于搬移，可将管汇装在汽车上，这种车辆称为管汇车。弯头的作用是改变施工中管线的连接方向和便于管线的连接，按其结构特点分为固定式弯头和活动式弯头两种。

（五）水龙头

水龙头的作用是悬吊井下管柱、连接循环冲洗管线中的固定部分和旋转部分，可完成洗井、冲砂、解卡循环等施工作业，具有高压密封循环修井工作液通道的功能。

（六）水龙带

水龙带是由一层内橡胶、几层帘线布、几层中间橡胶及钢丝网层制成的中空软管。主要作用是便于高压管线连接，满足施工中带高压状态下进行活动、弯曲与转向等要求。

二、旋转设备

旋转设备主要指转盘，转盘是修井施工中驱动钻具旋转的主要动力来源。转盘是一个齿轮减速器，它将水平旋转运动变成转台的垂直旋转运动。修井时用修井机发动机为主动力，带动转盘转动，转盘则驱动钻具转动，用来进行钻、磨、洗、套等作业，完成钻水泥塞、侧钻、磨洗鱼顶及倒扣、套洗、切割管柱等施工。

常用修井转盘有多种，虽然型号不同，但其结构基本相同，主要由链轮、主动轴、轴承、小锥齿轮、齿圈、转台、箱体组成。

常见修井转盘主要功能和结构与钻井用转盘结构相似，可参考本书第一篇第一章第二节相关内容。

第四节　井口控制装置

一、不压井不放喷井口控制装置（手动）

常规作业使用的不压井不放喷作业井口装置，按其工作原理可分为井口控制部分、加压部分和油管密封部分。

井口控制部分由自封封井器、半封封井器、全封封井器、法兰短节和连接法兰组成。作用是在不压井起下时控制井口压力，保证施工安全顺利。

（一）自封封井器

自封封井器由壳体、压盖、压环、密封圈、胶皮芯子和放压丝堵组成，如图 6-12 所示。它依靠井内油套环空的压力和胶皮芯子自身的伸缩力使胶皮芯子扩张，起到密封油套环形空间的作用。井内管柱和井下工具能顺利通过自封芯子，最大通过直径应小于 ϕ115mm。

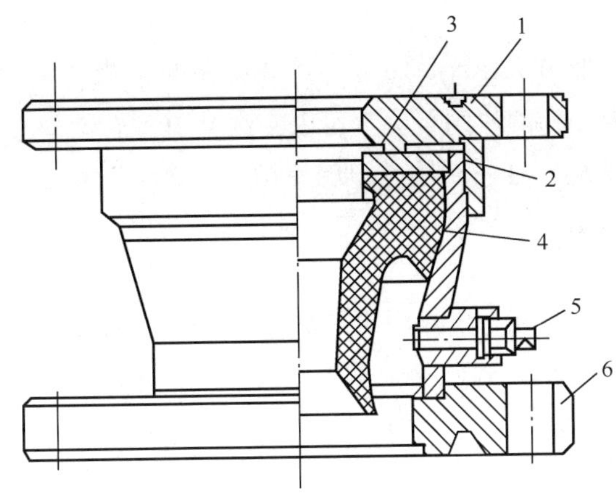

图 6-12　自封封井器结构示意图

1—压盖；2—压环；3—密封圈；4—胶皮芯子；5—丝堵；6—壳体

（二）半封封井器

半封封井器由壳体、半封芯子总成、丝杠等组成。其密封元件为两个带半封圆孔的胶皮芯子，它装在半封芯子总成上，转动丝杠，可以带动半封芯子总成运动，完成开关操作。它是靠关闭闸板来密封油套环形空间的井口密封工具，如图 6-13 所示。

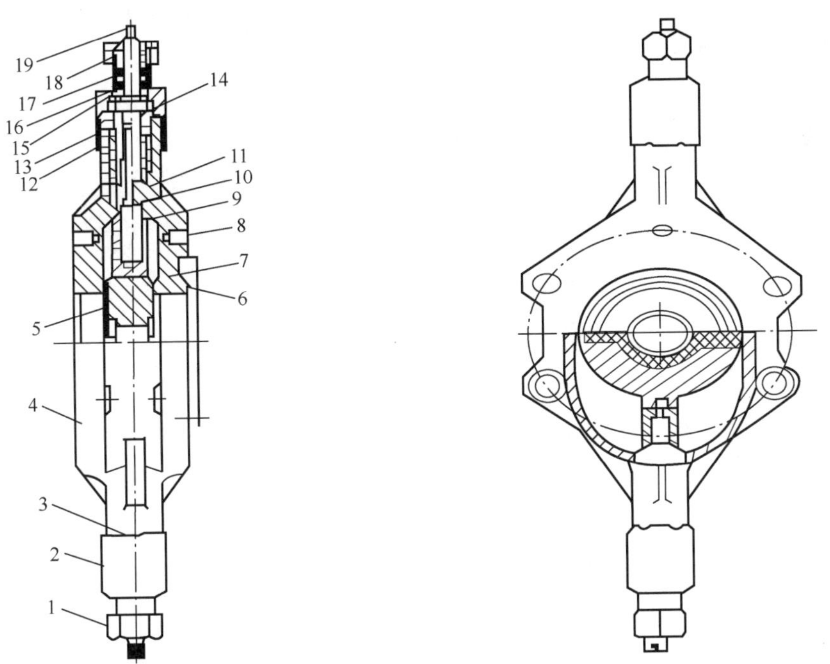

图 6-13　半封封井器结构示意图

1—压帽；2—轴承外壳；3—止动螺钉；4—壳体；5—半封芯子总成；6—压圈；7—U 形密封圈；8—螺钉；9—接头；10—倒键；11—螺钉；12—密封圈；13—垫片；14—止退轴承；15—下垫圈；16—人字密封圈；17—中垫圈；18—密封圈压帽；19—丝杠

（三）全封封井器

全封封井器由壳体、闸板、丝杠等组成。它的外形和工作原理与半封封井器基本相同。不同之处是闸板没有半圆孔，两块闸板关紧可以密封井口，转动丝杠，可以开井或关井，全封封井器是用于起出管（钻）柱后封闭井口的专用工具。

二、高压防喷井控设备

高压防喷设备在井下作业施工中是用于高压井、气井、大修取套井的关井防喷系统，由井控装置主体、控制系统、井控管汇及辅助设备等组件组成。其井控装置主体由环形防喷器、闸板防喷器、四通、放喷阀、钻具内防喷工具等组成。

三、采油树

目前油井广泛采用 CYb-250 型采油树，其主要特点是用油嘴来控制油井的压力和流量，能够满足一般高压油井的要求。采油树井口闸采用特殊四通与油管挂能满足钻井、完井与修井的多种作业要求。

四、采气树

气井广泛采用 CQ-250 型采气树。其特点是：采用锥形油管挂，密封性好；明杆式闸门，能明显看出开关情况：操作使用方便；采用特殊结构形式四通，其两旁的旁通管可以装单流阀（堵头），配备有特殊的装卸工具，便于在不压井的条件下拆换套管闸阀；具有良好的防硫化氢腐蚀性能等。

第七章　井下作业工具

第一节　修井工具

一、通径规

（一）用途

检测套管、油管、钻杆以及其他井下管具的内通径是否符合标准，检查它们变形后能通过的最大几何尺寸。

（二）结构

油管或钻杆通径的测量一般都在地面进行。通径规的形状为一长圆柱体。其中一种形式是两端无螺纹，将其从被测管子的一端推入，另一端顶出。另一种形式为两端有抽油杆螺纹，与抽油杆连接用人力进行通径。

（三）参数系列标准和技术规范

套管及油管用通径规见表 7-1、表 7-2。

表 7-1　套管系列用通径规

套管规格，in	4½	5	5½	5	6⅝	7
通径规外径，mm	92～95	102～107	114～118	119～128	136～148	146～158
通径规长度，mm	500	500	500	500	500	500
上接头螺纹	NC26-12E 2//TBG	NC26-12E 2//TBG	NC31-22E 2//TBG	NC31-22E 2//TBG	NC31-22E 2//TBG	NC38-32E 3//TBG
下接头螺纹	NC26-12E 2//TBG	NC26-12E 2//TBG	NC31-22E 2//TBG	NC31-22E 2//TBG	NC31-22E 2//TBG	NC38-32E 3//TBG

表 7-2　油管系列用通径规

油管规格，in	1½	2	2½	3	3½	4
通径规外径，mm	38	48	59	73	84	95
通径规长度，mm	500	500	500	500	600	600

（四）操作方法及注意事项

（1）将套管通径规连接下井管柱，下入井内，通径规应能顺利通过，若遇阻则说明井下套管有问题。

（2）当下井的工具较长时，可以在通径规下端再连接另一个通径规，两通径规间距大于下井工具长度进行通井。

（3）地面通径实验时，管内应没有任何外来物质，并应适当支撑，防止管子下垂，以便通径规自由通过。

二、铅模

（一）用途

用来探测井下落鱼鱼顶状态和套管情况。通过分析铅模同鱼顶接触留下的印记和深度，反映出鱼顶的位置、形状、状态、套管变形等初步情况，作为定性的依据，提供施工作业参考。

（二）结构

铅模（图7-1）由接箍、短节、拉筋及铅体等组成，中心有水眼，以便冲洗鱼顶。

图7-1　铅模

（三）技术规范

铅模技术规范见表7-3。

表7-3　铅模技术规范

套管，in	$4\frac{1}{2}$	5	$5\frac{1}{2}$	$5\frac{1}{4}$	$6\frac{5}{8}$	7	$7\frac{5}{8}$
外径，mm	95	105	118	120	145	158	174
长度，mm	120	120	150	150	180	180	180

（四）操作方法

（1）检查铅模柱体四周与底部，不能有影响印痕判断的伤痕存在，如有轻微伤痕，应及时用锉刀将其修复平整。

（2）测量铅模的外形尺寸，如果是一次成型铅模，铅体成锥形，应以铅模底部直径为下井直径，并留草图。

（3）螺纹涂润滑油，接上管柱，下入井中。

（4）下钻速度不宜过快，以免中途将铅模顿碰变形，影响分析结果。

（5）下至鱼顶以上一单根时开泵冲洗，待鱼顶冲净后，加压打印。

(6) 打印钻压一般为 30kN，最大不能超过 50kN。

(7) 加压打印一次后即行起钻。

(五) 注意事项

(1) 铅模在搬运过程中必须轻拿轻放，严禁甩碰。存放及车运时，应底部向上或横放，并用软材料垫平。

(2) 铅模水眼小易于堵塞，要求钻具清洁，无氧化铁屑。为防止堵塞，可下钻 300~400m 后洗井一次。

(3) 打印加压时，只能加压一次，不得二次打印，而使印痕重复，难于分析。

三、公锥

(一) 用途及结构

公锥（图 7-2）是一种专门从油管、钻杆等有孔落物的内孔进行造扣打捞的工具。它是长锥形整体结构，分接头和打捞螺纹两部分。

图 7-2 公锥

(二) 工作原理

当公锥进入打捞落物内孔后，加适当钻压，并转动钻具，迫使打捞螺纹挤压吃入落鱼内壁进行造扣，当其能承受一定拉力和扭矩时，可上提或倒扣起出全部或部分落物。

(三) 技术规范

公锥技术规范见表 7-4。

表 7-4 公锥技术规范

型号	外形尺寸，mm	接头螺纹	抗拉极限，kN	打捞直径，mm
GZ105-1	ϕ105×535	NC31（210）	932	54~77
GZ105-2	ϕ105×475	NC31（210）	932	72~90

(四) 操作方法

当工具下至鱼顶以上 1~2m 时开泵冲洗，并逐步下放工具至鱼顶，观察泵压及悬重，泵压突然上升，悬重下降时，证明公锥进入鱼腔，可进行造扣打捞。

（五）注意事项

操作时不准猛顿鱼顶，防止将鱼顶或打捞螺纹顿坏。切忌在落鱼外壁与套管内壁之间的环空造扣，以免造成严重后果。工具下井前上部应接安全接头。

四、母锥

（一）用途及结构

母锥（图 7-3）是一种专门从油管、钻杆等柱状落物外壁进行造扣打捞的工具，为长锥形整体结构，由接头与本体两部分构成。

图 7-3　母锥

（二）工作原理

母锥靠打捞螺纹在钻压与扭矩作用下，吃入落物外壁进行造扣打捞。

（三）技术规范

母锥技术规范见表 7-5。

表 7-5　母锥技术规范

型号	接头螺纹	外形尺寸，mm×mm	打捞范围
MZ/NC31-1	NC31（210）	ϕ114×350	ϕ73mm 油管、钻杆
MZ/NC31-2	NC31（210）	ϕ114×390	ϕ73mm 油管、钻杆加厚部位
MZ/NC31-3	NC31（210）	ϕ115×440	ϕ73mm 加厚油管、钻杆接箍

（四）操作方法

当工具下至鱼顶以上 1~2m 时开泵冲洗，并逐步下放工具至鱼顶，观察泵压及悬重，泵压突然上升，悬重下降时，证明鱼顶进入母锥，可进行造扣打捞。

（五）注意事项

操作时不准猛顿鱼顶，防止将鱼顶或打捞螺纹顿坏。打捞外径较小落鱼时应加引鞋。工具下井前上部应接安全接头。

五、滑块卡瓦捞矛

（一）用途及结构

滑块卡瓦捞矛是一种内捞工具，专门从落物内孔打捞，也可进行倒扣作业的工具，由上接头、矛杆、卡瓦、锁块、螺钉组成。

（二）工作原理

当工具进入落鱼后，卡瓦依靠自重向下滑动，与矛杆发生相对位移，与矛杆中心线距离增大，直至与落鱼内壁接触，上提管柱，斜面向上运动产生的径向力，迫使卡瓦吃入落物，实现打捞。

（三）技术规范

滑块卡瓦捞矛技术规范见表 7-6。

表 7-6　滑块卡瓦捞矛技术规范

规格型号	接头螺纹	外径，mm	打捞范围，mm	许用拉力，kN
HLM-D（S）73	NC31	105	52.6~64	781
HLM-D（S）89	NC31	105	64.1~77.9	1093

（四）操作方法

（1）地面检查矛杆尺寸是否合适，卡瓦上下滑动是否灵活。

（2）下至鱼顶以上 1~2m，开泵冲洗，并记录悬重、泵压及方入。

（3）继续下放管柱，悬重有下降显示，观察捧鱼方入与入鱼方入变化。

（4）上提管柱，悬重增加，证明捞获。

（5）倒扣时，上提至设计倒扣负荷再增加 10~20kN，进行倒扣作业。

（五）注意事项

落物重量较大、严重遇卡或鱼顶为外螺纹时，为防止不损坏鱼顶，在工具外面加尺寸合适的引鞋，工具下井前上部应接安全接头。

六、油管接箍捞矛

（一）用途及结构

油管接箍捞矛是专门用于捞取鱼顶为油管接箍的工具。由上接头、缩紧螺母、导向螺钉、芯轴、卡瓦、冲砂管等部分组成。

（二）工作原理

油管接箍捞矛是一种内外螺纹的对扣打捞工具。卡瓦下端 30°锥角进入被捞接箍时，卡瓦上行，抵住上接头，卡瓦内缩，卡瓦下端外螺纹与接箍内螺纹对扣。上提钻具，芯轴、卡瓦内外锥面贴合，产生径向张力，阻止对扣后的螺纹牙尖退出牙间，实现打捞。

（三）技术规范

油管接箍捞矛技术规范见表 7-7。

表 7-7　油管接箍捞矛技术规范

规格型号	外形尺寸 mm×mm	接头螺纹 mm	打捞落鱼规格 mm	接箍许用拉力 kN	工作井眼尺寸 mm
JKLM90	95×380	ϕ73mm 平式油管内螺纹	ϕ73mm 平式油管接箍	550	127~139.7
JKLM107	112×480	ϕ89mm 平式油管内螺纹	ϕ89mm 平式油管接箍	700	139.7~168

（四）操作规程

（1）根据井内鱼顶规格选用捞矛及卡瓦。

（2）下至鱼顶以上 1~2m，冲洗鱼顶，待循环正常后停泵入鱼。

（3）悬重回降停止下放，慢提，悬重增加捞获。

（五）注意事项

（1）被捞接箍必须是完好的。

（2）出井后反转卡瓦即可退出工具。

（3）工具下井前上部应接安全接头。

七、可退式打捞矛

（一）用途及结构

可退式打捞矛是一种从鱼腔内孔打捞的工具，对自由或遇卡状态的管柱都可抓捞，由芯轴、圆卡瓦、释放环、引鞋组成。

（二）工作原理

自由状态下，圆卡瓦略大于落物内径，进入鱼腔后，圆卡瓦被压缩，产生外张力，紧贴落物内壁；上提芯轴，芯轴与圆卡瓦锯齿形螺纹吻合，产生径向力，实现打捞。退出时，钻具下击，正转 2~3 圈，使圆卡瓦与芯轴锯齿形螺纹分开，上提退出。

（三）技术规范

可退式打捞矛技术规范见表 7-8。

表 7-8　可退式打捞矛技术规范

规格型号	外形尺寸 mm×mm	接头螺纹	打捞尺寸 mm	许用拉力 kN	卡瓦窜动量 mm
LM-T3	95×651	230（73TBG）	54.6~62	535	7.7
LM-T9	105×670	210（73TBG）	66.1~77.9	814	10

（四）操作方法

选择检查工具，下至距鱼顶 2m 开泵循环，缓慢放入鱼腔，悬重有下降显示时，反转 1~2 圈，试提悬重增加，起钻；退出时，钻具下击，正转 2~3 圈，上提即退出。

（五）注意事项

工具平稳入鱼，不能超出许用范围；用后清洗、检查和保养。

八、倒扣捞矛

（一）用途及结构

倒扣捞矛用于打捞、倒扣又可释放落鱼，还能进行修井液循环，由上接头、矛杆、花键套、限位块、定位螺钉、卡瓦等零件组成。

（二）工作原理

倒扣捞矛靠两个零件在斜面或锥面上相对移动胀紧或松开落鱼，靠键和键槽传递力矩，或正转或倒扣。

（三）技术规范

倒扣捞矛技术规范见表7-9。

表7-9 倒扣捞矛技术规范

规格型号	外形尺寸，mm	接头螺纹	打捞尺寸，mm	许用拉力，kN
DLM-T73	ϕ114×670	NC31	61.5~77.9	600
DLM-T89	ϕ138×750	NC38	75.4~91	712

（四）操作方法

（1）检查工具与落鱼尺寸符合。

（2）连接打捞钻具组合，拧紧螺纹，下井。

（3）至鱼顶1~2m时，开泵循环冲洗，正常后停泵。

（4）右旋下放，悬重下降，停止上扣。

（5）上提至设计的倒扣负荷、倒扣。

（6）释放落鱼时，用钻具下击，右旋约1/4~1/2圈，上提钻具即可退出。

（五）注意事项

（1）平稳操作，严禁猛顿。

（2）不允许超过许用范围。

九、篮式卡瓦捞筒

（一）用途及结构

篮式卡瓦捞筒是外捞工具，用于打捞内孔堵死的圆柱状落物，由上接头、筒体总成、篮式卡瓦、铣控环、内密封圈、O形圈、引鞋组成。

（二）工作原理

篮式卡瓦捞筒捞获落鱼后，上提钻具，卡瓦外螺旋锯齿形锥面与筒体内相应的齿形锥面产生相对位移，将落物卡紧捞出。

（三）技术规范

篮式卡瓦捞筒技术规范见表 7-10。

表 7-10　篮式卡瓦捞筒技术规范

名称	外形尺寸 mm×mm	接头螺纹	许用拉力 kN	工作井眼 mm	打捞范围 mm
LT-03TA	114×846	NC31	900	140～146	72～74.5
LT-04TA	134×875	NC31	1300	168	88～91

（四）操作方法

根据落鱼选工具，地面检查完好，接在钻柱底部入井，至鱼顶 2～3m 开泵冲洗并缓慢下放的同时正转钻具 2～3 圈，悬重回降、泵压升高时试提，悬重增加，捞获起出；遇阻严重，可下击钻具，边正传边上提，即可退出工具。

（五）注意事项

（1）使用蓝式卡瓦捞筒磨铣修整鱼顶时，加压不易过大。

（2）因捞筒内有密封圈，当落鱼进入捞筒循环洗井时，应注意泵压变化，防止憋泵。

（3）由于工具外径较大，井内必须清洁，防止卡钻。

十、倒扣捞筒

（一）用途及结构

倒扣捞筒用于打捞、倒扣又可释放落鱼还能进行修井液循环，由上接头、筒体、卡瓦、限位座、弹簧、密封装置和引鞋组成。

（二）工作原理

倒扣捞筒靠两个零件在锥面或斜面上的相对运动加紧或松开落鱼，靠键和键槽的传递扭矩。

（三）技术规范

倒扣捞筒技术规范见表 7-11。

表 7-11　倒扣捞筒技术规范

规格型号	外形尺寸，mm×mm	接头螺纹	打捞尺寸，mm	最大负荷，kN
DLT-T73	114×735	NC31	72～74.5	450
DLT-T89	114×750	NC31	88～91	550

（四）操作方法

（1）检查捞筒规格是否同打捞落鱼尺寸相等。

（2）拧紧各部螺纹，下井。

（3）距鱼顶 1～2m 开泵循环冲洗鱼顶，待正常后停泵，记录悬重。

（4）慢慢右旋对扣，下放，悬重回降后停止对扣。

（5）按规定上提并倒扣。

（6）需要退出落鱼时钻具下击，使工具正旋转 1/4~1/2 圈并上提钻具，即可退出落鱼。

（五）注意事项

（1）严禁猛顿，平稳操作。

（2）解卡、起钻或倒扣时，不允许超过使用范围。

十一、不可退式抽油杆打捞筒

（一）用途及结构

它是不可退式打捞工具，不可退式抽油杆打捞筒抓住抽油杆上提即可捞出，由上接头、筒体、内套、弹簧、卡瓦等部分组成。

（二）工作原理

经筒体内锥面进入筒内的抽油杆，首先推动两瓣卡瓦上行，并随内孔增大，弹簧受压。内孔达到一定值后，由于弹簧力的作用卡瓦被下推，筒体、卡瓦内外锥面贴合，上提钻具，内外锥面产生径向夹紧力，两块卡瓦内缩，咬住抽油杆，实现打捞。

（三）技术规范

不可退式抽油杆打捞筒技术规范见表 7-12。

表 7-12　不可退式抽油杆打捞筒技术规范

规格型号	外形尺寸 mm×mm	接头螺纹	打捞尺寸 mm	许用提拉负荷 kN	工作井眼 mm
CLT-01	55×346	16mm 抽油杆外螺纹	15~16.7	392	ϕ73mm 油管
CLT-02	55×346	16mm 抽油杆外螺纹	18~19.7	392	ϕ73mm 油管
CLT-03	55×346	16mm 抽油杆外螺纹	21~22.7	392	ϕ73mm 油管
CLT-04	55×346	16mm 抽油杆外螺纹	24~25.7	392	ϕ73mm 油管

（四）操作方法

按井底抽油杆尺寸选定卡瓦、按井口抽油杆尺寸选定上接头；拧紧各部螺纹，下入井内；指重表悬重下降，停止下放；上提工具管柱；出井后，卸去上接头、弹簧，取出卡瓦，即可抽出抽油杆。

（五）注意事项

入鱼困难时可慢慢右旋引入筒体。

十二、磁力打捞器

（一）用途及结构

磁力打捞器用于打捞小件铁磁性落物，由上接头、压盖、壳体、磁钢、芯铁、隔磁套、引鞋等组成。

（二）工作原理

磁力打捞器是一个以壳体引鞋和芯铁为两个同心环形磁极，两极磁通路之间为无铁磁材料区域，使芯铁、引鞋最下端有很高的磁场强度。由于磁通路是同心的，因此磁力线呈辐射状，并集中于靠近打捞器下端的中心处，可把小块铁磁性落物磁化吸附在磁极中心，实现打捞。

（三）技术规范

磁力打捞器技术规范见表7-13。

表7-13 磁力打捞器技术规范

规格型号	外径，mm	接头螺纹	使用规范及性能参数			
			吸力，N		适应温度 ℃	适应井眼 mm
			A	B		
CLAB100	100	NC31（210）	5500	1700	≤210	108～137
CLAB140	140	NC38（310）	11000	4000		149～184

（四）操作方法

（1）根据井径及落物特点，选择合适引鞋及打捞器。

（2）下至距井底3～5m时循环冲洗。

（3）缓慢下放，加压小于10kN后上提0.5～1m，转动90°，重复上述动作，确认落物被吸，上提停泵，起钻。

（五）注意事项

（1）工具下井前，需和其他铁磁性设备隔开。

（2）取护磁板及落物时，操作者施力方向与工具中心线垂直。

（3）不准持铁磁性工具接近打捞器底部。

（4）避免剧烈震动和摔碰。

十三、三球打捞器

（一）用途及结构

三球打捞器是用来在套管内打捞抽油杆接箍或加厚台肩部位的工具，由筒体、钢球、引鞋组成。

（二）工作原理

带接箍或带台肩的抽油杆进入引鞋后，推动钢球上行，内切圆增大，待接箍通过三个球后，三个球回落停靠在杆本体上，上提钻具，接箍尺寸较大无法通过而压在三个球上，三个钢球在斜孔作用下，给落物以径向夹紧力，从而抓住落鱼。

（三）操作方法

（1）将三球打捞器连接在工具管柱的最下端。

（2）下井，待通过鱼头后，缓慢上提，原悬重增加，说明抓住落鱼。

（3）起钻。

（四）注意事项

（1）下井前必须通井。

（2）检查工具外径尺寸，三球活动情况并涂机油润滑。

十四、梨形胀管器

（一）用途及结构

梨形胀管器是用以修复井下套管变形较小的工具。梨形胀管器为一整体结构，其过水槽可分为直槽式和螺旋槽式两种。

（二）工作原理

当钻具施加给工具下击力时，其锥体大端与套管变形部位接触的瞬间所产生的侧向分力直接挤胀套管变形部位。

（三）技术规范

梨形胀管器技术规范见表 7-14。

表 7-14 梨形胀管器技术规范

规格型号	外形尺寸 mm×mm	接头螺纹	整形段尺寸 mm	适用套管 mm	整形率 %
ZQ-127	ϕ×300	NC31（210）	102~112	ϕ127	98~99
ZQ-140	ϕ×300	NC31（210）	114~124	ϕ139.7	98~99
ZQ-178	ϕ×400	NC38（310）	154~162	ϕ177.8	98~99

（四）操作方法

确定套管变形的最大通径及深度，用比该数据大 2mm 的胀管器，连接下至近变形井段一根，开泵洗井，至变形处，上提 2~3m，以较快速度下至变形处以上 0.3~0.4m 时，突然刹车，使工具冲胀变形套管，直至通过后换下一级，达到设计要求。

（五）注意事项

多次操作仍不能通过时，不可高速冲胀以免胀管器卡死，形成恶性卡钻事故。

十五、反循环打捞篮

（一）用途及结构

专门用于打捞诸如钢球、钳牙、井口螺母等井下小件落物的一种工具。反循环打捞篮由上接头、筒体、篮筐总成、引鞋组成。

（二）工作原理

依靠大流量、高压力的反洗井钻井液冲击井底，使落物悬浮运动推动篮爪绕销轴转动竖起，篮筐开口加大，落物进入，篮爪回复原位，阻止落物出筐，实现打捞。

（三）操作方法

（1）检查各零部件是否完好灵活。

（2）将工具下至井底以上 3~5m 开泵反洗井。

（3）循环正常后，边冲边慢放钻具，当工具遇阻或泵压升高时，提钻 0.5~1m 并做好方入记号。

（4）快速下放，离井底 0.3m 左右突然刹车，使工具快速下行，造成井底液体紊流，迫使落物进入筒体。

（5）洗井 10min 停泵、起钻。

（四）注意事项

（1）反循环洗井排量要大。

（2）使用这种工具时，井口必须有能造成反循环的封井设备，最好不使用固定井口的油管挂。

十六、内钩

（一）用途及结构

内钩适用于从套管或油管内部打捞各种绳类及其他落物，由上接头、钩身、钩尖组成。

（二）工作原理

将内钩插入绳类或其他落物内，上提钻具时钩齿钩住落物而带出地面。

（三）技术规范

内钩技术规范见表 7-15。

表 7-15　内钩技术规范

套管名义尺寸，in	工具外径，mm	长度，mm	接头螺纹，mm
5½	ϕ114	500	210
7	ϕ150	700	310

（四）操作方法

（1）地面检查工具是否完好、钩尖锐利。

（2）下至鱼顶以上 50m，缓慢下放，试探打捞，观察负荷有无增加，无反应可加深 5~10m 继续打捞，逐步加深打捞，直至加压到 5kN，提钻捞出落鱼。

（五）注意事项

（1）打捞时，自鱼顶以上 50m 采用多次慢下、逐级加深，微压多提，多次打捞。

（2）在工具上部增加防卡盘，防止形成“钢丝活塞”。

（3）下钻前工具与钻柱之间连接一个带孔短节，作为洗井通道。

（4）有时为了特殊打捞，可切去内钩的一只钩身，作为偏心捞钩使用。

（5）工具下井前上部应接安全接头。

十七、平底磨鞋

（一）用途及结构

平底磨鞋用于磨研井下落物的工具，由磨鞋本体及所堆焊的 YD 合金或其他耐磨材料组成。

（二）技术规范

平底磨鞋技术规范见表 7-16。

表 7-16　平底磨鞋技术规范

工作套管，in	型号	外形尺寸，mm×mm	接头螺纹	磨削尺寸，mm
5½	PMB140	*D*×260	NC31（210）	116~124
7	PMB178	*D*×280	NC38（310）	152~159

（三）工作原理

平底磨鞋是依其底面上的 YD 合金或其他耐磨材料在钻压作用下，吃入并磨碎落物，磨屑随洗井液带出地面。

（四）操作方法

（1）下井前需地面检查各部完好、水眼畅通；

（2）连接工具下井；

（3）下至鱼顶以上 2~3m，开泵洗井至出口平稳后，启动转盘下放加压磨削。

（五）注意事项

（1）下钻速度不宜太快；

（2）作业中不得停泵；

（3）单点长期无进尺应检查，防止磨坏套管；

（4）不宜用于活动鱼顶。

十八、三牙轮钻头

（一）用途及结构

三牙轮钻头用以修井作业中，钻水泥塞、堵塞井筒的砂桥和各种矿物结晶的工具，由接头、巴掌、牙轮、轴承及密封件等组成。

（二）工作原理

当三只锥形牙轮中心线与钻头中心线交于一点时，钻头旋转牙轮相对井底作滚动运动，对井底进行碾压破碎；牙轮中心线与钻头中心线错开时，牙轮除滚动运动之外，还有进给运动，牙齿对井底同时产生碾压、破碎及切刮作用，将地层逐步破碎。

（三）操作方法

（1）下井前检查牙轮灵活，测量尺寸并配好接头，接上钻具下至井底。

（2）开泵洗井并启动钻盘，平稳后，缓慢下放、冲净井内沉砂。

（3）逐步施加钻压，适当的钻速破碎钻进。

（四）注意事项

钻进中不能停止循环，若钻井泵故障，立即上提钻具至少一个单根，防止沉砂卡钻，钻头水眼小，防止沉砂卡钻。

第二节　井下封隔器

封隔器是封隔层段的井下工具。用于分层开采、分层注水及实施井下作业工艺措施时封隔层段，也可利用丢手封隔器悬挂防砂衬管，代替水泥塞封堵。

一、封隔器的分类及型号编制

（一）封隔器类型

封隔器按其结构原理不同，可分为支撑式、卡瓦式、皮碗式、水力扩张式、水力自封式、水力密闭式、水力压缩式和水力机械式八种类型。

按其封隔件（密封胶筒）的工作原理不同，又可分为自封式（靠封隔件外径与套管内径的过盈和压差实现密封）、压缩式（靠轴向力压缩封隔件使封隔件直径变大实现密封）、楔入式（靠楔入件楔入封隔件使封隔件直径变大实现密封）、扩张式（靠液体压力作用于封隔件内腔使封隔件直径变大实现密封）和组合式五种类型。

（二）封隔器型号编制的基本方法

封隔器型号是按封隔器分类代号、支撑方式代号、坐封方式代号、解封方式代号及封隔器钢体最大外径、工作温度、工作压差等参数依次排列，进行型号编制，见图 7-4。

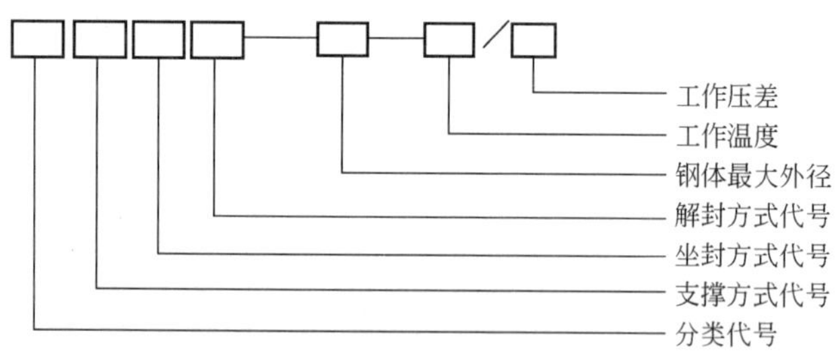

图 7-4　封隔器型号

分类代号是用分类名称的第一个汉字拼音的大写字母表示，组合式用各式的分类代号组合表示；支撑方式代号、坐封方式代号和解封方式代号均用阿拉伯数字表示（见表 7-17、表 7-18、表 7-19、表 7-20）；钢体最大外径、工作温度、工作压差也均用阿拉伯数字表示，单位分别为毫米（mm）、摄氏度（℃）、兆帕（MPa）。

例如，Y211-114-120/15 型封隔器，表示该封隔器为压缩式，单向卡瓦固定，提放管柱坐封，提放管柱解封，钢体最大外径为 114mm，工作温度为 120℃，工作压力为 15MPa。

YK341-114-90/100 型封隔器，表示该封隔器为压缩、扩张组合式，悬挂式固定，液压坐封，提放管柱解封，钢体最大外径为 114mm，工作温度为 90℃，工作压差为 100MPa。

表 7-17 分类代号

分类名称	自封式	压缩式	楔入式	扩张式	组合式
分类代号	Z	Y	X	K	用各式的分类代号组合表示

表 7-18 支撑方式代号

支撑方式名称	尾管支撑	单向卡瓦	无支撑	双向卡瓦	锚瓦
支撑方式代号	1	2	3	4	5

表 7-19 坐封方式代号

坐封方式名称	提放管柱	转动管柱	自封	液压	下工具	热力
坐封方式代号	1	2	3	4	5	6

表 7-20 解封方式代号

解封方式名称	提放管柱	转动管柱	钻铣	液压	下工具	热力
解封方式代号	1	2	3	4	5	6

二、Y211 封隔器

（一）用途及结构

Y211 封隔器适用于分层找水、堵水、试油、采油，也可与水力锚配合组成压裂管柱，由密封、轨道换向、卡瓦总成三部分组成。

（二）工作原理

封隔器下井，轨道销钉处于短轨道上死点，当封隔器下至设计位置时，上提管柱一定高度，再慢慢下放管柱，这时轨道销钉沿着轨道自动滑入长轨道内，同时锥体插入扶正卡瓦中，使卡瓦胀开与套管接触并卡在套管内壁上，油管继续下放至井口，这时油管部分重量压在封隔器密封件上使之胀大，密封油套环空。起管柱时，上提管柱，锥体随中心管离开卡瓦，密封件回复原状，轨道销钉自动滑入短轨道下死点，即可起出封隔器。

（三）技术参数

Y211 封隔器技术规范见表 7-21。

表 7-21 Y211 封隔器技术参数

型号	最大外径 mm	最小通径 mm	卡瓦牙张开最小外径，mm	坐封载荷 kN	适用套管内径 mm
Y211-114	ϕ114	ϕ48	ϕ136	60~80	ϕ117~132
Y211-150	ϕ150	ϕ61	ϕ168	100~120	ϕ159~161

（四）操作方法

（1）下井前地面检查封隔器连接螺纹是否完好，轨道换向是否灵活，锥体能否顺利冲开卡瓦，胶筒有无老化及损伤等。

（2）封隔器下至预定位置，上提管柱至坐封高度，缓慢下放即可使封隔器坐封。

（3）解封时，上提油管超过坐封高度即可解封。

（五）注意事项

（1）封隔器下井过程中，每次接单根时上提管柱高度不得超过该封隔器的防坐距离，以免封隔器中途坐封。

（2）下封隔器前必须通井刮管。

（3）下井中途遇阻应上提解封后缓慢下入，不可强顿压下。

（4）坐封位置避开套管接箍。

（5）提下封隔器时应平稳操作，严禁猛提猛放。

三、Y341-114 封隔器

（一）用途及结构

Y341-114 封隔器适用于 5½套管井的分层注水、找水，由锚定机构、密封总成、坐封锁紧机构组成。

（二）工作原理

当封隔器下至设计位置后，从油管内加液压 15MPa 以上，使反洗井活塞下行，同时推动坐封活塞上行。活塞带动锁套和胶筒座上行压缩胶筒径向变形，卡环锁紧，达到密封油套环形空间的目的。反洗井时，洗井活塞上行，推动洗井活塞上行，打开洗井通道，液体由井底部球阀从油管返出。解封时上提油管，卸下油管挂，接 3~5m 油管短接，下放油管，即可解封。

（三）技术参数

Y341-114 封隔器技术参数见表 7-22。

表 7-22 Y341-114 封隔器技术参数

型号		Y341-114	Y341-150
总长度	mm	1171	1188
刚体最大外径		114	150
刚体最小通径		55	62
适用套管内径		118~127	153.8~166.1
密封压力	MPa	16~20	
工作压差		>15	
工作温度	℃	≤120	

（四）操作方法

（1）下井前地面检查封隔器连接螺纹及胶筒是否完好，钢体部分是否受剪切。

（2）封隔器与配套工具按设计要求下至完井深度，从油管打压 16~20MPa 稳压 5~6min，即可实现封隔器的坐封。

（3）反洗井：打开油管闸门，从油套环空注入洗井液即实现反洗井。

（4）上提油管，卸下油管挂，接 3~5m 油管短节，下放管柱即可解封。

（五）注意事项

（1）下井前应严格检验，确保各螺纹连接处和防松销钉无松动现象，封隔器试压 20MPa 不渗不漏。

（2）下井前必须通井、刮管，并应根据实际情况验串，否则不得下井。

（3）下井时，封隔器及油管外螺纹应涂螺纹脂，螺纹上紧上满。封隔器下井应操作平稳，严禁猛提猛放。

（4）封隔器坐封必须避开套管接箍。

第三节　控制工具

一、活动空心配水器

（一）用途及结构

活动空心配水器用于分层注水管柱中控制配水量和保证封隔器（K344 型）有足够的坐封压力。由投捞部分和固定部分组成，包括上部接头、调压环、弹簧垫片、弹簧、中心管、定压阀、芯子、水嘴、三角密封、下接头。

（二）工作原理

当注入水克服弹簧力时，阀上推弹簧离开阀座注入水通过阀与阀座间的间隙进入油套环空并注入地层，调配水量时，用投捞工具捞出芯子更换水嘴即可。

（三）技术参数

活动空心配水器技术参数见表 7-23。

表 7-23　活动空心配水器技术参数

型号	401	402	403	404	405
总长，mm	542	542	542	542	542
最大外径，mm	106	106	106	106	106
启开压力，MPa	0.5~0.7	0.5~0.7	0.5~0.7	0.5~0.7	0.5~0.7
工作压力，MPa	15	15	15	15	15
定位台阶内径，mm	57	53	49	45	37
密封段内径，mm	59	56	52	48	41
芯子最大外径，mm	58	55	51	47	40
芯子最小外径，mm	55	51	47	43	35
芯子内径，mm	49	44	39	32	26
芯子长度，mm	250	250	250	250	250

（四）操作方法

（1）下井前检查配水器螺纹是否完好，弹簧是否断裂。

（2）按注水管柱设计要求下入井内设计深度。

（3）更换芯子、水嘴时，必须使芯子坐牢。

（五）注意事项

（1）调整定压弹簧，使阀开启压力符合坐封压力（大于封隔器坐封压力的）。

（2）连接配水器时，不得使配水器弹簧受挤压。

（3）配水器下井过程中应做到平稳操作，不得猛提猛放。

（4）各级配水器下井时顺序不得颠倒，自下而上为：405、404、403、402、401。

二、偏心配水器

（一）用途及结构

偏心配水器用于分层注水工艺，主要由工作筒和堵塞器组成。工作筒用于连接管柱和存放配水工具-堵塞器，堵塞器用于调配注水量。工作筒包括：上下接头、导向体、异形体加长段、堵塞器腔和主体。堵塞器包括打捞头、压帽、压簧、防松螺钉、凸轮座、捞杆螺母、扭簧、芯轴凸轮、密封段、水嘴、过滤底堵等。

（二）工作原理

注水时，高压液体经放在工作筒偏孔中堵塞器的水嘴流向工作筒出液孔而注入地层，实现配注水量的目的。改变配注水量时，利用打捞工具将堵塞器捞出更换水嘴即可。

（三）技术参数

偏心配水器技术参数见表7-24。

表7-24　偏心配水器技术规范

项目	技术参数
最大外径，mm	108
最小通径，mm	46
偏孔最小直径，mm	28
堵塞体最大外径，mm	32
工作压力，MPa	15
总长，mm	1572
两端连接螺纹	$2\frac{1}{2}$in 平式油管扣

（四）操作方法

（1）地面检查堵塞体组装后定位爪转动灵活，收回时不得超过本体尺寸，定位爪最大张开半径26.5mm；

（2）按工艺设计要求下入偏心注水管柱，投入堵塞体（死嘴）后，试压15MPa，稳压3min为合格；

（3）堵塞体投捞灵活、可靠。

（五）注意事项

（1）撞击筒放在最下级偏心配水器以下 10~20m。

（2）注水管柱下井前用通管规通过，配水器、封隔器与油管螺纹涂螺纹脂油上紧。

（3）起下作业操作平稳，严禁猛提猛放。

第八章　油水井大修作业

第一节　打捞作业

在油水井生产过程中，由于各种原因常引起井下落物和井下工具遇卡。各种井下落物在很大程度上影响着油水井的正常生产，严重时可造成停产。因此需要针对不同类型的井下落物，选用相应的打捞工具，捞出井下落物，恢复油水井正常生产。

一、打捞作业的分类

捞出井下落物的作业过程称打物作业。可以从不同角度对打捞作业的性质进行分类。

（一）按落物种类进行划分

根据井下落物的种类可将打捞作业分成四类：

（1）管类落物打捞，如油管、钻杆、封隔器、工具等。

（2）杆类落物打捞，如（断脱的）抽油杆、测试仪器、加重杆等。

（3）绳类落物打捞，如录井钢丝、电缆等。

（4）小件落物打捞，如铅锤、刮蜡片、压力计、取样器和阀球、牙轮等。

（二）按打捞作业的难易程度划分

按照工程处理难易程度，分为简单打捞和复杂打捞两种。

简单打捞的划分界限是：凡掉入井内的管类、封隔器和绳类等，没有卡钻遇阻等复杂情况，一般作业队的设备及技术力量能够解除的故障，并且不需要采用转盘倒扣、套铣、磨铣等工艺的作业。在采油、注水、修井过程中掉入井内的铅锤、刮蜡片、压力计、钢丝和钢丝绳等，或在修井过程中没有按操作规程，造成的修井工具、管类绳类掉人井中，或钻具（管柱）、封隔器被卡断落在井内，用简单提拉震击解卡可以解除的均属于简单打捞。

复杂打捞的划分界限是：凡掉入井内或卡在井内的管类封隔器和绳类等，一般作业队设备技术力量无法处理，须使用倒扣套铣钻磨及爆炸措施处理才能恢复正常生产的作业过程。

二、打捞施工

（一）管类落物打捞

管类落物包括油管、钻杆管类工具、封隔器、套铣筒等。

1. 打捞步骤

（1）下铅摸打印，以便分析井下鱼顶形态、位置。

（2）根据印痕分析井下情况及套管环形空间的大小，选择合适的打捞工具。

（3）按操作程序下打捞工具进行打捞。

（4）捞住落物后即可活动上提。当负荷正常后，可适当加快起钻速度。

2. 打捞管柱组合

打捞管类落鱼时，现场常用的打捞管柱组合（自上向下）：钻杆（油管）+上击器+安全接头+打捞工具。

根据选择的打捞工具不同分别称为：公锥打捞管柱、母锥打捞管柱、滑块捞矛打捞管柱、可退式捞矛打捞管柱、卡瓦打捞筒打捞管柱、开窗打捞筒打捞管柱。对于自由下落的落物可以不下上击器，鱼顶偏的落物要视情况下扶正器和引鞋。

打捞时，判断是否捞上落鱼的方法是：校对造扣方入；观察指重表悬重变化；对比打捞前后泵压；造扣后，上提钻具若干米再下放、观察钻具深度变化。一般捞上落鱼后放不到原来的深度。

（二）杆类落物打捞

抽油杆断脱有两种情况：一种是断脱在油管内，另一种是断脱在套管内。在油管内打捞抽油杆比较容易，如抽油杆脱扣时，可下抽油杆对扣打捞或下卡瓦打捞筒进行打捞。在套管内打捞就比较复杂，因为套管内径大，抽油杆本身很细，刚度小易弯曲、易拔断，打捞难度和工作量都较大，

杆类落物打捞常用的钻具组合有：

1. 在油管内打捞

（1）抽油杆对扣杆柱；

（2）抽油杆捞筒打捞管柱。

2. 在套管内打捞

（1）活页式捞筒+钻杆（油管）；

（2）三球打捞器+钻杆（油管）；

（3）钢丝打捞筒+钻杆（油管）；

（4）摆动式打捞器+钻杆（油管）。

当断脱在井下的抽油杆被压成团时，需要用内外钩打捞。打捞方法是：下钻遇阻后记下方入，然后上提钻具，从不同的方向下放，找出一个方入最大的地方，稍（缓慢）加压力（严禁加重压，以防事故恶化）。起钻时不许用钻盘卸扣。

当抽油杆在井下被压实，而且用上述方法无法捞获时，则用套铣筒套铣或用大水眼的磨鞋进行磨铣。套铣后，再用磁铁打捞器和反循环打捞篮打捞碎屑。

（三）小件落物打捞

在作业中经常碰到螺丝、钢球、钳牙、牙轮撬杆等小物件落井，这会给井下作业带来一定困难。打捞这些落物时，要根据落鱼的大小形状选择合适的工具。必要时还要根据具体情

况设计制造出相适应的工具。设计的打捞工具必须具备易捞、有足够的强度、结构简单、操作方便等特点。

打捞小件落物时的钻具组合（自鱼顶向上）为：打捞工具+钻杆（油管）。根据所使用的打捞工具不同可分为：反循环打捞篮打捞管柱、一把抓打捞管柱、磁力打捞器打捞管柱。

（四）绳类落物打捞

绳类落物主要有录井钢丝和电缆。现场常用的钻具组合（自鱼顶向上）为：打捞工具+钻杆（油管）。

根据所用的打捞工具可分为：内钩、外钩、内外组合钩、老虎嘴等。

加工内、外钩时应在打捞工具上加装隔环，防止绳类落物跑到工具上端造成卡钻。

第二节　解卡作业

卡钻是指油水井在生产或作业过程中，由于操作不当或某种原因造成的井下管柱或井下工具在井下被卡住，按正常方式不能上提的一种井下事故。卡钻事故按其形成的原因可分为砂卡、落物卡、水泥卡、套管变形卡等。

一、砂卡

在油水井生产或井下作业中，由于地层出砂或工程用砂及压裂砂埋住部分管柱，造成管柱不能正常提出井口的现象称为砂卡。

（一）砂卡类型

砂卡可分为光管柱卡和井下工具卡两种。

（二）砂卡处理方法

1. 活动解卡

当卡钻时间不长或卡钻不严重时，可采用上提、下放反复活动管柱的方法，使砂子疏松而解卡。

2. 憋压恢复循环解卡

砂卡后应立即开泵循环。当开泵不能建立循环时，可采用憋压的办法，能憋开则卡钻解除。当憋压解卡时，压力应由小到大逐渐增加，不可一下憋死，同时不断上提下放，反复活动钻具。

3. 冲洗解卡

冲洗解卡有内冲洗管冲洗和外冲洗管冲洗两种方式。内冲洗管冲洗是用连续油管在油管内进行循环冲洗，以解除砂堵；外冲洗管是用套铣管冲洗掉油管环形空间的砂子，从而解除卡砂。

4. 大力上提解卡

在设备负荷和井内管柱强度允许的范围内大力上提，克服砂子对管柱的阻力，把管柱拔出，从而解卡。

5. 爆炸松扣解卡

当爆炸松扣是在测准卡点以后，下入定量的炸药至卡点以上第一个接头，在给被卡管柱施加一定的反扭矩，这时引爆炸药，使其在管柱的接箍处产生高速冲击波，使螺纹牙间的摩擦和自锁瞬时消失或大量减少，促使卡点以上第一个接头螺纹松扣，起出卡点以上部分管柱。

6. 震击解卡

在处理卡钻事故时，可以利用震击器配加速器的工艺管串对遇卡管柱反复震动，使卡点松动解卡，液压震击器震击效果较好。

7. 倒扣套铣解卡

倒扣套铣解卡是用反扣钻杆下接打捞工具，将井内被卡管柱砂面以上部分倒扣捞出，再用长套铣筒套铣掉管柱外面的砂子，下打捞工具倒出套铣出来的管柱。这样套、倒交替进行，直到捞出全部遇卡管柱。

二、落物卡

在起下钻施工中，由于井内落物把井下管柱卡住造成不能正常施工的事故叫落物卡钻。落物卡钻事故的解除切忌大力上提以防卡死或损伤套管，一般处理的方法如下：

（1）根据落物形状大小及材质，考虑把落物拨正后能否从环空落下去或能否靠管柱提放、转动将其挤碎。如果可能的话可慢慢提放、转动管柱，将落物拨正落到井底或将其挤碎，达到解卡的目的。

（2）如果被卡管柱下面有较大工具（如封隔器等），落物任何角度都无法通过环空，并且落物材质坚硬不易挤碎，轻提慢放转动管柱无效，可测算卡点深度，将卡点以上管柱倒出。根据落物形状大小，选择合适的工具（如强磁打捞器，一把抓等），将落物捞出，如捞不出可选择尺寸合适的套铣筒将其套掉，再捞出落井管柱。

（3）如落物不深并且不大（如钳牙、螺丝等），可采用悬浮力较强的洗井液大排量正洗井，同时上提管柱，直到把落物洗出井外后使管柱解卡。

三、水泥卡

由于水泥固住部分管柱不能正常提出管柱的事故称为水泥卡。常用处理方法有以下两种。

（一）倒扣套铣解卡

首先倒出上部未卡管柱，其次再用套铣筒套铣油套环型空间的水泥环，套铣一根捞一根，直到捞出全部遇卡管柱。

（二）磨铣法解卡

当套管内径较小或被卡管柱较小时，先将水泥面以上油管捞出，再用磨鞋将被卡管柱连同水泥一起磨掉。为防止磨损套管，磨鞋上应接扶正器。在磨铣一段时间后，可用反循环打捞篮或强磁打捞器捞净碎铁屑，再继续磨铣，直到事故解除。

四、套管变形卡

井下管柱、工具等卡在套管内，用与井下管柱悬重量相等或稍大一些的力不能正常起下作业的现象称为套管卡。

（一）测卡点

1. 卡点

卡点是指井下落物被卡部位最上部的位置。卡点深度是指井下落物被卡部位最上部的深度。卡点的测定就是对这一深度的测定。

2. 测卡点常用方法

（1）计算法：就是现场使用原管柱提拉法推算测卡，其理论依据是胡克定律。

（2）测卡仪测卡点：它是根据被卡管柱的卡点是整个管柱受地面应力分界点，通过测量管柱在地面应力作用下的应力分布，就可将卡点准确地找出这一原理进行测量的。

（二）解卡方式

1. 活动解卡

活动解卡是在井内管柱及设备能力允许范围内，通过上提下放反复活动管柱，以达到解卡目的。活动解卡适用于各种管柱或落物卡钻。

2. 震动解卡

震动解卡是将震击器、加速器等与打捞工具一起下井，当捞上并抓紧落物后，根据井况，通过操作，对被卡管柱进行连续上击或下击，将卡点震松以达到解卡目的。

3. 倒扣解卡

在井内被卡管柱较长，活动解卡无法解卡时可采用反扣打捞工具，将被卡管柱捞获分别倒出，以分解卡点力量，达到解卡目的。倒扣解卡适用于活动和震击解卡无效时的各种类型卡钻。

4. 套铣解卡

采用合适的套铣工具，将卡点周围的致卡物套铣干净，达到解卡目的。套铣解卡适用于砂、水泥、封隔器及小件落物卡等。

5. 爆炸解卡

它是用电缆将一定数量的导爆索下至卡点处，引爆后利用爆炸震动，可使卡点钻具松动解卡，爆炸解卡适用于卡点较深的管柱卡。

6. 磨铣解卡

它是利用磨铣工具，对卡点进行磨铣，以达到解除卡钻的目的。磨铣解卡适用于打捞物内外打捞工具无法进入及其他工艺无法解卡时使用。

7. 切割解卡

对于被卡管类落物或需要修理的套管，当用其他方法难以处理时，常采用切割的方法处理，切断管柱。常用切割方式有机械式、聚能式和化学喷射式等几种形式。

第三节　磨铣作业

磨铣作业就是全面破碎及清除井下落物的工艺过程，可以用来清除各种钢铁落物，如钻头、封隔器、油管、各种井下工具等。

一、磨铣作业常用工具

（一）磨鞋类

（1）平底磨鞋：它是用底面所堆焊的 YD 合金或耐磨材料去磨研井下落物的工具。

（2）凹面磨鞋：它是用于磨削井下小件落物及其他不稳定落物。

（3）梨形磨鞋：可用来磨削套管较小局部变形，修整卷边、毛刺、清整滞留在井壁上的矿物结晶及其他坚硬杂物等。

（二）套铣筒

套铣筒是与套铣鞋联合使用的套铣工具，其功能除旋转钻进套铣之外，还可用来进行冲砂、冲盐、热洗解堵等作用。

（三）钻头类

各种形式的钻头在套管内使用，主要用于钻磨水泥塞、死蜡、死油、砂桥，在特殊情况下，可用来钻磨绳缆类的堆积卡阻。

二、磨铣施工时应注意的问题

（1）对磨屑进行辨认，如发现磨屑为细末状，可能是排量过小，磨屑重复研磨所致，可加大排量。如排量不可能增大，考虑增加携砂液的携带能力。如确认排量与携砂液性能没有问题，则可能是磨鞋过度磨损，需要更换。

（2）应根据不同鱼顶，不同井深，选用不同的钻压。使用平底、凹底、领眼磨鞋磨铣落鱼时，可选用较大钻压；使用维形、柱形、套铣和群边磨鞋时，由于工具接触部分受力面积小，不能采用较高钻压，以免造成工具损坏。

（3）一般选用较高的磨铣转速（100r/min 左右）。具体操作时应根据钻压、钻具、设备和工具等因素确定。

（4）对井下不稳定落鱼磨铣时，若发现磨铣速度变慢，应上提钻具顿钻，将落鱼顿至井底，处于暂时稳定状态后再进行磨铣。

（5）钻具出现憋跳时，一般通过降低转速，或小钻压即可消除。如出现周期性突变，应上提钻具加大排量，轻压快转直到消除为止。

（6）如通过判断，确认落鱼上有胶皮，可降低泵压或停泵反复顿钻，把胶皮捣成碎块。如无效，则起出钻具，先行打捞胶皮。

（7）磨铣时要注意保护套管，应事先在磨鞋上加结一定长度的钻铤，或在钻杆上加装扶正器。

（8）磨铣时不能与震击器配合使用，因为配合后不能施行顿钻和冲顿落物碎块。

三、套铣解卡施工中应注意的问题

套铣解卡施工中应注意的问题与磨铣作业时的注意事项相同，但有一点必须特别注意，即套铣筒直径大，与套管之间的间隙较小，而且长度大，在井下容易形成卡钻事故，因而在操作中应注意使工具保持运动状态。停泵后必须立即上提钻具，还应经常使钻具旋转并上下活动，直至恢复循环。

第四节　套管修复

一、套管修复

为使油（水）井长期生产，以满足油田开采各个阶段不同特点的需要，维护、修复油（水）井套管，已成为井下作业工作者的一项重要任务。

（一）套管损坏类型

常见套管损坏类型有套管变形、套管破裂、套管错断、套管外漏。

1. 套管变形

凡是由于地应力轴向应力变化，以及套管外挤压力大于内压力等因素所造成的套管一处或多处的缩径、挤扁或弯曲等统称为套管变形损坏，简称套管变形。

2. 套管破裂

套管破裂主要是指套管在纵向或轴向上发生了破孔或缝洞的现象。

3. 套管错断

套管错断是指套管轴向（即铅垂向）发生断裂，而在其径向（即水平方向）上也发生了位移的双向变形叠加造成的套管断错变形，简称套管变形。

（二）套管技术状况检测

套管技术状况检测是在油、水、气井修井工艺技术中的重要措施，它将为制定修井措施和施工步骤、选择工具、确定完井方式等提供可靠的依据，同时也为套损机理研究和预防措施的制定及实施提供可靠资料。

常用的检测方法有工程测井法和机械法。

1. 工程测井法

工程测井法就是利用测井仪检测套管的技术状况。

2. 机械法

机械法就是印模法检测，是利用印模（包括铅模、胶模、蜡模等）对套管和鱼头状态及几何形状进行印证，然后加以定性、定量分析，以确定其具体形状和尺寸。

印模种类有以下几种分类：

（1）按制造材料可分为铅类印模（通称铅模）、胶类印模（通称胶膜）、蜡类印模（通称蜡模）和泥类印模（通称泥模）。

（2）按印模结构形式可分为平底形、锥形、凹形、环形和筒形。

目前较为广泛使用的是铅模和胶模两种类型。

铅模是探视井下套管损坏类型、程度和落物深度、鱼顶形状、方位的专用工具，根据印痕判断事故的性质，为制定修理套管和打捞落物的措施及选择工具提供依据。铅模中较广泛使用的是平底带水眼式印模。

（三）常用套管修复工艺方法

1. 套管整形

套管整形就是为避免套管变形或错断后，由于内通径减小，而使变形和错断点以下的各种工艺技术措施无法实施的现象，而采取的用一定技术措施对套管进行整形扩径。

2. 套管补贴

套管补贴是利用补贴专用工具和黏合剂，在液压下产生机械力，通过刚、弹性胀头的作用，将波纹管胀圆，使其紧紧地贴补在损坏套管处，使油、水井能正常生产。

3. 取换套管

取换套管是采用专用的套铣工具，钻铣套管周围的水泥环及部分岩石，使之自由，下入套管内割刀、磨铣工具及打捞工具将套损点以上及其以下适当部位的套管取至地面，然后下入新套管利用补接专用工具进行新旧套管的对接。

第五节　侧钻技术

所谓侧钻工艺技术就是在油水井的某一特定深度固定一个斜向器，利用其斜面的造斜和导斜作用，用铣锥在套管的侧面开窗，从窗口钻出新井眼，然后下尾管固井的一整套工艺技术。

一、侧钻类型

按侧钻开窗是否利用斜向器分类，套管内侧钻可分为斜向器侧钻和自由侧钻两种；按开窗方位是否有明确的要求，侧钻可分为定向侧钻和非定向侧钻。

（1）斜向器侧钻。斜向器侧钻是在钻管内欲开窗的位置固定上一个斜向器，开窗工具靠斜向器的导斜作用开出窗口的侧钻工艺。

（2）自由侧钻。自由侧钻是在欲开窗的位置布下斜向器，利用井下断错的套管或套管内落物的偏斜作用开出窗口的侧钻工艺。

（3）定向侧钻。定向侧钻是对侧钻开窗的方位有明确要求的侧钻工艺。

（4）非定向侧钻。非定向侧钻是对侧钻开窗的方位无明确要求的侧钻工艺（又称一般侧钻）。

二、侧钻工具

侧钻的主要工具有斜向器、送斜器、正反扣喇叭口接头、尾管固井胶塞、单流阀、开窗铣锥、丢手接头、螺杆钻具等。

（1）斜向器。斜向器是在侧钻过程中，导斜和造斜的一种工具。

（2）送斜器。送斜器是一个带有斜度与斜向器斜度相同的斜面的圆柱体，作用是将斜向器送至预定深度。

（3）铣锥。铣锥是磨铣套管开窗的工具，本体由优质钢煅制加工而成。

（4）尾管固井胶塞。尾管固井胶塞的作用是保证将尾管内水泥浆替净，使尾管内壁光滑，尾管外灰浆数量不足。

（5）正反扣喇叭口接头。正反扣喇叭口接头是侧钻后下尾管固井的工具。

（6）单流阀。单流阀是在固尾管时，防止外水泥倒流的工具，其封闭性好坏对固井质量有一定影响。

（7）螺杆钻具。螺杆钻具是容积式井下动力机械，其作用是把钻井液的水力能转化为机械能供给钻头。

（8）有线随钻测斜仪。有线随钻测斜仪是套管开窗侧钻定向井、水平井常用的一种磁性测斜仪器。

（9）电子陀螺测斜仪。陀螺测斜仪方位敏感元件作为一自由度陀螺，它的自转轴相对于惯性空间具有很高的方位稳定性，可以用来测量井眼方位。

三、侧钻施工要点

侧钻施工主要包括：侧钻前井眼准备、固定斜向器、侧钻定向、套管开窗、裸眼钻进、下尾管固井等工序。

（一）侧钻前井眼准备

1. 通井

通井的目的有两个：一是了解套管完好情况，为开窗选位和确定尾管的超覆高度等提供参考资料；二是为下斜向器创造条件。因此，通径规的直径要比斜向器直径大 2~4mm，大直径部分不得小于斜向器的长度。若没有这样长的通径规，在施工现场可用两个封隔器的金属体部分连接起来代替通径规。

2. 挤封原井射孔层

侧钻前挤封原井眼油水层的目的，在于防止原井眼油水层互窜影响分采分注效果，同时为斜向器创造一个准确而坚固的井底，以控制侧钻开窗位置（对斜向器用水泥固定法而言）。挤封油水层时应注意：

（1）挤封前，要把所有挤封井段都冲露出来。

（2）挤封时最好让水泥浆从井底替过全部挤封井段后再进行挤封，以免因吸收性差异而影响挤封质量。

（3）挤封水泥用量取决于油水层渗透率、厚度、挤封半径、压力等因素，一般按每米用 0.5~1t 水泥计算。

（4）钻水泥塞时一定要丈量结具，准确计算水泥塞要留的深度。

3. 上部套管试压

挤封油水层后，要对上部套管进行试压，目的是了解套管完好情况，为开窗高度和下尾管高度提供资料，也是为了检查挤封质量，为下尾管固井奠定基础。

（二）固定斜向器

由于斜向器的尾部结构不同，固定方法有两种。一种是水泥固定法，其优点是斜向器的结构简单，制造容易，固定可靠；其缺点是施工麻烦，时间长。另一种是封隔器固定法，其优缺点与水泥固定法相反。无论哪种方法固定斜向器，都必须达到如下要求：

（1）斜向器位置要准，与确定的开窗位置相差不大于0.1m。

（2）斜向器固定牢靠，在侧钻过程中，斜向器的方位、深度都不能变化。

（3）斜向器顶部平面一定要与套管中心轴线垂直。

（4）斜向器斜面方位要符合要求。

（三）侧钻定向

目前侧钻的定向方法有地面定向法和陀螺测斜定向法。

1. 地面定向法

地面定向法是利用钻杆打印标记和量角器在地面测量，下钻过程中钻杆转动产生的偏差经过累计计算，掌握斜向器在井下的实际方位。其施工步骤如下：

（1）利用罗盘或经纬仪，将设计方位角测定在转盘上或套管法兰上。

（2）把校直的钻杆平直地放在地上，利用打印规在钻杆上打印，使钻杆的内、外接头上所打的“+”记号在同一条线上。

（3）将斜向器与第一单根相连接，第一单根的标准刻线是否与斜向器斜面相对，不相对时，用特别的内弧形量角器测定其角，下钻时将斜向器的斜面对着要求方位下入井内。这时第一根内接头的刻线与地面定向也有同样差值。以地面定向刻线为准，顺时针方向的差值为正差值，反时针方向的差值为负差值，记录到计算角差值表上。接上第二根单根上紧扣后，看第二根的外接头与第一根内接头刻线是否对正。若未对正则以第一根内接头刻线为准。测定角值差并以顺时针差为正，反时针差为负。这样一根一根下完，累计总角差值，得正值时，反时针转回同一个角值。以此角值刻线正对地面定向刻线，则斜向器正对要求方位，得负值则正转。

（4）在剪断送斜器与斜向器之间的销钉之前，要反复核算角差值。同时要反复提放，看刻线方位有无变化，无变化即可顿断销钉。在正式侧钻之前要进行电测，进一步核实方位是否正确。

2. 陀螺测斜仪定向法

施工程序如下：

（1）将具有定方位功能的斜向器固定装置（或斜向器总成）下入井内预定深度。

（2）由钻柱内通过电缆输送陀螺测斜仪至斜向器装置的方向键上，测出斜向器固定装置（或全套斜向器总成）在井内的实际方位。

（3）斜向器在井内的实际方位与侧钻要求的方位的差值，即是所需调整的方位值。根据斜向器结构不同，调整其方位差值有两种方法：一是有对接装置的斜向器总成，可通过对接装置在地面调整方位差值，然后下入井内与斜向器固定装置对接，即可得到侧钻方位：二是无地面调节功能的斜向器总成，通过转动斜向器管柱（其转动范围为方位差值）来调节斜向器在井内的方位，然后再下陀螺仪进一步核实方位是否准确。

（四）套管开窗

套管开窗是套管内侧钻施工中的主要环节，它是用铣锥沿着斜向器斜面磨铣套管，在套管上开一斜长圆滑的窗口，便于钻具与衬管的顺利起下。因此，窗口质量好坏对下一步施工影响很大，为快速优质安全地开好窗口，要根据所选用的铣锥与斜向器，以及套管等因素，事先设计出开窗过程的技术参数。依据施工经验，开窗分三个阶段，各阶段的技术要求如下：

第一阶段：从铣锥磨铣斜向器顶部到磨鞋底部外径圆周与套管内壁接触段。此段开始时要轻压慢钻，使铣锥先磨出个均匀接触面，然后用重压中速磨铣。

第二阶段：从铣锥底圆出套管到铣锥最大直径全部铣过套管。此段要求铣锥沿套管外壁均匀钻进，若重压，很容易提前外滑，应采用轻压快钻，以保证窗口长度。

第三阶段：从铣锥底圆出套管到铣锥最大直径全部铣过套管，此段是保证窗口圆滑的关键段。同时只要稍加压就全滑到井壁，因此要定点快速悬空铣进，其长度等于一个铣锥长度。

上述三个阶段是对一个铣锥完成全部开窗过程而言。若用单式铣锥加长窗口，则在复式铣锥进入第三阶段前即可换入。有时施工往往用一个复式铣完成开窗的整个过程，这三个阶段的深度和长度完全可以事先通过计算求出，这对侧钻开窗有重要的指导意义，是侧钻开窗技术措施的重要依据。

在整个开窗过程中应注意以下几点：

（1）开窗钻具配合要使铣锥顶部有一刚性很大，长度在 8~10m 的钻铤或加重钻杆，以保证窗口质量。

（2）更换铣锥时，直径最好要一致，铣锥尺寸必须大于所下尾管接箍 8mm 以上。更换大小不一致的铣锥时，只能由小到大，不能由大到小，以免产生台阶后铣进、钻进、下尾管困难。

（3）修套管窗口时，铣锥容易悬空铣进，高速转动容易脱扣，因此钻具螺纹必须上紧，井下钻具要严格检查，坚决防止掉断事故发生。

（4）开窗之前必须对地面设备、钻井液性能、钻井仪表、井下钻具等做好全面检查，保证完好。

（五）裸眼钻井

侧钻裸眼钻进与普通钻进基本相同，但侧钻裸眼钻进时井斜较大，钻具在窗口附近有一个侧向力、使钻具紧靠井壁与窗口，并与窗口、斜向器、套管总是处于摩擦中。由于钻井液循环通道在窗口处小、钻具与井眼间隙很小、钻杆断后不容易打捞等不利因素，因此在施工中应特别注意下列几点：

（1）窗口以下钻具要进行精选，避免发生钻具折断。

（2）起下大直径钻具通过窗口时，操作要平稳缓慢，防止顿碰提挂窗口。

（3）经常检查窗口位置上下的钻具，尤其在钻进进尺缓慢时，防止窗口处钻杆磨断。

（4）特别注意钻井液性能调整，保持井壁稳定，并对钻压、转速、排量等参数进行优选配合。

（5）因故停钻，钻具一定要提到窗口以上井段。

（6）严格执行防断、防卡、防掉、防塌、防喷等措施。

（六）下尾管固井

下尾管固井包括完井电测、试下尾管、下尾管、注灰浆、倒开尾管、关井候凝。下尾管固井与一般下套管固井的不同点在于尾管与井壁的间隙小，井斜大，注灰管柱下大上小，注灰后要有效地将注灰管与尾管分离。因此，施工中应注意下列几点：

（1）完井电测。电测前应充分洗井以调整钻井液性能，电测在窗口遇阻时，不得强顿或硬提，以免造成割挂电缆事故。

（2）试下尾管。用常规管柱连接衬管试下，衬管长度应大于20m，试下至井底。试下中若遇阻，不要强下，起出管柱重新划眼，直至试下合格。

（3）下尾管。在下尾管之前，对内、外接头进行检查，必须装卸灵活，能自由倒开。下钻过程中，严禁旋转下部钻具，防止将尾管倒掉落井。如果使用丢手接头，应将丢手接头试验合格后再使用。

（4）固井。根据尾管与钻具脱开方法不同，可分为先注入水泥浆后脱开正反接头法和丢手接头先脱开后插入管柱水泥浆法。

第九章　试油（气）作业及监督要点

试油（气）就是利用专用的设备和方法，通过地震勘探、钻井录井、测井等间接手段对初步确定的可能含油（气）层位进行直接的测试，并取得目的层的产能、压力，温度、油气水性质等地质资料的工艺过程。

比较完整的试油（气）工序包括通井、洗井、试压、射孔、压裂酸化、排液、求产、交井等。

第一节　通　　井

一、通井目的

用规定外径和长度的柱状规，下井直接检查套管内径和深度的作业施工，称为套管通井。通井的目的是用通井规来检验井筒是否畅通，为下步施工做准备。通井常用的工具是通井规和铅模。

二、施工前的准备工作

（1）根据单层试油设计或生产指令编制施工设计。

（2）人员组织：操作手2名、试油工3名、班长1名、带班人员1名，操作手负责通井机（试油作业机）的使用、维护和保养，保证设备的正常运作，试油工负责下油管通井作业，带班人员负责组织现场生产安排和管理及现场资料的录取工作。

（3）工具及材料：施工设计书资料齐全，数据准确无误，大班工具一套，通井规及刮削器各一个，通井规与油管相连接的转换接头，井场备井筒容积1.5~2倍的洗井液。

（4）车辆及设备：通井机（试油作业机）一部、泵车一部。检查确认井架绷绳已拉紧、井架底座稳定、绳卡卡紧、提升钢丝绳完好、游动系统大钩垂直对准井眼中心。检查天车、游动系统各连接部位，保证大钩转动灵活。安装合适的指重表或拉力计。安装油管索道及管桥，油管索道要平稳、顺直、牢固。启动通井机调试检查设备滚筒利车灵敏完好。检查吊卡吊环应满足起下油管规范要求，吊卡销子灵活好用。检查液压油管钳吊绳、液压油管钳背绳、二次保险绳安装规范，液压管钳性能符合管柱要求。

三、通井程序及技术要求

（一）组配管柱

按施工设计管柱图组配管柱，选择的通井规符合设计要求。一般情况下，通井规外径小于套管内径 6~8mm，长度大于 1200mm。

（二）下井管柱结构

管柱自下而上为“通井规+油管串”结构。油管逐根丈量、通内径。记录中注明油管钢级、规格、扣型以及生产厂家等。

（三）下入管柱

缓慢下入管柱，下放管柱速度控制在 10~20m/min，通井至设计位置或人工井底 100m 时，钻具下放速度不得超过 5~10m/min。水平井、特殊工艺井按设计要求控制下钻速度。

（四）出现异常情况时的基本要求

通井中途出现阻、卡现象时，悬重下降不能超过 10~20kN，平稳活动管柱，严禁猛顿、猛放和硬压。核实、记录深度数据，描述异常现象的特征。

（五）探人工井底

当通至人工井底悬重下降 10~20kN，连续两次实探深度相差小于 0.2m。

（六）调整钻具

实探人工井底无误后，调整钻具位置，做好洗井准备。

四、作业监督要点

检查通井规规格是否符合设计要求；核实通井深度是否达到设计要求；通井管柱下放速变是否符合限速标准；通井后洗井是否充分及返出液情况；其他安全规范事项。

五、监督资料录取

记录通井规的型号规格，并画出草图，录取通井深度、通井过程遇阻、遇卡深度及有关数据、调整后洗井钻具位置等相关信息。

第二节 洗 井

一、洗井目的

洗井是指由于工程需要，在修井作业过程中，将洗井介质由泵注设备经井筒或钻杆注入，把井筒内的物质（液相、固相、气相）携带至地面，从而改变井筒内的介质性质达到作业要求的过程。

二、洗井液要求

（1）洗井液的性能要根据井筒污染情况和地层物性来确定，要求洗井液与油水层有良好的配伍性。

（2）在油层含有黏土矿物的井中，要在洗井液中加入防膨剂。

（3）在低压漏失地层井洗井时，要在洗井液中加入增黏剂和暂堵剂或采取混气措施。

（4）在稠油井洗井时，要在洗井液中加入表面活性剂或高效洗油剂，或用热油洗井。

（5）在结蜡严重或蜡卡的抽油机井洗井时，要提高洗井液的温度至70℃以上。

（6）洗井液的相对密度、黏度、pH值和添加剂性能应符合施工设计要求。

（7）注水井洗井液水质要求：

① 机械杂质小于0.02%；

② 含油量小于30mg/L；

③ pH值为6.5~7.5；

④ 固体悬浮物含量：用清水时2~3mg/L，用油田污水时2~5mg/L。

（8）洗井液量为井筒容积的2倍以上。

（9）当地层压力大于静水柱压力时，可采用水基洗井液。

（10）当地层压力小于静水柱压力时，可采用油基洗井液或选择暂堵、蜡球封堵、大排量取泵洗井、气化液洗井等方式。

三、洗井方式

（一）正洗井

洗井液从油管打入，从油套环空返出。正洗井一般用在油管结蜡严重的井。

（二）反洗井

洗井液从油套环空打入，从油管返出。反洗井一般用在抽油机井、注水井，套管结蜡严重的井。

正洗井和反洗井各有利弊，正洗井对井底造成的回压较小，但洗井液在油套环空中上返的速度稍慢，对套管壁上脏物的冲洗力度相对小些；反洗井对井底造成的回压较大，洗井液在油管中上返的速度较快，对套管壁脏物的冲洗力度相对大些。为保护油层，当管柱结构允许时，应采取正洗井。

四、施工前的准备工作

（1）根据单层试油设计或生产指令编制施工设计。

（2）了解掌握施工井的基本数据和井身结构。

（3）人员的组织及安排：泵工2名、试油工2名、带班干部1名，泵工负责泵车的使用、保证泵车的正常运作，试油工配合泵工作业，带班干部负责组织现场生产安排和管理及现场资料的录取工作。

（4）工具及材料准备：与采油树、泵车相匹配的洗井接头、洗井出口管线一套、榔头一把、24in和36in管钳各一把，按设计备足洗井液。

（5）车辆及装备准备：能满足施工排量和泵压的泵车一部。

（6）根据设计选择洗井方式。

五、洗井程序及技术要求

（1）按施工设计的管柱结构要求，将洗井管柱下至预定深度。

（2）连接地面管线，地面洗井管线试压合格，排量符合设计要求，一般控制在500L/min（5½in 套管）以上，过程连续。

（3）开套管阀门打入洗井液。洗井时要注意观察泵压变化，泵压不能超过油层吸水启动压力。排量由小到大，出口排液正常后逐渐加大排量，排量一般控制在 0.3～0.5m^3/min，将设计用量的洗井液全部打入井内。

（4）洗井过程中，随时观察并记录泵压、排量、出口排量及漏失量等数据。泵压升高洗井不通时，应停泵，及时分析原因进行处理，不得强行憋泵。

（5）严重漏失井采取有效堵漏措施后，再进行洗井施工。

（6）出砂严重的井，应优先采用反循环法洗井，保持不喷不漏、平衡洗井。正循环洗井时，应经常活动管柱。

（7）洗井过程中加深或上提管柱时，洗井液必须循环两周以上方可活动管柱，并迅速连接好管柱，直到洗井至施工设计深度。

（8）洗井质量要满足进出口水色一致，出口液体干净无杂质。

六、作业监督要点

（1）洗井液性能指标满足设计要求。

（2）保证进出口液量计量准确。

（3）洗井深度和作业效果应符合施工设计要求。

（4）最大限度地减少洗井液漏入地层，减少对地层的污染和损害。

（5）洗井结束后，洗井液进出口相对密度应一致，出口液体应干净无杂质、污物。

七、监督资料录取

监督资料录取包括洗井深度、液体配方、所用时间、洗井方式、泵压、排量、入井液量、返出液量、漏失量的数据、异常情况的描述。

第三节　射　　孔

一、射孔目的

射孔就是把专门的井下射孔器下放至油层套管内预定的深度变引爆，射孔弹爆炸后产生的高能金属粒子流射穿套管及管外水泥环，并穿进地层一定深度，打开油（气、水）层与井内通道的一种工艺。射孔目的是建立地层与井眼的流通孔道，促使地层流体进井内，便于进行试油测试，从而取得所需资料。

二、射孔方式

在试油过程中，射孔方法有正压射孔、负压射孔和超正压射孔等。正压射孔是指射孔时筒内液柱压力高于储层压力的射孔作业。负压射孔是指射孔时井筒内液柱压力低于储层压力的射孔作业。目前国内射孔工艺按传输方式可分为电缆传输射孔和油管（钻杆）传输射孔两种类型。

三、射孔工艺流程

（一）电缆传输射孔

1. 施工前准备工作

（1）根据单层试油设计或生产指令编制施工设计。

（2）人员的组织：操作手2名、试油工3名、班长1名、带班干部1名，操作手负责通井机的使用、维护和保养，保证设备的正常运作，试油工负责井口的安装，带班人员负责组织现场生产安排和管理及现场资料的录取工作。

（3）工具及材料的准备：大班工具1套，与设计相匹配的双闸板防喷器1台（上半封，下全封，半封闸板与现场油管相匹配）。井场备井筒容积1.5~2倍的洗井液。施工设计书、射孔批准书等资料齐全，其中数据准确无误。

（4）车辆及设备准备：通井机（试油作业机）一部，检查确认井架绷绳已拉紧，井架底席稳定，绳卡卡紧，提升钢丝绳完好，游动系统大钩垂直对准井眼中心。

检查天车游动系统各连接部位，保证大钩转动灵活。安装合适的指重表或拉力计。安装拉管索道及管桥，管柱索道要平稳、顺直、牢固。启动通井机，检查调试通井机滚筒刹车及防碰天车灵敏完好。检查吊卡吊环应满足起下油管规范要求，吊卡销子灵活好用。检查液压油管钳吊绳、液压油管钳背绳、保险绳安装规范及液压油管钳性能符合管柱要求。

2. 射孔程序及技术要求

（1）施工前进行施工方案、关联工艺、场所风险、防范措施和应急预案交底，安全讲话，岗位分工，试油工及操作手根据岗位分工进行岗位巡回检查。

（2）卸采油树，坐防喷器并试压合格，根据套管尺寸用双通井规软通井至预射孔井段以下10~15m。

（3）装射孔弹及连接射孔枪，用电缆下射孔枪至预射孔井段附近。

（4）到预定位置后用磁性定位器校深。

（5）经射孔队和施工作业队技术人员确认后，确保射孔枪位于射孔井段。

（6）接通电源，引爆射孔弹，提出射孔枪身，检查射孔质量。

（7）观察射孔后的显示情况，并根据现场情况和指令进行下步工作。

（二）油管传输射孔

1. 施工前的准备工作

（1）根据单层试油设计或生产指令编制施工设计。

（2）人员的组织：操作手2名、试油工3名、班长1名、带班干部1名，井场备井筒容积1.5~2倍的洗井液。操作手负责通井机的使用、维护和保养，保证设备的正常运作，试油工负责下油管作业，带班人员负责组织现场生产安排和管理及现场资料的录取工作。

（3）工具及材料的准备：大班工具1套，与现场油管匹配的短节（2.0m×2、1.5m×2、1m×2、0.5m×2、0.3m×2、0.2m×2），与设计相匹配的防喷器1台。施工设计书、射孔批准书等资料产全，其中数据准确无误。

（4）车辆及设备准备：通井机（试油作业机）一部，检查确认井架绷绳已拉紧，井架底座稳定，绳卡卡紧，提升钢丝绳完好，游动系统大钩垂直对准井眼中心。检查天车、游动系统各连接部位，保证大钩转动灵活。安装合适的指重表或拉力计。安装拉管索道及管桥，管柱索道要平稳、顺直、牢固。启动通井机，检查调试通井机滚筒刹车及防碰天车灵敏完好。检查吊卡吊环应满足起下油管规范要求，吊卡销子灵活好用。检查液压油管钳吊绳、背绳和保险绳安装规范，性能符合管柱要求。

（5）油管必须用通径规逐根通径，丈量准确，校深误差小于 0.2m。

2. 射孔程序及技术要求（以两次校深为例）

（1）施工前进行施工方案交底、关联工艺交底、场所风险交底、防范措施交底、应急预案交底，安全讲话，岗位分工，试油工及操作手根据岗位分工进行岗位巡回检查。

（2）卸采油树，装防喷器并试压合格，射孔车测套管接箍，绑记号；装射孔弹及连接射孔枪；丈量零长（定位短节下部到第一孔的准确长度）。

（3）射孔车进行油管校深，根据测井数据配油管短节，使射孔枪身位于预射井段，卸防喷器，坐采油树，接好试产管线。

（4）投杆（打压）引爆射孔弹。

（5）观察射孔后的显示情况。

（6）油管传输射孔的校深及计算：

油管传输射孔深度计算常用的有两种方法，即一次校深和二次校深。一次校深是用自然伽马，测定位短节深度，并计算出管柱调整值。

二次校深是在射孔管柱入井前用磁性定位器测套管标准短节，以确定电缆记号深度，下射孔管柱后在油管中测出油管定位短节的位置，并计算出管柱调整值。

计算调整值可按以下公式进行：

$$L=H_1-(H_2+L_1)$$

式中　L——管柱调整值，m；

H_1——油层顶界深度，m；

H_2——定位标记深度，m；

L_1——射孔总零长，m。

当 $L>0$ 时，管柱向下调整 L；$L<0$ 时，管柱向上调整 L。

（三）射孔新工艺

1. 全通径油管传输射孔

全通径射孔是指油管传输射孔过程中当射孔弹发射以后，射孔枪内与油管内实现连通，连通直径等于或略大于油管内径的射孔枪系统。应用该工艺射孔后不需起出管柱就可以进行后续工程作业，如压裂、酸化、注汽等。可以减少起下管柱的作业费用，提前投产，更重要的是避免了起下管柱需压井作业给油气储集层造成的伤害。

全通径射孔原理是采用新材料、新结构和特制火工品，利用射孔起爆的能量，使射孔枪串内部构件破碎或燃烧，实现枪串内部的全通。枪芯的碎屑落入枪串底部的口袋枪中或释放至井底，射孔枪管成为筛管。

全通径油管传输射孔是近几年开发的射孔新技术，该技术的主要特点是：

（1）射孔后射孔管柱的内径与油管连通，最小内径60mm。

（2）射孔后可直接下入电子压力计或其他外径小于50mm的测井仪器、工具进行施工。

（3）射孔后可不起管柱直接压裂或酸化。

（4）射孔后可直接投产。

2. 射孔丢枪技术

射孔枪释放装置是一种复合型的释放结构，通过加压或机械方式，使射孔枪人为地脱离输送管柱落入井底口袋。目前国内生产的射孔枪释放装置其工艺过程一是投球式和投堵塞器式，从井口将球或堵塞器投入下落到释放装置上，然后从井口加压使释放装置解锁丢手。二是通过电缆将移位工具从井口下放到释放装置以下然后上提，向上振击移位器，剪断剪切销，限位套向上移动，释放下接头以下管柱，实现射孔枪释放。

射孔枪释放装置的开发和应用，解决了油管传输射孔后射孔枪的释放问题，使射孔后的井下作业管柱达到全通，解决了以下问题：

（1）使油气流顺利进入管柱，避免了射孔后压井提出射孔管柱而给产层造成的二次伤害；可以减少起下管柱的作业费用，缩短开发周期。

（2）射孔丢枪后，可直接对射孔目的层进行酸化压裂改造。

（3）解决了由于套管内缩变形、地层出砂、射孔枪胀枪等诸多原因，造成射孔管柱遇卡，无法提出射孔作业管柱的问题。通过油管加压或机械方式，使射孔枪人为地脱离作业管柱。

（4）为后续过油管作业项目创造了全通的作业环境。

3. 定向射孔

定向射孔技术是针对非均质性油气藏地层的地质构造，有针对性地选择射孔方向。在裂缝性地层或弱胶结地层（超深井应力大的地层）中，采用定向射孔可最大限度地增加地层中射孔孔道的稳定性，从而减少出砂量，最终达到提高油井产能的目的。最佳的相位角、孔距和定向射孔使水力压裂更容易，消除了孔道坍塌导致出砂脱砂的可能性。

首先将射孔相位角为0°或180°的定向射孔器系统管柱连接下入，管柱结构（自下而上）：定向射孔器+起爆装置+筛管+定方位短节+安全管柱+校深标志短节。采用油管传输方式将其送到预计射孔井段位置附近。在井口对接以上管柱时，定向射孔器射孔相位标志要与定方位短节锁定方位键之间的相位锁定在同一个相位点上，它们之间的相位差为0°。测量定向定位装置在井中的方位，这样可以确定定向射孔器的方位（即射孔弹方位）与设定的射孔方位之差。在地面转动油管调整定向射孔器的方位，使其与设定的射孔方位一致。在调整方位后，陀螺测斜仪进行验证测量，直到将射孔器射孔方向调整到设计的方向上为止。

4. 水力喷射射孔

水力喷射射孔是利用水力喷射原理，通过地面高压供给设备，将水等液体以大于70MPa以上的压力从喷嘴喷出，利用高压水射流的强大冲击力，将套管和目的层冲蚀成孔，以高压流体高速喷射在地层中切割出一个径向距离长、孔隙大、清洁无污染的通道的一种射孔技术。

水力喷射射孔的优点：

(1) 水力喷射射孔深度较深，一般在1m以上，甚至长达几十米，能穿透近井地带的伤害区，而且孔道面积也比较大。

(2) 在井下岩层里形成大孔径的水平孔道，孔径可达25mm，比炮弹射孔具有更高的导流能力。

(3) 水力喷射射孔技术在射孔过程中，由于水力冲刷作用和大量岩粒流出，能在孔道周围形成许多微小孔眼和裂缝，极大地提高近井地带的渗透率，减少完井段的压力降，增加产液量。

(4) 由于碎屑被液体携走，可保证孔道的周围地层无压实。

水力喷射射孔常与压裂一起实施，射孔与压裂一次完成。工艺管柱主要由安全接头、水力锚、滑套喷射器、喷射器及水平井单流阀等工具组成。

四、射孔作业井控要求

(1) 闸板防喷器安装合格，电缆芯子与所用电缆尺寸相匹配。

(2) 雷雷雨天严禁进行射孔作业，夜间尽量避免射孔作业，如工序需要则报项目组审批后方可进行。

(3) 射孔队、试油机组必须双坐岗，发现溢流停止射孔作业。相关处置程序按井控实施细则执行。

(4) 射孔前和射孔过程中都要检查井筒液面，连续灌注射孔液，保持井筒液面在井口。

(5) 射孔队在开始射孔前必须准备好断绳器。

五、监督要点

(1) 压井质量及压井液液性、液量等达到设计要求；

(2) 套管试压及井口防喷设施达到射孔安全技术要求；

(3) 严格按射孔通知单的要求进行射孔；

(4) 油管传输射孔降液面达到设计要求，下井管柱丈量达到施工要求；

(5) 射孔后炮弹发射率达到规定指标；

(6) 防井喷工作充分，射孔后连续作业情况符合要求。

六、监督资料录取

监督资料录取包括射孔层位、井段、射孔方式、枪弹型、孔数、孔密、发射率、射孔时间、射井液性质、液面高度以及有毒有害气体检测情况等。

第四节 压 裂

一、压裂目的

压裂是指在井筒中形成高压迫使地层形成裂缝的施工过程，通常指水力压裂。水力压裂是指应用水力传压原理，从地面泵入携带支撑剂的高压工作液，使地层形成并保持裂缝。由于被支撑剂充填的高导流能力裂缝相当于扩大了井筒半径、增加了泄流面积，大大降低了渗流阻力，因而能大幅度提高油、气井产量，提高采油速度，缩短开采周期，降低采油成本。

二、压裂工艺

（一）分层压裂技术

分层压裂技术分为两类：第一类是机械封堵逐层压裂的分层压裂，该技术主要有封隔器机械分卡压裂方法、暂堵剂多裂缝压裂方法等。第二类是分流分层压裂，它是应用压裂液通过已压开层射孔炮眼时的力学特性，迫使压裂液分流并提高井底压力，使破裂压力不同的各目的层都相继被压开，加砂同时支撑所有裂缝，完成全井压裂，该技术主要应用于新井完井压裂。

（二）平滑加砂压裂技术

为了提高压裂施工的成功率、改善裂缝的铺砂状态，在压裂施工中，采用拟“平滑加砂”程序，使地面砂比连续平滑的提高，这项技术的应用提高了压裂施工成功率并改善了压裂效果。

（三）延缓交联降摩阻技术

通过调节压裂液的 pH 值，使压裂液延缓交联，降低了管柱摩阻，提高了泵效。

（四）高砂比压裂技术

高砂比压裂是近年发展起来的一项新的压裂工艺，主要用于高渗油气层的压裂和重复压裂。所谓高砂比压裂是指裂缝内铺砂浓度大于 $10kg/m^3$ 的压裂改造，高砂比压裂的目的是要造成高导流能力的裂缝，提高压裂的增产效果。

（五）微胶囊全程破胶技术

微胶囊破胶剂由胶心和胶衣两部分组成，耐温并抗一定的压力，加入压裂液内既能保持压裂液的黏度及携砂性能，又能使压裂液进入地层后破胶化水彻底易返排。胶囊破胶剂的使用，使压裂液化水时间缩短，化水更彻底，从而提高了压裂液的返排率，改善了压裂效果。

（六）强制闭合压裂技术

强制闭合压裂技术是在压裂后提前放喷，通过控制流量，使裂缝强制闭合，减少支撑剂嵌入地层的数量，提高支撑裂缝的导流能力，从而达到提高油井产量的目的。

三、压裂液分类

现场常用的压裂液类型有水基压裂液、油基压裂液、乳状压裂液、泡沫压裂液等。

压裂液一般可以分为前置液，携砂液，顶替液。前置液的作用是破裂地层并形成一定几何尺寸的裂缝以备后面的携砂液进入。携砂液的作用是将支撑剂带入裂缝并将其放在预定位置上。顶替液用来将携砂液送到预定位置。打完携砂液后，要用顶替液将全部携砂液带入裂缝中。

四、施工前准备工作

（1）压裂（酸化）施工设计与压裂工程设计内容相符且已审批，责任人已签字。

（2）工具油管准备与下钻作业过程。

① 油管要与井下工具相匹配，规格、数量、钢级、壁厚满足设计要求，无弯曲、腐蚀、裂缝、孔洞，内、外螺纹无损坏。

② 油管桥架应大于等于三个支点，离地面高度大于等于300mm，每10根一组排放。

③ 用液压钳上扣或卸扣，上紧扭矩达到相应的规定值。

④ 油管下入井深离设计深度不足100m时，控制下放速度不得超过5m/min。下入深度未达到设计深度，中途遇阻或上提受卡时，应停止下钻作业，分析原因，排除故障。

（3）井下工具检查与下入过程。

① 封隔器、水力锚、导压喷砂器、节流器、喷砂滑套等井下工具符合设计要求，有产品合格证、检验报告以及指定维修点出具的《检修合格证》等。

② 钻具组合顺序与下入深度符合设计要求，误差在允许范围内。

③ 变更下入深度，必须执行变更程序。

④ 录取工具名称、规格、长度、下入深度以及油管规格、数量、下入深度、管柱示意图等。

（4）井口及其安装。

① 必须安装开工验收时所用的井口。

② 安装钢圈，连接油管挂（装有密封圈），使用专用工具紧固所有螺栓。

（5）液体。

① 水质：在建设方指定的水源取水，取样化验达到水质要求。

② 液体配制：按设计要求分类配制，加入足量添加剂、保证循环时间等。

③ 酸液、活性水数量和质量达到设计要求，施工时酸液浓度与设计浓度误差不超过±0.5%，循环充分。

④ 小样检验（压裂液测基液黏度、交联性能、交联比，酸液测密度、浓度等）符合设计要求。

⑤ 录取配液时间、清水用量、化工料及添加剂厂家和用量、配好的工作液数量、性能检测结果等监督资料。

（6）支撑剂。

① 支撑剂的名称、规格、实际计量的数量与设计相符，有生产合格证、出库单、质检报告。

② 目测无灰粉、绳头、石块、结块等杂物。

③ 单井使用的同一规格的支撑剂用同一厂家的产品。

五、压裂程序及技术要求

（1）召开现场施工交底会，落实各协同单位的准备情况。

（2）压裂施工控制：冲管线—管线试压—循环洗井—低替—预压坐封—预压—打前置液—加砂—顶替—关井。施工前地面高压管线试压，常规油井一般35.0MPa，常规气井一般

70. 0MPa，水平井及特殊工艺井按照设计要求试压，稳压 5min，不刺不漏。

施工应做到“二准”（施工层位准，钻具工作位置准）、“三净”（井底干净，入井管串干净，砂、液干净）、“四个一次成功”（高低压管线试泵一次成功，坐封隔器一次成功，连续均匀加砂一次成功，整个压裂施工全过程连续作业一次成功）、“五稳”（坐封隔器升压稳，降压稳，加砂稳，交联稳，操作稳）、“六不”（不刺不漏、不卡不堵、不蹩不掉）。

（3）酸化（酸压）施工程序控制：冲管线—管线试压—循环洗井—低替—预压坐封—酸化—顶替—关井。施工前地面高压管线试压，常规油井一般 35. 0MPa，常规气井一般 70. 0MPa，水平井及特殊工艺井按照设计要求试压，稳压 5min，不刺不漏。

（4）油井压后反冲及钻具上提。

① 停泵后，按照设计要求控制放喷并立即组织反冲砂，反循环冲砂至要求深度。

② 上提钻具，观察记录有无遇卡现象。如有阻卡现象，不得猛提猛放。按照规定程序进行汇报，听候处置。

（5）气井压裂后控制放喷。

① 安装压力表，观察、记录压力变化情况。

② 用油嘴控制放喷，记录压力变化，计量返排液量等，检测有毒有害气体并记录。

③ 转入关放排液阶段后，按照相应的规定执行。

（6）压裂（酸化）施工质量控制与评价。

① 施工的连续性、主要参数（砂量、排量、砂比）都要达到设计要求。

② 施工一次成功率、方案设计符合率的计算、上报按照相关的质量管理规定执行。

六、监督重点

（1）施工设计的内容、审批程序，要求有关参数与试油工程设计相一致，审批责任人签字齐全。

（2）现场组织召开施工设计交底会，向有关各方明确施工要求。

（3）设备装置有检验合格证，质量符合相关标准和设计施工要求。压裂液和支撑剂性能符合设计要求。

（4）压裂施工执行设计程序。

① 校核压裂管柱：检查油管单根记录，校核数据，不符合设计要求的要调整。

② 洗井前必须冲管线，防止管线中的脏物进入压裂管柱，污染地层或造成工程事故。

③ 井口及地面管线试压：试验压力应为预测最大泵压的 1. 2~1. 5 倍，5min 各承压部件不刺不漏、压力不降为合格。

④ 压前循环必须用活性水洗井，达到进出口水质一致为合格，在保证封隔器不坐封的情况下，排量尽可能大。

⑤ 压裂试挤要逐台启动压裂车，排量缓慢上升达到设计要求，使压裂层位形成裂缝并向前延伸。当工作压力达到管柱最高承压还不能压开地层应停泵，放空，进行原因分析，确定下一步措施。

⑥ 主压裂施工要严格按设计泵注程序进行，实时监测压裂施工中压力、排量、砂比等各项施工参数。

⑦ 油层裂缝已形成泵压及排量稳定后便可加砂。按设计要求分段控制好混砂比，混砂

比要逐渐增大，且加砂要均匀。加砂过程不能中途停泵，要保持加砂连续性，加砂量按设计要求执行。

⑧ 记录顶替时间和排量，计算顶替量，严禁过量顶替。

⑨ 关井时间严格按设计执行，等待压裂液的破胶、滤失及裂缝的闭合。可用小油嘴控制放喷，促使裂缝闭合。

⑩ 要对返排的压裂液定时取样观察，检查压裂液破胶水化情况。

⑪ 反洗井合格后，及时卸井口，起管柱。

七、监督资料录取

记录施工时间、施工方式、层位、井段、排量、破裂压力、工作压力、停泵压力、平衡压力、液体性质、入地液量、顶替液量、入地总液量、砂量、砂比、关井时间、油套压力变化等资料。

现场打印施工记录曲线并拷取电子版等。

第五节　酸　　化

一、酸化目的

酸化是利用酸与地层中可反应矿物的化学反应，溶蚀储层内的连通孔隙（或天然裂缝）中的堵塞物和岩石，增加孔隙、裂缝的流动能力，从而使油气井增产（或注水井增注）的一种工艺措施。

二、酸液类型及添加剂

（一）酸液类型

1. 盐酸

可溶解灰岩（石灰岩、白云岩），改善地层的渗透性，也可除去注水地层渗透面上的腐蚀产物，恢复地层的渗透性。

2. 氢氟酸

可除去注水地层渗滤面的黏土堵塞，恢复地层的渗透性，也可溶解砂岩改善地层的渗透性。氢氟酸通常与盐酸配合使用，盐酸与氢氟酸的混合酸叫土酸。在氢氟酸和土酸酸化时，必须用氯化铵的盐酸预处理液预处理底层。因碳酸盐与氢氟酸反应生成堵塞地层的沉淀。

3. 磷酸

可解除腐蚀产物的堵塞，也可溶解灰岩。由于磷酸与磷酸二氢钙为 pH 缓冲体系（pH 值在 1.0~3.0 范围），所以它与地层的反应速度比盐酸慢得多，因此可用于酸化深部地层。由于磷酸二氢钙的溶解度小，所以酸液的配方中需要加入金属离子络合剂。

4. 硫酸

是注水井酸化的一种特殊用酸。若在注入硫酸后接着注水，则可在注水井的近井地带起增注作用，在远井地带起调剖作用。硫酸是通过溶解渗滤面和近井地带的堵塞物或碳酸盐岩起增注作用。此外，硫酸在近井地带的稀释热，可提高地层温度，有利于将在近井地带起堵塞作用的油推至远井地带，从而提高硫酸的近井增注、远井调剖的效果。

5. 稠化酸

在常规酸中加一定量的稠化剂，可使酸液黏度提到 20~60mPa·s。这种酸液适用于碳酸盐岩地层酸压施工或天然裂缝发育地层的深穿透处理。

6. 乳化酸

在常规酸中加入一定比例的表面活性剂后，按规定的相比混入原油或成品油，充分搅拌即可形成分散均匀的稳定乳化酸。若配方相比适当，乳化液的黏度可达几百毫帕秒。与稠化酸一样，乳化酸液常用盐酸制备。乳化酸的酸用量和强度范围宽，但常使用的乳化液是酸油比为 70∶30 的油包酸体系。乳化液的黏度是重要的参数，因为一些用于压裂的混合物因黏度高而限制了它们在基质酸化的应用。

（二）酸液添加剂

酸液添加剂的作用在于防止过度腐蚀，防止形成酸渣和发生乳化，防止铁沉淀，助排，增加酸液的有效作用范围和防止反应产物沉淀。添加剂也用在前置液和后置液中以稳定黏土和分散石蜡和沥青质。

1. 缓蚀剂

酸液对金属都有腐蚀作用，特别是高浓度盐酸，它能严重缩短设备及管件的使用寿命，有时造成断裂事故，导致施工失败。盐酸对钢材的腐蚀主要是在金属表面，把金属表面坑蚀成麻点状斑痕。温度越高，酸液浓度越大，腐蚀速度越快。同时，优质钢比碳素钢腐蚀严重，有硫化氢存在时，盐酸的腐蚀会加剧钢材的氢脆断裂。所以在酸液中必须添加性能符合要求的缓蚀剂。缓蚀剂是能减缓酸化过程中酸对与其接触的钻杆、油管和任何其他金属的腐蚀的化学物质。尤其是高温、深井以及含硫化氢气体的井，缓蚀剂尤为重要。

2. 表面活性剂

表面活性剂是指那些少量存在就能大大降低表面张力的物质。在酸中加入表面活性剂可防止和减少在地层中形成油水乳化液，便于残酸的排出。一般采用阴离子型和非离子型表面活性剂。如用离子型的烷基碘酸前（AS）、烷基苯磺酸钠（ABS）和非离子型聚氧乙烯辛基苯酚醚（OP）等，常用量为 0.1%~1%。

3. 黏土稳定剂

在酸化过程中，为了防止黏土矿物发生膨胀、运移而堵塞油层，影响酸化效果，在酸液中添加黏土稳定剂。黏土稳定剂可固定黏土颗粒。使用的黏土稳定剂有机、无机两大类。有机类为阳离子聚合物等，无机类有氯化钾、氯化铵等。

4. 互溶剂是可与烃和水互溶的化合物

最有效的互溶剂为乙二醇醚（醇和环氧乙烷的反应产物）。这些化学物质是相对安全的，且使用容易。最佳的乙二醇醚为乙二醇丁醚和更高相对分子质量的醚。互溶剂在砂岩油藏酸化中的应用是很常见的。

5. 铁离子稳定剂

钢铁腐蚀产物如氧化铁、硫化亚铁和合铁矿物（菱铁矿、赤铁矿）都可在酸中溶解，在残酸中产生二价铁离子和三价铁离子。残酸的 pH 值一般在 4~6，而三价铁离子在此时易重新生成沉淀（或称二次沉淀），堵塞地层。因此，残酸中只有三价铁离子存在稳定问题，为使三价铁离子稳定在残酸中，可用铁离子稳定剂。铁离子稳定剂分两类：

（1）络合剂和螯合剂，这类铁离子稳定剂可与三价铁离子络合或螯合，使之在残酸中不发生水解，主要有乙酸、草酸、乳酸、柠檬酸、次氮基三乙酸、二乙烯三胺五乙酸、乙二氨四乙酸二钠盐等。

（2）还原剂，可将三价铁离子还原成二价铁离子，在残酸的 pH 值下可达到稳定铁离子的目的，常用的有甲醛、联氨、异抗坏血酸等。

三、常见酸化工艺

（一）砂岩地层常规酸化工艺

1. 砂岩基质酸化工艺

该技术主要用于解除砂岩、碳酸岩储层在钻井及作业过程中的污染堵塞，疏通射孔孔道，恢复和提高储层的渗透性，作用时间比较短，范围小。

2. 二氧化碳预处理酸化工艺

通过二氧化碳预处理地层使酸油隔离，减少残酸与原油之间的反应，增加酸作用距离。由于二氧化碳溶于原油，使原油易于驱替，形成溶解气驱，有助于残酸的反排。

该工艺比较适合于 1000~3000m 的高含水油井及油水界面无遮挡层（油水同层），但不适用于沥青质含量高、结蜡严重的地层（由于二氧化碳进入地层后容易把蜡析出，造成残酸返排困难）。

3. 胶束酸酸化工艺

胶束酸具有反应速度低、有效作用时间长、界面张力低、返排效果好等优点，另外，它悬浮固体颗粒的能力强，能将酸化作业过程中所释放出的不溶微粒浮于残酸溶液中，防止微粒运移或沉积造成地层损害。

4. 二氧化氯+酸复合解堵技术

二氧化氯作为一种强氧化剂，对解除油水井聚合物、硫化物和细菌等堵塞有着明显的效果，配合酸使用可起到显著的综合解堵作用，增产增注效果明显。该技术目前已在国内广泛应用，均取得了良好的经济效益。

5. 乳化酸酸化工艺

乳化酸是一种油包酸型油基乳化液，在被挤入地层时，可达到选择性酸化油层和稳油控水的目的。另外对于稠油油藏，该工艺能够有效减少储层伤害，降低原油黏度，并增加酸作用距离，达到解堵增产的目的。

（二）碳酸盐岩地层酸化工艺——酸压

酸压技术是目前用于碳酸盐岩地层改造的主流技术，它采用胶凝酸、乳化酸或泡沫酸等缓速酸液体系，与压裂液等凝胶液交替注入的方式，极大地降低了酸液的滤失，有效连通天然裂缝，提高了酸作用距离和酸蚀裂缝导流能力。

（三）砂岩地层深部酸化工艺

1. 自生酸酸化工艺

自生酸也称再生酸，是生成盐酸、氢氟酸等多种自生酸方法的总称。它是将可产生所需的组分及相应的添加剂同时或交替泵入井内，使之在井筒或地层温度下逐渐产生所需要的酸，逐渐与地层矿物进行化学反应，解除堵塞，达到增产、增注的目的。

由于与地层作用的酸是逐步形成的，所以酸的浓度一般都较低，因而对设备及管柱腐蚀速度低，与岩石的作用较缓和，作用的时间和距离较长，可以起到深部酸化的作用。该项技术是一种在油层内部生成 HF（或 HC）延迟反应的酸化系统，可用于解除深部油层的黏土损害。因此，穿透深度大，有效期长，酸化效果好。

2. 氟硼酸酸化工艺

氟硼酸酸化工艺是由氟硼酸（又称黏土酸）与相应添加剂组成的酸化液的酸化工艺。适用于水敏性砂岩地层的酸处理。由于 HBP_4 缓慢水解生成 HF，因而可起到深部酸化作用。其特点是酸岩反应速度慢，酸穿距离远，有较好的稳定黏土的作用。但是，它不适用于高温地层的酸化，氟硼酸价格贵，大面积推广应用受到限制。

四、施工技术要求

在进行正式施工之前，应对照设计逐一检查各项准备工作是否落实，必须待全部准备工作就绪后方可开始正式施工。

（一）替酸

用酸液或前置液（设计的前冲洗液）充满井筒油管和封隔器以下套管环空的替置过程俗称为替酸。

在此过程中，井内油管中原充满的液体（一般为清水）应通过油套环形空间接出地面。因此，在整个低压替酸过程中封隔器不能启动。如施工使用的封隔器为水力扩张或水力压缩式时，应严格控制替液排量，以井口泵压表不起压为准。

（二）坐封封隔器

替酸完成后，应及时使封隔器正常工作，密封油套环形空间。否则，油管内的酸液会因密度差产生的压差而流入环形空间，并腐蚀套管，或进入其他不酸化层位，影响酸化效果。

（三）挤酸

当判明井下封隔器已工作正常后，就应将泵注排量快速安全地提高到设计水平，并调节好同时泵入的添加剂（如交联剂、气体、降滤剂等）的加入速度，使之达到设计要求。施工中应注意以下几个问题。

1. 注入排量

注入排量一定要尽可能控制在设计规定的范围内，并保持稳定。

2. 液体的交替

当一次施工须注入几种工作液（前置液、酸液和后冲洗液等）或几罐工作液时，在连续注入的前提下，切换注入液体应注意控制好两点：一是不可使两种液体混合太多，而使液体切换失去意义；二是避免供液不足引起的排量下降，甚至可能的“走空泵”现象。

（四）顶替

注完酸液后，应当严格按设计要求注入顶替液。一般酸化施工的顶替液量都会超过井筒体积（某些解堵、清垢型酸化例外，具体的顶替液量由于地层和工艺方法的不同，在设计时经计算和经验确定），其目的是将井内所有的酸性液体都顶入地层直至反应完毕。

在进行上述步骤时，如设计中有混氮、投球、加暂堵剂等工序时，应按设计要求顺序进行。

（五）关井反应

关井反应是为保证酸液同地层堵塞物和地层矿物进行充分反应，最大限度发挥酸液的活性。关井反应时间是依据酸液的不同和地层温度确定。

（六）酸液返排

（1）关井反应后应尽快换装成排液井口或直接接通排液管线。关井反应完毕后，应立刻进行酸液返排。只要施工设计无特殊要求，地层不出砂、不存在坍塌等危险，开井速度可适当加快，以利用快速放喷形成的抽汲效应把尽可能多的残酸排出地层。

（2）做好排液计量和残液分析工作，保证残酸能够及时、彻底地排出地层。

（3）特别注意酸液返排位置和液量，尽可能地直接把残酸接入井场废液池或专用排污池。如井场没有排酸条件，可用罐车把残酸拉走，处理后排放到指定位置，以保护周围的环境不受污染。

（4）如地层压力不足，也可采取洗井排酸方法，利用洗井液带出残酸。

五、监督要点

为满足酸化设计要求，达到酸化施工效果，避免生产事故，必须对酸化进行全过程监督。监督主要有以下内容：

（1）施工队伍应具有酸化施工资质，有市场准入证。

（2）具有酸化施工合同。

（3）具有酸化施工方案设计，并履行审批手续。

（4）使用设备、工具满足酸化要求，材料和酸液的质量、数量符合设计要求。

（5）施工过程严格按照施工设计和质量标准执行（包括施工压力、注入量、关井反应时间等）。

（6）具有完备的酸化施工安全防护措施，施工严格执行 HSE 的有关规定。

六、监督资料录取

录取施工时间、层位、井段、液体性质、排量、破裂压力、工作压力、停泵压力、平衡压力、施工曲线、入地酸量、顶替液量、井容、入地总液量、关井时间、放喷针阀开启度、油套压力变化以及排出液量等。

第六节　排　　液

一、排液目的

排液的目的是降低井筒内液（气）柱对地层的压力，使地层压力高于井筒内的液（气）柱压力，在压差作用下，地层流体进入井筒内或喷出地面。

二、排液工艺

一般有抽汲、气举和液氮排液三种方式。

抽汲就是利用带有密封胶皮及单流阀的抽子，通过钢丝绳下入井中，进行上下高速运动。当上提抽子时可迅速把抽子以上的液体提升到地面，从而降低井中液柱对油气层的回压，促使地层流体流入井筒。同时，当高速上提抽子时，抽子下面造成低压，对于地层内污染物的排出十分有利，达到解堵、诱导油气流的目的。

气举是使用高压气体压缩机向井内打入高压气体，用高压气体置换井筒内液体的施工方法。气举的目的是大幅度降低井底的回压，使地层中的流体流入井筒。气举一般用在试油施工的诱喷和求产、酸化施工的排酸、气井压井施工后的诱喷、低压井压裂后返排等施工。

液氮排液是一种安全的气举施工，是使用专用的液氮车将低压液氮转换成高压液氮，并使高压液氮蒸发注入井中，替出井内的液体。

三、施工技术要求

（一）油井

（1）抽汲准备：调整抽汲钻具位置、装井口、密闭式抽汲装置、智能记录仪等；落实抽汲绳长度，井深 2000m 以下的井绳长大于井深，井深 2000m 以上井绳长 2500m。

（2）上封钻具 6h 或 8h 内必须排液，三封 24h 内必须排液。

（3）初期必须快速返排，油水同出井控制抽汲强度。

（4）连续作业，不得随意停止。

（5）检查核实累计抽汲的班次数。

（6）抽查抽汲智能记录仪使用情况：抽汲智能记录仪是否能够完好读取数，能正确记录和打印每次抽时、抽次、抽深等，分析判断抽汲质量。

（二）气井

（1）用油嘴控制放喷，记录压力变化，计量返排液量等，做好有毒有害气体的检测和记录。

（2）关放作业时：如果停泵压力高于 20. 0MPa，且压降幅度不超过 5. 0MPa/半小时，可关井 40min 以上；如果停泵压力低于 15. 0MPa 或压降很快，可以立即放喷；如果停泵压力在 15~20MPa，可视压力下降情况关井 20~40min；随时记录压降，进行关放。

（3）排液制度合理，油嘴大小符合阶段排液要求。检查化验仪器、检验化验数据、检测返排液黏度和密度、记录火焰长度和颜色，有毒有害气体的检测和记录等。

（4）放喷排液排不通的井及时采取注氮气气举、用连续油管车、替喷、抽汲等方式二次诱喷作业，促使压入地层内液体尽快排出；记录诱喷方式和施工参数（注液氮量、现场制氮时间、举通时间、井口压力等）。

四、排液作业安全

（1）做好有毒有害气体检测和记录。

（2）防火防爆要求。

① 通井机距井口距离大于 20m，计量罐距井口距离大于 20m，高气油比区域油井计量罐距井口距离不小于 25m；

② 施工现场严禁烟火，通井机安装阻火罩，作业时处于关闭状态；

③ 井场电路、电源开关、照明设施等电器必须防爆，安装并使用防爆排风扇；

④ 雷雨天气严禁抽汲；

⑤ 气井排液时及时点火。

（3）环保要求。

① 抽汲排液时，检查天车防护罩、回油管线、密闭抽汲装置安装和使用，井口周围、抽汲绳下、通井机下、排水渠等铺设防渗布，防止原油落地；

② 气井排液检查防火墙、排液池、燃烧池等，防止废液泄漏、破坏植被。

（4）检查坐岗观察记录情况，按要求每 30min 检测记录一次。

五、监督重点

（1）准确丈量下井钢丝绳，为防止抽汲工具撞击防喷盒，要在钢丝绳上做好记号。

（2）抽汲钢丝绳跳槽或打扭时，必须先固定钢丝绳，放松不再下滑后，方可用撬杠或其他工具解除，严禁用手直接处理。

（3）抽汲中途顶抽子时，预示要井喷，应继续快起。同时关小出口阀门，抽汲工具进入防喷管后，立即关闭清蜡阀门。

（4）抽汲防喷管长度要大于抽汲工具总长 1m 以上，防喷管下端的活接头必须是外螺纹。

（5）抽汲时钢丝绳不得与任何铁器相摩擦，井口和钢丝绳附近不准站人，不准跨越钢丝绳。

（6）用压风机在油井和气井中气举非常危险，因为在油气井筒中，空气中的氧气与井筒中的天然气混合，当天然气占混合气总体积的 5%~15%时，遇到明火就会发生爆炸。因此，禁止使用空气在油气井中气举作业。

（7）禁止在举空的套管中起下油管，防止油管与套管撞击引起火星，发生爆炸事故。

（8）气举过程中发生管线刺漏，要放空管线中的压力再做处理，不允许在高压下砸管线。

（9）气举时，禁止操作人员穿越高压管线。

（10）液氮罐在行车中必须打开安全阀，使储罐压力保持104kPa以下。

（11）氮气可以造成人员窒息，液氮车的停放及工作场所必须通风良好。操作中应注意冻伤防护措施。

第七节　求产与交井

一、油井求产

根据油层的产液能力，可选择提捞、抽汲、气举、溢流、探液面或自喷等方式求产。对于产液能力强的井层，可选择溢流或自喷方式；对于产液能力弱的井层，可选择提捞、抽汲、气举或探液面等方式求产。

抽深、抽次、抽时稳定，符合技术标准；稳定班次和氯离子等数据记录、计量准确。

二、气井求产

1. 求产准备

（1）检查关井时间、油压、套压变化记录。

（2）油套压力数值基本一致，且同步上升至波动小于0.05MPa或不变为稳定。

（3）下压力计测静压、地层温度、压力梯度等。

（4）分离器、水套炉等设备到位，安装、布局符合设计要求。

（5）流量计及其配件配套、完好、校验记录齐全、质量指标合格。

2. 求产

（1）求产方式和相关的技术标准按设计执行。

（2）通过油嘴控制开井放喷测试。

（3）节流降压流程符合设计要求，各级压降值在允许范围内。

（4）孔板、井口压力、上流压力、上流温度等记录齐全，时间间隔符合要求。

（5）满足稳定流动时间要求。

（6）测流动压力。

（7）初步计算日产气量。

三、交井

交井时应达到以下要求：

（1）井口安装要求油井必须安装指定井口，要求开关灵活，无刺漏；天然气井完井井口执行相关标准，闸门齐全，连接无刺漏。

（2）井场交接时按照要求对废水、废液、油泥等进行处理，油井所有试油机组物件，全部腾至距井口30m以外，天然气井所有试油机组物件，全部腾至距井口50m以外，场地平整，无污水，保证投产。

(3) 井筒交接时要求完井砂面位置符合完井砂面管理规定，在射孔段底端 15m 以下；天然气井井筒完井方式和钻具结构符合设计要求。

(4) 交井时认真填写试油完井交接书、向投产组交井。

(5) 认真填写并及时上交各种基础资料。

第八节　试油（气）监督要点

为详细介绍试油（气）作业的监督要点，本节结合长庆区域实际，按施工工序分别介绍试油和试气监督的重点及相关标准，见表 9-1 和表 9-2。

表 9-1　试油监督要点

<table>
<tr><th colspan="3">开工验收（安全检查）内容及标准</th></tr>
<tr><td rowspan="2">资质准入</td><td>市场准入</td><td>有油田公司生产运行处签发的市场准入证</td></tr>
<tr><td>队伍资质</td><td>有中石油或油田公司工程技术部签发的临时有效资质证书</td></tr>
<tr><td rowspan="2">岗位员工</td><td>配备数量</td><td>试油机组生产岗≥10 人，试油兼岗 3 人</td></tr>
<tr><td>人员持证</td><td>正、副司钻持司钻证、井架工以上持井控证、全员持 HSE 合格证、登高人员持高空证、电工持电工证，证件齐全有效</td></tr>
<tr><td rowspan="2">施工文件</td><td>设计和预案</td><td>地质设计、工程设计、施工设计和应急预案齐全到位已审批</td></tr>
<tr><td>设计变更</td><td>设计变更已审批</td></tr>
<tr><td rowspan="3">管理文件</td><td>管理制度</td><td>施工单位管理制度、应急预案齐全，已审批</td></tr>
<tr><td>井控管理</td><td>试油队井控管理小组及制度健全，与油田公司《井控细则》相符</td></tr>
<tr><td>资料准备</td><td>各种记录表准备齐全</td></tr>
<tr><td rowspan="4">井场布局</td><td>安全标志</td><td>各类安全标识牌、风向标规范齐全，摆放位置合理醒目</td></tr>
<tr><td rowspan="2">设施摆放安全距离</td><td>现场布局合理，生产区、生活区分隔明显，隔离带或隔离墙设置齐全</td></tr>
<tr><td>值班房、工具房、发电房距井口≥30m，相互距离≥20m，清洁化生产设备设施摆放位置符合要求；上风方向划定两个不同方向的紧急集合点井场平整，安全通道畅通</td></tr>
<tr><td>储液罐摆　放</td><td>储水罐、储液罐摆放在井架一侧，距井口≥20m，摆放整齐，人孔防护网齐全，与井口、排污坑用明渠连通并铺设土工膜，保证残液能流入排污坑，排污坑铺设土工膜，完好无损</td></tr>
<tr><td rowspan="6">主要设备</td><td>通井机或修井机</td><td>XT-12 通井机或 XJ350 型及以上的同类产品，并在有效使用年限内，完好，与标书中一致</td></tr>
<tr><td>井架及基　础</td><td>油井为 BJ-18/50 型及以上的同类产品的井架负荷要求（视区域分别对待），有有效检测报告和评定级别；井架本体无严重变形或损伤，井架附件齐全完好，井架基础、基础坑、绷绳坑挖设符合技术标准，距排污池>2m</td></tr>
<tr><td>天　车</td><td>天车滑轮转动灵活，护罩、防跳槽挡杆齐全完好</td></tr>
<tr><td>游动滑车</td><td>游动滑车滑轮转动灵活，护罩齐全完好，游车至井口时滚筒余绳不少于 15 圈；天车、游动滑车、井口三点一线</td></tr>
<tr><td>吊　环</td><td>吊环配套，探伤检测合格，有有效检测报告，符合设计要求</td></tr>
<tr><td>吊　卡</td><td>吊卡应使用安全吊卡销子，并拴有保险绳，有有效检测报告，符合设计要求</td></tr>
</table>

续表

开工验收（安全检查）内容及标准		
主要设备	油　管	油管的规格、数量符合设计要求，在油管桥上排放整齐，合格证、检测报告齐全
	抽汲装置	密闭式抽汲装置、智能抽汲记录仪到达井场，保养合格，配件齐全
	电路及电器安装	发电机符合要求，完好；井场用电及线路符合安全防爆要求
主要设备	电路及电器安装	井场配备3个防爆探照灯，配电线路有漏电或过载保护，进、出户线过墙应穿绝缘管保护，并配备有应急防爆照明灯具
		配电箱、电动机、电取暖器等都应做保护接零或接地；营房接地电阻≤10Ω，电器设备接地≤4Ω；各用电系统分别控制，标识清晰
井控管理	井口、防喷井口、防喷器、油管旋塞的配备	井口、防喷井口、防喷器、油管旋塞按照《长庆油田试油（气）井控实施细则》要求对照检查现场配备情况
		井口、防喷井口相互匹配，防喷器芯子与油管外径匹配，油管旋塞扣型或变扣接头扣型与油管匹配
		井口、防喷器、防喷井口、油管旋塞完好有效；防喷井口、油管旋塞摆放合理；井口、防喷器、防喷井口、油管旋塞有有效的检测报告；专人负责，挂牌标明开关状态、检查维护保养、记录齐全
	远　程控制台	远程控制台与液压防喷器相匹配，工作正常、距井口25m以外。周围10m内无易燃、易爆、易腐蚀物品；储能器预充氮气压力7±0.7MPa，储能器压力为17.5～21MPa，管汇及控制防喷器压力为10.5MPa；油箱油面在上、下限内；使用单独电源线，独立开关控制；与放（防）喷管线距离≥1m，液压管线有过桥盖板
	放喷管线	放喷管线采用$2\frac{7}{8}$in油管，不得焊接，三通安装正确；管线出口距井口30m以外，符合要求，管线平直，相距各种设施不小于50m，通径不小于50mm，水泥基墩或地锚固定牢固，转弯及放喷口用双卡固定
井控管理	井控演习	根据不同工况，试油机组每月进行不少于一次的防喷演习，超过3个月未实施过的作业工序，应先演习合格后方可作业；射孔不超过2min，起下钻不超过3min，空井不超过2min，旋转作业不超过5min，在规定的时间内完成演习，演习程序符合要求，记录完整
	压井材料	压井材料的配备及压井液的配制符合设计要求
	试　压	防喷器、防喷井口、油管旋塞等现场试压符合设计要求
计量器具	拉力计	灵活准确，每年校验一次，有校验合格证
	压力表及油嘴	60MPa压力表2个，40MPa压力表≥2个，6MPa压力表≥1个，有校验合格证，完好，在校验期内；油嘴、油嘴套齐全完好
	计量罐	计量罐一个，标度清楚易计量，距井口≥25m
安全防护设施	正压式空气呼吸器	按《长庆油田试油（气）井控实施细则》要求配备正压式空气呼吸器一级风险油井≥6套，其他油井≥4套，气瓶充气压力保持30MPa，不得低于21MPa，每三年检测一次，在有效期内，配置1台空气压缩机，防爆排风扇1台（含H_2S和CO井2台），性能完好、摆放在合理位置
	气体检测　仪	一级风险油井和含H_2S、CO井现场配备便携式气体检测仪≥4台，每年进行一次标定和检验；含H_2S和CO井固定式复合气体检测仪1套，有检测合格证，性能完好
	其他防护设施	3条安全带、速差自控器、天车防碰装置二层台逃生装置完好有效，应急药品配备齐全有效

续表

开工验收（安全检查）内容及标准		
消防设施	消防器材管理	消防器材种类、数量齐全、完好、专管专用；定期检查并填写记录，放置在醒目合理的上风位置
	配备数量	试油气现场应配备35kg干粉灭火器2具，8kg干粉灭火器4具、消防锹4把，消防斧2把，消防毛毡10条，消防桶4个、消防砂2m^3
化验	化验仪器	烧杯、漏斗、滴定台、移液管齐全完好
	化验药品	硝酸银、铬酸钾等药品在有效期内使用
环保	现场管理	施工固体、液体、气体等废物处置符合要求；设备运行及生活过程废物处置符合要求
通洗井、试压作业检查内容及标准		
通井作业	油补距	核对试油现场油补距数据
	油　管	油管逐根丈量通径，涂好螺纹脂，单根记录注明油管钢级、规格、扣型以及生产厂家等
	通井规	通井规（139.7mm：114～118mm、177.8mm：144～158mm、水平井用橄榄式通井规，长度大于3m）规格符合施工设计要求
	下钻监控	下放速度控制在10～20m/min，通井距设计位置或人工井底100m时，下放速度控制在5～10m/min；不得猛顿、猛放和硬压
	探人工井　底	通至人工井底悬重下降10～20kN，连续两次实探深度≤0.2m
车辆	水泥车	满足设计排量要求（一般大于500L/min），车况良好，连接管线、活接头、弯管齐全
洗井工作液	水　质	取样化验水质达到要求：pH：7±0.5；清洁、干净、无污染、无异味
	添加剂	生产厂家在油田公司准入范围内，产品有产品合格证、出库单、质检报告，符合设计配方及数量要求
	洗井液	油井为井筒容积的1.5～2倍
过程控制	洗井位置	实探人工井底无误后，要求洗井位置与通井位置之差≤3m
	洗井质量	洗井排量由小到大，出口排液正常后逐渐加大至设计排量（一般正常排量控制在500L/min，洗至进出口水色及相对密度一致。核实洗井方式、泵压、排量、出口量、漏失量、质量以及洗井后实探人工井底等数据
试压作业	井　口安装标准	执行油田相关规定或施工设计，不同地区选用不同井口类型，闸门齐全，各部分螺纹上全上紧，螺栓两断留有余扣，并留扣一致，无刺漏
		井口只能从油管挂法兰盘之间拆卸，其余部位不准拆卸
	试压标准	按照施工设计要求对井筒、井口、防喷器、防喷井口、油管旋塞分别试压合格
射孔作业检查内容及标准		
资质核对	射孔队资　质	射孔队有安全生产许可证，有油田公司生产运行处签发的市场准入证，有勘探部签发的资质核查合格证
	人员配备及证件	SKD-3000、SSQ-C、SMART2000系列（射孔）7人：小队长1人、操作员1人、司机2人、绞车工1人、井口工2人

续表

射孔作业检查内容及标准		
资质核对	人员配备及证件	HSE 证、井控证全员持证,在有效期内,人员与证件相符
	射孔器材准入	射孔枪、射孔弹生产厂家在油田公司许可的范围,并且有生产合格证、资质、准入等
施工准备	射孔液	核对射孔液数据,压井液面位置
	射孔通知单	对照地质设计核对射孔通知单中射孔层位、井段、方式、枪型、弹型、孔密、总孔数、相位与设计必须相符
	作业现场	作业现场应放置警示牌,设置警戒线;停车位置距井口距离≥25m,要求车身、地滑轮与井口三点一线,车轮放置防滑掩木,仪器及车辆的地线接地良好;现场作业遵守安全规定
	现场装弹要求	装弹过程严格按照设计进行排弹,避接箍要求 3 弹,装弹过程不能拍照,严禁无关人员进入;雷雨天气、夜间严禁射孔作业
	天、地滑轮安装	天滑轮安装在吊卡下 0.5m,高度大于下井仪器串长度,用吊装带进行二次固定;地滑轮固定在采油树法兰盘上,距离固定面 0.4~0.8m
井控管理	防喷器	射孔时防喷器安装符合要求
	井控例会	试油气队每月、机组每周召开一次井控例会,记录齐全
	施工交底	进行地质、工程和井控技术交底,井控责任、井控措施落实
	坐岗观察	射孔前做好应急处置准备,试油队、射孔队专人坐岗落实,每射一枪灌满井筒
过程控制	射孔校深	原始资料数据齐全准确,曲线清晰
过程控制	射孔参数	射孔层位、射孔井段深度、枪型、弹型、孔密、总孔数、相位等数据与设计相符
	射孔检测	通过数炮眼、检查跟踪曲线,射孔弹发射率符合设计要求;射孔发射率低于 85%重新射孔,低于 95%进行补孔;或按设计要求执行
	应急处置	射孔过程中发现溢流,停止射孔作业,关闭防喷器、关井观察、记录压力,紧急情况下可将电缆切断
配液作业检查内容及标准		
施工用水	水量及水质	取样化验水质达到要求:pH 值 7±0.5,清洁、干净、无污染、无异味,水量符合设计要求
	放置时间	配液用水放置时间一般不超过 96h
施工准备	配液罐	配液罐清洗,内外清洁干净,标识齐全
	常规配液	水泥车车况良好、真空漏斗、软管线不刺不漏
	连续混配	连续混配车及附件完好,工况良好
	施工设计	设计到位,已审批;变更设计审批程序执行到位
化工料	种类数量	核查现场化工料名称、规格、数量与施工设计相符,有出库单、出厂合格证及质检报告
	工业原酸	配酸作业时,工业原酸液必须具备生产合格证、出库单、质检报告;配置的酸液浓度与设计浓度误差不超过±0.5%
液配过程	循环时间	液体配置后循环均匀,确保化工料混合均匀
	加料顺序	按施工设计依次添加,一般先加入稠化剂,再加入非表面活性剂,最后加表面活性剂

续表

配液作业检查内容及标准		
检测	小样检验	压裂液测基液黏度、交联性能、酸液密度、浓度等符合设计要求
	数量检验	液体配制量符合设计要求
压裂作业检查内容及标准		
压裂队伍	压裂队资　质	中石油队伍持中石油集团公司颁发的有效资质证，中石化、民营队伍持中石油集团公司颁发的临时资质证，并在有效期内
	人员配备	生产岗≥16 人，兼岗 2 人
	持证情况	全员持有效 HSE 证，技术员以上岗位人员兼持井控证
	车组配置	压裂车、混砂车、仪表车、砂罐车、平衡车、液氮泵车按设计要求配置，满足最高泵压及排量要求
	车辆证件	压裂车、混砂车、仪表车、平衡车、液氮泵车等主要压裂设备有工程技术部核发的车辆身份证，并在有效期内
	承压能力	所有地面设备、装置与流程的承压能力满足设计要求。连接部件上紧，不刺不漏，控制阀门开关自如
施工准备	井　口	井口所有螺栓齐全紧固，两端余扣均匀
	入井工具	入井工具符合设计要求，在油田公司准入范围内，产品合格证、质检报告齐全有效
	钻具位置	核查钻具结构和钻具深度与设计相符
	压裂设计	核查现场设计到位，已审批
	施工交底	施工前召开交底会，记录齐全
支撑剂准备	名称规格	名称、规格符合设计要求
	数量检查	对照砂罐标定容积，核算支撑剂数量，与设计相符
	目测情况	目测支撑剂不含灰粉、绳头、石块、铁块之类杂物，干度符合要求等
	检测报告	支撑剂生产厂家在油田公司准入范围内，现场有产品合格证、出库单、质检报告；单井使用的同一规格、同一厂家的产品
过程控制	施工步骤	检查施工符合设计程序，施工连续，加砂连续，按设计顶替
	施工参数	施工液量、砂量、排量、砂浓度达到设计参数，现场检查、拷贝施工记录曲线
	检查资料	施工时间、水力喷射深度、施工方式、层位、井段、排量、破裂压力、工作压力、停泵压力、平衡压力、施工曲线、液体性质、入地液量、顶替液量、液体井容、入地总液量、关井时间、油套压力变化等
酸化作业检查内容及标准		
压裂队伍	压裂队资　质	中石油队伍持中石油集团公司颁发的有效资质证，中石化、民营队伍持中石油集团公司颁发的临时资质证，并在有效期内
	人员配备	生产岗≥16 人，兼岗 2 人
	持证情况	全员持有效 HSE 证，技术员以上岗位人员兼持井控证
	车组配置	压裂车、混砂车、仪表车、平衡车、液氮泵车按设计要求配置，满足最高泵压及排量要求

续表

<table>
<tr><th colspan="3">配化作业检查内容及标准</th></tr>
<tr><td rowspan="2">压裂队伍</td><td>车辆证件</td><td>压裂车、混砂车、仪表车、平衡车、液氮泵车等主要压裂设备有工程技术部核发的车辆身份证,并在有效期内</td></tr>
<tr><td>承压能力</td><td>所有地面设备、装置与流程的承压能力满足设计要求。连接部件上紧,不刺不漏,控制阀门开关自如</td></tr>
<tr><td rowspan="5">施工准备</td><td>井　口</td><td>井口所有螺栓齐全紧固,两端余扣均匀</td></tr>
<tr><td>入井工具</td><td>入井工具符合设计要求,在油田公司准入范围内,产品合格证、质检报告齐全有效</td></tr>
<tr><td>钻具位置</td><td>核查钻具结构和钻具深度与设计相符</td></tr>
<tr><td>压裂设计</td><td>核查现场设计到位,已审批</td></tr>
<tr><td>施工交底</td><td>施工前召开交底会,记录齐全</td></tr>
<tr><td rowspan="3">过程控制</td><td>施工步骤</td><td>检查施工符合设计程序,施工连续,按设计顶替</td></tr>
<tr><td>施工参数</td><td>施工酸液量、排量、压力达到设计参数,液氮量符合设计要求</td></tr>
<tr><td>检查资料</td><td>施工时间、施工方式、层位、井段、排量、破裂压力、工作压力、停泵压力、平衡压力、施工曲线、液体性质、入地酸量、顶替液量、井容、入地总液量、关井时间、油套压力变化等</td></tr>
<tr><th colspan="3">高能气体压裂作业检查内容及标准</th></tr>
<tr><td rowspan="2">队伍</td><td>压裂队资　质</td><td>有中石油集团公司颁发的有效资质证,并在有效期内</td></tr>
<tr><td>持证情况</td><td>全员持有效 HSE 证,技术员岗位人员兼持井控证</td></tr>
<tr><td>施工准备</td><td>压裂设计</td><td>压裂设计到位,已审批,井号等相关数据与工程(地质)设计相符</td></tr>
<tr><td rowspan="5">施工准备</td><td>传输方式</td><td>使用油管传输时,逐根通径,畅通、无弯曲;使用电缆传输时检查参照射孔检查相关条款要求</td></tr>
<tr><td>安全设施</td><td>正压呼吸器 2 套、检测仪 1 台完好,安全通道畅通</td></tr>
<tr><td>井　控</td><td>井口防喷器芯子与油管匹配,安装符合要求,井控坐岗落实,井控要求落实</td></tr>
<tr><td>压裂弹</td><td>检查规格、型号、外径、长度、药量与设计一致,点火引爆装置完好</td></tr>
<tr><td>防火防爆</td><td>防静电、防火防爆等安全措施落实</td></tr>
<tr><td rowspan="4">过程控制</td><td>施工方式</td><td>检查施工方式符合设计要求</td></tr>
<tr><td>下　钻</td><td>核对油管根数及总长度,按要求控制油管及压裂弹下入速度,核对磁定位校深数据;校对曲线,跟踪深度与设计深度误差不应超过 0.5m,磁定位校深实际点火位置符合设计要求</td></tr>
<tr><td>井内液体</td><td>检查性质、液面位置、符合设计要求</td></tr>
<tr><td>施工参数</td><td>包括施工时间、施工方式、层位、井段、井内液体性质、压裂弹下入位置、油管根数、长度,引爆显示的记录,油气显示记录等</td></tr>
</table>

续表

排液作业检查内容及标准		
化验	仪器药品	化验药品齐全有效,仪器完好、清洁
抽汲排液	现场管理	通井机距井口距离大于 20m,计量罐距井口距离(高气油比区域油井)大于 20m(25m),密闭抽汲装置完好,井口、排水渠、抽汲绳及通井机下铺土工膜,符合环保要求
	抽汲及时连续性	上封钻具 6h 或 8h(三封 24h)必须排液,排液连续
	抽汲记录仪的使用	智能抽汲记录仪记录完好能读数据、记录和打印抽时、抽次、抽深
	抽汲资料	现场核查当天汇报的抽时、抽次、抽深、动液面、班产油、班产水、氯离子含量
	抽汲核查	现场核查一段抽汲情况,核查抽时、钢丝绳长、滚筒层数、放入井内层数、抽次、抽深、动液面、油、水、氯离子含量,折算班产油、班产水、核查抽汲情况与汇报是否一致
压井检查内容及标准		
施工准备	水泥车	满足设计排量要求(700 型水泥车以上),车况良好,管线连接、活接头、弯管、保险绳齐全
	压井管线	压井管线采用硬质管线,不刺不漏
压井液体	添加剂	压井添加剂产品有产品合格证、出库单、质检报告,符合设计配方及数量要求
	配　制	按设计要求配制,循环均匀,压井液量符合设计要求
压井过程控制	压井方式	核对井内钻具结构、位置、井况,与设计核对压井方式
	挤压井	按设计要求控制泵压、排量、压井液用量,压井液泵入完毕后,停泵关井观察 2h 以上无压力,开井观察 30min 无井漏、无溢流,确认压井成功
	循环压井	保持进出口排量平衡,当进出口密度基本一致(差值不大于 0.02g/cm^3)时停泵,观察 30min 以上无井漏,无溢流,确认压井成功;采用循环法压井,泵入过程应连续,中途不得停泵
压井过程控制	气体检测	出口处应有专人对气体进行监测、记录
	环保要求	现场环保管理符合要求
冲砂检查内容及标准		
施工准备	水泥车	车辆距井口保持安全距离,在上风方向,关闭防火罩,排量满足设计要求,完好,连接管线、活接头、弯管齐全
	冲砂管线	冲砂用水龙带有保险绳,管线不刺不漏
冲砂过程控制	冲砂施工	检查冲砂方式、排量、泵压、冲砂前、后砂面位置,符合设计要求
	气体检测	出口处应有专人对气体进行监测、记录
	环保要求	现场管理符合环保要求
求产、完井检查内容及标准		
油井求产	抽　汲	现场计量核对稳定时的抽深、抽次、抽时、动液面、班产油、班产水、日产油、日产水
		核对稳定班次和氯离子含量
	恢复压力	核查测压施工设计内容和审批程序
		核查压力计类型和下深,测试时间及压力稳定情况以及静压值
	取　样	核查和记录取样筒类型和取样深度

续表

求产、完井检查内容及标准		
完井交井	完井砂面	完井探砂面，按设计要求冲砂至人工井底
	井口安装	执行油田公司规定标准或设计，井口部件齐全无刺漏
	井　场	试油机组物件搬出距井口 30m 以外，场地平整，无污水，保证投产
	交　井	填写试气完井交接书、交井
	资　料	资料齐全并及时上交

表 9-2　试气监督要点

开工验收（安全检查）内容及标准		
资质准入	市场准入	有油田公司生产运行处签发的市场准入证
	队伍资质	有中石油或油田公司工程技术部签发的临时有效资质证书
岗位员工	配备数量	试气机组生产岗≥10 人，试气兼岗 4 人
	人员持证	正、副司钻持司钻证、井架工以上持井控证、全员持 HSE 合格证、登高人员持高空证、电工持电工证，证件齐全有效
施工文件	三项设计	地质设计、工程设计、施工设计齐全到位已审批
	设计变更	设计变更后，已审批
管理文件	管理制度	施工单位管理制度、应急预案齐全，已审批
	井控管理	试油队井控管理小组及制度健全，与《长庆油田试油（气）井控实施细则》相符
	资料准备	各种记录表准备齐全
井场布局	安全标志	各类安全标识牌、风向标规范齐全，摆放位置合理醒目
	设施摆放安全距离	现场布局合理，生产区、生活区分隔明显，隔离带或隔离墙设置齐全
		值班房、工具房、发电房距井口≥30m，相互距离≥20m，清洁化生产设备设施摆放位置符合要求；上风方向划定两个不同方向的紧急集合点，井场平整，安全通道畅通
	储液装置	储液罐、储水池数量符合设计要求，完好
主要设备	通井机或修井机	XT-12 通井机或 XJ350 型及以上的同类产品，并在有效使用年限内，完好，与标书中一致
	井架及基　础	井架负荷达到 800kN 以上或满足 XJ350 型及以上的同类产品的井架负荷要求（视区域分别对待），有有效检测报告和评定级别；井架本体无严重变形或损伤，二层台及其他井架附件齐全完好，井架基础、基础坑、绷绳坑挖设符合技术标准
	天　车	天车滑轮转动灵活，护罩、防跳槽挡杆齐全完好
	游动滑车	游动滑车滑轮转动灵活，护罩齐全完好，游车至井口时滚筒余绳不少于 15 圈；天车、游动滑车、井口三点一线
	吊　环	吊环配套，探伤检测合格，有有效检测报告，符合设计要求
	吊　卡	吊卡应使用安全吊卡销子，并拴有保险绳，有有效检测报告，符合设计要求
	电路及电器安装	发电机符合要求，完好；井场用电及线路符合安全防爆要求
		井场配备 3 个防爆探照灯，配电线路有漏电或过载保护，进、出户线过墙应穿绝缘管保护，并配备有应急防爆照明灯具
		配电箱、电机、电取暖器等都应做保护接零或接地；营房接地电阻≤10Ω，电器设备接地≤4Ω；各用电系统分别控制，标识清晰

续表

<table>
<tr><th colspan="3">开工验收（安全检查）内容及标准</th></tr>
<tr><td rowspan="8">井控管理</td><td rowspan="3">井口、防喷井口、防喷器、油管旋塞的配备</td><td>井口、防喷井口、防喷器、油管旋塞按照《长庆油田试油（气）作业井井控实施细则》及设计要求对照检查现场配备情况</td></tr>
<tr><td>井口、防喷井口相互匹配，防喷器芯子与油管外径匹配，油管旋塞扣型或变扣接头扣型与油管匹配</td></tr>
<tr><td>井口、防喷器、防喷井口、油管旋塞完好有效；防喷井口、油管旋塞摆放合理；井口、防喷器、防喷井口、油管旋塞有有效的检测报告；专人负责，挂牌标明开关状态、检查维护保养、记录齐全</td></tr>
<tr><td>远程控制台</td><td>远程控制台与液压防喷器相匹配，工作正常、距井口25m以外。周围10m内无易燃、易爆、易腐蚀物品；储能器预充氮气压力7±0.7MPa，储能器压力为17.5~21MPa，管汇及控制防喷器压力为10.5MPa；油箱油面在上、下限内；使用单独电源线，独立开关控制；与放（防）喷管线距离≥1m，液压管线有过桥盖板</td></tr>
<tr><td>放喷管线</td><td>放喷管线采用2⅞in油管，不得焊接，三通安装正确；管线出口距井口30m以外，符合要求，管线平直，相距各种设施不小于50m，通径不小于50mm，每隔8~10m用水泥基墩或地锚固定牢固，转弯及放喷口用双卡固定，放喷口具备点火条件</td></tr>
<tr><td>井控演习</td><td>根据不同工况，试油机组每月进行不少于一次的防喷演习，超过3个月未实施过的作业工序，应先演习合格后方可作业；射孔不超过2min，起下钻不超过3min，空井不超过2min，旋转作业不超过5min，在规定的时间内完成演习，演习程序符合要求，记录完整</td></tr>
<tr><td>压井材料</td><td>压井材料的配备及压井液的配制符合设计要求</td></tr>
<tr><td>试　压</td><td>防喷器、防喷井口、油管旋塞等现场试压符合设计要求</td></tr>
<tr><td rowspan="2">计量器具</td><td>拉力计</td><td>灵活准确，每年校验一次，有校验合格证</td></tr>
<tr><td>压力表</td><td>60MPa压力表2个，40MPa压力表2个，6MPa压力表2个，每6个月校验一次，有校验合格证，完好，在校验期内</td></tr>
<tr><td rowspan="3">安全防护设施</td><td>正压式空气呼吸器</td><td>按《井控细则》要求配备正压式空气呼吸器气井≥6套，气瓶充气压力保持30MPa，不得低于21MPa，每三年检测一次，在有效期内，配置1台空气压缩机，1台防爆排风扇（含H_2S和CO井2台），性能完好、摆放在合理位置</td></tr>
<tr><td>气体检测仪</td><td>气井现场配备便携式气体检测仪≥4台（含H_2S和CO井固定式复合气体检测仪1套），每年进行一次标定和检验</td></tr>
<tr><td>其　他防护设施</td><td>3条安全带、速差自控器、天车防碰装置二层台逃生装置完好有效，应急药品配备齐全有效</td></tr>
<tr><td rowspan="2">消防设施</td><td>消防器材管　理</td><td>消防器材种类、数量齐全、完好、专管专用；定期检查并填写记录，放置在醒目合理的上风方向位置</td></tr>
<tr><td>配备数量</td><td>试油气现场应配备35kg干粉灭火器2具，8kg干粉灭火器4具、消防锹4把，消防斧2把，消防毛毡10条，消防桶4个、消防砂2方</td></tr>
<tr><td rowspan="2">测试及化验</td><td>测试设备工　具</td><td>分离器距井口距离不小于15m，完好，仪表齐全有效。垫圈流量计、临界速度流量计、温度计齐全完好，孔板规格齐全；油嘴、油嘴套齐全完好</td></tr>
<tr><td>仪器及药品</td><td>烧杯、漏斗、滴定台、移液管齐全完好，硝酸银、铬酸钾等药品在有效期内使用</td></tr>
<tr><td>环保</td><td>现场管理</td><td>施工固体、液体、气体等废物处置符合要求；设备运行及生活过程废物处置符合要求</td></tr>
</table>

续表

通洗井、试压作业检查内容及标准		
通井作业	油补距	核对试油现场油补距校准数据
	通井规	通井规(139.7mm:114~118mm、177.8mm:144~158mm、水平井用橄榄式通井规,长度大于3m)规格符合施工设计要求
	下钻监控	下放速度控制在10~20m/min,通井距设计位置或人工井底100m时,下放速度控制在5~10m/min;不得蒙顿、猛放和硬压
	探人工井底	通至人工井底悬重下降10~20kN,连续两次实探深度≤0.2m
车辆	水泥车	满足设计排量要求(一般大于500L/min),车况良好,连接管线、活接头、弯管齐全完好
洗井工作液	水质	取样化验水质达到要求:pH:7±0.5;清洁、干净、无污染、无异味
	添加剂	生产厂家在油田公司准入范围内,产品有产品合格证、出库单、质检报告,符合设计配方及数量要求
	洗井液	洗井液量符合设计要求(一般情况下洗井液量为井筒容积的1.5~2倍)
过程控制	洗井位置	洗井位置与通井位置之差≤3m
	洗井质量	洗井排量由小到大,出口排液正常后逐渐加大至设计排量,洗至进出口水色及相对密度一致。核实洗井方式、泵压、排量、出口量、漏失量、质量以及洗井后实探人工井底等数据
试压作业	井口安装标准	执行油田相关规定或施工设计,不同地区选用不同井口类型,闸门齐全,各部分螺纹上全上紧,螺栓两端留有余扣,并留扣一致,无刺漏
		井口只能从油管挂法兰盘之间拆卸,其余部位不准拆卸
	试压标准	按照施工设计要求或《长庆油田试油(气)作业井井控实施细则》对井筒、井口、防喷器、防喷井口、油管旋塞分别试压合格
射孔作业检查内容及标准		
资质核对	射孔队资　质	射孔队有安全生产许可证,有油田公司生产运行处签发的市场准入证,有勘探部签发的资质核查合格证
	人员配备及证件	SKD-3000、SSQ-C、SMART2000系列(射孔)7人:小队长1人、操作员1人、司机2人、绞车工1人、井口工2人
		HSE证、井控证全员持证,在有效期内,人员与证件相符
	射孔器材准入	射孔枪、射孔弹生产厂家在油田公司许可的范围,并且有生产合格证、资质、准入等
施工准备	射孔液	核对射孔液数据,压井液面位置
	射孔通知单	对照地质设计核对射孔通知单中射孔层位、井段、方式、枪型、弹型、孔密、总孔数、相位与设计必须相符
	作业现场	作业现场应放置警示牌,设置警戒线;停车位置距井口距离≥25m,要求车身、地滑轮与井口三点一线,车轮放置防滑掩木,仪器及车辆的地线接地良好;现场作业遵守安全规定
	装弹及管理	专人负责爆炸物品领取、使用、记录齐全;现场核对装弹过程严格按照设计进行排弹;严禁无关人员进入;雷雨天气、夜间严禁射孔作业
	天、地滑轮安装	天滑轮安装在吊卡下0.5m,高度大于下井仪器串长度,用吊装带进行二次固定;地滑轮固定在采油树法兰盘上,距离固定面0.4~0.8m

续表

射孔作业检查内容及标准		
井控管理	防喷器	射孔时防喷器安装符合要求
	井控例会	试油气队每月、机组每周召开一次井控例会，记录齐全
	施工交底	进行地质、工程和井控技术交底，井控责任、井控措施落实
	坐岗观察	射孔前做好应急处置准备，预案齐全；试油队、射孔队专人坐岗落实，每射一枪灌满井筒
过程控制	速度控制	射孔仪器上提、下放速度控制符合要求
	射孔校深	原始资料数据齐全准确，曲线清晰
	射孔参数	射孔层位、射孔井段深度、枪型、弹型、孔密、总孔数、相位等数据与设计相符
	射孔检测	射孔深度核查无误后点火；通过数炮眼、检查跟踪曲线，射孔弹发射率符合设计要求；射孔发射率低于85%重新射孔，低于95%进行补孔；或按设计要求执行
	应急处置	射孔过程中发现溢流，停止射孔作业，关闭防喷器、关井观察、记录压力，紧急情况下可将电缆切断
收尾	总结	施工结束清点危险物品数量、检查防护情况，清理现场垃圾，并召开总结会
配液作业检查内容及标准		
施工用水	水量及水　质	取样化验水质达到要求：pH 值 7±0.5，清洁、干净、无污染、无异味，逐罐核查水量，总量符合设计要求
	放置时间	配液用水放置时间一般不超过 96h
施工准备	配液罐	配液罐清洗，内外清洁干净，标识齐全
	常规配液	水泥车车况良好、真空漏斗、软管线不刺不漏
	连续混配	连续混配车及附件完好，工况良好
	施工设计	设计到位，已审批；变更设计审批程序执行到位
化工料	种类数量	核查现场化工料名称、规格、数量与施工设计相符，有出库单、出厂合格证及质检报告
	工业原酸	配酸作业时，工业原酸液必须具备生产合格证、出库单、质检报告；配置的酸液浓度与设计浓度误差不超过±0.5%
液配过程	循环时间	液体配置后循环均匀，确保化工料混合均匀
	加料顺序	按施工设计依次添加，一般先加入稠化剂，再加入非表面活性剂，最后加表面活性剂
检测	小样检验	压裂液测基液黏度、交联性能、酸液密度、浓度等符合设计要求
	数量检验	液体配制量符合设计要求
压裂作业检查内容及标准		
压裂队伍	压裂队资质	压裂队伍持中石油集团公司颁发的资质证，并在有效期内
	人员配备	生产岗≥16 人，兼岗 2 人
	持证情况	全员持有效 HSE 证，技术员以上岗位人员兼持井控证
	车组配置	压裂车、混砂车、仪表车、砂罐车、平衡车、液氮泵车按设计要求配置，满足最高泵压及排量要求
	车辆证件	压裂车、混砂车、仪表车、平衡车、液氮泵车等主要压裂设备有工程技术部核发的车辆身份证，并在有效期内
	承压能力	所有地面设备、装置与流程的承压能力满足设计要求。连接部件上紧，不刺不漏，控制阀门开关自如

续表

压裂作业检查内容及标准		
施工准备	井口	井口所有螺栓齐全紧固,两端余扣均匀
	入井工具	入井工具符合设计要求,在油田公司准入范围内,产品合格证、质检报告齐全有效
	钻具位置	核查钻具结构和钻具深度与设计相符
	压裂设计	核查现场设计到位,已审批
	施工交底	施工前召开交底会,记录齐全
支撑剂准备	名称规格	名称、规格符合设计要求
	数量检查	根据出库单对照车号和砂罐标定的容积,逐罐核算支撑剂数量,总砂量与设计相符
	目测情况	目测支撑剂不含灰粉、绳头、石块、铁块之类杂物,干度符合要求
	检测报告	支撑剂生产厂家在油田公司准入范围内,现场有产品合格证、出库单、质检报告;单井使用的同一规格、同一厂家的产品
过程控制	施工步骤	检查施工符合设计程序,水平井压裂检查喷射深度,压裂施工过程检查施工连续性,加砂连续性以及按设计顶替情况
	施工参数	施工液量、砂量、排量、砂浓度达到设计参数,现场检查、拷贝施工记录曲线
	检查资料	施工时间、施工方式、层位、井段、液体性质、排量、砂浓度、砂量、破裂压力、工作压力、停泵压力、平衡压力、施工曲线、入地液量、顶替液量、液体井容、入地总液量、关井时间、油套压力变化以及排除液量
酸化作业检查内容及标准		
压裂队伍	压裂队资质	压裂队伍持中石油集团公司颁发的资质证,并在有效期内
	人员配备	生产岗≥16 人,兼岗 2 人
	持证情况	全员持有效 HSE 证,技术员以上岗位人员兼持井控证
	车组配置	主压车、供液车、仪表车、平衡车、液氮车按设计要求配置,满足最高泵压及排量要求
	车辆证件	主要压裂设备有工程技术部核发的车辆身份证,并在有效期内
	承压能力	所有地面设备、装置与流程的承压能力满足设计要求。连接部件上紧,不刺不漏,控制阀门开关自如
施工准备	井口	井口所有螺栓齐全紧固,两端余扣均匀
	入井工具	入井工具符合设计要求,在油田公司准入范围内,产品合格证、质检报告齐全有效
	钻具位置	核查钻具结构和钻具深度与设计相符
	酸化设计	核查现场设计到位,已审批
	施工交底	施工前召开交底会,记录齐全
过程控制	施工步骤	检查施工符合设计程序,施工连续,按设计顶替
过程控制	施工参数	施工酸液量、排量、压力达到设计参数,液氮量符合设计要求
	检查资料	施工时间、层位、井段、液体性质、排量、破裂压力、工作压力、停泵压力、平衡压力、施工曲线、入地酸量、顶替液量、井容、入地总液量、关井时间、放喷针阀开启度、油套压力变化以及排出液量等

续表

排液作业检查内容及标准		
关放排液	化验用品	化验药品齐全有效，仪器完好、清洁
	压后放喷	压后按设计关井；停泵压力高于 20MPa，压降幅度不超过 5MPa/30min，关井 40min 以上；停泵压力低于 15MPa 或压降极快，立即放喷；停泵压力在 15～20MPa，视压力下降情况关井 20～40min
	放喷排液	采用针阀或安装油嘴控制放喷，核对压后放喷油套压变化情况
	放喷资料	核查放喷时间、针阀开启度或油嘴大小、油压、喷出液量、液性（pH 值、密度、氯离子含量），火焰长度和颜色，有毒有害气体检测，班报填写整齐及时齐全；核实放喷排出液量
气举诱喷	施工车辆	液氮泵车，制氮车，连续油管车等车况良好
	施工管线	地面管线使用硬质管线，进口管线可加单流阀，防止井筒流体进入泵车，管线放空出口不允许接弯头，地锚固定牢固，不刺不漏；气举过程中若发生管线刺漏，要放空管线中的压力再做处理，不允许在高压下砸管线
	注气方式	核对套管注气（油管注气）方式；采用气举阀气举时，选用套管注气气举
	气举介质	核查气举介质（应使用天然气或氮气），丛式气井可采用邻井气举方式；不允许使用压缩空气
	井下钻具	核对井下钻具结构、位置，可采用光油管或原井压裂管柱；禁止在举空的套管中起下油管，防止油管与套管撞击引起火星，发生爆炸事故
	过程控制	启动液氮增压泵及高压液氮泵前，要充分冷却泵腔
		启动增压泵和高压液氮泵，注入高压氮气
		气举过程，人员远离高压区
		液氮车的停放及工作场所必须通风良好，防止窒息
		液氮（温度低达-196℃）冻伤防护措施落实
		液氮罐储罐压力保持在 104kPa 下，注入参数符合设计要求
		气举结束核对实际注入液氮时间和注入量以及排出液体量
压井检查内容及标准		
施工准备	水泥车	满足设计排量要求（700 型水泥车以上），车况良好，管线连接、活接头、弯管、保险绳齐全
	压井管线	压井管线采用硬质管线，不刺不漏
压井液	添加剂	压井添加剂产品有产品合格证、出库单、质检报告，符合设计配方及数量要求
	配　制	按设计要求配制，循环均匀，压井液量符合设计要求
压井过程控制	压井方式	核对井内钻具结构、位置、井况，与设计核对压井方式
	挤压井	按设计要求控制泵压、排量、压井液用量，压井液泵入完毕后，停泵关井观察 2h 以上无压力，开井观察 30min 无井漏、无溢流，确认压井成功
	循环压井	保持进出口排量平衡，当进出口密度基本一致（差值不大于 0.02g/cm³）时停泵，观察 30min 以上无井漏，无溢流，确认压井成功；采用循环法压井，泵入过程应连续，中途不得停泵
压井过程控制	气体检测	出口处应有专人对气体进行监测、记录
	环保要求	现场环保管理符合要求

续表

求产、完井检查内容及标准		
气井求产	分离器	分离器等设备到位,安装、布局、管线试压符合要求,完好
	恢复压力	核查测试前后下压力计测压力恢复数据;检查关井时间、稳定时间、稳定时油压、套压
	测　试	核查流量计类型(产气量≤0.8×104m^3/d,采用垫圈式流量计测气;产气量≥0.8×104m^3/d,采用孔板式流量计),测试开关时间、针阀开启度、孔板直径,开井前井口压力、稳定流动时间和压力,上流压力、温度
求产稳定标准	稳定标准	压力波动小于0.1MPa,产量波动范围小于10%
	稳定求产时间要求	产量大于50×104m^3/d,井口压力及产量稳定2h以上;产量在(10~50)×104m^3/d,井口压力及产量稳定4h以上;产量小于10×104m^3/d,井口压力及产量稳定8h以上
	回压控制	一般为最大关井压力的75%以上
完井交井	井口安装	完井井口符合油田公司规定,井口部件齐全无刺漏
	井　场	试气机组物件搬出距井口50m以外,场地平整,无污水,保证投产
	交　井	填写试气完井交接书、交井
	资　料	资料齐全并及时上交

第三篇

录井作业工程监督

录井作业就是将直接和间接收集、记录的信息加以综合分析，弄清油气层的位置、厚度、流体性质等，为固井、试油、确定完钻深度等提供充分的依据。录井作业是配合钻井勘探油气的一种重要手段，是随着钻井过程利用多种资料和参数观察、检测、判断和分析地下岩石性质和含油气情况的方法。录井作业是勘探开发的眼睛，为勘探开发提供最及时和最原始的资料。

第十章　地质基础知识

第一节　地层单位

一、地质年代单位

地质年代，又称为地质时代，是用来描述地球历史事件的时间单位，通常在地质学和考古学中使用。地质年代是指各种地质事件（如地层的形成）发生的时代和年龄，它包括两方面的含义：

一是根据岩层中放射性同位素蜕变产物的含量，用衰变常数（半衰期）测定出地层形成和地质事件发生的年代，即绝对地质年代。

二是依据生物的发展和岩石形成顺序，将地壳历史划分为对应生物发展的一些自然阶段。它可以表示地质事件发生的顺序、地质历史的自然分期和地壳发展的阶段，即相对地质年代。

地质年代单位由“宙、代、纪、世、期”五个级别和一个自由使用的时间单位“时”组成。“宙”“代”“纪”“世”是国际性的时间单位，“期”是大区域性的时间单位，“时”是地方性的时间单位。

宙：是地质年代分期的第一级，分为隐生宙（也成太古宙和元古宙）和显生宙。

代：是国际上通用的最大单位。一个代相当于形成一个界地层所经历的时间。

纪：是国际上通用的第二年代单位。纪是代的一部分，代表形成一个系的地层所经历的时间。

世：是国际上通用的第三年代单位，是国际地质年代表中最小的时间单位。世是纪的一部分，相当于形成一个统的地层所经历的时间。

期：是全国性的或大区域性的地质年代单位。世分为期，期是世的一部分，相当于形成一个阶的地层所经历的时间。

据此可以编制出地质年代表，如表 10-1 所示。

二、年代地层单位

地球自形成以来经历了漫长的历史，至今已有 40 多亿年。在它历史发展的每一个阶段，地球表面都有一套相应的地层形成。地层是地壳发展过程中，先后形成的具有一定层位的层状或非层状岩石的总称，是一定地质年代内形成的各种岩石。为了研究地壳发展历史，地质制图以及地层对比等需要，把组成地壳岩层划分成不同类型、不同级别的单位，称为地层单位。地层单位分为年代地层单位和岩石地层单位。

表 10-1 地质年代表

宙	代	纪	世	代号	距今大约年代（百万年）	主要生物进化			
						动物		植物	
显生宙	新生代 Kz	第四纪	全新世	Q	—1—	人类出现		现代植物时代	
			更新世		—2. 5—				
		新近纪	上新世	N	—5—	哺乳动物时代	古猿出现	被子植物时代	草原面积扩大
			中新世		—24—				
		古近纪	渐新世	E	—37—		灵长类出现		被子植物繁殖
			始新世		—58—				
			古新世		—65—				
	中生代 Mz	白垩纪		K	—137—	爬行动物时代	鸟类出现	裸子植物时代	被子植物出现
		侏罗纪		J	—203—		恐龙繁殖		裸子植物繁殖
		三叠纪		T	—251—		恐龙、哺乳类出现		
	古生代 Pz	二叠纪		P	—295—	两栖动物时代	爬行类出现	孢子植物时代	裸子植物出现
		石炭纪		C	—355—		两栖类繁殖		大规模森林出现
		泥盆纪		D	—408—	鱼类时代	陆生无脊椎动物发展和两栖类出现		小型森林出现
		志留纪		S	—435—				陆生维管植物
		奥陶纪		O	—495—	海生无脊椎动物时代	带壳动物爆发		
		寒武纪		C	—540— —650—				
元古宙	新元古	震旦纪		Z	—1000— —1800—		软躯体动物爆发		
	中元古			Pt	—2500— —2800—	低等无脊椎动物出现		高级藻类出现 海生藻类出现	
	古元古				—3200—				
太古宙	新太古			Ar	—3600— 4600	原核生物（细菌、蓝藻）出现 （原始生命蛋白质出现）			
	中太古								
	古太古								
	始太古								

年代地层单位是指一特定的地质时间间隔中形成的全部地层。目前国际上通用的年代地层单位是宇、界、系、统，其与国际地质年代单位宙、代、纪、世相对应。如在白垩纪形成的地层，不论其岩性、厚度或化石的差异如何，统称为白垩系地层。

地质年代单位与年代地层单位对应关系如下：

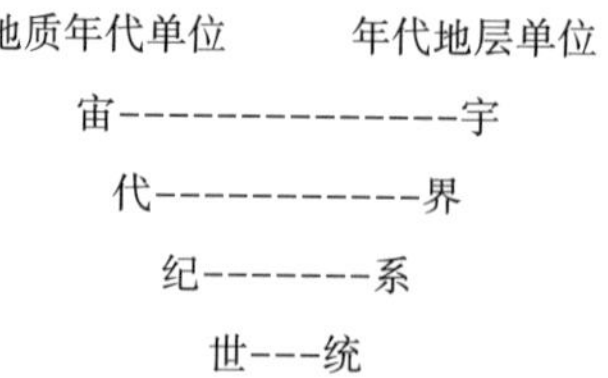

地质年代单位	年代地层单位
宙	宇
代	界
纪	系
世	统

三、岩石地层单位

岩石地层单位又称地方性地层单位，是依据岩性变化、岩性组合、沉积韵律及沉积间断等岩性特征划分的地层单位，它没有严格的时间界限，但它反映了特定地区的沉积环境特征。岩石地层单位按级别大小划分为群、组、段、层四级。

群是最大的岩石地层单位，它由成因上相互联系的两个或两个以上的组构成（但组不一定都归结成群），群与群之间有明显的沉积间断或不整合。群也是地名加群进行表示，如鄂尔多斯盆地的志丹群，它包括泾川组、罗汉洞组、环河组、华池组、洛河组和宜君组。

组是岩石地层划分的基本单位，岩性上表现为有一定的规律性和均一性。组的厚度可大可小，可以从几米到几百米、甚至几千米。组的界限一般划分在明显的岩性变化面上。如鄂尔多斯盆地的延长组主要是砂岩，纸坊组主要是泥岩，两个组的分界明显。组的命名一律用最初建组的地名加组来命名，如延安组、富县组等。

段是比组低一级的岩石地层单位，它主要是依据明显的岩性特征划分出来的岩性段，是两种以上岩层构造的组的再分，代表组的一部分。段可用地名加段或岩石名称加段来命名。

层是岩石地层单位中级别最小的单位，是一个能从岩性上区别于其上下层的单位层，一般没有统一的命名。

第二节　主要构造运动简介

一、吕梁运动

吕梁运动是我国比较古老的地壳运动之一，也是一种次要的地壳运动，尤其在我国北方表现得十分强烈和广泛，主要是指前震旦晚期岩系与震旦亚界之间的强烈地壳运动，主在表现为褶皱断裂变动、岩浆活动、区域变质作用及部分混合岩化作用，从而使华北区及东北南部等地区，由地槽转化为稳定的地台状态，吕梁运动的时限距今约 19 亿~18 亿年，它广泛分布于前震旦岩系出露地区。

二、加里东运动

加里东运动一般泛指早古生代时期的地壳运动，其中以志留纪末期的一次运动最强烈，影响范围最广，它是以苏格兰的加里东山来命名的，加里东运动主要表现为志留系和更早的地层发生强烈的褶皱，同上覆的泥盆系地层发生了明显的角度不整合，并形成了从爱尔兰、苏格兰至斯勘的纳维亚半岛的加里东造山带。在我国位于康滇古陆和江南古陆之间的上杨子海地区上升成了杨子古陆，而位于江南、淮阳、华夏三古陆之间的东南坳陷带，一向比较活跃，沉积很厚，此时也发生了强烈褶皱，在我国又称为广西运动，西北各海槽区也受到了影响，如岩浆侵入，局部地区褶皱隆起，巨厚的下古生界地区大部分变质等。加里东褶皱带实际上是位于北美地台和欧洲地台之间的活动带。

三、海西运动

海西运动又称为华力西运动，以德国的山名而得名。在我国泛指晚古生代时期的构造运动，其中以二叠纪末表现最为强烈。海西运动远比加里东运动显著而广泛，它使环列我国西北、北方的各地槽带在晚古生代结束以前，全部褶皱成山，海水大规模撤退，只在西藏狭小地区有海水存在。所以，海西构造运动期，是我国从海洋向陆地转化的重大时期，使大地构造轮廓和地理环境发生了很大变化。

四、印支运动

印支运动是发生在从整个三叠纪期间到早侏罗世之前的一次较为强烈的地壳运动，它位于四川西部、甘肃和青海南部的雪山海槽全部褶皱隆起，同时使我国南方发生大规模的海退，华北、华南连成一片完整大陆，基本结束了南海北陆的局面，也是我国东部古地理、古构造格架发生巨变的转折点。

五、燕山运动

燕山运动是在整个侏罗纪、白垩纪期间广泛发育于我国全境的重要构造运动，主要为褶皱断裂变动，岩浆喷发侵入活动和部分地带的变质作用，但在不同的部位，其强度和表现形式又有明显的差别。比如，在我国东部，燕山运动造成陆壳向南推动，受太平洋洋壳阻碍，形成了北北东向和北东向的褶皱断块山地和许多斜列的断陷盆地；在我国西部，古生代褶皱山脉，如天山、阿尔泰山、祁连山和昆仑山再度强烈上升，部分地块下降，出现准噶尔、塔里木等大型盆地。目前，我国地质构造轮廓和地貌基础基本上是燕山运动以来形成的，可以说燕山期是我国基本构造格架的形成期与改造期。

六、喜马拉雅运动

喜马拉雅运动泛指新生代以来的造山运动，发生于第三纪的喜山运动在亚洲大陆广泛发育，有三个主要造山幕：第一幕发生在始新世末期到渐新世初期，海水从青藏高原全部退出，并伴随有强烈的褶皱、断裂及中性岩浆岩的侵入；第二幕，发生于中新世初期，有强烈褶皱、断裂、岩浆活动和变质作用等，形成大规模的逆冲断裂和推覆构造，导致地壳大幅度隆起和岩浆侵入；第三幕从更新世至现在，主要表现为高原的急剧隆起，周围盆地的大幅度沉降，以及老断裂的继续活动，部分地区有第四纪火山喷发活动，喜山运动不仅限于喜山地区，也影响到中国台湾地区及地中海、高加索、缅甸西部、印度尼西亚、菲律宾、日本和堪察加等广大地带。雄伟壮丽的喜马拉雅山和阿尔卑斯山脉都是这一期形成的，为地壳上最新的褶皱山系。直到现在它的活动仍很强烈，喜山运动后，进入了第四纪。

七、五台运动

五台运动由马杏垣等于 1955 年创名，是太古宙末的一次褶皱运动，是根据新太古界五台群与古元古界滹沱群之间的角度不整合确定的。广义的五台运动应包括甘泉不整合、探马石不整合及金洞梁不整合等 3 个褶皱幕。在华北除太行、吕梁及中条山等地发现不整合界面外，阴山、燕山、辽东、吉南及豫西等地皆已获得与之有关的构造—热事件的同位素年龄数据；在新疆塔里木库鲁克塔格地区，达格拉格布拉克群与上覆古元古界的不整合应与之相当。

第三节　岩石基础知识

一、岩石的概念及分类

岩石是由一种或几种矿物按一定规律组成的集合体。按照成因的不同，岩石可分为岩浆岩、沉积岩和变质岩三大类。

三大类岩石之间的界限有时并不能截然分开，其间有逐渐过渡的关系。因此，虽然各有特征，但彼此之间有密切联系，不过这种联系关系并不是简单的循环重复，而是不断地向前发展。简单地说，先存在的变质岩、岩浆岩及埋藏较深的沉积岩可以在高温条件下发生熔融或部分熔融形成岩浆，岩浆固结形成岩浆岩；先存在的岩浆岩、沉积岩和变质岩暴露于地表后，经过剥蚀、破碎、搬运和沉积可以形成沉积岩；先存在的岩浆岩及沉积岩在温度、压力及应力的作用下可以发生变质形成变质岩。这三种岩石可以相互转化、相互过渡，但他们之间又有明显的差异。

三大岩类在地表和地壳内部的分布情况是不同的。沉积岩主要分布于地壳最表层，从地表到地下 2km 范围内，沉积岩约占 75%；岩浆岩和变质岩约占 25%。从地表到深度 15km 范围内，则沉积岩只占 5%。石油主要是储存在沉积岩里。

二、岩浆岩的概念及分类

岩浆岩是地下深处的岩浆侵入地壳或喷出地表冷凝而成的岩石。按照岩石形成的部位分为深成岩、浅成岩和喷出岩。

岩浆岩是天然岩浆冷凝生成的，因此在矿物成分、结构、构造、产状等方面必有别于变质岩和沉积岩。其具有如下特征：

（1）岩浆岩大部分为块状的结晶岩石，部分为玻璃质结构的岩石。

（2）岩浆岩中具有特有的矿物和构造，如霞石、白榴石、条纹长石、气孔构造和杏仁构造等。

（3）岩浆岩体无层理，一般与围岩有明显的界线；围岩与岩浆岩接触处常见热变质现象。

（4）岩浆岩体中常含有围岩的碎块即“捕虏体”。

（5）岩浆岩中没有生物化石。

岩浆岩的种类很多，目前已知有一千余种。岩浆岩分类（表 10-2）的主要根据一方面是岩石的化学成分、矿物成分，另一方面是岩石的产状、结构和构造。

表 10-2　岩浆岩分类

岩类	超基性岩	基性岩	中性岩		酸性岩
碱度	钙碱性	钙碱性	钙碱性	碱性	钙碱性
岩类	超基性岩	基性岩	中性岩		酸性岩
SiO_2 含量	<45%	45%～53%	53%～66%		>66%

续表

岩类		超基性岩	基性岩	中性岩		酸性岩
石英含量		无	无或很少	5%~20%	无	>20%
长石种类含量		无或很少	斜长石为主	斜长石为主	斜长石为主	钾长石多于斜长石
岩石特征（暗色矿物）/主要结构特征/产状		橄榄石 辉石 >90%	辉石为主,角闪石、橄榄石,黑云母次之,暗色矿物含量30%~90%	角闪石为主,黑云母、橄榄石次之,暗色矿物含量15%~40%	碱性辉石和碱性角闪石<40%	黑云母石为主,角闪石次之,暗色矿物一般在10%~15%
深成岩	中粗粒结构或似斑状结构	橄榄岩 辉石岩	辉长岩	闪长岩	正长岩	花岗岩
浅成岩	细粒结构或斑状结构	金伯利岩 苦橄玢岩	辉绿岩	闪长玢岩	正常斑岩	花岗斑岩
喷出岩	无斑隐晶结构、斑状结构、玻璃质结构	苦橄岩 科玛提岩	玄武岩	安山岩	粗面岩	流纹岩

超基性岩类的代表岩石是橄榄岩、苦橄玢岩、金伯利岩，如图 10-1 所示。

基性岩类的代表岩石是辉长岩、辉绿岩（图 10-2）、玄武岩（图 10-3）。

图 10-1　金伯利岩

图 10-2　辉绿岩

中性岩类的代表岩石是闪长岩、闪长玢岩、安山岩（图 10-4）。

图 10-3　玄武岩

图 10-4　安山岩

酸性岩类的代表岩石是花岗岩（图 10-5）、花岗斑岩、流纹岩。

图 10-5　花岗岩

三、变质岩的概念及分类

随着地壳的不断演化，地球上已形成的岩石（岩浆岩、沉积岩、变质岩）所处的地质环境（指温度、压力、化学活动性流体的影响及经历的时间）也在不断变化，为了适应新的地质环境，它们的矿物成分、结构、构造通过物理—化学条件也会发生改变。这种由地球内力作用促使矿物成分及结构构造变化的作用称为变质作用。

由变质作用形成的岩石叫作变质岩。变质岩可根据原来岩石的类型划分为两大类：由岩浆岩变质形成的岩石称为正变质岩；由沉积岩变质形成的岩石称为副变质岩。

根据变质作用的类型可将变质岩划分为以下五类：

（1）动力变质岩类，指由动力变质作用形成的岩石，主要有构造角砾岩、碎裂岩、糜棱岩、千糜岩、假熔岩。

（2）区域变质岩类，指由区域变质作用形成的岩石，主要有板岩、千枚岩（图 10-6）、片岩、片麻岩（图 10-7）、变粒岩、斜长角闪岩、麻粒岩等。

图 10-6　千枚岩

图 10-7　片麻岩

（3）混合岩类，指由混合岩化作用形成的岩石，主要有注入混合岩类、混合片麻岩类、混合花岗岩类。

（4）接触变质岩类，指由接触变质作用形成的岩石，主要分为热接触变质岩和接触交代变质岩。

（5）交代变质岩类，指由气-液变质作用形成的岩石，主要有蛇纹岩（图 10-8）、云英岩、青磐岩、次生石英岩。

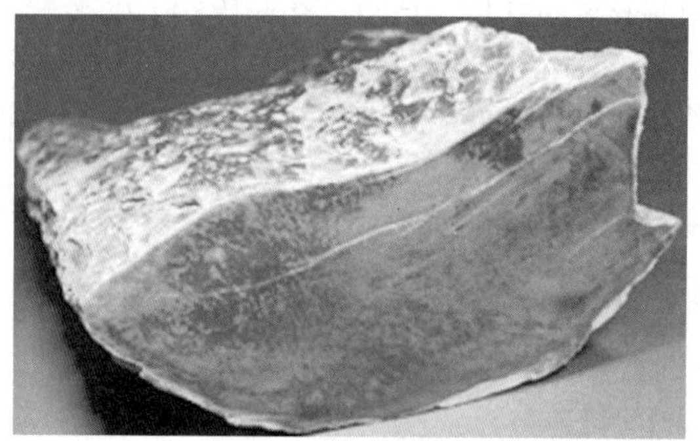

图 10-8　蛇纹岩

四、沉积岩的概念及分类

沉积岩是在地表或接近地表的条件下，由母岩（岩浆岩、变质岩和早期形成的沉积岩）风化剥蚀的产物经搬运、沉积和固结而成的岩石。

根据沉积岩形成作用，分类见图 10-9。

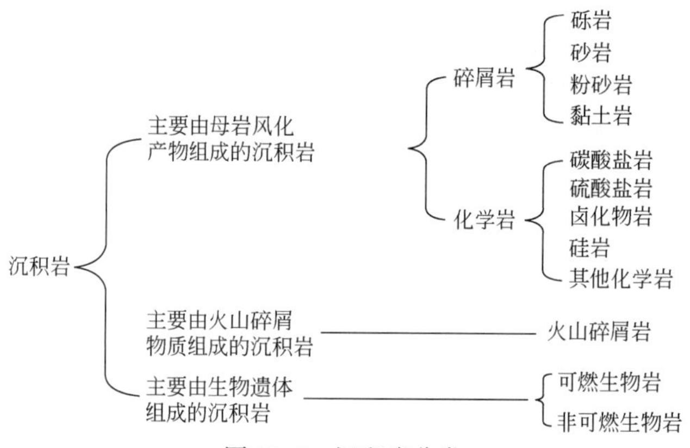

图 10-9　沉积岩分类

黏土岩（图 10-10）是主要由含量大于 50%、直径小于 0.01mm 的黏土矿物组成的沉积岩，它的岩性特征主要由黏土矿物决定。黏土岩是分布最广的沉积岩，约占沉积岩总量的 60%。黏土岩是最主要的生油岩，同时还可作为良好的盖层。

图 10-10　黏土岩

碎屑岩是由碎屑成分和填隙物成分（包括杂基和胶结物）组成的岩石，碎屑成分占50%以上。它是沉积岩中分布很广的岩石，是主要储油岩石之一。按照碎屑颗粒直径大小分类见表（10-3）。其中细砂岩和粉砂岩见图 10-11 和图 10-12。

表 10-3 碎屑颗粒直径大小分类表

名称	砾岩	粗砂岩	中砂岩	细砂岩	粉砂岩	泥岩
颗粒直径,mm	>1	1~0.5	0.5~0.25	0.25~0.1	0.1~0.01	<0.01

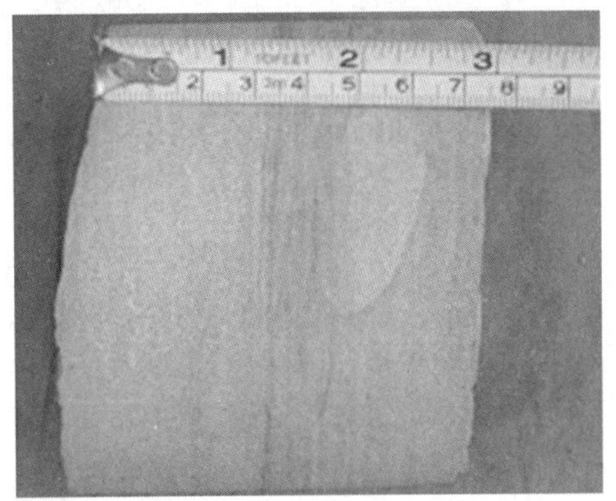

图 10-11 细砂岩

图 10-12 粉砂岩

碳酸盐岩主要由方解石及白云石两种碳酸盐矿物组成。以方解石为主称为石灰岩（图 10-13），以白云石为主称为白云岩（图 10-14）。这就是碳酸盐岩的最基本类型。在我国碳酸盐岩约占沉积岩总面积的55%，尤其是在西南区（滇、黔、川、湘、桂、鄂）等分布更广。碳酸盐岩是重要的生油岩和储油岩。从世界范围来说，碳酸盐岩油田的储量约占世界总储量的 57%，而产量约占世界总产量的 60%。

图 10-13 石灰岩

图 10-14 白云岩

第四节　地层对比

一、基本概念

为了认识整个地区的地质情况，对各个孤立的井眼剖面进行分层、对比，划分出相同或相当的地层，并把各井剖面联系起来，进而从整体上认识沉积地层在纵向上和平面上的分布特征和变化规律，这个过程就叫作地层划分与对比。

全区性井间全井段地层对比称为区域地层对比。局限于油田范围内，对含油层系内部的储层最进行的小层对比称为油层对比。

二、地层划分与对比的依据

在某一个地区，同一时代的地层，如果沉积时环境条件相似，常具有相似的特征，若沉积环境发生变化，则地层特征也会变化，而不同层位的地层常具有不同的特征，这就是地层划分与对比的依据。地层对比应遵循以下规律：

（1）老的沉积在下，新的沉积在上，即沉积成层原理。对比时不允许对比线交叉。

（2）地层连续沉积时，它在空间的变化也是连续的。它表现为相邻井间的地层特征是相同、相似或按一定规律变化的。具体表现如下：

① 岩性变化。在沉积时纵向上的岩性变化是有规律的，横向上的变化（空间的）和岩性分区也是有规律的。

② 岩相变化。岩相是环境的产物，而环境在时间、空间上的变化都是连续的、有规律可循的，众多的岩相标志如粒度、矿物组合、岩性组合等变化也是有规律的，岩相及各个标志都可作为井间地层对比的依据。

③ 厚度变化。在区域上地层厚度变化是有规律的，在小范围内厚度可作为控制对比的因素。

三、现场地层划分与对比技术的应用

（一）岩石地层学法

1. 标准层法

标准层即地层剖面中层位稳定、厚度不大、分布广泛、特征明显的特殊岩性层，具有明显的等时面。利用标准层来控制大段地层，这种划分对地层的方法叫作标准层法。

2. 岩性组合法

岩性组合即地层剖面的岩石类型及其纵向上的排列关系。不同的岩性组合类型是不同沉积环境和不同沉积阶段的产物，而同一地层由于形成条件基本相同或相似，具有相同的组合特征。沉积地层剖面中的岩性组合包括以下几种：

（1）岩性单一，但其他特征有变化；

（2）两种或两种以上岩石类型互层；

（3）以某种岩石类型为主，包含其他夹层；

（4）岩石类型有规律地重复。

3. 特殊标志对比法

在纵向变化大、不易找到标准层的情况下，利用某些岩石特征（如岩石的颜色、特殊成分、结构、构造等）的差异作为对比标志，鉴别地层层位，进行地层对比的方法，称为特殊标志对比法。

（二）构造地层学法

1. 地层接触关系

利用地层间的接触关系来划分对比地层，如整合接触、平行不整合接触、角度不整合接触。

2. 沉积旋回

沉积剖面上相似的岩性组合呈现有规律重复出现的现象叫作沉积旋回。它可分为正旋回、反旋回和完整的旋回。同一个旋回在相当大的范围内具有形成时期上的一致性，所以可用来进行地层对比。

3. 岩浆活动及变质作用

在掌握了一个地区岩浆活动和变质作用的规律及相应的地史阶段以后，就可根据其存在与否来进行地层对比。

（三）注意事项

（1）同一构造没有地层完整的邻井时，可多选几口井对比参考。

（2）对比中地层出现异常时，要根据相应位置和构造关系分析出异常的原因。经常出现的异常分两类：一类是地层层序出现重复、缺失或倒转，这些现象与构造运动有关；另一类是厚度异常变化，除不整合引起的异常外，其他厚度变化都有规律且具区域性特征。如果只出现在个别井段，则与断层有关，对比时可采用由正常井段逼近异常井段的方法找出断层或重复井段。

（3）要求典型井地层资料齐全，对比标志明显，位置适当。

（4）标志层、标准层的古生物、岩性、电性特征明显。

（5）要进行地质分析，使分层闭合误差最小，井间对比连线协调。

（6）地层对比时要区别正断层与不整合所造成的地层缺失。

四、地层对比的应用

鄂尔多斯盆地中生界为大型内陆坳陷湖盆，整体沉降稳定，地层厚度变化不大，采用“标志层控制，厚度近等，旋回对比、分级控制”的对比方法。延长组从下到上发育多套厚度较小、电性特征明显的凝灰岩或炭质泥岩标志层 K0～K9，是三叠系地层对比划分的主要标志，延安组各层之间主要以普遍发育的电性特征非常明显的煤层为标志，安定组顶部的泥灰岩，分布稳定，电性特征明显，可作为全盆地对比标志。鄂尔多斯盆地地层划分见表 10-4。

表 10-4 鄂尔多斯盆地地层划分

地层					厚度 m	主要运动	主要岩性
界	系	统	组	符号			
新生界	第四系			Q	10~200	喜马拉雅运动 晚期燕山运动	黄土、亚黏土夹黄褐色、浅棕色砂质黏土及砾石层
	第三系			R	0~10		红色黏土、沙砾石层，富含钙质结核
中生界	白垩系	下统	洛河组	K_1l	0~770		粉红色块状砂岩，局部夹粉砂岩及泥质条带
			宜君组	K_1y			
	侏罗系	中统	安定组	J_2a	10~620	早燕山运动	顶部为泥灰岩，中部为紫红色泥岩，底部为灰黄色细砂岩
			直罗组	J_2z			灰绿、紫红色泥岩与浅灰色砂岩互层
		下统	延安组	J_1y			深灰、灰黑色泥岩与灰色砂岩互层，夹多层煤，底为厚层状砂砾岩，含油层系
			富县组	J_1f			厚层块状砂砾岩夹杂色泥岩
	三叠系	上统	延长组	T_3y	1000~1100	印支运动	上部为泥岩夹粉细砂岩、碳质页岩及煤层，中部以厚层块状砂岩为主夹砂质泥岩、炭质页岩，下部为长石砂岩夹紫色泥岩，含油层系
		中统	纸坊组	T_2z	330~420		上部灰绿、棕紫色泥岩夹砂岩，下部为灰绿色砂砾岩
		下统	和尚沟组	T_1h	100~120		棕红、紫红色泥岩夹同色砂岩及砂砾岩
			刘家沟组	T_1l	260~280	海西期（无明显的构造运动）	灰色、灰白色块状砂岩夹同色泥岩及砂砾岩
古生界	二叠系	上统	石千峰组	P_3s	250~280	海西期（无明显的构造运动）	下部紫红色砂岩与泥岩互层，上部为棕红色含钙质结核。陕北具工业气流
		中统	石盒子组 上石盒子组	P_2sh	140~160	加里东运动	红色泥岩及砂质泥岩互层，夹薄层砂岩及粉砂岩，上部夹有 1~3 层硅质层
			石盒子组 下石盒子组 盒5	P_2x_5	20~35		上部为桃花泥岩，下部为浅肉红色、浅灰色含泥细砂岩及泥质砂岩，含气层
			盒6	P_2x_6	20~35		褐色、灰绿色泥岩、砂质泥岩，浅灰色泥质砂岩，细砂岩
			盒7	P_2x_7	20~35		浅肉红色、褐灰色、浅灰色泥质砂岩、粉砂岩及中砂岩，含气层系
			盒8	P_2x_8	20~35		浅灰色、灰白色含砾粗砂岩，中粗粒砂岩及灰绿色岩屑石英砂岩（底部为骆驼脖砂岩），主要含气层系
			盒9	P_2x_9	20~40		

续表

地层							厚度 m	主要运动	主要岩性
界	系	统	组			符号			
古生界		下统	山西组	山$_1$		P_1s_1	40~55		灰色-灰黑色岩屑砂岩、岩屑石英砂岩及含泥砂岩夹黑色泥岩（底部为铁磨沟砂岩），含气层系
				山$_2$		P_1s_2	40~55		灰色、灰白色含砾中粗粒岩屑砂岩、石英砂岩夹薄粉砂岩、黑色泥岩及煤层（底部为北岔沟砂岩），主要含气层系
			太原组	太$_1$		P_1t_1	10~20		东大窑灰岩，6号煤层，斜道灰岩(有时相变为七里沟砂岩)。
				太$_2$		P_1t_2	15~25		7号煤层，毛儿沟灰岩、庙沟灰岩，含气层系
	石炭系	上统	本溪组	本$_1$		C_2b_1	20~40		9号煤层，晋祠砂岩（有时相变为吴家峪灰岩），含气层系
				本$_2$		C_2b_2	10~25		铁铝土质岩和砂泥岩，局部夹生物灰岩（畔沟灰岩）
	奥陶系	下统	马家沟	马六		O_1m_6	0~9		灰色、深灰色灰岩和黑色泥岩
				马五$_1$	马五$_1^1$	$O_1m5_1^1$	0~12	加里东运动	灰色、灰褐色细粉晶云岩，深灰色泥质云岩夹黑色泥岩；黑褐色云岩、深灰色含泥云岩，含气层系
					马五$_1^2$	$O_1m_{51}^2$	0~8		
					马五$_1^3$	$O_1m_{51}^3$	0~5		灰褐色、褐色细粉晶云岩，主要含气层系
					马五$_1^4$	$O_1m_{51}^4$	0~6		灰色、深灰色云岩、泥质云岩或灰质云岩夹黑色泥岩，底部为凝灰岩，含气层系
				马五$_2$	马五$_2^1$	$O_1m_{52}^1$	0~4		深灰色、灰黑色含泥云岩、灰质云岩及黑色泥岩
					马五$_2^2$	$O_1m_{52}^2$	0~6		深灰色细粉晶云岩，灰黑色含泥云岩、灰质云岩及黑色泥岩，含气层系
				马五$_3^{1\sim3}$		O_1m_{53}	25~30		灰色、深灰色角砾状云岩、泥质云岩及云质泥岩，间夹薄灰岩层
				马五$_4$	马五$_4^1$	$O_1m_{54}^1$	10~15		灰色粉晶云岩（上部），灰黑色泥晶云岩与深灰色云质泥岩、泥质云岩或灰白色硬石膏岩互层，底部为凝灰岩，含气层系
					马五$_4^{23}$	$O_1m_{54}^{2\sim3}$	25~35	加里东运动	灰色含泥云岩，膏质云岩与泥晶云岩及泥质泥岩互层
				马五$_5$		O_1m_{55}	22~27		灰黑色泥晶灰岩夹黑色泥岩
				马五$_6$			800~900		灰色、灰黑色云岩、泥质云岩
			亮甲山组			O_1I	90		深灰色块状灰岩及白云质灰岩
			冶里组			O_1y	70		浅灰色硅质灰岩

续表

地层					厚度 m	主要运动	主要岩性
界	系	统	组	符号			
古生界	寒武系	上统	凤山组	$\in_3$	30~70	加里东运动	深灰、浅橘黄色块状白云质竹页状灰岩
			长山组	$\in_3c$	90		深灰块状白云质灰岩及竹页状灰岩
			崮山组	$\in_3g$	270		浅黄、灰色块状泥质灰岩夹白云质灰岩
		中统	张夏组	$\in_2Z$	30~120		深灰色颗粒灰岩、鲕状灰（云）岩夹泥灰岩薄层
			徐庄组	$\in_2X$	30~70		暗紫色泥（页）岩夹深灰色鲕状灰岩及云岩、薄层砂岩
			毛庄组	$\in_2m$	30~60	蓟县运动	暗紫色泥（页）岩夹深灰色鲕状灰岩及石英砂岩
		下统	馒头组	$\in_1m$	70		浅灰紫色层状、鲕状灰岩及石英砂岩
			猴家山组	$\in_1h$	100		浅灰色层状含磷砂岩及磷块岩夹结晶灰岩
上元古界 震旦亚界	震旦系			ZZ	180		紫红、紫灰色泥（页）岩及灰白色砾岩夹石英砂岩
	蓟县系			Zj	>1000		灰色浅棕色厚状白云岩、藻云岩、白云质灰岩，底部为石英砂岩、千枚岩
	长城系			Zc	>1000	吕梁运动	肉红色石英岩状砂岩、绢云母石英片岩、杂色片岩
下元古界	滹沱系			ptIh	8000		千枚岩、板岩、石英岩及大理岩
	五台系			ptIw	8000~1600	五台运动	绿色片岩
太古界	桑干系			Ar	9000		深变质花岗片麻岩

（一）延长组 K0 标志层

位于长 9 顶部，岩性为灰黑色泥页岩、页岩及凝灰质泥页岩，电性表现为高电阻、高伽马段，该标志层主要分布在吴旗东—志丹—西河口—洛川—黄龙一带地区，分布稳定，易于对比，是区域地层对比的最主要标志层之一。

（二）K1 标志层

长 7 底部凝灰质泥岩，电性特征为高伽马、高声速、高自然电位、低电阻的“三高一低”特征，其上为在区域广泛分布的高阻泥岩，电性以显著的高电阻、声速、自然伽马和自然电位偏负的特点。该组合标志层分布广泛，易于对比，是唯一的区域性标志层。

（三）K2 标志层

长 6 和长 7 分界线，常出现 2~3 套凝灰岩组合，易于识别，在陕北地区分布广泛，可作为区域辅助标志。

（四）K3、K4 标志层

K3 为长 6_2 底部标志层，是控制长 6 油层组的重要标志，岩性为灰黄色水云母泥岩、凝灰质泥岩，电性特征为低电阻率、低感应、尖刀状高声速时差、大井径、高自然伽马值。陕北地区绝大多数井钻遇到此标志层，是较为可靠的区域对比标志。K4 为长 61 顶标志层，为长 6 和长 4+5 之分界标志，电性特征为高声速、高自然伽马、低密度、低电阻率及尖刀状扩径，厚度小于 1m，岩性主要为黑色泥页岩，该标志层特征不明显，仅为辅助对比标志。

（五）K5 标志层

位于长 4+5 中部，为一组尖峰状高声速、低电阻、大井径、高伽马的典型曲线的组合，该标志层在区域上变化较大，仅为辅助对比标志。另外，在盆地的中南部长 4+5 砂岩不发育，主要为粉砂质泥岩沉积，电位常显得偏正，为典型的“细脖子段”，这种特征可以作为区域对比的一个辅助标志层。

（六）K6、K7、K8 标志层

K6、K7、K8 分别位于长 3 底部、长 2 底部和长 22 顶部，电性特征为低自然伽马、高自然电位、低密度，K6、K7、K8 标志层在区域上分布不稳定，不具有广泛的对比性，仅能作为发育区地层精细对比的标志层。

（七）K9 标志层

位于长 1 底部，为一套黑色泥岩、页岩、炭质泥岩、含凝灰质泥岩。此时电性上表现为低电阻、高声速、高伽马、自然电位偏正等特点，在陕北地区是较为可靠的区域对比标志。

（八）延 7 标志层

延 7 顶煤以高电阻、高声速、低伽马和正异常电位为典型特征，在盆地大部分地区分布稳定，除吴起、甘泉、葫芦河等煤系地层不发育区相变为泥岩。

（九）延 9 标志层

延 9 顶煤往往由 1~3 层煤线组成，是区域对比的一个重要标志层，除吴起、甘泉、葫芦河等煤系地层不发育区外，在盆地其余地区都有分布，特别是在盆地中部的姬塬、马岭、定边等地区特征最为清楚，另外，延 4+5、6、8、10 顶煤以同样的电测反映特征在区域上也有广泛的分布，可以作为地层对比的辅助标志层。

（十）延 10 标志层

延安组延 7、延 8 地层比较稳定，可横向对比。由于受古地貌的影响，延安组延 10 地层变化较大，主要沉积在一级和二级支沟，在高地附近常常缺失。

（十一）安定组标志层

安定组顶部的泥灰岩段，全盆地均有分布，电性上表现为高阻、高伽马段，可全盆地大范围追踪对比。

第五节 岩性描述

一、岩浆岩岩性描述

（一）颜色

将岩心新鲜断面拿远一点，看它的总体平均颜色，颜色浅、灰白色、肉红色等岩石多为酸性岩；较深者、灰色、黑灰色、红褐色等岩石多为中性岩；深色及暗色者多为基性或超基性岩石。

（二）结构、构造

1. 结构

结构是指岩浆岩颗粒本身的特点，如结晶程度、晶粒形态、晶粒形状、大小、矿物间的相互关系、溶蚀情况、分布、基质的结晶程度等。

1）结晶程度

全晶质：岩石全部由矿物晶体组成。

半晶质：岩石中有部分矿物晶体。

隐晶质：岩石由微晶或轮廓不清的晶体组成。

玻璃质：岩石矿物全部未结晶。

2）晶粒形态

全自形晶结构：大部分为自形晶。

半自形晶结构：一部分为自形晶，一部分为他形晶。

他形晶结构：全部为他形晶。

3）晶粒形状

粒状：三轴近似等长。

柱状：两短轴近似相等，一轴较长。长轴小于短轴三倍为短柱状（如辉石），长轴大于短轴三倍者为长柱状（如角闪石）。

板状：两轴较长，一轴较短。

片状：两轴较长，一轴极短。

针状：两轴极短，一轴极长。

纤维状：两轴极短，一轴特长，成束分布。

放射状：纤维状、针状、长柱状矿物呈放射状排列。

4）晶粒大小（粒径）

粗晶：≥5mm。

中晶：5~1mm。

细晶：1~0.1mm。

粉晶：<0.1mm。

5）晶粒分布

等晶结构：主要矿物的晶粒大小大致相同。

不等晶结构：主要矿物的晶粒大小不等。

斑状结构：由成分、晶粒大小明显不同的两种或两种以上晶粒组成的大颗粒（斑晶）散布在小颗粒隐晶质或非晶质（基质）之中。

似斑状结构：明显不同的两种或两种以上色斑散布在小颗粒晶质（基质）之中。

6）矿物间相互关系

根据矿物颗粒间的排布和结合方式分类。

交生结构：两种矿物规律地互相嵌合在一起，如文象结构、条纹结构、蠕虫结构。

反应结构：岩浆在早期结晶矿物周围形成一种新的矿物，如反应边结构、环带结构。

包含结构：在一种矿物大晶体中，包嵌了数种其他矿物晶体。如嵌晶结构、含长结构。

辉绿结构：全晶质，大部分矿物为半自形晶，斜长石自形程度高于辉石，常见于基性浅成岩中。

花岗结构：也称全晶质结构。全晶质，等粒，岩石中矿物大部分为半自形晶，副矿物常为自形晶，铁镁矿物自形晶程度高于硅铝矿物，石英为它形晶，充填于其他颗粒之间，常见于酸性侵入岩中。

2. 构造

岩石构造是指岩石中不同矿物集合体或其他组成部分（如玻璃质）之间的排列方式及充填方式所表现出来的特点，分别描述各种构造形态、大小及分布情况。

（1）块状构造：岩石矿物成分、结构一致，均匀分布。

（2）带状构造：不同矿物呈层状富集，相互交替，也叫堆积构造。

（3）斑杂构造：矿物成分或结构差别很大，呈斑块杂乱分布。

（4）晶洞构造：侵入岩中出现的原生孔洞。

（5）气孔和杏仁构造：气孔的形状、分布情况；后期矿物充填形成杏仁状充填物的成分及大小、形状特征。

（6）流纹构造：不同颜色的条纹或拉长的气孔特征。

（7）球状构造：一些矿物围绕某点呈同心层状分布而成的一种构造，如球状花岗岩、球状流纹岩、球状辉长岩等。

（8）冷缩节理：岩浆岩在形成时，熔体冷却收缩并产生张应力，使岩体破裂而形成一些节理（原生节理），节理面与收缩方向垂直，如花岗岩常有三向节理，玄武质熔岩常有直立的六边形或多边形柱状节理，玻璃质珍珠岩中有大小不等的珍珠状裂开或球弧状节理。

（三）矿物质成分

（1）注意鉴别对定名起主要作用的矿物，如橄榄石、辉石、角闪石、黑云母、斜长石、钾长石、石英、霞石、白榴石等。

（2）在鉴定对定名起主要作用的造岩矿物时，特别要注意区别辉石与角闪石，钾长石与斜长石，结构中的长石与石英。

（3）描述时首先说明岩石中矿物总的情况，分清主次，然后作单矿物特征描述，并分别估计含量。

（四）综合定名原则

颜色+含油级别+特殊含有物+岩石名称。

（五）含油、气、水情况

油气显示分四级进行描述，要突出油、气、水与结构、构造间的关系。例如，流纹岩：淡紫色，具斑状结构，斑晶占15%左右，成分为石英、透长石，一般粒径0.5～3mm，石英呈烟灰色，油脂光泽；透长石无色透明，呈正方形和长条形。基质为玻璃隐晶质，呈紫红色。由紫红色玻璃隐晶质条带与拉长状气孔组成流纹构造，气孔中填充有白色沸石类矿物，不含油。

二、变质岩描述

（一）颜色

颜色指岩心新鲜断面的总体颜色。

（二）矿物成分

除描述含量最多的主要造岩矿物外，还要特别注意变质特征矿物。

若有变斑晶，先描述斑晶，后描述基质成分。若无变斑晶，则一般按矿物百分含量多少顺序，先后一一描述，其中要特别注意特征变质矿物。

常见特征变质矿物有红柱石、蓝晶石、堇青石、十字石、硬绿泥石、透闪石、阳起石、硅灰石、矽线石、方柱石、符山石、滑石、叶蜡石、方镁石等，还有一些矿物虽然不属于变质岩特有，但大量出现，可以作为变质岩的特征，如绿泥石、绿帘石、绢云母、刚玉、石榴石、钠长石等。

（三）结构与构造

1. 结构

描述矿物的结晶程度、晶粒形态、晶粒形状（纤维状、鳞片状、长柱状、针状）、大小、定向排列情况、裂纹、晶粒组合关系。

1）变余（残留）结构

变质重结晶作用不彻底，仍保留原岩的结构特征，如变余凝灰结构、变余斑状结构、变余砾状结构、变余砂状结构、变余花岗结构、变余辉绿结构等。

2）变晶结构

基本上为重结晶，多为全晶质，为不规则形状或半自形晶。

晶粒相对大小：等粒变晶结构、不等粒变晶结构。

晶粒平均大小：粗粒变晶结构（≥3mm）、中粒变晶结构（3mm～1mm）、细粒变晶结构（<1mm）、微粒变晶结构（粒径肉眼难辨）、隐晶质变晶结构（粒径在镜下也不易分辨）。

晶粒形态：粒状花岗变晶结构、鳞片状变晶结构、纤维状变晶结构。

晶粒间的相互关系：包含变晶结构、筛状变晶结构、残缕结构。

3）碎裂结构

岩石受到机械破坏产生的结构，如角砾岩状结构、碎块结构、碎斑结构、糜棱结构等。

4）交代结构

发生交代变质作用，原岩中的矿物被取代、消失形成的矿物结构。主要有交代假象结构、交代蚕食结构、交代残留结构、交代穿孔结构、交代蠕虫结构、交代净边结构、交代斑状结构。

2. 构造

1）变余构造

变余构造是指变质岩中仍保留原岩的构造特征。正变质岩中常见的变余构造有变余气孔构造、变余杏仁构造、变余流纹构造等。副变质岩中常见的变余构造有变余层理构造、变余波痕构造、变余雨痕构造、变余泥裂构造等。

2）变质构造（又称变成构造）

斑点状构造：碳质、硅质、铁质或堇青石、红柱石等矿物雏晶聚集，因温度升高而加大形成变斑晶。

板状构造：柔性岩石受应力，产生平行而整齐光滑的劈理面，肉眼分不出矿物颗粒，原岩组分基本上没有重结晶。

千枚状构造：岩石中片状矿物呈定向排列构成片理，重结晶程度较高，肉眼可直接看到矿物颗粒。

片状构造：大量片状、柱状变形晶矿物，呈定向排列构成片理，重结晶程度较高，肉眼可直接看到矿物颗粒。

片麻状构造：主要为显晶质、变形晶粒状矿物，间夹断续（局部富集）分布呈定向排列的片状、柱状矿物，重结晶程度高。若片状、柱状矿物与粒状矿物分别集中连续分布，在粒度上或色调上相间成层，则为条带构造。

眼球状构造：具有定向构造的岩石中，刚性的矿物颗粒（长石、石英）呈透镜状、扁豆状单晶或集合体，定向平行排列。

条带构造：片状、柱状矿物与粒状变形晶矿物分别集中连续分布，在粒度上或色调上相间成层。

块状构造：岩石矿物成分和结构分布均匀，排列没有方向性。

3）混合构造

混合构造是指混合岩石中脉体及其矿物以不同数量和方式混合形成的构造。如：角砾状、脉状、树枝状、网状等。

（四）其他特征

如断口、光泽、裂缝及风化程度都应描述。

（五）变质岩的肉眼鉴定

变质岩根据其构造可以分为两类：一类是具有片理构造的片状岩石，包括板岩、千枚岩、片岩和片麻岩；另一类是没有片理构造的块状岩石，如石英岩、大理岩等。

片理构造是变质岩的特征之一，根据片理可以区分板岩、千枚岩、片岩和片麻岩。

（六）综合岩石定名

变质岩根据变质作用、变质程度、结构、构造及矿物成分等特征，参照镜下鉴定资料定名。如镜下定名为黑云角闪斜长变粒岩，简化为变粒岩或斜长变粒岩。构造断裂带的原变质岩发生碎裂而形成的新岩石，若原岩特征残留较多，能确定原岩名称时，在原岩名称前冠以“碎裂”。常见的变质岩定名见表 10-5。

表 10-5 变质岩定名表

区域变质岩	混合岩	接变质岩	气液变质岩	碎裂变质岩
1. 板岩 2. 千枚岩 3. 片岩 4. 片麻岩 5. 变粒岩 6. 角闪岩 7. 麻粒岩 8. 榴辉岩 9. 石英岩 10. 大理岩	1. 注入混合岩（角砾状混合岩、条带状混合岩、眼球状混合岩、肠状混合岩、阴影状混合岩） 2. 混合片麻岩 3. 混合花岗岩	1. 斑点板岩 2. 角岩 3. 变质砂（粉砂）、砾岩 4. 片岩 5. 片麻岩 6. 大理岩 7. 石英岩	1. 蛇纹岩 2. 青磐岩 3. 云英岩 4. 次生石英岩 5. 黄铁绢英岩 6. 矽卡岩	1. 碎裂岩 2. 碎斑岩 3. 破碎角砾岩 4. 糜棱岩 5. 千糜岩（千枚状糜棱岩） 6. 假熔岩

（七）含油气水情况

油气显示分四级进行描述，要突出油、气、水与结构、构造间的关系。

（八）描述实例

绿泥石片岩：暗绿色，具鳞片状变晶结构，主要由绿泥石组成。绿泥石呈绿色，片状鳞片状定向排列，有滑感，具珍珠光泽，片状构造。在片理面上可见少量稠油——沥青的物质。

黑云母斜长片麻岩：灰白色，具明显的片麻状构造，中粒等粒变晶结构（花岗变晶结构）。主要矿物成分有斜长石（50%）、石英（25%~30%）、黑云母（20%）。斜长石为白色板状，石英他形，略有拉长状。黑云母为黑褐色，片状，与粒状长英矿物相间分布，使岩石呈现片麻状构造，斜长石有时绿帘石化。

三、沉积岩描述

（一）碎屑岩岩性描述

1. 定名

1）按岩性成分含量定名

含量≥50%，定岩石的基本名，以“××岩”表示；25%≤含量<50%，以“××质”表示，写在基本名称之前；10%≤含量<25%，以“含××”表示，写在最前面；含量<10%，不参加定名，应描述；含量均<50%，则采用复合定名原则，即把 25%≤含量<50%的成分联合起来定岩石的基本名称。

2）按颗粒大小分类

碎屑岩按颗粒大小分类见表 10-6。

表 10-6 碎屑岩分类表

分类		主要颗粒直径 d,mm	肉眼观察
砾岩	巨砾	$d\geqslant1000$	
	粗砾	$100\leqslant d<1000$	
	中砾	$10\leqslant d<100$	
	细砂	$1\leqslant d<10$	小砾(5.00~1.00)
砂岩	粗砂	$0.5\leqslant d<1.00$	
	中砂	$0.25\leqslant d<0.50$	颗粒明显,并能估计出粒径。
	细砂	$0.10\leqslant d<0.25$	颗粒明显,但不易估计其粒径。
	粉砂	$0.01\leqslant d<0.10$	颗粒不清,须用放大镜才能看清颗粒,有粗糙感。
泥岩		$d<0.01$	用一般放大镜看不到颗粒。

3）均一碎屑岩定名

主要粒径颗粒成分大于75%为均一碎屑岩，按主要粒径大小定名，如粗砾岩、粗砂岩。

4）不均一碎屑岩定名

按主次粒径颗粒成分定名。细粒为主，粗粒次之，用“状”表示，如粗砾状细砂岩，粗砂状细砂岩等。粗粒为主，细粒次之，以“质”表示，如细砾质粗砾岩、粉砂质粗砂岩等。主次粒级数量相差较大，次级用“含”表示，如含砾粉砂岩、含砂砾岩等。

特殊矿物、特殊成分或特殊沉积结构，其数量大于15%或面积大于20%者，参加定名。如鲕状灰岩、含黄铁矿细砂岩、碳质中砂岩、凝灰质细砂岩等。

5）填隙物

填隙物是杂基（黏土矿物、白垩土）及胶结物（灰质、云质、膏质、铁质、硅质）的合称。含量25%~50%者，参与定名，用“质”表示。如泥质粉砂岩、高岭土质细砂岩、泥质细砾岩等；白垩土质细粉砂岩、白垩土质砂砾岩、白垩土质细砾岩；灰质中砂岩、膏质粉砂岩、硅质中砂岩、铁质细砂岩等。

6）薄片鉴定命名

有薄片鉴定的碎屑岩定名应参照鉴定报告。如含云细粒次长石岩屑砂岩、细砂质中粒岩屑砂岩、含砾粗粒火山碎屑砂岩等，其结构应与薄片定名吻合。

2. 颜色

（1）单色：颜色均一，单一色调，色调的差别用“深”“浅”表示，如灰色中砂岩、浅灰色细砂岩。

（2）复合色：两种颜色组成，次要颜色在前，主要颜色在后，如灰白色粉砂岩。

（3）杂色：由三种或三种以上颜色组成，所占比例相近，如杂色细砾岩。

（4）纵向上的颜色变化及色斑、色带的排列、分布情况。

（5）颗粒较粗的岩石，写明矿物成分及胶结物原生、次生颜色。

（6）含油气岩石，应区分原油浸染的颜色和本色，能看到的岩石本色应描述。

3. 碎屑成分

碎屑主要由母岩（岩浆岩、变质岩及较老的沉积岩）风化产物及化学沉淀物、少量的火山碎屑及生物碎屑等组成。

主要碎屑及矿物成分以“为主”表示，其余矿物成分分别以“次之”（25%～50%）、“少量”（5%～25%）、“微量”（1%～5%）、“偶见”（<1%）表示。

有薄片资料的，碎屑成分按照鉴定报告，由多到少依次用百分数表示。

4. 结构

（1）包括一般粒径颗粒的主次或百分含量及最大、最小颗粒粒径。

（2）颗粒形状，如卵圆、扁圆、扁长、圆柱形等。

（3）磨圆度。

圆状：棱角已全部磨蚀。

次棱角状：棱角较明显，有磨蚀现象。

次圆状：棱角圆滑，已相当磨蚀。

棱角状：棱角尖锐或有轻微磨蚀痕迹。

（4）表面特征，如裂纹、麻点、霜面、脑纹、风刺痕等。

（5）分选情况。

分选好：均一粒径颗粒含量大于等于70%。

分选中等：均一粒径颗粒含量50%～70%。

分选差：均一粒径颗粒含量小于50%。

有薄片资料的按鉴定报告描述颗粒大小、形状、表面特征、接触关系（点、线、面接触式或基底式）及分选等结构特征。

5. 构造

1）层理

（1）分类。

水平层理：厚度（细层、纹层）、界面清晰程度、连续性、层理面上的特征矿物（生物碎片、云母片、黄铁矿等）。

波状层理：厚度、连续性、界面清晰程度、波长、波高及对称性。

斜层理：厚度、连续性、界面清晰程度、粒度变化、顶角、底角、形态（直线或曲线）。

交错层理：厚度、连续性、倾角、交角、形态。

粒序层理：分选情况，由下而上由粗变细（正粒序）或由细变粗（反粒序）的变化规律。

洪积层理：分选情况，垂向上粗细交替情况、层理面特征。

透镜层理：厚度纵向变化情况，横向延伸情况。

脉状层理：砂质交错层与暗色泥质薄细层在纵向和横向上的分布情况。

韵律层理：纵向上粒级变化及重叠情况。

沙纹层理：沙纹层厚、形态、对称性及叠加情况。

均质层理：厚度、连续性、层理面特征、均质程度。

平行层理：厚度、连续性、层理面特征、平行条纹（剥离线理构造）、冲刷痕及逆行沙波层理。

变形层理：变形褶皱或包卷形态、大小，界面清晰程度及与围岩关系。

其他层理，沙丘状层理、生长层理、羽状层理、攀升层理等形态、大小情况。

（2）层面特征：主要是岩层顶、底面上的构造特征。

波痕：波高、波长、缓坡、陡坡的投影距离及沉积物粒度的变化情况。冲刷痕、压刻痕、侵蚀下切痕外形特征和分布情况。其他特征，如沙球、沙枕等的大小、形状。

（3）颗粒排列情况。

砾石排列：方向性、最大扁平面的倾向、倾角以及与层理的关系。

砂粒排列：主要指细砂级（含细砂级）以上砂粒颗粒排列与成分、层理的关系及颗粒排列是否带韵律性特征等。

（4）地层倾角：能分辨的层界应记录测量倾角。

（5）擦痕：条纹形状、表面性质、表面粗糙程度和透明度。

2）其他构造

其他构造包括滑塌构造、斑块构造、虫孔构造、植物根系痕迹等。

滑塌构造：构造层内外岩性变化情况，卷曲或揉皱的形状、大小，变形、撕裂或破碎程度、伴有小断层。

结核、斑块：矿物成分、形状、直径、表面特征、内部构造与层理的关系和分布状况。

虫孔、爬痕、植物根系痕迹：形状特征和分布情况。

断层面、风化面：特征及产状。

6. 接触关系

接触关系是指上下岩层的颜色、成分、结构、接触界面特征等。

7. 孔隙、裂缝及孔洞

1）孔隙

（1）类型（原生孔、次生孔）、大小、密度、分布状态。

（2）充填物：颜色、成分、结晶程度、形态特征及填充程度。

未充填：未经充填或充填后仍保留中缝、中洞以上的连通缝洞；

半充填：充填不紧密，有50%左右被充填，截面上可看到断续的缝洞；

全充填：全被次生或其他物质充填。

2）裂缝

（1）裂缝按产状及宽度，洞径大小的分类见表10-7、表10-8。

表10-7　按产状分类表

裂缝类别	倾角,(°)
立缝	>75
斜缝	15≤~≤75
平缝	<15

表 10-8　按宽度、洞径大小分类表

裂缝名称	缝宽度，mm
巨缝	>10
大缝	5<~≤10
中缝	1<~≤5
小缝	0.1<~≤1
微缝	0.01<~≤0.1
超微缝	<0.01

按开启程度分类：张开缝，缝内无或有较少充填物；

半张开缝，缝内有充填物半充填；

闭合、充填缝，缝间全部充填或闭合、无空隙，如缝合线、层间缝。

（2）宽度、长度、密度、分布状态。

（3）表面性质：粗糙、光滑、平整、镶嵌等。

（4）充填物：颜色、成分、结晶程度、形态特征及填充程度。

（5）充填程度：未充填、半充填、全充填。

3）孔洞

（1）按孔洞大小、充填情况分类见表 10-9、表 10-10。

表 10-9　按孔洞大小分类

洞径，mm	孔洞类型
>100	巨洞
10<~≤100	大洞
5<~≤10	中洞
1≤~≤5	小洞
<1	孔

表 10-10　按充填情况分类

填充情况	孔洞类型
洞内被部分充填	半充填洞
洞内被全部充填	充填洞
洞内无或有较少充填物	空洞

（2）产状：大小、密度、分布状态。

（3）充填物：颜色、成分、结晶程度、形态特征及填充程度。

（4）充填程度：未充填、半充填、全充填。

4）统计项目

有效缝：相互连通裂缝的条数，单位为条，保留整数。

缝合线：对应岩心段缝合线的条数，单位为条，保留整数。

裂缝总条数：充填缝、张开缝、半张开缝、层间缝和缝合线等裂缝总数，单位为条，保留整数。

缝（洞）密度：岩心柱面上的缝（洞）总数与岩心缝洞发育段长度的比值。裂缝密度单位：条/m；洞密度单位：个/m。图板目测面洞率。

裂缝开启程度：张开~半张开缝数与裂缝总数之比，单位%。

连通情况：未充填和半充填相互连通缝洞数与缝洞总数之比，单位%。

8. 胶结情况

（1）胶结物成分：泥质、灰质、云质、膏质、白垩土质、泥灰质、高岭土质、铁质、硅质、凝灰质等。

（2）胶结物含量：大于10%定为较多，小于10%定为较少。

（3）胶结程度。

坚硬：一般为铁质、硅质胶结，用锤击不易敲碎，断口棱角锋利。

致密：一般为灰质、云质、膏质胶结，锤击较易碎、断口棱角清晰。

中等：一般为泥质或少量灰质、云质、膏质胶结，胶结物较少，锤击较易碎，能掰开。

疏松：一般以粉砂质、白垩土质、高岭土质或少许泥质胶结，用手指能搓成粉末状，甚至岩心取出后即成散沙状。

9. 化石及含有物

1）化石

种类：一般指出大类，有古生物鉴定资料可定出属种。

形态：外形、纹饰和个体大小。

数量和分布情况：用丰度表示相对含量多少，用个别、少量、较多、丰富表示。分布情况有杂乱分散、顺层面富集、成层等表示。

保存情况：完整、较完整、破碎。

2）含有物

自生矿物和次生矿物的晶体：矿物成分、外形、结晶程度、晶粒大小、分布情况。

自生矿物和次生矿物的脉体：矿物成分、脉体宽度、延伸情况、分布情况。

包裹体、结核、气孔等：大小、形状、矿物成分、充填程度及其与层理的关系等。

10. 含油气情况

1）荧光情况

见荧光录井部分。

2）含油情况

孔隙性和缝洞性含油岩心含油级别划分分别见表10-11、表10-12。

表10-11　孔隙性含油岩心含油级别划分表

级别	含油面积占岩石总面积百分比（%）	含油饱满程度	颜色	油脂感	味	滴水试验
饱含油	>95	含油饱满、均匀、颗粒之间孔隙中充满原油，颗粒表面被原油糊满，局部少见不含油的斑块	棕、棕褐、深棕、深褐、黑褐色，看不到岩石本色	油脂感强，染手	原油芳香味浓，刺鼻	呈圆珠状不渗入

续表

级别	含油面积占岩石总面积百分比(%)	含油饱满程度	颜色	油脂感	味	滴水试验
富含油	70<~≤95	含油较饱满、较均匀、含有较多的不含油的斑块、条带等	棕、浅棕、黄棕、棕黄色,不含油部分见岩石本色	油脂感较强,染手	原油芳香味较浓	呈圆珠状不渗入
油浸	40<~≤70	含油不饱满,油浸呈条带状,斑块状,不均匀分布	浅棕、黄灰、棕灰色、含油部分不见岩石本色	油脂感弱,可染手	原油芳香味淡	含油部分滴水呈馒头状
油斑	5<~≤40	含油不饱满、不均匀,多呈斑块条带状含油	多呈岩石本色,灰色为主	无油脂感,可染手	原油味很淡	含油部分滴水呈馒头状
油迹	≤5	含油极不均匀,肉眼难以发现含油显示,有机溶剂溶释后,溶液可见棕黄、黄色	多为岩石本色,局部偶见褐黄色痕迹	无油脂感,不染手	能够闻到原油味	滴水缓慢渗入或渗入
荧光	0	荧光系列对比在6级以上(含6级)	为岩石本色或微带黄色	无油脂感,不染手	个别具有原油味	渗入或呈馒头状

表 10-12 缝洞性含油岩心含油级别划分

含油级别	缝洞壁上见原油情况
富含油	50%以上的缝洞壁上见原油
油斑	50%~10%的缝洞壁上见原油
油迹	10%以下的缝洞壁上见原油
荧光	缝洞壁上见不到原油,荧光检查或有机溶剂滴、泡有显示,系列对比在6级以上(含6级)
含气	无荧光显示,含气试验发现有气泡逸出
含水	有水湿感、盐霜、盐晶析出、滴水试验速渗或缓渗

含沥青及含蜡不分级别，用文字描述。凝析油级别根据油田实际情况确定。

3）含气情况

含气情况不分级别，用文字描述。

4）含水情况

（1）滴水试验：用滴管将清水滴在干净平整的新鲜岩心断面上，观察1min内水珠的形状和渗入情况。

速渗：滴水后立即渗入。

缓渗：滴水后水滴向四周立即扩散或缓慢扩散，水滴无润湿角或呈扁平形状。

微渗：水滴表面呈馒头状，润湿角在60°~90°。

不渗：水滴表面呈珠状或扁圆状，润湿角大于90°。

（2）含水特征

水层：明显水湿，断面有水珠外渗现象，久放仍有潮湿感，岩心表面有一层盐霜，滴水后立即渗入。

弱含水层：有潮湿感，放一段时间后，潮湿感消失，局部岩心可见灰白色盐霜斑块，滴水扩散或缓渗。

（二）泥（页）岩岩性描述

（1）定名。按颜色、含油级别、岩性的顺序进行岩石定名。泥岩中页状层理发育的称页岩，不发育的称泥岩。

（2）颜色。有次生颜色如色斑、色带应单独描述。

（3）纯度。纯度指泥岩中砂质、钙质、云质、膏质、盐质、碳质、凝灰质、铝土质、硅质等含量多少。描述为：富含×质（20%～25%）、含×质较强（15%～20%）、含×质中等（10%～15%）、含×质较弱（5%～10%）、微含×质（<5%）或不描述。有碳酸盐岩含量分析的，钙质、云质含量用碳酸钙、碳酸镁钙百分含量表示。

（4）物理性质。

① 软硬程度：软（指甲）、较硬（小刀）、硬（小刀用力）。

② 可塑性：好（吸水后可揉搓成细长条，不易断）；中等（吸水后可揉搓成条，易断）；差（吸水后不能揉搓成条）。

③ 断口形状：平坦状、贝壳状、参差状、鱼鳞状、阶梯状、锯齿状、土状。

（5）构造。重点描述泥裂、雨痕、晶体印痕等。

（6）化石及含有物。

（7）含油气情况，裂缝、节理等，油、气或沥青充填和浸染、荧光显示情况，同碎屑岩。

（三）碳酸盐岩岩性描述

1. 定名

1）定名原则

以成分为主，颜色为前冠，结合岩石结构、构造、缝洞、含有物、含油气等特征进行定名。成分含量均小于50%、含量相近，主要名称定为碳酸盐岩，如含砂泥灰岩。

2）按成分定名

碳酸盐岩是主要由方解石、白云石等碳酸盐矿物组成的沉积岩。以方解石为主的是石灰岩、以白云石为主的是白云岩，这是碳酸盐岩的两个基本的岩类。现认为碳酸盐岩是以化学成因为主，又兼有机械成因和生物化学成因的岩类，对碳酸盐岩的分类命名，采用以成分为主、结构为辅的分类命名方法，必要时含量油气产状及特殊意义的构造、含有物也可以参加定名。

根据碳酸盐岩中的矿物相对含量进行分类，采用两端元分类法，见表10-13。

表10-13　方解石和白云石组分相对含量定名表

岩石类型		方解石，%	白云石，%
灰岩类	灰岩	100～95	0～5
	含云灰岩	95～75	5～25
	云质灰岩（或云～灰岩）	75～50	25～50

续表

岩石类型		方解石,%	白云石,%
云岩类	钙质云岩(或灰~云岩)	50~25	50~75
	含灰云岩	25~5	75~95
	云岩	5<0	95~100

在实际使用中往往会出现第三种成分，两端元的分类就不够用了，因此三端元三级命名比较适用，参考表 10-14。

表 10-14　方解石、白云石和第三种成分组成的混合岩类型表

岩类	方解石,%	白云石,%	黏土矿物,%	岩石名称
灰岩类	50~75	5~25	5~25	含泥含云灰岩
			25~50	含云泥(质)灰岩
		25~50	5~25	含泥云(质)灰岩
云岩类	5~25	50~75	5~25	含泥含灰云岩
			25~50	含灰泥(质)云岩
	25~50		5~25	含泥灰(质)云岩
泥岩类	5~25	5~25	50~75	含灰含云泥岩
			50~75	含云灰(质)泥岩
	25~50	25~50	50~75	含灰云(质)泥岩

3）按结构定名

碳酸盐岩按结构定名见表 10-15。

表 10-15　按结构定名表

分类	灰泥含量 %	颗粒含量 %	颗粒				
			内碎屑	生物颗粒	鲕粒	球粒	藻粒
颗粒灰岩	<5	≥95	内碎屑灰岩	生粒灰岩	鲕粒灰岩	球粒灰岩	藻粒灰岩
含灰泥颗粒灰岩	5~25	95~75	含灰泥内	含灰泥	含灰泥	含灰泥	含灰泥
			碎屑灰岩	生粒灰岩	鲕粒灰岩	球粒灰岩	藻粒灰岩
灰泥质颗粒灰岩	25~45	75~55	灰泥质内	灰泥质	灰泥质	灰泥质	灰泥质
			碎屑灰岩	生粒灰岩	鲕粒灰岩	球粒灰岩	藻粒灰岩
灰泥~颗粒灰岩	50±5	50±5	灰泥~内	灰泥~	灰泥~	灰泥~	灰泥~
			碎屑灰岩	生粒灰岩	鲕粒灰岩	球粒灰岩	藻粒灰岩
颗粒质灰泥灰岩	55~75	45~25	内碎屑质	生粒质	鲕粒质	球粒质	藻粒质
			灰泥灰岩	灰泥灰岩	灰泥灰岩	灰泥灰岩	灰泥灰岩
含颗粒灰泥岩	75~95	25~5	含内碎屑	含生粒	含鲕粒	含球粒	含藻粒
			灰泥灰岩	灰泥灰岩	灰泥灰岩	灰泥灰岩	灰泥灰岩
灰泥灰岩	≥95	<5	灰泥灰岩	灰泥灰岩	灰泥灰岩	灰泥灰岩	灰泥灰岩

2. 颜色

同碎屑岩。

3. 矿物成分

石灰岩由方解石组成，白云岩由白云石组成。根据碳酸盐岩含量分析数据和镜下观察鉴定结果，碳酸盐岩及酸不溶物主要成分（如泥质、砂质、硅质、膏质等）大于10%的，以百分比表示。碳酸盐岩现场鉴定方法：稀盐酸法、碳酸盐岩含量测定。

1）稀盐酸法（常用5%～10%盐酸）

纯石灰岩：遇足量稀盐酸起泡强烈，状似沸腾，能溅起小珠，并有嘶嘶声，全部溶解，残液洁净。

泥灰岩：遇稀盐酸后起泡少，反应速度很快减慢，反应残液浑浊有泥质沉淀。

白云质灰岩：遇稀盐酸微弱起泡，并能持续一段时间。遇热盐酸起泡剧烈。

灰质白云岩：遇稀盐酸，片刻才微微起泡，遇热盐酸起泡剧烈。

白云岩：遇稀盐酸不起泡，遇热盐酸起泡剧烈。

白云化灰岩：加稀盐酸后起泡少，酸解后颗粒表面常因保留白云石晶体而显粗糙，遇热盐酸起泡剧烈。

2）碳酸盐岩含量测定法

（1）连接仪器系统，按仪器操作规程调零、校正。取1g碳酸钙（分析纯）置于锥形斜坡上（绝不可有粉末落入盐酸槽内），注入20%盐酸5mL于圆形罐底部的凹槽内（绝不可把盐酸溅到样品中），按操作步骤进行仪器调零、校正，确认仪器满量程。

（2）放入岩屑样品和盐酸。完成分析仪量程刻度后，清洗反应池，将要分析的碳酸盐岩岩样粉末1g和注入20%盐酸5mL按操作步骤放入并密封。

（3）启动分析仪进行碳酸盐岩含量测定。将岩样与盐酸进行反应，同时启动分析仪工作，进行碳酸盐岩含量分析测定，同步打印分析数据图表。

（4）碳酸盐岩含量分析测定完成后，清洗晾干反应池备用。

（5）记录分析结果。

4. 结构

1）颗粒

内碎屑：描述形态、主要成分及结构、圆度、分选、保存程度、包裹物、分布情况等，对岩心中的竹叶状砾屑还应描述排列情况（水平或倾斜）及大小（以长×宽表示）。

鲕粒：描述形态和结构特征，鲕径（最大、最小及一般）、鲕核成分、圆度、分选、保存程度、包裹物、分布情况等。具有内孔的应描述。

生物颗粒：简称“生粒”，描述其生物种类、大小（按形态分别表示其长度或体积）、保存程度、包裹物、排列分布情况等。

球粒：描述颜色、主要成分、粒度、磨圆度、分选、保存程度、包裹物、分布情况等。

藻粒：描述颜色、粒度（最大、最小及一般）、圆度、分选、保存程度、包裹物、分布情况等。具有同心层的（藻类结核），应描述外部形态及层间结构和成分等。

变形颗粒：描述形态（如扁豆状、拖拉状、蝌蚪状、锁链状等）及其占原始颗粒的比例。

残余颗粒：指白云化后具有残余结构的灰岩颗粒。白云化极强：白云石含量大于75%时，原生结构只留下痕迹或近于绝迹，描述白云石晶粒大小及结构。白云化程度中等～强：

白云石占50%~75%，原有颗粒尚可鉴定，则称残余颗粒，描述时，原生结构前加“残余”二字，如“残余砂屑”“残余鲕粒”等，描述白云石结构形状。白云化程度弱~中等：白云石少于50%，原始颗粒结构变化不大，描述原生结构。

2）泥

泥又叫“基质”“灰泥”“泥屑”“泥晶”“隐晶”，描述其分布情况（均匀、不均匀）。

3）特殊矿物

描述陆源碎屑矿物、黄铁矿、沥青质、膏质、泥质、硅质（燧石结核及团块）等的分布情况，含量用百分比表示。

4）晶粒

结晶碳酸盐岩的主要结构。描述粒度、分选、透明程度（透明、半透明、不透明）、形状特征及结晶程度（自形晶、半自形晶、它形晶），晶体相对大小、特征（晶体周围之斑晶、包含晶）、包裹体和成岩后生作用等。碳酸盐岩颗粒、晶粒粒级与碎屑岩碎屑划分方法一致。

5）生物格架

描述生物类属、大小、形态、分布情况。

5. 构造

（1）叠层石构造：亮、暗色层的主要成分、藻类组分含量、形状（如层状、柱状）及纹层的韵律变化等。

（2）迭锥构造：锥的高度、角度、形状（单锥或复锥）、内部结构及条纹的清晰程度。

（3）鸟眼构造：大小、形状（扁平状、窗格状等）、发育程度（成群排列方式或单个出现）、充填物成分、充填程度及其周围物质成分等。

（4）示底构造：洞穴上部及下部充填物主要成分、颜色、结构、界面特征、洞穴发育程度及周围基质成分等。

（5）虫孔构造：大小、类型（穿孔、虫穴等）、与层面的关系（垂直状、倾斜状、弯曲状、水平状等）、发育程度及周围基质成分等。

（6）缝合线构造：形态（锯齿状、波状、网状、棱角状等）、产状（与层面呈平行、斜交或垂直分布）、凹凸幅度、延伸长度、宽度、与充填物的接触形式（绕过或切穿）等。

（7）其他：盐类假晶、斑块构造及反映岩石基本面貌的竹叶状、豹皮状、花斑状、纹层状、疙瘩状、蜂窝状等的矿物成分、形态、大小或厚度。

6. 物理性质

成岩性（好或差）、硬度、韧性及脆性、断口形状（参照泥质岩类断口，还有粉晶结构的岩石一般具有陶瓷状断口，砂屑鲕粒结构的岩石多具有砂状断口，风化壳附近富含白垩土的灰岩具有土状断口）等。

7. 孔隙、裂缝及孔洞

同碎屑岩。

8. 胶结物

描述成分、胶结程度、透明度、胶结形态。如栉壳状或镶嵌晶状。

9. 含油气水情况

同碎屑岩。

（四）火山碎屑岩岩性描述

1. 定名

按三级定名原则及原始岩浆成分、特征定名。

（1）未受次生变化的火山碎屑岩，分为集块岩、火山角砾岩和凝灰岩。

（2）根据碎屑形态、成分等特征定名，如流纹质晶屑凝灰岩。

（3）经受次生变化（蚀变）的火山碎屑岩定名，如“蚀变凝灰岩”“硅化凝灰岩”“变质流纹质晶屑凝灰岩”等。

2. 成分

1）岩石碎块

早期凝结的熔岩、火山通道的围岩及火山基底的岩石碎块，大多数呈棱角状，一般小于2mm 为岩屑，大于等于 2mm 为岩块。

2）火山弹

火山爆发时抛向空中的塑性熔浆团飞行旋转的落物，常呈纺锤形、椭球头、麻花状、陀螺状、饼状、梨状等。

3）浮岩块与火山渣

火山爆发初期，熔浆上浮岩块为浮岩块，密度小于 $1g/cm^3$。富含气体熔浆的爆炸物，抛向空中凝结成火山渣，形似炉渣。

4）塑性岩屑

未冷凝的塑性岩屑，被拉长、压扁变形而成。

5）晶屑

熔浆在地下早期析出的斑晶，含少量围岩中的矿物晶体的碎片，如石英、长石、角闪石、辉石、黑云母等。

6）玻屑

为火山喷发过程中形成的玻璃质碎片，具有弓形、弧形及月牙形边界线。

7）塑性玻屑

炽热的玻屑或岩浆屑在上覆火山堆积物的压力下，经塑性变形拉长、扁化及冷却而成，一般小于 2mm。

3. 其他特征

颜色、构造、孔隙、裂缝及孔洞、胶结情况、含油气水情况，同碎屑岩描述。

（五）其他岩类岩性描述

（1）煤层：质地、光泽、可燃情况、含有物及其分布情况。

（2）油页岩：质地、页理发育情况、燃烧情况、含有物及其分布情况等，其他参见泥岩岩性描述。

（3）介形虫层：胶结物及胶结情况，介形虫个体保存情况等，其他参见碳酸盐岩岩性描述。

第十一章　录井设备

本章主要介绍陆上综合录井队的设备配备要求、技术指标及工作环境。

第一节　综合录井队设备

综合录井队设备主要有综合录井仪、地质房和安全防护设备及设施。

一、综合录井仪

综合录井仪主要由综合录井仪器房、传感器、信号采集系统、气体分析系统和综合录井软件系统组成。

常用的综合录井仪有上海神开 SK-2000G 综合录井仪、DLS 综合录井仪。

(一) 综合录井仪器房

综合录井仪器房为设备放置和人员操作提供空间。

1. 房体设计及布局

为方便设备频繁的搬家运输，除少量车载录井仪外，综合录井仪器房大都采用集装箱设计。除海上平台和特殊要求的录井现场有特殊要求外，仪器房规格尺寸符合以下要求：长 6.0~9.5m，宽 2.4~2.6m，高 2.4~2.9m。外墙和顶板采用 1.6~4mm 的波纹型钢板、瓦楞型钢板或平钢板。部分仪器房箱体有拖橇，箱体外框有支撑梁结构，上部四角有吊装环。

仪器房布局无统一标准，主要考虑设备放置和工作人员操作方便和安全性，一般分为设备区、操作区和储罐区，各区域不严格区分。仪器房内配备冷暖空调系统和紧急照明设备，设水密防火门主通道、观察窗和应急逃生出口。

2. 电源系统

录井仪电源系统由供电、隔离变压器、配电、不间断电源（UPS）、接地和防雷保护装置组成。

1）供电

综合录井仪满负荷功率 15kW 左右，供电都采用三相交流电，三相四线制输入居多（也有三相三线制），一般能够兼容电源电压 220V/380V/440V 及频率 50Hz/60Hz 多种电源输入，现场多由石油钻井发电机供电。

2）隔离变压器

隔离变压器将不同的供电电压统一调节为满足仪器房电气设备使用的 220V(110V) 交流电、抑制电源谐波并将电源输入输出完全电气隔离，保护人员和设备安全。

3）配电

配电包括电源保护和分配。电源保护主要有过压、欠压、缺相、过载、漏电保护、相序、接地保护及电源指示（电压、电流、频率及状态）等。电源分配考虑三相负载平衡，大功率设备分接到不同相并单独控制。

4）UPS(不间断电源)

一般采用宽频宽压在线式不间断电源系统，在正常供电时起到稳频稳压作用，在停电时为仪器提供后备电源，防止突然断电导致计算机系统的数据丢失和系统崩溃。一般需要保证重要设备稳定运行 20min 以上。

5）接地和防雷保护

为保证用电安全，仪器必须可靠接地，在雷电多发区域，还需要增加防雷设备以保证人员及设备安全。

3. 正压防爆系统

正压防爆系统应用于防爆录井仪器房中，防爆仪器房适用于陆地和海上平台石油勘探二类的一区、二区危险区域。系统通过对压力、增压风流速、有毒气体、可燃气体、火警等信号的探测，对正压防爆录井仪器房的电源供给进行连锁控制，并对各种报警参数、换气进程及其他指示进行实时显示和报警。

1）正压防爆系统组成

正压防爆系统由增压风机、耐火耐高温风管、总电源控制开关、检测传感器（空气流量、室内温度、烟气含量、可燃气体、有毒气体、仪器房内外压差）、防爆系统控制箱、防火风闸、应急切断开关、防爆应急灯具等单元组成。

2）仪器房防爆原理

其原理是仪器房壳体强度和密封性达到防爆技术要求，仪器房内气压略高于环境气压，从而达到仪器房内所有电气设备防爆的目的。防爆系统控制之外的电器设备必须是防爆电器设备，防爆系统控制之内的电器设备由防爆系统控制。当仪器房总电源打开时，首先系统自动开启防爆鼓风系统，由防爆鼓风机抽取离井口 30m 以外的新鲜空气进入仪器房，对仪器房内的空气进行替换，替换 3 周时间后，在控制条件满足的情况下，自动开启总电源、然后可以开启控制电源，开启仪器房内电器设备。在开启过程中或仪器运行中，如果防爆控制的条件得不到满足，首先报警；如果在规定的时间内，控制条件仍不能得到满足，或直接达到报警上限，系统自动断电，从而达到防爆的目的。

（二）传感器

录井参数的测量采集和自动控制设备，大量使用各种不同功能和类型的传感器。传感器也称为发送器、传送器、变送器、检测器、探头。

1. 传感器种类

同一个物理量可以采用多种不同类型和测量原理的传感器来进行测量，目前综合录井仪上使用的传感器类型相对固定，涉及的传感器主要有以下几种类型：

1）压力传感器（压阻式应变传感器）

压力传感器是录井设备中最常用的传感器类型，包括测量大钩负荷、机械扭矩、立管压力等参数的传感器均为不同类型和量程的压力传感器。

2）电容式差压传感器

电容式差压传感器（相对压力传感器）在录井上主要应用于钻井液密度测量。

3）感应式电导率传感器

感应式电导率传感器在录井上主要应用于钻井液电导率的测量。

4）电阻式传感器

电阻式传感器在录井上主要应用于出口排量、温度、浮球液位、大钩高度的测量。

5）脉冲信号传感器

除早期使用的拔杆式泵脉冲传感器为机械触点接触测量外，现在使用的接近开关均为非接触式测量。脉冲信号传感器在录井上主要应用于绞车、泵冲、转盘转速的测量。

6）电流传感器

电流传感器在录井上主要应用于转盘扭矩的测量，如电动扭矩传感器。

7）超声波传感器

超声波传感器在录井上主要应用于钻井液体积的测量，如超声波液位传感器。

8）半导体气体传感器

综合录井仪中常用的半导体气体传感器有硫化氢、二氧化碳等传感器。

9）电化学气体传感器

综合录井仪中常用于硫化氢监测。

10）红外吸收型传感器

不同的气体对应不同的吸收光谱，对特定波长的光有较强的吸收。在综合录井仪中，检测二氧化碳、一氧化碳和甲烷等单一气体多采用红外吸收型传感器。

2. 测量参数及传感器安装

1）大钩负荷

（1）大钩负荷传感器安装。

大钩负荷传感器安装在死绳固定器上，通过液压管线与死绳固定器的液压系统连接，死绳固定器的液压系统与大钩负荷成比例关系，当钻机大钩负荷变化时，对死绳固定器液压系统产生的压力信号就传递到大钩负荷压力传感器，传感器量程一般选择0~6MPa。

张力传感器安装在钻井提升系统钢丝绳的死绳段上，在提升系统轻载的情况下，把张力传感器卡装在钻台面以上死绳段上，调节旋转扳手，使钢丝绳在传感器内端弯曲，钢丝绳的纵向张力传导到传感器的压力检测端，通过标定刻度得到实际大钩承载负荷。

（2）大钩负荷参数应用。

大钩负荷参数是对钻机提升系统负荷的直接测量，是井深测量及钻井工艺控制中的关键参数。钻井施工过程中钻压的计算、钻进、接单根、下钻、起钻的重载、轻载工况判别，都和大钩负荷参数有直接关系，同时也是各种工况下异常和事故判断（挂、卡、钻具断落）的重要参数。

2）立管压力

（1）立管压力传感器安装。

立管压力传感器安装在钻机循环系统的高压立管上（一般在钻台面以上的立管上），立管内钻井液的压力通过隔离缓冲器（或直接）传递到立管压力传感器。隔离缓冲器作用是通过弹性胶囊和液压油将钻井液与传感器隔离，避免钻井液对传感器的腐蚀。也可直接将无腔压力传感器安装在高压立管上，钻井液与传感器的压力检测膜片直接接触。量程一般选择0~40MPa。

（2）立管压力参数应用。

立管压力是循环系统的主要参数之一，钻井过程的钻井水力参数、压力损失及钻井速度都与立管压力参数有着密切关系，同时立管压力的变化也反映循环系统的工作状态，钻具刺漏、断、钻头水眼脱落、堵、井壁垮塌、钻井液漏失、钻井泵故障等在立管压力上都有明显的反应，是这些事故预报的主要参考参数。在固井、压井施工的不同阶段，立管压力的变化能够直接反映施工过程的工况。

3）套管压力

（1）套管压力传感器安装。

套管压力传感器安装在井口防喷四通或距井口3~6m处的节流管汇上，当关闭防喷器时套管内钻井液的压力通过隔离缓冲器（或直接）传递到套管压力传感器。

套管压力传感器量程原则上必须与钻机的防喷器、节流管汇的压力标准相匹配，一般使用0~70MPa，部分高压井要求使用量程为0~110MPa的传感器。

（2）套管压力参数应用。

套管压力和立管压力是钻井井控作业中两个重要的压力数据，套管压力结合井深、钻井液密度等数据可以推算出地层压力，进而可以计算出原钻井液密度和压井液量，为井控作业提供依据，同时压井施工中，套管、立管压力的变化也直接反映着施工过程情况。

4）扭矩传感器

（1）扭矩传感器安装。

过桥轮式机械扭矩传感器安装在钻盘驱动链条下方。将转盘驱动链条紧边张力通过过桥轮（机械惰轮）传递到与液压活塞缸内与液压油连通的压力传感器，压力传感器信号与转盘扭矩呈现线性比例关系，此处压力传感器量程一般选择0~6MPa。

电动钻机的旋转系统（转盘或顶驱）使用大功率电机作为旋转动力驱动钻具旋转，旋转扭矩的大小与电机的驱动电流成线性比例。在电动钻机上，电扭矩传感器安装在驱动转盘的电动机动力电缆上，电源线穿过传感器的中心，电源方向要与传感器上标识的方向一致，其量程一般使用0~100A。

使用顶驱的钻机，顶驱系统提供信号输出接口，直接将信号接入即可。特别要注意信号类型（电流输出或电压输出），接入不同的隔离转换模块处理。

（2）扭矩参数应用。

扭矩参数是一项重要的钻井工程参数，钻头的工作情况、钻具的摩阻、井底落物、井壁坍塌以及地层的变化在扭矩参数的大小和变化幅度上都有直接的反应。

5）大钩高度

（1）大钩高度传感器安装。

绞车大钩高度传感器安装在司钻操作台一侧绞车滚筒轴端导气龙头处，绞车滚筒旋转带动传感器轴转动，并固定良好、转动灵活、做好密封防水处理。

由于滚筒上钢丝绳每层直径的影响，绞车输出与大钩高度呈现非线性关系，需要结合绞车滚筒参数［滚筒直径、滚筒长度、钢丝绳直径、钢丝绳股数（或动滑轮个数）、初始层数、初始圈数等］进行线性矫正或采用多点标定法计算出大钩高度。

（2）大钩高度参数应用。

大钩高度是井深测量的关键参数，结合轻重载状态实现井深、钻头深度参数的计算。井深参数是综合录井中最重要的参数，所有其他参数都需要与井深对应才有实际意义，地质工作中的地层对比、岩性归位、油气水显示层位、资料评价解释等都必须以井深为依据。钻井工程中，参数的异常显示、地层压力的评价与预测以及施工过程的钻具结构、井深结构等都是以井深为依据，因此井深和钻头位置测量的准确性直接影响到钻井施工的质量和地质录井资料的质量。

6）钻井液密度、温度及电导率（出口、入口）

（1）钻井液密度、温度及电导率传感器安装。

钻井液密度、温度及电导率传感器用来测量出口、入口钻井液的性能。出口传感器安装在出口缓冲灌中，测量从井底返出的钻井液性能。入口传感器安装在与钻井泵直接连接的入口钻井液流动平稳处，远离搅拌器，测量泵入井筒的钻井液性能。

（2）钻井液密度、温度及电导率参数应用。

钻井液是录井作业的主要工作对象，钻进过程中，从井底返出的钻井液携带大量的地层和地层内流体的信息，钻井液性能的变化可以间接反映出地层及流体的状况（例如地温梯度异常与地层压力变化有直接关系）。地层中的油气水进入井筒会影响钻井液的性能，对比分析钻井液密度、温度及电导率出入口参数，结合色谱气体数据等参数可以及时发现和判断地层出现的异常情况及油气水显示。

7）钻井液池体积

（1）钻井液池体积传感器安装。

钻井液池体积传感器安装于远离搅拌器一侧液面平稳处，通过钻井液液位测量钻井液体积。现场普遍使用超声波液位传感器或浮球液位传感器。

（2）钻井液体积参数应用。

钻井液体积参数是钻井工程的重要参数之一。在钻进过程中，井筒内钻井液与地层间物质交换最直观的反映就是钻井液体积的变化。地层压力与钻井液液柱压力的不平衡，会导致地层流体（油、气、水）与钻井液发送交换，出现井涌、井喷、井漏、井壁坍塌等严重事故。钻井液体积的检测对于地层压力预测、井控工作、钻井安全等有着非常重要的意义。

8）出口流量

（1）出口流量传感器安装。

靶式流量传感器出口流量探头安装在高架出口管线距井口 2~3m 的地方。挡板可在管内空间自由摆动，浸入深度以不被沉砂搁置为宜，通过钻井液流动时冲击挡板带动电位器旋转，可测量出口钻井液流量的相对变化。

超声波式流量传感器安装在钻井液出口槽上，测量出口槽内流动钻井液液面的高度间距，测量出口钻井液流量相对变化量。

（2）出口流量参数应用。

钻井液出口流量是钻井循环系统中一项重要的参数，正常钻井过程中，钻井液出口流量的变化可以第一时间反映地层发生的异常变化（流体进入井筒或钻井液漏失进入地层），溢流和井漏是钻井过程中危险的异常现象，若不能及时发现，可能会造成井塌、井喷等井下复杂情况，因此实时检测出口钻井液流量的变化，及时发现异常对于钻井安全有着特殊重要的意义。

9）泵冲传感器

（1）泵冲传感器现场安装。

泵冲传感器安装在泵减速轮轴旁或泵拉杆窗上的一端。在轴上先焊好激励铁块，对准激励铁块调好传感器距离，距离不大于30mm，既要保证检测准确，又要保证不因距离过近易打坏传感器，过远检测不到信号。

安装传感器的信号电缆要架空固定。

（2）泵冲参数应用。

泵冲参数是钻井施工过程循环系统的基本参数。泵冲参数结合钻井泵活塞缸参数（活塞缸数、缸套直径、冲程、上水效率等），可以计算出单位时间泵入井内的钻井液量（排量）和累计量，结合井眼，钻具参数，可以计算出迟到时间、迟到井深。与钻井液性能参数以及立管压力、地面管汇参数等结合可用于钻头水功率等复杂的钻井水力学应用计算等。

10）转盘转速传感器

（1）转盘转速传感器安装。

转盘转速传感器安装在转盘底座上，金属激励物固定在转盘上。

（2）转盘转速参数应用。

钻盘转速加上工具的转速即为钻头转动速度，钻头转数是钻井参数优选及钻井状态判断的重要工程参数之一，不同地层、不同钻头旋转速度有不同的要求，以使钻头达到最佳工作状态、最快的转速。另一方面实时检测转盘转速的变化，结合其他参数，可以判断钻头的工作状态以及发现井下异常情况。

11）硫化氢传感器

（1）硫化氧传感器安装。

录井仪至少配备3个硫化氢传感器。出口硫化氢传感器安装在钻井液出口缓冲罐上方，钻台硫化氢传感器安装在圆井眼距地而30~60cm的位置，室内硫化氢传感器通过连接件安装在样品气放空管线上。

（2）硫化氢参数应用。

硫化氢是一种剧毒的气体，一方面直接威胁到钻井现场施工人员的人身安全，另一方面硫化氢气体溶于水后生成强酸，对钻具有严重的腐蚀作用，威胁到钻井施工的安全。因此，硫化氢气体的检测和预警是确保人员和设备安全的重要手段。

12）二氧化碳传感器

二氧化碳传感器通过连接件安装在样品气放空管线上。

13）可燃气体传感器

可燃气体传感器安装在仪器房空气流通良好处，一般安装在机柜后方。

（三）信号采集系统

信号采集系统是将外部传感器测量的电信号经室外分线盒和多心电缆送入仪器房内的数据采集箱。数据采集箱中的隔离转换模块对外部传感器采集到的信号进行分类隔离转换处理，转换为数字信号，并传输给计算机。

1. 气体分析系统

气体分析系统主要由全量检测仪、组分检测仪、空气压缩机、氢气发生器、硫化氢传感器、二氧化碳检测仪等设备组成。

根据仪器不同可分为 2 种类型

非色谱气测——利用各种烃类气体燃烧温度差异，将甲烷与重烃分开；只能得到甲烷、重烃或全烃的含量。

色谱气测——利用色谱原理进行分析，是一个连续进行、自动记录体系，可将天然气中各种组分（主要是甲烷至戊烷）分开，分析速度快，数据多而准确。

气体分析主要采用色谱法分析技术，主要利用色谱柱将样品气内各组分分离，然后利用检测器依次检测已分离出来的组分。色谱柱填充的吸附剂或溶剂称为固定相，流动相是在色谱柱内流通，与样品和固定相都不发生反应的流体，按流动相的形态可分为液相色谱和气相色谱。录井中一般使用气相色谱仪。气相色谱仪是利用色谱原理的气体分析仪器，测量样品气中的全量，甲烷 C_1、乙烷 C_2、丙烷 C_3、正丁烷 $n\text{-}C_4$、异丁烷 $i\text{-}C_4$、正戊烷 $n\text{-}C_5$ 和异戊烷 $i\text{-}C_5$ 的组分含量。色谱仪的分析结果是油气水评价最主要的参数，直接反应地层中油气含量。

2. 综合录井软件系统

综合录井仪种类众多，其配套软件也各具特色，目前，综合录井仪软件按操作系统可分为 WINDOWS 系统和 UNIX 系统。综合录井软件联机部分主要包括传感器信号采集、实测参数标定、参数计算、公共数据区（CDA）、数据存储与转换、数据输出与显示、异常预报、数据通信以及其他等功能，资料处理部分包括含各类录井报表、井斜计算绘制、钻井水力分析、录井长图绘制、地层压力评价、油气水层评价和压井分析和固定分析等功能。

二、地质房

地质房内应配备电烤板（电烤箱）、洗样盆、洗样筛、水桶、3m 和 15m 钢卷尺、双目显微镜、刻度放大镜、荧光灯、密度计、黏度计、试管架、刻度试管、研钵、镊子、滴瓶、天平、地质专用榔头、普通商用计算机一台、打印机一台及常用工具一套。

其中刻度放大镜要求刻度间距在 0.25mm 以下，最低放大倍数 10 倍；荧光灯要求灯管功率：3×4W；紫外线波长：350~365nm；密度计要求测量范围：0.8~3.0g/cm^3，分度值：0.01g/cm^3；黏度计要求网底以下容量：1500mL，筛网孔径：1.6mm，当向漏斗注入 1500mL 标准蒸馏水时流出 946mL 标准蒸馏水的时间为 26s±0.5s；天平要求最小称重为 0.1g。

三、安全防护设备及设施

综合录井队应配备防毒面具 6 套，仪器房应配 2 具大于 3kg 的二氧化碳灭火器，地质房应配 2 具大于 3kg 的二氧化碳灭火器，并且“三高”井应配置正压式呼吸器 4 套。

第二节　工作环境要求

井场应提供放置仪器房和地质房的安全平整场地，在面对井架大门右侧靠近振动筛方向，距井口距离不小于 30m。

井场应提供危险区域图、逃生路线图和紧急集合点，并有明显的防火、防硫及防爆标志和风向标。

录井仪和地质房在井场用电应设置专线，并标注清楚，要求供电线电压 380V±10%，频率 50Hz±2Hz。

井场应提供满足清洗砂样和岩心所需的清水。

在钻井液出口高架管与振动筛之间，应提供适合安装出口传感器和脱气器的专用钻井液缓冲罐，缓冲罐尺寸长宽高不小于 130cm、60cm、150cm，罐底设有排砂口和排砂开关。

钻井液出口处应提供良好的捞砂样条件。

在钻井液循环罐顶面应提供适合安装池体积传感器的开口，开口尺寸不小于直径 30cm。

在钻井液吸入罐顶面应提供适合安装入口传感器的开口，开口尺寸不小于 80cm×60cm。

在钻井液出口高架管线靠近井口 2~4m 处，应提供安装出口排量传感器的开口，开口尺寸 24cm×8. 4cm。

在地面高压管汇或钻台高压立管上，应留有安装立管压力传感器匹配的接头。

在防喷器节流管汇上，应留有安装套管压力传感器匹配的接头。

第十二章　录井技术及监督要点

第一节　传统录井技术

一、钻时录井

钻时是每钻进单位厚度地层所需要的纯钻进时间，用“min/m”表示。“单位厚度”是指按地质设计所规定的录井间距，常用的有 5m、2m、1m、0.5m 等。在钻进过程中，按照一定的间距，连续记录钻时的变化，称为钻时录井。

现场使用的钻时录井设备有综合录井仪、气测仪、钻时记录仪，井深误差每根小于 0.2m，且不得累计。

（一）井深、方入的计算方法

井深是指从转盘面到井底的深度；方入是指方钻杆进入转盘面以下的深度，根据钻头所在位置，分为到底方入和整米方入；到底方入是指钻头位于井底时的方入，整米方入是指钻头位于某一整米井深时的方入。

计算公式如下：

井深=钻具总长+到底方入

钻具总长=钻头长+接头总长+钻铤总长+钻杆总长

到底方入=井深-钻具总长

起下钻倒换钻具后的到底方入，可用上述公式计算，也可根据新钻具的增减长度来计算：

新到底方入=原到底方入-钻具增加长度

新到底方入=原到底方入+钻具减少长度

正常钻进中，每接一根新单根后的到底方入，可用上述公式计算，也可用下式来计算：

接新单根到底方入=钻完上一根的方入-新单根长度

整米方入的计算公式如下：

整米方入=整米井深-钻具总长

在正常接单根后，也可采用下列计算整米（记录点）方入：

整米方入=接单根后到底方入+（到底井深下一整米井深之差）

（二）钻时记录及钻时曲线绘制

1. 钻时记录

配置综合录井仪、气测仪的井，钻时由录井仪器连续测量，整米记录。手工记录的井，把井深、到底方入、整米方入计算正确后，只要按间距记录整米方入由浅到深的钻达时刻，相邻两者之差减去中途停钻时间即为钻时，也就是该记录点的纯钻进时间，以“min/m”为单位。

2. 钻时曲线绘制

绘制钻时曲线（图 12-1）通常采用直角坐标系，纵坐标为井深，常用比例为 1∶500；横坐标为钻时，以能够表示钻时变化为原则来选定，一般 1mm 代表 1min。根据钻时记录点的井深及钻时，在坐标纸上点出相应的点，然后将各点依次用直线连接起来，即成钻时曲线，按规定绘于录井综合草图之中。为了便于分析，应用钻时资料，除绘制草图要跟上钻头外，还应在曲线旁用符号或文字在相应深度上标注接单根、起下钻、卡钻、换钻头位置等。

绘制钻时曲线时，若局部井段钻时值变化较大，超出画图比例时，可更换第二比例绘制，不同比例的点，要用不同的线条分别连接，一般第一比例用实线，第二比例用点划线或虚线。每次变换比例，都要用不同比例重复 2~3 个点。

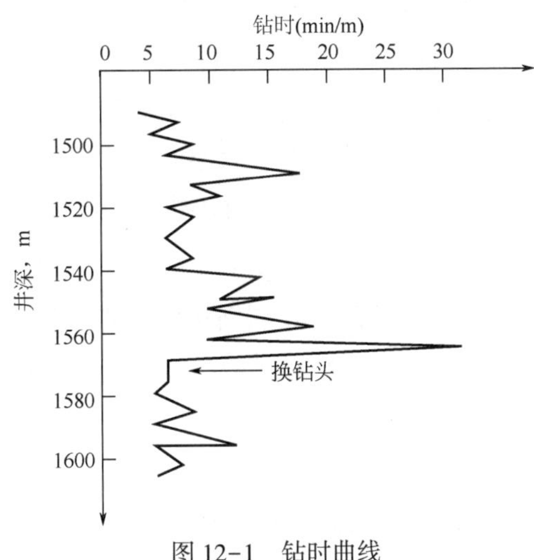

图 12-1　钻时曲线

（三）钻时的应用及影响钻时的主要因素

地层岩性是影响钻时变化的主导因素，岩性不同钻时也不同，这是钻时录井的依据，相同钻井方式下，影响钻时的主要因素有以下几种。

1. 钻头类型和新旧程度

不同类型的钻头，对同一地层钻时不一样；同一类型的钻头，对不同地层钻时不一样；同一钻头新旧程度对同一地层钻时不一样。

只有钻头选择合理，与地层硬度相匹配时，钻时才能较真实地反映地层岩性特征及可钻性；反之，不匹配时，用钻软地层的钻头去钻硬地层，钻时显然要相对增大；对同一钻头同一地层，必然是旧钻头的钻时大。这些都必须综合考虑。

所以，在钻时录井过程中，要记录钻头下入深度、钻头尺寸、类型，要观察起出钻头的磨损程度，以便结合钻时的相对变化，综合分析判断所钻地层的岩性。

2. 钻井参数的影响

影响钻时的钻井参数主要是指钻压、转数和钻井液排量。在同一地层中，当钻头类型选择合适，在一定程度上钻压大，转数合理，排量大，破碎岩石的效率高，钻时则小；反之，钻时要相对增大。钻压的大小、转数的高低，排量的大小都是相对的，都有一定限量的，也存在三者互相匹配的问题。如钻压过大，超过钻头负荷就可能出现恶性事故；若钻压小、转速低、排量大则钻时就相对增大，甚至井下还可能形成“大肚子”。

3. 钻井液性能的影响

钻井液性能对钻时的影响也很大。一般来说，密度低，黏度小，钻时也小；反之，密度高，黏度大，相对钻时也增大。

4. 特殊工艺钻井的影响

特殊钻井工艺对钻时的影响很大，比如气体钻井、雾化钻井、泡沫钻井、充气液钻井等，一般钻井介质密度越低，机械钻速越快。

5. 工程复杂的影响

钻头泥包，碎岩效率明显降低，钻时会增大；扶正器泥包，减小钻具与井壁间隙，阻碍岩屑上返，同时增大钻具摩阻，降低作用于井底岩层的有效钻压而降低钻速，钻时增大；局部井壁垮塌使钻时增大；井斜过大或过度不规则会增大钻具摩阻，钻时会增大。

6. 人为因素影响

当其他因素一定时，人为因素主要反映在司钻操作技术熟练程度上，送钻均匀、平稳，能充分发挥机械效能，基本反映岩层可钻性，钻时小；相反，送钻不稳，跟不上钻压，钻时不能正常反映地层可钻性就会出现失真而偏大。

（四）钻时的应用

钻时的影响因素很多，主导因素是地层的岩性，所以钻时在客观上是较直观地反映了岩层可钻的软硬程度及岩性特征。因此，利用钻时的变化去推测所钻地层的岩性，但各种因素是不可能一成不变的，而且各种因素在不同情况下影响程度也有差异，也就是说在利用钻时资料去推测岩性时，要综合各种影响因素，分析它们的变化规律或趋势，才能使推测合理。

地质方面：可以帮助判断岩性类型、岩层顶底界深度、储集性能变化，卡取岩层界面、地层对比。

工程应用：可计量起下钻时间和纯钻井时间，验证不同类型钻头对各种岩石破碎效果，观察跳钻、蹩钻等井深及其与岩性关系。

二、岩屑录井

岩屑录井是按设计取样间距正确捞取岩屑，准确描述，通过归位而恢复地层剖面的一种录井方法。特别是在不能大量取心情况下，它就成了研究地层、了解油气水分布最及时、最直观的资料，同时还能为荧光录井、薄片鉴定、重矿分析及生油分析等提供样品。正因为它实用价值大、经济、简便易行，是录井项目中不可缺少的项目。

(一) 岩屑迟到时间的测定与计算

岩屑被钻井液携带从井底返至地面所需要的时间叫岩屑迟到时间。准确地测定和计算岩屑迟到时间是岩屑录井的关键。

1. 理论计算迟到时间

把井眼视为不同直径的筒形，则理论岩屑迟到时间为：

$$T_{理}=\frac{V}{Q}=\frac{\pi(D^2-\mathrm{d}^2)H}{4Q}$$

式中 $T_{理}$——理论迟到时间，min；

V——井眼环形空间容积，m^3；

Q——钻井液泵排量，m^3/min；

D——井眼直径，m；

d——钻杆外径，m；

H——井深，m。

实际上井眼并不是一个正规的圆筒，而且岩屑在环形空间中上返时，因重力和涡流作用还有滞后现象。因此根据上式计算出的岩屑迟到时间与实际岩屑迟到时间总存在着误差。当理论计算与实测岩屑迟到时间误差较大时，要重新测量，确定迟到时间。

2. 实测迟到时间

1）测量方法

选用与岩屑大小、密度、形状相似的代表物及指示物，如彩色塑料碎片等，在接单根时投入井口钻杆内，而后记录开泵时间，再在振动筛处观察指示物的出现，及时发现代表物，并记录下发现代表物的时间。

岩屑代表物在井口振动筛处发现的时间与开泵时间之差，称为循环一周时间。它包括了代表物在钻具内的下行时间和从井底顺环形空间返至井口的时间。迟到时间是代表物循环一周时间减去在钻具内的下行时间。

2）实测岩屑迟到时间的间距要求

非目的层段：每钻进 100m 测定一次；

目的层段：每钻进 50m 测定一次；

钻井过程中钻头直径及钻井泵参数变化时，应及时测定。

3. 实测迟到时间计算方法

1）循环周法

代表物循环一周的时间：

$$T_{循}=T_{见}-T_{开}$$

式中 $T_{循}$——循环一周的时间，min；

$T_{见}$——振动筛发现代表物的时间，min；

$T_{开}$——投代表物后的开泵时间，min。

计算代表物从井口至井底的下行时间：

$$T_{下}=\frac{C_1+C_2}{Q}=\frac{\pi(d_1^2h_1+d_2^2h_2)}{4Q}$$

式中 $T_{下}$——代表物在钻具内的下行时间，min；

C_1，C_2——钻铤和钻杆的内容积，m^3；

D_1，D_2——钻铤和钻杆的内径，m；

h_1，h_2——钻铤和钻杆的累积长，m；

Q——钻井液泵排量，m^3/min。

由此可计算实测迟到时间：

$$T_{迟}=T_{循}-T_{下}=T_{循}-\frac{C_1+C_2}{Q}=T_{循}-\frac{\pi(d_1^2h_1+d_2^2h_2)}{4Q}$$

2）反比法计算岩屑迟到时间

在钻进过程中，一定的井深间距内，排量有明显变化时，不必重新用实物测定，可利用迟到时间与钻井液排量成反比的关系，计算出新的岩屑迟到时间，称之为反比法计算岩屑迟到时间：

$$T_{新}=\frac{Q_{原}}{Q_{新}}\times T_{原}$$

3）特殊岩性法

在实际工作中，当钻遇大段同一岩性中夹有特殊岩性，如大段泥岩中夹砂岩、大段砂岩中夹泥岩等，其钻时反映为明显升高或明显降低的异常现象，根据其钻到时间和特殊岩性返至地面的实际时间，这两个时间差，即为岩屑的真实迟到时间。

4. 迟到时间的应用

岩屑录井中，何时放置砂样盆要由迟到时间来确定，提前放置或者清理会造成捞取多余的岩屑，推迟放置或清理会造成漏取岩屑，均会使岩屑剖面不准确。

录取第一包岩屑放置砂样盆时间为：

放置砂样盆时间=第一包整米井深开始钻进时间+迟到时间

每次下钻到底后放置砂样盆时间为：

放置砂样盆时间=钻头开始钻进时间+迟到时间

岩屑捞取时间的计算，基本公式为：

捞砂时间=本米钻达时间+岩屑迟到时间+停泵时间

(二) 岩屑捞取方法及整理

1. 正常情况岩屑捞取方法

正常情况下，定点在振动筛前连续捞取。在正常钻进中，每到捞砂时间取走一个砂样盆，立即将另一个砂样盆置于原处，以保证岩屑捞取的连续性，要经常检查砂样盆是否移位，及时纠正以免造成岩屑漏取。

捞取的岩屑要干净、连续、量足才具有代表性，故应注意：

(1) 按时捞取岩屑，及时清理振动筛。

(2) 如果岩屑太多，采用垂直切分 1/2 分法或 1/4 分法进行捞取岩屑，每包岩屑质量不少于 500g。

(3) 正常情况下，提钻前必须循环钻井液一周捞完最后一包岩屑，钻进地层大于

0.2m，应按迟到时间捞取岩屑，待下钻后与钻完整米所捞取岩屑合为一整包岩屑。特殊情况时，提钻前不能循环完一周时，停泵前按迟到时间捞取岩屑，余下未捞取的岩屑应在下次下钻到底后循环钻井液期间补捞。

2. 特殊情况岩屑捞取方法

（1）井漏时岩屑的捞取：带堵漏剂钻进时，每包岩屑需要分多次捞取。每次应尽量多捞，清洗时漂去堵漏剂，留下岩屑合为一包，可尽量保证岩屑量足、真实。

（2）欠平衡钻井、泡沫钻井、气体钻井等工艺下需要制定特制的岩屑采集方法和工具。

3. 岩屑整理

1）清洗

用干净而没有油污的清水清洗，不可用水猛冲猛洗，水应缓慢放入，轻轻搅动，当盆内水满时，应稍静止一会儿，再缓缓将水倒掉，以免岩屑中质量较轻的成分如煤屑、炭质页岩、油页岩、油砂等随水漂走。要除去杂物和明显掉块，把岩屑清洗出本色倒入洗样筛，置于洗样盆上用水将岩屑表面冲洗干净，洗样盆中的碎小岩屑清洗干净后倒入洗样筛一角。

对于特别松散的油砂，将岩屑筛子直接在水中漂洗；较软的泥岩和极易泡散的砂岩，只需将钻井液冲洗掉即可。

用水清洗时，注意盆面有无油花，沥青等；清洗后，闻有无原油味，把所观察到的油气现象做好记录再作荧光湿照，供描述时参考。

2）干燥

（1）岩屑干燥前，应将清洗干净的岩屑及时进行荧光湿照观察，并填写荧光记录。

（2）荧光湿照观察和取样后应及时进行干燥，来不及干燥的岩屑应作深度标识。

（3）烘烤时把岩屑平摊在烤盘（电热板）上，不要经常翻搅，防止颜色模糊。

（4）注意烘烤温度和时间，烤至8成干即可取出烤盘，禁止将岩屑烤煳。

（5）见含油气显示的岩屑严禁烘干，应自然晾干或风干；无油气显示的岩屑，环境条件允许应自然晾干，并避免阳光直射。

3）装袋入盒

岩屑干燥或描述完后，应及时装袋和入盒。

岩屑袋标识：岩屑袋应标注地区、井号、井深、编号、取样日期、取样人姓名。岩屑未取到或量极少时，在正、副样袋上注明原因。

岩屑保管：（1）岩屑入袋后应从左至右、从上至下依次装盒，盒上及时贴上正样、副样标签。标签应标明：井号、盒号、井段、袋数。（2）岩屑装盒，妥善保管，防止日晒、雨淋、损坏、倒换位置、丢失、沾染油污等。（3）侧钻成功的井，原井眼与新井眼重复段的岩屑应保留，并标明新井眼、老井眼。

百格盒装入规定：

（1）装入岩屑应具有代表性，每5格标明井深；

（2）装入顺序应按取样深度从左至右、从上至下依次装盒；

（3）取心井段可放入代表相应井深岩性的小块岩心；

（4）每格装90%，做到利于观察、方便搬运，不串格；

（5）发现少量特殊岩性及矿物，应用白纸包好，标明深度，放回原位；

（6）井喷、井漏岩屑未取到或量极少时，在相应格内放入“井漏（喷）无岩屑”或“井漏（喷）岩屑量少”等字条；

（7）百格盒的正面应贴上标签，标签内容：井号、盒号、井段。

（三）岩屑描述

1. 描述要求

（1）岩屑洗净后，应进行粗描。应在自然光下对晾（烘）干未过筛的岩屑及时进行细描，重点描述含油、气情况。

（2）挑选真实岩样，逐袋定名，分层描述。

（3）岩性、颜色、含油气性等不同时，均要分层描述。

（4）厚度不到一个取样间距的标志层、标准层，应按一个取样间距分层描述。

（5）岩性、电性不符的井段，复查岩屑。

（6）岩屑失真或未取到岩屑的井段，描述内容之后，应注明原因、程度，有岩心、井壁取心资料应加以校正和补充。

（7）用不饱和盐水钻井液钻进，未取到易溶盐岩岩屑的，描述可参照该层钻井液氯离子和电导率的变化，并结合钻井参数及测井曲线特征加以判定和描述。

（8）有薄片鉴定的，参考薄片资料。

2. 岩屑识别

1）色调和形状

新钻开地层的岩屑色调新鲜，多棱角或呈片状。由于岩性和胶结程度的差别，在形状上也会存在差异，如软泥岩常呈椭球状，泥质胶结的疏松砂岩呈豆状或散沙。在井内久经磨损成圆形、岩屑表面色调模糊或者岩块较大者，多为上部井段的滞后岩屑或掉块。

2）新成分

在连续取样中，如果发现有新的成分出现，并逐渐增加，则标志着新岩层开始。

3）岩屑百分比的变化

两种或两种以上岩性组成的地层，从岩屑含量百分比的增减来判断。

3. 岩屑描述方法

1）岩屑粗描

（1）掌握钻时与岩性的关系，了解二者深度的符合程度，检验岩屑迟到时间，校正井深。

（2）观察岩性，识别岩屑真伪，参照钻时分层定名，对其中少量的特殊岩性及特殊的结构、构造等，要挑出样品包好，注明深度，放在相应深度的岩屑上面，以备细描时参考。

（3）及时逐袋荧光湿照，细致观察，如有油砂应包一小包，注明井深，保存。

（4）对岩性进行粗略描述，为掌握岩层层序、地层预告提供依据，粗描要做到新成分出现时卡出单层厚度，结合钻时卡出渗透层，初步判断油、气层。

2）岩屑细描

（1）大段摊开，宏观细找。

在描述前，先将数包岩屑（如 10~15 包）大段摊开，稍离远些进行粗看，大致找出颜色和岩性界线，仔细地观察岩屑成分百分比变化情况，避免孤立地看一袋岩屑。

（2）远看颜色，近查岩性。

岩屑中颜色混杂，远看视线开阔，易于区分颜色界线。用这种方法划分出来的层次，都是明显或较厚的层。有些薄层或疏松层，岩屑数量极少，需要逐袋的仔细查看，以发现新成分、结构的细微变化。细查工作是在与邻井对比该段应出现油层或其他较为特殊岩性，或因为出现了某种异常变化（如钻时，钻进中的蹩钻、跳钻，漏失现象和气测显示等）情况下细找落实岩性。

（3）干湿结合，挑分岩性。

岩屑颜色的描述一律以晒干后的色调为准。但岩屑润湿时，颜色和一些微细的结构、层理等格外清晰而明显，易于区分。因此，常在岩屑未晒干之前就粗看一遍，记下某些岩性特征和层界，作为正式描样的参考。对一些岩屑百分比变化不明显、很难用目估法分辨的层次，则可在各袋中取出同样多的岩屑，分别挑分出每袋各种不同岩性的岩屑后，除去掉块与假岩屑，再进行比较判断。

（4）逐袋定名，分层描述。

通过上述方法所观察到的岩性变化概念，遵循去伪存真的原则，参考钻时曲线，上追顶界下查底界，卡分小层（“卡层”），对每层的代表样进行描述。

4. 岩屑描述内容

（1）岩性定名、颜色、矿物成分、结构、构造、含有物、物理化学性质、岩屑形状、含油气显示情况。着重突出与岩石储集油气性能有关的结构、构造特征。

（2）岩屑形状。

① 岩屑形状有团块状、团粒状、片状、粉末状、碎块状、扁平状等。

② 处理事故、研磨落物时岩屑失真，岩屑形状可以不描述。

（3）含油情况见表 12-1 和表 12-2。

表 12-1 缝洞性含油岩屑含油级别划分表

含油级别	含油岩屑占同类岩屑百分含量,%
富含油	>5
油斑	1<~≤5
油迹	≤1
荧光	系列对比 6 级以上(含 6 级)

表 12-2 孔隙性含油岩屑含油级别划分表

含油级别	含油岩屑,%	油脂感	油味	滴水试验
饱含油	>95	油脂感强,染手	浓	呈圆珠状、不渗入
富含油	70<~≤95	油脂感较强,染手	较浓	呈圆珠状、不渗入
油浸	40<~≤70	油脂感弱,可染手	淡	含油部分滴水呈馒头状、微渗

续表

含油级别	含油岩屑,%	油脂感	油味	滴水试验
油斑	5<~≤40	油脂感很弱,可染手	很淡	含油部分滴水呈馒头状、缓渗
油迹	≤5	无油脂感,不染手	能闻到	滴水缓渗~速渗
荧光	0	无油脂感,不染手,系列对比6级以上(含6级)	一般闻不到	速渗

5. 取送样

（1）样品应具有代表性、量足。

（2）每袋样品应写有井号、编号、井深、层位、取样人、日期，填写送样清单，注明分析项目和送样人。

（3）不允许从正样袋中挑样。

（四）岩屑录井草图

岩屑录井草图，也称之为手图或者手剖面。为了及时运用已掌握的资料分析井下情况，校正地质预告，修改地质设计，指导下步钻探工作，必须将钻时、气测、钻井液、岩屑同其他已有的录井资料整理汇编成岩屑录井草图，便于与邻井对比，确定循环井段、卡取心位置。

1. 岩屑录井草图的绘制

（1）主要内容：岩性剖面、钻时和气测曲线、钻井中的特殊现象、取心情况、标志层、次生矿物、酸不溶物、特殊岩性、钻井液及油气显示、缝洞情况等。

（2）格式及图面，以方便使用对比为原则。一般用方格纸绘制，内容准确齐全，图面清晰、布局合理，整洁明了即可。要注意保持其原始性，不准作电测修改。

（3）比例尺为 1∶500，有的碳酸盐岩油气田要求绘制成 1∶200，以方便对比。每 10m 注深度记号，每 50m 标全井深。

（4）用标准图例按描述井深绘制相应岩性颜色、化石构造及含有物、油气显示、井溺、井涌、井喷等。厚层岩性不得只在中间绘一排符号，亦应按标准图例装满。

（5）钻时曲线一定要附上钻头新旧度、起下钻位置、蹩跳放空等，与气测、钻井液曲线布置得当。

（6）图示所有资料数据必须与原始记录相符。而且要运用已获得的各项资料综合分析判断，划分地层、缝洞层、油气水层。

（7）小班值班人根据粗描编绘的草图必须紧跟钻头，当班完成，以便及时指导钻井和交接班。大班在细描过程中完成的草图也应尽力跟上钻头，内容要求更全面准确。

2. 编制岩屑录井草图的注意事项

岩屑录井草图不属正规存档资料，但是，它在现场录井工作中的使用价值重大而缺少不得。录井草图质量是一个录井小队工作质量的直接标志。

1）注意事项

（1）参考组合测井资料，克服测井解释的多解性。

（2）单层厚度小于 0.5m 者，一般岩性可以不作解释，在岩性综述中加以叙述，但对成组的薄互层应适当表示。对特殊岩性、标准层及油、气显示层，剖面上应扩大为 0.5m 解释。

（3）除油、气层和砂层深度、厚度的解释接近组合测井解释的深度和厚度外，其他岩层解释界限可校正在半米或整米上。

2）绘图要求

（1）岩性用符号、颜色用代码表示。

（2）如果用两次测的曲线时，应注明接图深度。曲线横向比例尺有变化或基线移动时，也须在相应深度注明。

（3）化石、含有物、构造、油花、气泡、井壁取心等均要绘制在该层相应深度上，用符号表示。

3. 编制岩屑录井草图意义

（1）进行地层对比：把岩屑解释剖面与邻井对比，可及时了解本井地层剖面的岩性特征、钻遇层位、正钻层位；检查和验证本井设计地质剖面的符合程度等。

（2）为测井解释提供地质依据，提高测井解释可靠性。对复杂油气藏，仅凭测井曲线解释岩性和油气层往往很困难。

（3）岩屑录井草图是编绘综合录井图的基础。

（4）为钻井工程提供资料。岩屑录井草图可协助分析与地质有关工程事故原因，制定有效处理措施；是进行中途测试、完井作业的重要依据之一。

（五）岩屑取样要求

（1）按资料录取要求取样，严禁随意取样。

（2）取样应严密观察槽池液面的油气显示情况，记录油花、气泡占槽池液面百分比。取样做气样点燃试验，记录火焰颜色、焰高、燃时等。

（3）每次钻进取样第一包岩屑前，按迟到时间将取样位置处清除干净。

（4）每次取样后，应将取样位置处和接岩屑容器中的剩余岩屑清除干净。岩屑数量少时，应全部取样。数量多时，采用垂直切捞二分法、四分法等，从所接样中，从顶到底取样。

（5）每次起钻前，应取全已钻岩样，不足一个录井间距且大于录井间距四分之一的岩屑应取样，标明井深，并与下次钻至取样点所取的岩屑，合为一包。遇特殊情况起钻，未取全的岩屑，下钻钻进前应补取。

（6）渗漏时，要校正迟到时间。井漏未取到岩屑，要注明井段及原因。

（7）钻遇特殊层段，取不到岩屑时，及时采取措施。

（8）侧钻井岩屑取样：侧钻点在已录井井段，从开始侧钻就应取观察样，一旦发现侧钻出原井眼，按取样要求连续取样，编号自原编号顺延。

（9）岩屑取样后应立即清洗干净，除去杂物和明显掉块。一般探井取单样，区域探井及重点探井目的层应取双样，分正样、副样装袋，每袋样品干后质量不少于 500g。副样用于现场描述、挑样使用。

（六）影响岩屑录井的主要因素

（1）钻井液性能不稳定（如黏度不均匀，切度大小不等），可造成钻井液携带岩屑的能力忽大忽小，致使岩屑在井内混杂。

（2）不下技术套管的井，由于裸眼井段过长，上部掉块多，也容易使岩屑混杂。

（3）钻井液排量及泵压不稳，使钻井液迟到时间不准，影响岩屑归位的准确性，在边油气侵边钻进过程中，钻井液多相运动也使迟到时间不准。

（4）振动筛筛布孔径过大（目数小）或筛布斜度调节不合理，容易造成岩屑失真或捞取困难。

鉴定和描述岩屑所用工具除了刻度放大镜等普通工具外，还常用到双目镜、碳酸盐分析仪等设备，工作的精度主要靠人的责任感与经验的积累。

三、荧光录井

石油组分中的油质、沥青质、胶质等，在紫外光照射下，会发出特殊的荧光，灵敏度高，即使含量非常微小（十万分之一）都能发出荧光；而且不同的组成成分，发出荧光颜色不同。不同的含量发光的亮度也不一样，利用此特征，在钻井过程中能及时发现新油、气层，对卡准取心井段、确定含油气层位置、油气性质及含量，称为荧光录井方法，这是一项必不可少的录井手段。

（一）荧光录井的原理和方法

1. 录取原理

含油岩屑、岩心、壁心在紫外光下呈浅黄、黄、亮黄、金黄、黄褐、棕、棕褐等色。油质好，发光颜色强、亮；油质差，发光颜色较暗。

矿物荧光：石英、蛋白石呈白到灰色；方解石、贝壳呈黄到亮黄色；石膏呈亮天蓝、乳白色。

成品油及有机溶剂污染荧光：柴油呈亮紫-乳紫蓝色；机油呈蓝-天蓝、乳紫蓝色；黄油呈亮乳紫蓝色；螺纹脂呈白带蓝-暗乳蓝色；白油、煤油呈乳白带蓝色；磺化沥青呈黄、浅黄色；铅油呈红色。

荧光扩散边斑痕的颜色：含烃多的油质为天蓝、微紫-天蓝色，胶质呈黄色或黄褐色，沥青质呈黑-褐色。

矿物荧光无扩散现象，成品油荧光颜色较浅，呈乳紫-天蓝，一般只污染岩屑表面，可破开岩屑、岩心、壁心观察新鲜面。

2. 录取方法

（1）湿照：对湿样（岩心、岩屑、井壁取心）进行荧光照射、观察。记录荧光的颜色、强度、产状（斑点状、斑块状、不均匀状、均匀状、放射状等），估算含油荧光岩屑、含油荧光岩心占同类岩性的面积百分比。

（2）干照：对干样（岩心、岩屑、井壁取心）进行荧光照射、观察。记录荧光颜色、强度、产状、定级等，估算含油荧光岩屑、含油荧光岩心占同类岩性的面积百分比。

（3）滴照：取1~2g无污染的有荧光显示的岩块，研碎置于标准滤纸上，滴1~2滴氯仿，风干后观察其荧光颜色、强度及产状（晕状、环状、星点状、放射状、均匀状）。

（4）系列对比分析：取岩石样品1g粉碎后装入试管，并注入5mL专用有机溶剂，然后适量加入清水密封，浸泡4h后进行系列对比定级。

（二）荧光录井要求

（1）逐袋岩屑、逐段岩心、逐颗壁心及时进行荧光识别并填写荧光记录。

（2）所有用到的滤纸、试管、溶剂、研钵等应无荧光。

（3）对比标准系列应用本地区同层位油样配制，一口井乃至一个地区应使用同种有机溶剂，且与配制标准系列的有机溶剂相同（有效期为一年）。

（4）区域探井、预探井、评价井储层和重点开发井目的层中的储层段均应逐层（厚度大于5m的按上中下分段）进行荧光系列对比分析定级。大于6级未定荧光或含油的岩屑（岩心），应注明影响荧光定级的钻井液处理剂名称、数量及荧光系列对比分析基值。

（5）录井密度（间隔）：岩屑逐包、岩心全部、井壁取心逐颗进行荧光湿照、干照、滴照，储层进行系列对比分析，并保存滤纸。

（三）荧光录井资料收集

（1）荧光录井资料主要有湿照、干照、喷照颜色、百分含量、发光强度、产状及系列对比颜色和级别。

（2）系统检查岩屑及岩心荧光，对测井可疑段及区域油气层要进行复查，一旦发现荧光，要向上、下追踪，搞清楚油气显示井段。

（3）碳酸盐岩、火成岩要特别注意缝、洞、孔壁荧光显示和次生矿物发光，如方解石、石膏等，并准确记录。

（4）荧光资料在录井综合图上主要绘出干照荧光百分比曲线，在干照无显示，喷照有显示井段，在同一栏中，以右边界为基线绘出喷照百分比曲线。

（5）荧光录井资料，应综合在该层岩心或岩屑描述中，以便结合岩性特征、物性特征、含油特征、滴水试验做出含油评价。

四、岩心录井

钻井过程中，用取心工具，将地层岩石从井下取至地面，并对其进行分析、研究，从而获取各项资料的过程叫岩心录井。

岩心资料是最直观地反映地下岩层特征的第一手资料，通过对岩心的分析、研究可以解决下列问题：

（1）根据岩性、岩相特征，分析沉积环境。

（2）根据古生物特征，确定地层时代，进行地层对比。

（3）计算油气田地质储量，通过岩心录井获得储层的物性及有效厚度等资料。

（4）掌握储层的“四性”（岩性、物性、电性、含油性）关系。

（5）了解生油层的特征及生油指标。

（6）获得地层倾角、接触关系、裂缝、溶洞和断层发育等资料，为构造研究做前期准备。

（7）检查开发效果，获取开发过程中所必需的资料。

（一）取心原则及取心位置确定

1. 取心原则

一般在单井地质设计中对取心层位、井段都提出了具体要求，作为施工依据。

（1）区域探井、预探井、重点扩边评价井，凡见到油气显示（如气测中有明显异常，槽面见油气显示，岩屑中见油气显示），都必须立即取心，油气显示好可连续取心，特好直到取完油、气层为止；若油气显示差，在油斑级以下可间断取心。

（2）参数井、预探井、重点扩边评价井，若钻遇可疑的油气显示，岩性又不清时，为弄清含油气性、岩性，也必须立即取心证实。除油、气层外，进尺控制在2~3m为宜。

（3）出现设计以外的新地层，层位不清，与设计有出入的剥蚀面、断层等也应取心证实。

（4）预计含油、气层段外，发现新的含油气显示，必须立即取心，以利于有新的发现。

（5）新探区无显示，必须取储层和深色泥岩作储层物性及生油岩分析。确保油层都有岩心资料，在钻入油气层段后，要加强钻时录井，一旦发现钻时变快，立即停钻循环观察，证实有无油气显示后，才能进行下步工序。有疑问时，循环时间还可延长超过正常迟到时间的二分之一，捞出新岩屑直至弄清疑问为止。

2. 取心位置的确定

针对重点取心的评价井而言，在设计书中都有具体的井深和设计对比的井号、井段。在施工过程中，应根据本井新取得的录井资料（钻时、岩屑等），与邻井对比，做出比较准确的预告。当钻时、岩屑资料反映的地层组合特征、标准层特征不清楚，对比有一定困难时，应在预定取心前20~50m，进行中间对比测井，确定钻井取心井深。在岩性横向变化大，对比非常困难时，也可以申请主管部门批准，按照“见显示取心”要求，第一个油层可以揭开1~2m后取心。

连续取心卡层时，油层以上及以下取心进尺（俗称戴帽穿鞋）均不应超过2m。

为了降低钻井成本，提高勘探时效，原则上取心井段内10m以上的隔层应该避开，某些可占用取心进尺的隔层及有特殊意义的层，一是可根据设计取心，二是依据本地区的地质特点和需要来决定。

（二）钻井取心中的录井工作

1. 取心前的准备工作

（1）加强地层对比，卡准标志层，落实取心层位。

（2）准备取心、出心、整理及观察岩心所需的器材和分析试验用品、试剂。

（3）了解取心工具的性能，丈量取心工具（包括岩心筒、取心钻头和接头等）的长度，并做好记录。

2. 取心钻进中的录井工作

1）钻井取心井深控制

（1）决定取心起钻前、取心下钻到底、取心钻进前、取心钻进结束割心前，应在钻头接触井底，钻压为2~3t的相同条件下丈量方入；

（2）下钻前应核实取心钻具组合长度。

2）注意事项

（1）取心钻进过程中，应正常录井，钻时记录应适当加密；

（2）取心钻进过程中，不能随意上提下放钻具，应杜绝长时间磨心；

（3）合理选择割心位置，取心进尺小于取心内筒长度 0.50m 以上；

（4）取心起钻过程中，防止岩心脱卡掉入井内；

（5）起钻全过程应注意井下情况，观察记录井口、槽池液面及其油气显示情况，出现溢流或灌不进钻井液等情况，及时采取有效措施。

（三）岩心出筒、丈量和整理

岩心筒提出后必须及时出筒，保证岩心顺序不乱、不倒。

1. 岩心出筒

1）敲击震动出筒

这是常用的比较安全简单的方法。具体操作是：将内筒拉出后倾斜放在钻台斜坡前，与地面成 30°~40°，筒底垫起离地面约 10cm，然后轻轻敲击筒体，让岩心缓缓滑出，由专人依次接心装盒。其优点是岩心不会乱、错。

2）人工捅心

当岩心中有吸水膨胀的岩性，往往在筒内卡的较紧，敲击震动不易使岩心滑出，就需要将内筒平放在场地上，在岩心筒上端置一略小于岩心筒内径的胶皮垫子，然后用长于内筒的油管或铁管，向内冲击顶出岩心。这种方法对疏松的软地层不适用，易使岩心破碎。在冬季，若岩心冻结在筒内，禁止往外硬顶，更不能用明火烤烧，只能用蒸汽加温解冻后出筒。

2. 岩心丈量

岩心清洗后，按顺序摆放在丈量台上（可将两根钻杆错开接头，并拢在一起），对接好岩心断口的茬口，用特种红铅笔划上一条基线，用钢卷尺一次丈量。丈量读数精确到厘米，毫米数采用四舍五入，作为岩心实长。

在丈量的同时，用特种红铅笔在基线的同一侧标注“整米”“半米”位置。当整米或半米位置正好处于破碎岩心或疏松砂岩无法标注时，选相距最近的整块岩心，按实际距顶长度标注。

岩心摆放时应做到：

（1）相邻两块岩心有凹凸磨损面的，摆放时应拉开以最长端点相接。

（2）凡相邻两块断面无磨损，茬口能接上的，应对好茬口，挤进摆放，不能留空隙人为拉长。

（3）凡相邻两块岩心，断面无磨损，但茬口对不上，应检查岩心次序和顶底位置（底空：从取心钻头面到取心筒底部无岩心的空间长度；顶空：丈量岩心筒内顶部无岩心的空间长度），证实岩心未倒乱后，可根据岩性、颜色、岩心外形特点（如偏磨）、上下岩心的倾向等确定对接关系。无法确定对接关系的，可按最长端点连接。

（4）当岩心破碎时，必须堆够体积。

（5）油侵级以上的破碎岩心应装入筒形塑料袋，其直径应略大于岩心直径，摆放在相应的位置上。

3. 含油气情况观察与清洗

为了能较真实地搞清岩心的含油气情况（特别是轻质油和气层），要求岩心出筒后，立即观察岩心的冒气、渗油、含油情况。若肉眼观察无显示则进行荧光试验，观察荧光的颜色、面积、百分比及含水情况。对有显示的油气界面、气水界面等均用红铅笔标出，并分段详细描述其产出状况，然后水洗，水洗之后再观察断面油、气、水情况，并做滴水加酸试验，确定含油级别，作为评价油层的依据。

油侵级以上需要蜡封的岩心，严禁水洗，用小刀、木片等刮去滤饼，应用无油的棉纱擦去表面的钻井液。

岩心的清洗只能用无油污的清水清洗，对吸水后容易碎裂的泥岩，用棉纱擦去表面的钻井液。清洗时要特别注意岩心的顺序和上下关系，切勿颠倒。

在清洗岩心过程中，应将假岩心清除掉。假岩心常出现在每筒岩心的顶部，多为下钻时从井壁刮下的碎块、沉砂或破碎的余心与滤饼混在一起进入岩心筒而成。其特征是：柔软、塑性好，手指可插入，剖开后成分很杂，可明显看出滤饼和岩块搅混在一起，偶尔也可见到较大块的岩石，但与上下岩性不连续。这种假岩心不能计算为岩心长度。

含气试验：将储集岩岩心浸入清水中，观察记录岩心柱面、断面冒气泡大小、产状（串珠状、断续状）、声响程度、持续时间、冒气位置个数及与缝洞关系，有无硫化氢味，冒油花油膜面积等，并用红蓝铅笔圈出其部位，用针管抽吸法或排水法收集气样。

4. 岩心收获率

岩心收获率分每次单筒岩心收获率和累计平均收获率，后者主要用于衡量全井取心效果分析：

$$\text{本筒岩心收获率}=\frac{\text{本筒实取心长度}}{\text{本筒取心进尺}}\times100\%$$

$$\text{平均收获率}=\frac{\text{累计实取心长度}}{\text{累计取心进尺}}\times100\%$$

式中，岩心长度和进尺单位为 m，读数精确到 cm，毫米数四舍五入，收获率精确到小数点后 1 位，第 2 位四舍五入。

必须注意的几种情况：

（1）每段取心的第一筒心，岩心实长超过进尺在 0.3m 以内，可认为是两次钻进钻压不同，钻具弯曲程度不同，造成井深误差，可按收获率 100%上提取心顶界井深。若岩心长超过进尺 0.3m 以上，应检查钻具和方入，找出原因，妥善处理。找不出原因，可按收获率 100%上提取心顶界井深，必须在观察记录、岩心描述记录中备注说明。

（2）上筒有余心，下筒心长可超过进尺，但两次平均收获率不能超过 100%。超过 100%的，应在松散、破碎段和易膨胀的泥岩段，参考钻时进行合理压缩，取其平均收获率为 100%。若岩心致密、坚硬、完整，不能压缩时，应查找原因，采取相应措施，并在记录上注明。

（3）在连续取心中，上面数筒岩心收获率均为 100%，紧邻下筒收获率不能大于 100%。若超过 100%，应综合前几筒，一同参考钻时，分析原因，合理解决。

5. 岩心整理与出筒观察

1）岩心出筒观察

岩心出筒观察是取准资料的重要工作方法之一。对于含轻质油的岩心更为重要，观察步骤如下：

（1）出筒：岩心出筒依次摆好后立即观察表面油气水情况，岩心应放置水中做含气试验，观察岩心柱面冒气情况，描述冒气面积，冒气形状及连续性，用特殊铅笔标出显示部位，并记录观察到的情况，根据显示情况进行适当划分油、气级别段。

（2）油侵级以上岩心用棉纱擦除岩心表面钻井液，进行封蜡。

（3）水洗：水洗后依次摆好，观察油气水情况，并标记。

（4）断面肉眼观察：打开新鲜断面观察含油气水情况并记录下来，同时做滴水加酸试验。

（5）在肉眼观察不到油气水时，表面及打开的新鲜断面均要在荧光灯下观察荧光情况并记录。

（6）强水敏地层不建议水洗，先用手或柔软的物品将表面钻井液擦掉，然后用湿布擦净至基本见本色即可。

2）出筒观察记录要求

文字要简练，突出油气水显示；重点观察含油岩心含油面积、含油饱满程度及油质；对肉眼看不到的油要进行荧光观察，记录荧光发光面积，发光强度及颜色。

3）岩心装盒

岩心清洗编号后，立即按井深由上而下，依次从盒的左上角向右下角装入岩心盒内，每格略有余地，便于取放。岩心盒左面及正面贴上统一印刷填好的盒号标签。

每筒岩心底部放置贴有取心标签的挡板，空筒也不例外。

4）岩心分块编号

（1）分块原则。

为了便于分层描述和采样，分块不宜过大，照顾到自然块。有显示的岩心每块长 10~20cm，无显示的渗透层每块长 20~30cm，破碎岩心堆够体积后选大块者控制编号；泥岩、致密层、碳酸盐岩、火成岩每块长 30~40cm，长岩心可以根据分块断开。

（2）编号。

当岩心表面水分吹干以后，沿岩心表面用红铅笔画方向线，每块岩心底部标示箭头（指向底部），并在红线上贴 2.5cm×1.5cm 的块号（用乳胶涂标签表面）。块号标签以带分数形式表示，整数为取心筒次，分子为分块序号（自顶向下编排），分母为本筒岩心总块数。编号要求整齐、美观，力求避开裂缝便于长期保存。破碎岩心或岩心分块编号被破坏，应选较大的一块补上编号。

5）岩心的保管

（1）严禁冻晒、雨淋、烘烤与丢失。

（2）岩心应保存完整，严禁任何人私自敲砸岩心，严防造成岩心支离破碎，从而影响岩心分析化验工作。

（3）需要观察含油气水情况时，也应选具有代表性的岩心砸开做综合观察。

（4）岩心采样必须按地质录井设计执行。一般在描述后进行，做含油饱和度分析样品必须在出筒后立即采样封蜡上交。采样编号由第一筒到最后一筒，统一编号，填写取样卡放在采样位置上。

（5）对化验及具有特殊地质结构、构造的岩心更要妥善保管，要进行照相。化石要用棉花包好送交有关部门鉴定。

（四）岩心描述

在岩心出筒观察后，必须做到及时整理，及时描述，及时采样，减少油气的逸散挥发，避免资料的失真，以便于随钻分析地下情况，指导生产。

1. 描述前准备

检查筒次、井段、进尺、实长、收获率是否正确；分块编号、挡板是否齐全符合规定；重点检查岩心的“和尚头”“台阶”“刻痕”等，茬口是否吻合、顺序有无颠倒、破碎岩心堆入是否合理，发现问题要及时整改。

为了能细致地观察描述岩心，应劈开岩心描述新鲜面。特别是有显示的岩心、渗透层、生物灰岩、化石岩必须沿基线切开，认真观察，进行分段描述。

2. 岩心描述分段原则

（1）一般岩性厚度≥0.1m，颜色、岩性、结构、构造、含有物、油气水产状等有变化的均应分段；小于0.1m的层，作条带或薄夹层描述，不再分段。

（2）0.05m≤厚度<0.1m的特殊层，如油气层、化石层及标志层或标准层均应分段；厚度小于0.05m的冲刷、下陷切割构造和岩性、颜色突变面、两筒岩心衔接面及磨光面上下岩性有变化均应分段。

（3）含油气岩心描述应结合岩心出筒及整理过程中油气显示观察记录，综合叙述其含油气特征，准确定级。

3. 岩心描述

同第十章岩性描述所述。

（五）随钻岩心录井图

1. 格式

（1）幅面边宽1cm，图头占据一页A4纸，格式不能随意更改。

（2）地质分层和井深两栏合计为3.0cm，颜色栏为0.5cm，岩性剖面含油级别栏为4.0cm。其他栏目视具体情况调整，但顺序不能改变。

2. 绘图要求

（1）连续取心10m以上（含10m），编制岩心录井图。见油气显示，取心进尺不足10m也要编制岩心录井图。

（2）累计取心超过20m，编制岩心录井图。

3. 绘制岩心录井图注意事项

（1）图中用的岩心数据（如岩心收获率、编号、分段长度等）应与原始记录完全一致。井深比例尺同测井放大曲线比例尺一致（一般为1∶50或1∶100）。

（2）不同颜色同一岩性，在岩性剖面栏内不画岩性分界线。同一颜色不同岩性，在颜色栏中不画颜色分界线。

（3）样品位置用样品顶界距本筒顶界的距离标定，其距离包括泥岩压缩的长度，不包括磨光面拉开的长度。

（4）若某一层电性与岩性经落实后仍不吻合，则按现场地质人员所描述的岩性绘图。

但需在岩心描述记录上注明：岩性属实，电性不符。

五、井壁取心录井

利用电缆将井壁取心器下到井内预定深度，从井壁上取出岩心的方法称为井壁取心。井壁取心是钻井取心的补充和辅助手段，获取储层岩性、物性及含油性资料。

(一) 井壁取心原则

(1) 岩屑失真严重，地层岩性不清，归位有困难的井段。

(2) 钻井取心漏取及钻井取心收获率低的储层井段。

(3) 未进行钻井取心，岩屑录井见油气显示，落实含油性有困难的井段。

(4) 岩屑录井无显示，气测有异常，测井为可疑层、邻井为油层的井段。

(5) 判断不准或需要落实的特殊岩性井段。

(二) 录取资料要求

取心深度（单位为 m，保留到小数点后 1 位）、层位、设计取心颗数、实取颗数、收获率（用百分数表示，保留证书）、含油气岩心颗数等。

(三) 质量要求

(1) 井壁取心数量以达到井壁取心设计目的为原则。

(2) 井壁取心的质量应满足现场观察、描述及分析化验取样要求，长度应大于 10mm。

(四) 整理及标识

井壁取心出筒后及时清洁表面钻井液，装入井壁取心瓶中并贴上标签，标识井号、井深。

(五) 井壁取心描述

同常规取心岩心描述。

(六) 入库

填写井壁取心清单，内容包括：井号、序号、井深、岩性等，完井后将清单和井壁取心实物一并交岩心库保存。

六、钻井液录井

钻井液是钻井时用来清洗井底，并把岩屑携带至地面、维持钻井操作正常进行的流体。钻井液在钻遇油、气、水层和特殊岩性地层时，其性能将发生各种不同的变化。根据钻井液性能的变化及槽面显示，来判断井下是否钻遇油、气、水层和特殊岩性的方法称为钻井液录井。钻井液测量的参数有钻井液进出口温度、钻井液进出口密度、钻井液进出口电导率、钻井液液面（体积）等。

(一) 影响钻井液性能的地质因素

1. 高压油、气、水层

当钻穿高压油气层时，油气侵入钻井液，造成钻井液密度降低、黏度升高。当钻遇淡水层时，钻井液密度黏度和切力均降低，失水量增大。钻遇盐水层时，钻井液黏度先增高后降低，密度下降，切力和含盐量增加。水侵会使钻井液量增加。

2. 盐侵

当钻遇可溶性盐类，如岩盐（NaCl）、芒硝（Na_2SO_4）或石膏（$CaSO_4$）时，会增加钻井液中的含盐量，使钻井液性能发生变化。由于岩盐和芒硝这些含钠盐类的溶解度大，使钻井液中 Na^+浓度增加，使其黏度和失水量增大。当盐侵严重时，还会影响黏土颗粒的水化和分散程度，而使黏土颗粒凝结，黏度降低，失水量显著上升。

3. 钙侵

钻遇石膏层或钻水泥塞而带入了氢氧化钙时，均发生钙侵，使钻井液黏度和切力急剧增加，有时甚至使钻井液呈豆腐块状，失水量随之上升，当氢氧化钙侵入时还将使钻井液的 pH 值增大，

4. 砂侵

砂侵主要由于黏土中原来含有的砂子及钻进过程中岩屑的砂子未清除所致。含砂量高，则影响钻井液密度、黏度和切力增大。

5. 黏土层

钻遇黏土层或页岩层时，因地层造浆使钻井液密度、黏度增高。

6. 漏失层

钻井液漏失在钻井中是经常遇到的，轻微的漏失，类似于高度的失水现象。在一般情况下，钻进漏失层时要求钻井液具有高黏度、高切力，以阻止钻井液流入地层。但在漏失严重时，应根据发生漏失的地质条件，立即采取行之有效的堵漏措施。

（二）钻井液录井的方法

（1）观察钻井液颜色的变化。

（2）测定钻井液性能的变化。

（3）观察钻井液中油、气、水显示。

（三）钻井液录井资料的整理与应用

收集钻井液录井资料，对推断地层及含油、气、水情况等非常重要。

1. 钻井液显示分类

（1）油花气泡：油花或气泡占槽面 30%以下；

（2）油气浸：油花或气泡占槽面 30%以上，钻井液性能变化明显；

（3）井涌：钻井液涌出至转盘面以上，但不超过 2m；

（4）井喷：钻井液喷出转盘面 2m 以上；

（5）井漏：钻井液量明显减少。

2. 资料的录取内容

（1）钻井液性能资料——钻井液类型、密度、黏度、失水量、切力等；

（2）油、气显示资料——槽面、钻井液池液面变化等；

（3）水侵（盐侵、气侵）显示资料——水侵（气侵）的时间、井深、层位等；

（4）油气上窜资料——长期关井导致油气上升、井口压力上升，可导致井喷。

计算上窜速度：单位时间内油气上窜的距离。

迟到时间法：
$$V=\frac{H-\left[\frac{h}{t}\times(T_1-T_2)\right]}{T_0}$$

容积法：
$$V=\frac{H-\left[\frac{Q}{V_c}\times(T_1-T_2)\right]}{T_0}$$

式中 V——油、气上窜速度，m/h；

H——油、气层深度，m；

h——循环钻井液时钻头所在井深，m；

t——钻头所在井深的钻井液迟到时间，min；

T_1——见油、气显示的时间，min；

T_2——下至深度 h 后的开泵时间，min；

T_0——上次起钻前停泵时间到本次下钻至井深 h 后的开泵时间差，即钻井液静止的时间，h；

Q——钻井液泵排量，L/min；

V_c——井眼环形空间每米理论容积，L/m。

迟到时间法较接近实际情况，是现场常用的方法。

3. 资料的应用

（1）根据钻井液性能的变化，判断油、气、水层和其他特殊岩层。

（2）钻井液录井曲线——为了便于直观的进行分析，以纵坐标代表井深，横坐标表示钻井液性能的各种参数，绘制钻井液性能变化曲线。

七、气测录井

气测录井是直接测定钻井液中天然气的组分和含量，判断地层流体性质，进而评价储层的一种录井方法。利用气测资料可及时发现油气显示，同时还可预告井喷、井涌。

（一）井筒中气测信息分类

（1）破碎岩石气：岩石破碎进入钻井液的气体；

（2）负压地层气：上提钻具，造成钻井液柱压力小于地层压力（负压），地层中天然气进入钻井液的气体；

（3）起下钻气（后效气）：停止钻井液循环起下钻等时，已钻穿油气层的气侵入钻井液形成峰值。

（二）气测资料解释

1. 区分油层和气层

油层气体——重烃含量比气层高，且含丙烷以上成分。气测曲线（图 12-2）上表现为全烃和重烃曲线同时升高，两条曲线幅度差较小。

气层——重烃 C_{2+} 含量低，而且重烃成分中只有乙烷、丙烷等成分，没有大分子的烃类气体。气测曲线（图 12-3）上表现为全烃与重烃两条曲线间的幅度差很大。

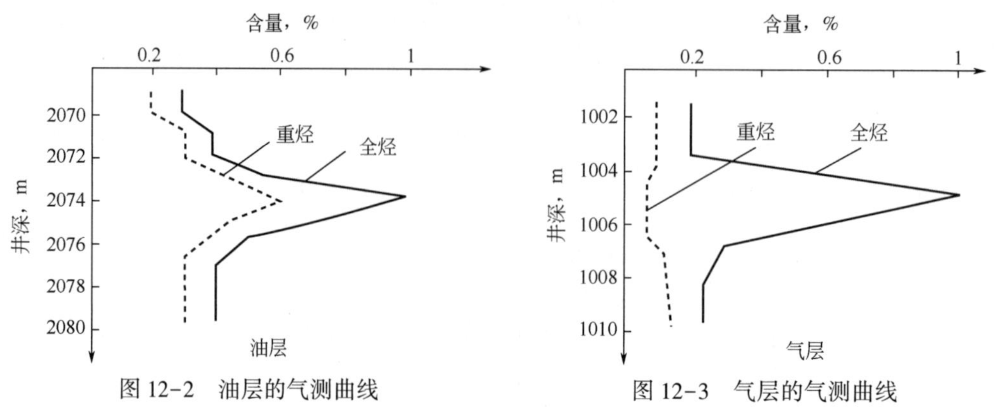

图 12-2 油层的气测曲线　　图 12-3 气层的气测曲线

2. 区分轻质油层和重质油层

烃类气体在石油中的溶解度随相对分子质量增加而增大，轻质油 C_{2+} 含量比重质油高，重烃异常明显，见图 12-4。

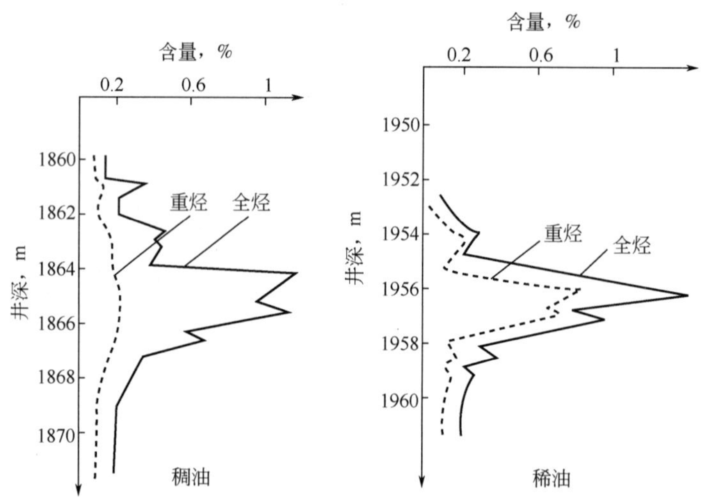

图 12-4 不同性质的油层在气测曲线上的反映

3. 水层气测曲线特征

烃类气体难溶于水，但某些水层中仍含少量溶解气，气测曲线（图 12-5）上出现一定显示。全烃和重烃同时增高；全烃增高，重烃无异常；水层在气测曲线上的显示远比油层低。

（三）气测影响因素

1. 影响气测录井的地质因素

气油比越大，则气测值越大；地层压力越大，地层压力与液柱压力差大，气测值大；岩石渗透率和孔隙度大，则钻井液中天然气多。

2. 影响气测钻井工程因素

钻头直径与钻速大，破碎岩石多，气测值大；钻井液排量大，循环快，时间短，气测小；钻井液黏度大，脱气难，进入仪器量少，气测小；密度大，液柱压力大，气测小。

钻井液中混有油类与原油，气测可能出现异常。

（四）气测录井作用

根据气测异常值、上升幅度、上升速率、组分相对关系，发现油气显示层，判断油气水性质，帮助进行油气水层解释；根据气测全烃基线变化，判断钻井液密度是否近平衡。

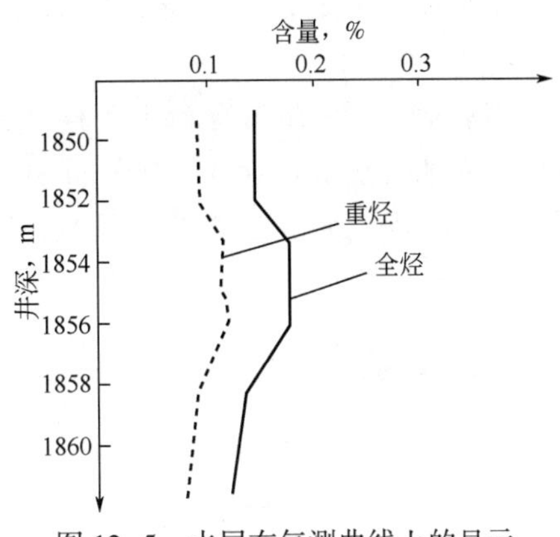

图 12-5　水层在气测曲线上的显示

第二节　录井新技术

一、轻烃录井

轻烃录井分析技术是从 C_1 分析到 C_9，有正构烷烃、异构烷烃、环烷烃、芳香烃 4 类，一般组分 103（112）个色谱峰，包含了丰富的地质信息。轻烃录井技术的优势体现在可以从钻井液、岩屑、岩心三方面获得油气层信息，具有抗污染能力强、取样简单、分析参数多的特点，对气层、轻质油层、油层、油水同层、气水同层有很高的分辨率和准确度，对储层中的含油性、含水性进行评价，达到精细解释油气水层的目的，针对消光油层的识别、高阻非油层、低阻油层有很好的判别。

轻烃录井主要仪器有轻烃组分分析仪、空气发生器、高纯氢发生器、高纯氮发生器。上井安装完成后应对这些仪器进行标定效验，并建立仪器效验记录。

现场操作人员应具备岩性辨识能力、能够准确分辨砂泥岩及含油气情况、并对该仪器能够熟练操作。

（一）现场采样标准及要求

现场采样标准及要求见表 12-3。

表 12-3　现场采样标准及要求

	不含油砂岩	含油砂岩	泥岩
岩屑	每 5m 采 1 个样品、小于 5m 按 5m 采样	每 1m 采 1 个样品	不采样
岩心	每 1m 采 2 个样品	每 1m 采 4 个样品	不采样

（二）采样及分析相关注意事项

（1）岩心出筒采样必须及时、准确，情况允许时可以在岩心出筒丈量分段完、新技术先行采样保存分析，尽量避免因采样不及时造成轻组分挥发而导致分析数据失真失去参考性。

（2）轻烃每27min分析1个样品，现场因样品太多不能及时全部分析时，现场应挑着分析。有油气显示时应该优先分析油气显示段样品（含油岩心每米保证分析2个样品、岩屑每段显示保证分析2~3个样品），待含油段样品挑着分析完时，再进行分析含油段剩余样品及不含油砂岩段，保证分析样品及时，不影响资料的录取。

二、地化录井

地化录井技术是一种快速评价储层的地球化学分析方法，通过对岩屑、岩心样品进行热蒸发和热解分析，取得样品中S_0(气态烃)、S_1(液态烃)、S_2(裂解烃）以及C_{10}~C_{36}各组分的定量数据和图谱，通过对图谱的定性分析以及对数据的定量处理，评价储层的含油性、物性以及原油性质，为油田勘探开发提供必要的基础资料。

（一）岩石热解分析原理

通过计算机程序升温控制，在不同的温度区间将样品中的烃类和干酪根进行挥发和裂解，再经过定性分离、检测，分别得到S_0(气态烃)、S_1(液态烃)、S_2(裂解烃)、T_{max}，实现烃源岩或储集岩评价。

（二）地化录井设备

地化录井主要设备有油气显示评价仪、油气组分综合评价仪、空气发生器、高纯氢发生器、高纯氮发生器。

（三）标定校验

安装完成后应对油气显示评价仪、油气组分综合评价仪分别进行标定校验、并建立油气显示评价仪、油气组分综合评价仪效验记录。

（四）人员能力

操作人员应具备岩性辨识能力、能够准确分辨砂泥岩及含油气情况，并对该仪器能够熟练操作。

（五）采样标准及要求

油气显示评价仪和油气组分综合评价仪采样标准分别见表12-4、表12-5。

表12-4 油气显示评价仪采样标准

	不含油砂岩	含油砂岩	泥岩
岩屑	每5m采1个样品、小于5m按5m采样	每1m采1个样品	不采样
岩心	每1m采2个样品	每1m采4个样品	不采样

表12-5 油气组分综合评价仪采样标准

	不含油砂岩	含油砂岩	泥岩
岩屑	不采样	每1m采1个样品	不采样
岩心	不采样	每1m采4个样品	不采样

（六）采样及分析相关注意事项

（1）岩心出筒采样必须及时、准确，尽量避免因采样不及时造成轻组分挥发而导致分析数据失真失去参考性。

（2）油气显示评价仪每 12min 分析 1 个样品，现场因样品太多不能及时全部分析时，现场应挑着分析。有油气显示时应该优先分析油气显示段样品（含油岩心每米保证分析 2 个样品、岩屑每段显示保证分析 2~3 个样品），待含油段样品挑着分析完时，再分析含油段剩余样品及不含油砂岩段，保证分析样品及时、不影响资料的录取。

（3）组分综合评价仪每 36min 分析 1 个样品，现场因样品太多不能及时全部分析时，现场应挑着分析。岩心每米保证分析 2 个样品，岩屑每段显示保证分析 2~3 个样品，待样品挑着分析完时，再分析剩余样品，保证分析样品及时，不影响资料的录取。

三、核磁录井

核磁录井是利用氢核在静磁场中的核磁共振特性，检测岩样孔隙内的流体量、流体类型、流体性质，快速获得储层内的孔隙度、渗透率、油（气）饱和度、可动（束缚）流体饱和度、原油黏度、岩石润湿性等重要信息，为储层快速评价提供准确数据。

（一）核磁录井技术原理

地层流体（油、气、水）中富含氢核，利用氢核（1H）与磁场之间的相互作用以及顺磁试剂对水信号消除作用，通过 T_2（弛豫时间）图谱反演，从而得出岩石的物性、含油性等信息。

（二）孔隙度测量原理

采用核磁共振技术能够准确测量得到岩样孔隙内的流体量，当岩样孔隙内充满流体时，流体量就与孔隙体积相等，因此采用核磁共振技术能够准确检测岩样孔隙体积。

（三）含油饱和度测量原理

将岩样浸泡在 Mn^{2+}浓度为 15000mg/L 的 $MnCl_2$ 水溶液中后，Mn^{2+}会通过扩散作用进入岩样孔隙内的水相中，利用 Mn^{2+}顺磁特性，使得水相的核磁信号被消除，对该状态下的岩样进行核磁共振测量，可测得岩样孔隙内的含油量，含油饱和度等于岩样孔隙内的含油量除以总液量。

（四）可动（束缚）流体测量原理

可动流体受岩石孔隙固体表面的作用力弱，弛豫时间长。反之束缚流体受岩石孔隙固体表面的作用力强，弛豫时间短，因此采用核磁共振技术能够检测可动流体和束缚流体。

（五）核磁录井主要设备

核磁录井主要设备有核磁共振控制器、核磁共振磁体、饱和仪、真空泵。

（六）标定校验

安装完成后应对核磁共振仪器进行标定效验，并建立核磁共振校验记录。

（七）人员能力

现场操作人员应具备岩性辨识能力，能够准确分辨砂泥岩及含油气情况，并对该仪器能够熟练操作。

（八）现场采样标准及要求

现场采样标准及要求见表 12-6。

表 12-6　现场采样标准及要求

	不含油砂岩	含油砂岩	泥岩
岩屑	不采样	不采样	不采样
岩心	每 1m 采 2~3 个样品	每 1m 采 4 个样品	不采样

（九）采样及分析相关注意事项

（1）岩心出筒采样必须及时、准确，情况允许时可以在岩心出筒丈量分段完，核磁先行采样并放入冰柜冷藏保存分析，尽量避免因采样不及时造成轻组分挥发而导致分析数据失真失去参考性。

（2）核磁录井样品分析分为三个步骤为初始、饱和、泡锰。初始必须在采完样品后及时分析，避免由于分析不及时尽量避免因初始分析不及时造成轻组分挥发而造成分析数据、曲线失真。

（3）饱和在初始做完后将样品放入盛有配置好氯化钾、氯化钠的水溶液烧杯中，再连同烧杯一块放入饱和仪抽 8~12h，再进行分析（在抽饱和时必须保证饱和仪装完样品后盖子与饱和仪密封贴实，如发现不密封贴实应用凡士林涂抹在饱和仪与盖子接触处达到密封贴实的效果）。

泡锰在饱和做完后将样品放入调制好的锰水溶液（氯化锰配置的水溶液）中浸泡 24h，再进行分析。

第三节　录井监督重点

一、录井前验收监督

（1）录井队伍资质核查合格证、市场准入证、安全生产许可证。

（2）录井人员持有井控证、HSE 证、上岗证，资历职称与标书一致。

（3）体系文件及记录：有已审批的地质设计、与建设方签订的《安全生产合同》、与钻井队签订的《安全生产协议》，施工现场有“两书一表”，有录井设备操作规程，绘制地质预告图，收集齐全邻井资料，向钻井队进行地质交底，制定应急预案，岗位责任制，交接班制，巡回检查制等管理制度齐全。

（4）录井仪器：具有防爆功能，有烟雾有毒有害气体报警装置，漏电自动断电保护装置，声光报警装置，仪器房与振动筛摆放同一侧，捞样通道畅通，逃生通道畅通，配备 H_2S、CO 样品气、标准气样、热真空蒸馏分析仪、脱气器、氢气发生器、空气泵，配备三氯甲烷、浓度5%稀盐酸，建立化学药品台账，配有专用危化品储存箱，配备复合式气体检测仪、正压式呼吸器、灭火器、应急照明灯、防毒面具，所有传感器及色谱仪按照五点标定的原则进行标定。

（5）配备地质参数仪、烤箱、荧光灯、延安组和延长组标准系列各一套，探评井配备500万像素以上相机一台，气井百格盒满足各开次录井需求，碳酸盐岩分析仪、氯离子滴定、密度仪、黏度仪、失水仪完好。

二、录井过程监督

（1）地质预告牌内容齐全，地质预告图绘制符合要求，地质交底内容齐全，钻具管理记录、录井原始记录、综合记录、荧光记录、岩屑描述记录、钻井液性能记录、井斜数据记录、随钻数据实时打印记录、交接班记录、QHSE 检查表、套管记录等资料填写齐全准确，录井手剖图绘制及时。

（2）砂样管理：砂样袋、岩心盒、岩屑标签准备充足，砂样足量，晒样台摆放合理，气井百格盒留样充足，油气层定级合理。

（3）井控管理：井控坐岗记录，异常预报单，井控演习。

（4）综合录井仪各种线缆架设平直整齐并采取防磨损措施，气管线架设两根（一根备用管线两头用脱脂棉堵塞）冬季有防保温措施。

（5）岩屑录井“四不打钻”，即：小排量不打钻（钻井液上返速度不得小于0.7m/s）、钻井液性能不符合要求不打钻、振动筛不正常工作不打钻、停电时不打钻。

（6）全井不能有漏测点，数据差错率小于2‰。

（7）硫化氢检测要求，仪器探头安装在钻井液导管出口、钻台司钻位置、钻井液池处，共3支，每7d校验一次；用化学或半导体探头进行监测，监测最小值为1mg/L。

（8）气测录井坚持“三不打钻”“一不起钻”：停电时不打钻，气测仪器有故障时不打钻，后效影响超高、造成资料失真时不打钻，气测点未测完不起钻。

（9）后效气检测是地质循环、接单根、起下钻过程中，钻井液与地层流体压差的变化引起的烃类显示而进行的气体录井。

三、取心作业监督

（1）录井队与钻井队在取心工具入井前共同丈量内、外筒及其他工具的尺寸，录井队长核算钻具长度及井深，计算取心工具到底方入并核对。

（2）录井监督和录井队长要检查取心工具完好情况，包括：取心钻头刀刃完好，与取心筒配合同心度好，取心筒内外筒尺寸是否符合标准，取心筒内外筒是否用标准通径规通径，内外筒螺纹无碰伤、断裂、变形，内外筒本体无咬扁、无裂纹、无变形、无深度超过2mm的麻坑，内外筒螺纹清洁、涂好密封脂、内筒内壁光滑、无泥沙和异物。

（3）录井监督和录井队长共同进行取心附件检查：悬挂轴承是否保养、装配后内筒用手转动灵活，悬挂总成、内筒、岩心爪组合各件各螺纹连接无松动，岩心爪外表光滑无伤痕、弹性适宜，钢球尺寸与卡箍座相匹配，岩心爪底面与钻头内台肩的纵向间隙8~12mm。

（4）录井监督要向钻井监督和钻井队确认井底干净无落物，下钻前检查指重表、记录仪、钻井泵等运转设备正常，无误差。

（5）取心操作前录井队要提示钻井队操作人员（可采用书面形式）在起下钻过程中操作平稳，不猛刹、猛放、猛顿，防止钻具剧烈摆动。缓慢下放，严重遇阻时，应起钻下牙轮钻头划眼，严禁用取心钻头大井段、长时间划眼，下钻完毕，充分循环钻井液，做好配合，确保取心收获率达标。

（6）录井队在取心钻进过程中注意观察机械钻速、泵压的变化，发现异常，果断处理，严防卡心、堵心、磨心，发现异常立即汇报。

四、完井作业监督

（1）卡准完钻井深、层位，落实口袋内岩性及油气显示情况，将油气显示情况报甲方及监督部，确定下步措施。

（2）完钻油层复查记录表填写完整，油层顶部海拔、显示段垂斜深、钻时、小层划分数据准确、显示层定级准确。

（3）完井基本数据，井口坐标、地理位置、构造位置、补心海拔、地面海拔、设计井深、完钻井深、完钻层位、完钻原则、井身结构、设计中靶坐标、实际中靶坐标、设计中靶半径、实际中靶半径、设计中靶垂深、油中垂深、闭合方位、水平位移、等数据收集齐全。

（4）岩电差控制在规定范围：井深小于3000m，岩电差小于1‰，井深大于3000m，岩电差小于1.2‰。

（5）核查套管记录，收集套管钢级、尺寸、壁厚、下入根数、联入、套管总长、套管下深、短套位置、阻流环位置、附件位置、总根数、尾管、尾管挂尺寸等数据，与实物和设计相符。

（6）核对下套管期间钻井液灌入量、灌入次数、钻井液性能，综合录井要检测大钩悬重、入口排量、泵压、钻井液性能及气测、钻井液池体积变化量、槽面显示。

（7）固井作业收集水泥产地、牌号、用量、注水泥的起止时间、水泥浆密度（最大、最小、平均值），替钻井液起止时间、替量、替压、替入钻井液性能，碰压时间、碰压值，井口返出情况，有无井漏及憋泵现象，候凝起止时间，套管试压起止时间、压力及压降情况。

（8）完井作业期间录井人员必须值班至固井结束。

五、完井资料审查

（1）油气显示发现率100%，所钻井段不漏任何油气显示。

（2）剖面符合率探井、评价井≥85%、开发井≥90%，岩性归位目的层误差不大于3个取资料点距。

（3）各项原始资料与完井资料文字、数据、图幅等差错率小于3.0‰。

（4）异常预报率大于90.0%，异常预报准确率大于70.0%。

（5）录井手剖图齐全、准确、图幅整洁、记录清晰，主要标识缺失率小于4.0%。

（6）录井报告格式符合规范要求，数据齐全，内容准确，分析合理。

六、录井资料采集

（1）钻时记录按地质设计间距进行，油气层段适当加密，取心时点距不得大于0.25m，单位用“min/m”表示，取整数。

(2) 每次接单根时必须校对井深，实际井深与综合录井仪、气测深度面板读数误差不得超过 0.1m，与半自动钻时记录仪误差不得超过 0.2m。

(3) 迟到时间以实测为主，井深小于 1000m 的非目的层段可以采用理论计算值，井深大于 1000m 的非目的层段每间隔 100m 实测一点，目的层段每间隔 50m 实测一点。

(4) 洗样，捞出的岩屑应先闻后洗，清洗后的岩屑标记准确的深度后，进行荧光直照，若洗样时见到油气显示，而荧光照射没有显示时要及时补捞样品观察，查明原因。洗出的岩屑要能见岩石本色，无滤饼、泥团，清洗疏松砂岩和软泥岩及煤屑时要注意保护岩屑。

(5) 气体录井测量项目包括：全烃（量）、甲烷、乙烷、丙烷、异丁烷、正丁烷、异戊烷、正戊烷，探井应加测二氧化碳、氢气和硫化氢。

(6) 每口井进行一次色谱刻度，用包括最小检知浓度在内不少于 5 个不同浓度值的标样进行刻度。录井前、起下钻、进入目的层前及录井过程中每 3d 校验一次，校验使用在检测范围内不少于 2 个不同浓度的标样进行。

(7) 后效气检测要求：钻遇气体显示后，每次起下钻均应进行循环，进行后效气测录井。循环钻井液时应记录时间、井深、钻具下入深度、钻井液静止时间、循环一周时间、开停泵时间、排量、泵压、油花气泡及气测的延续时间和变化。

(8) 传感器校准与校验：每年应对传感器及测量系统进行一次刻度。每口井录井前进行一次校验，仪器超过 2 个月不使用，重新使用必须进行刻度。录井过程中发现检测数据出现异常及仪器更换元件、维修后必须进行校验。

七、异常复杂情况监督

(1) 溢流、油气侵：井涌时涌出物、涌出量、起始时间、间歇周期、气测值、油气上窜速度、悬重、采取的技术措施。

(2) 井喷：井喷时喷出高度、喷出物、喷出量、起始时间、间歇周期、悬重、采取的技术措施。

(3) 井漏：井漏时起始时间、漏失量、漏失速度、井口钻井液返出情况、采取的技术措施。

(4) 井塌：井塌时岩性、处理措施。

(5) 断钻具：断钻具时井下落物及打捞、断钻具落鱼长度、鱼顶位置、打捞钻具组合及处理等。

(6) 卡钻：卡钻时间、钻头位置、钻具结构、长度、方入、上提下放活动范围、卡点、卡点层位、岩性、处理情况（泡油、倒扣、套铣等内容）。

(7) 填井：填井时间、填井井深、层位、井段、注入灰量，水泥浆性质、结束及候凝时间等。

(8) 侧钻：侧钻井斜、闭合距、闭合方位、中靶情况、侧钻井深。

第四篇

测井作业监督

地球物理测井是利用声、电、核、磁等原理，应用现代新材料、新工艺、新技术，在高温、高压的井筒环境，沿井身测量井孔剖面上地层的各种物理参数随井深的变化曲线，并根据测量结果进行综合解释（或数字处理）来判断岩性、确定油气层的一种重要手段。

第十三章　测井设备简介

测井设备对石油勘探和开发具有重要意义，应用测井设备和测井技术对矿井进行探测可以有效采集地下环境中的多种物理信息如力、热、核等。对这些数据信息进行分析可以有效解释油田范围内的油气层厚度和位置，还可以确定与开采相关的一些性能参数。我国的油田测井设备研发经历了半自动、数字测井、数控测井、高精度与高集成测井等多个阶段。测井设备根据应用场景不同可以分为井下和井上两类。

第一节　测井井上设备

一、测井绞车

测井、射孔等作业使用的电缆是缠放在绞车滚筒上，滚筒借助于汽车发动机的动力而转动，从而控制电缆在井内按要求的速度上提和下放。

二、测井电缆

测井电缆用于输送各种下井仪器和工具；向井下仪器供电和传送控制信号；将井下仪器采集到的信号传送到地面。

三、井口滑轮

改变电缆运行方向的设备。

四、张力计

张力计与井口滑轮配合使用，把测井电缆的张力变为电信号送给绞车张力面板后进行显示，通过电缆张力的变化，准确判断井下仪器和电缆的运行情况。

电缆鱼雷：电缆鱼雷的用途是能和各种电缆头相接。

五、马笼头

连接电缆和下井仪器；能快速连接和拆卸，又能保证缆芯与仪器导线的通断和绝缘良好。

六、下井仪器

采集井下物理信息并转变为电信号输送到井上。

第二节　测井井下仪器

测井仪器是一种计量工具，因此，它必须是准确的，误差一定要在允许范围内，否则，测出来的资料就会不准确。测井所使用的地面记录仪器和下井测量仪器都有具体的要求，总的来说要做到“三性一化”，即：稳定性、直线性、一致性和标准化。

一、测井仪发展阶段

（一）模拟记录阶段

模拟记录的特点：采集的数据量小，传输速率低。使用的主要测井方法：声速（纵波）测井、感应测井、普通电阻率测井、配备井径、自然电位、自然伽马测井。

（二）数字测井阶段

与之相应的测井方法有双感应—八侧向测井、双侧向—微球形聚集测井、三孔隙度测井（声速测井、中子孔隙度测井、补偿密度测井），再加上井径测量、自然伽马测井、自然电位测井。

（三）数控测井阶段

除一般的常规测井外，已增加了自然伽马能谱测井、岩性密度测井、碳氧比能谱测井、长源距声波测井、电磁波传播测井、地层倾角测井，这些新的测井方法，可提取更多的有用信息，扩大了测井的应用领域，提高了用测井资料评价油（气）层及解决地质问题的能力。

（四）成像测井阶段

随着勘探和开发更复杂、更隐蔽的油气藏发展，对测井也提出了更多的要求，成像测井系统正是在这样的背景下发展起来的。

二、测井仪分类

（一）自然伽马测井仪

自然伽马测井是沿井身测量岩层的天然伽马射线强度的方法，自然伽马测井仪见图 13-1。沉积岩的放射性强弱主要取决于黏土的含量，黏土含量越多，放射性越强。

图 13-1　自然伽马测井仪

（二）感应测井仪

感应测井利用交流电的互感原理测量地层导电性，发射线圈通以固定频率、固定幅度的正弦交流电。它将在周围介质中形成交变电磁场，接收线圈产生感应电动势，电动势的大小与介质电导率有关，再把电导率转换成电阻率，就是感应电阻率曲线。感应测井仪见图 13-2。

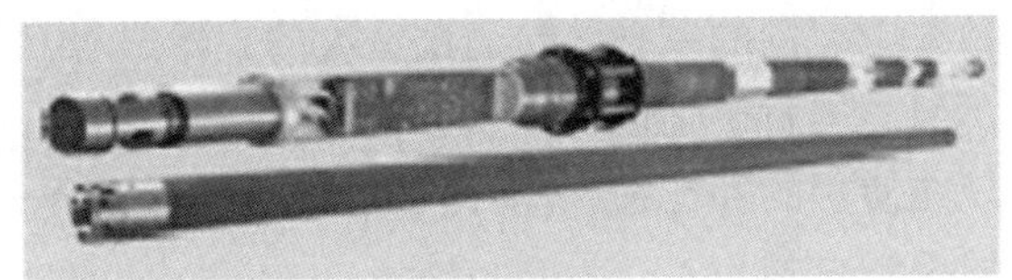

图 13-2　感应测井仪

（三）侧向测井仪

供电电极上下方各加了两个同极性的电流屏蔽电极，使供电电流聚集成薄板状垂直流向地层，适当发散后流向回路电极，根据所测电位差，求出地层电阻率。侧向测井仪见图 13-3。

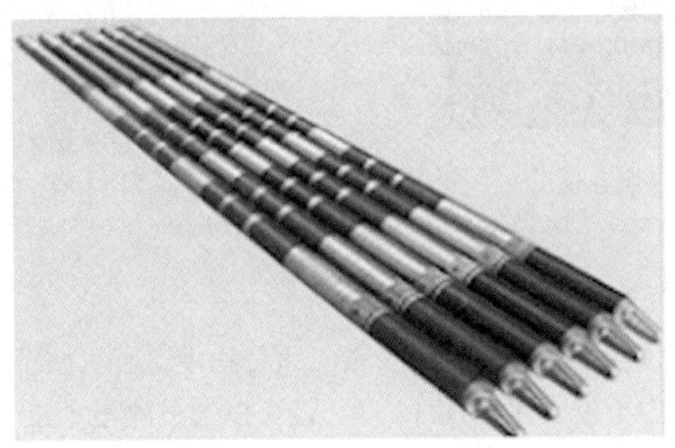

图 13-3　侧向测井仪

（四）微电极测井仪

微电极测井是探测冲洗带和滤饼电阻率的测井方法。储集层有良好的孔隙性和渗透性，在钻井泥浆柱压力大于地层压力条件下，表现为泥浆滤液向储集层孔隙内渗滤，因此在井壁上形成滤饼。微电极测井仪见图 13-4。

图 13-4　微电极测井仪

（五）声波测井仪

声波测井仪是测量滑行纵波在井壁地层中传播速度的测井方法，现一般用双发双收声速测井，消除井眼扩径影响。声波测井仪见图 13-5。

（六）补偿密度测井仪

补偿密度测井仪是钻井中应用的一种测量岩层密度的仪器。岩石体积密度是表征岩石性质的一个重要参数，它不但与岩石矿物成分及其含量有关，还与岩石孔隙度和孔隙中流体类别、性质及含量有关。现在使用的补偿密度测井仪（图 13-6）都是利用放射性伽马射线在物质中的康普顿效应为原理制成的。

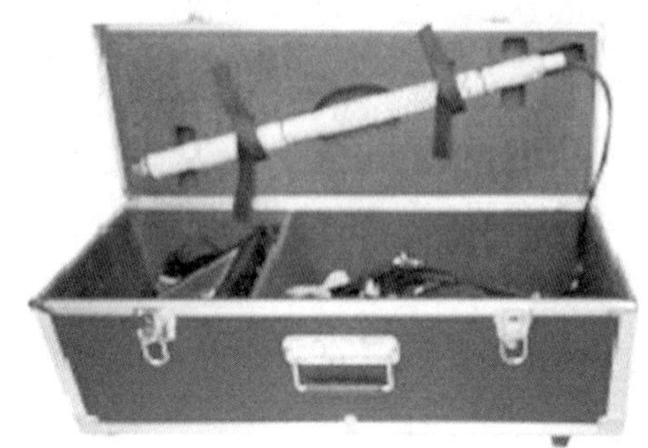

图 13-5　声波测井仪

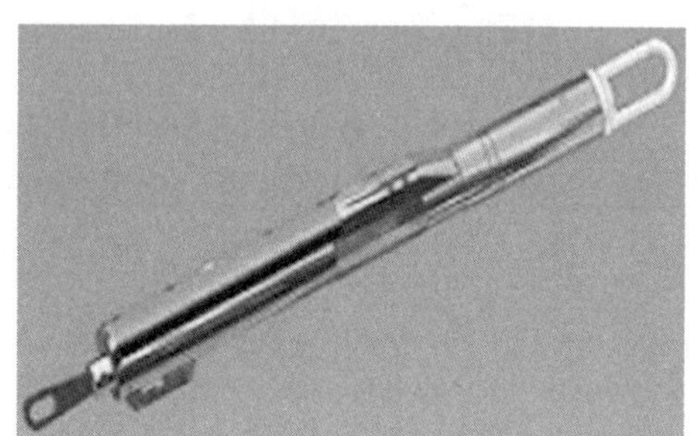

图 13-6　补偿密度测井仪

（七）补偿中子测井仪

地层孔隙是充满流体的细微空间，水及碳氢化合物中含有氢原子，无油地层与矿岩中极少或根本没有氢，补偿中子测井仪（图 13-7）是可以通过测量地层含氢指数来确定地层孔隙度以及判断岩性的放射性测井仪器。

（八）中子伽马测井仪

用同位素中子源发射的快中子连续照射井剖面，在仪器中离中子源一定的地方装一伽马射线探测器，连续记录地层发射的中子伽马射线，这就是中子伽马测井。中子伽马测井值主要反映地层的含氢量，同时又与含氯量有关。中子伽马测井仪见图 13-8。

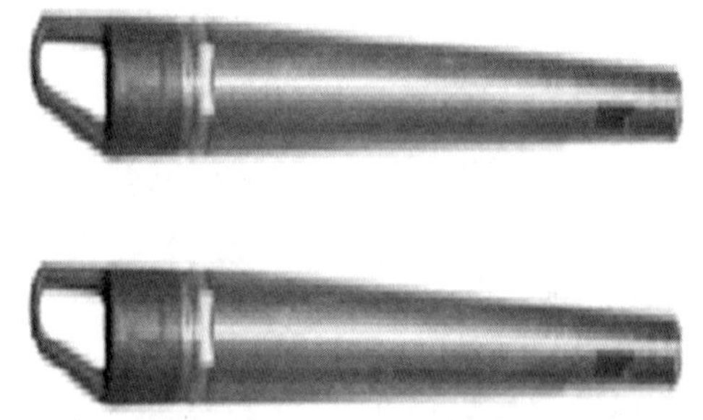

图 13-7　补偿中子测井仪

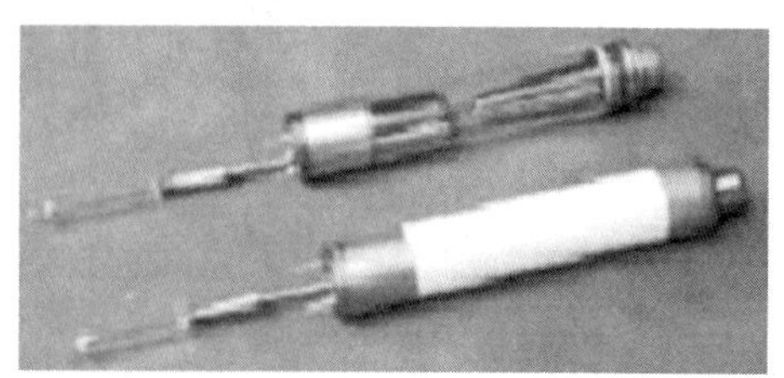

图 13-8　中子伽马测井仪

第三节　测井系列选择

合理和完善的测井系列是保障测井解释准确的先决条件。合理的测井系列可以解决岩性问题，层厚、孔隙度、渗透率、饱和度及泥质含量问题。不同的地质条件，需要不同的测井系列组合。

一、泥质指示和确定岩性的测井方法选择

泥质指示应能划分泥岩和非泥岩，并能确定泥质含量。基本上各种测井方法都能不同程度地进行泥质解释。最常用的是自然伽马、自然电位和微电极。另外，岩性测井和自然伽马能谱也能解决这个问题。个别地区由于沉积速度快，自然电位不稳，也可以用其他测井方法解决泥质问题。在以后的泥质砂岩解释中有详细说明。测井系列选择的标准是能准确划分钻井剖面的岩性，能够准确确定孔隙度，能够确定地层的含水饱和度或油气饱和度。如碳酸盐岩地层，三种孔隙度测井确定孔隙度，微球形聚焦确定冲洗带电阻率，双侧向确定深浅电阻率，井径和自然伽马确定泥质含量。再如湖泊相河流相的沉积地层，至少有一种孔隙度测井，微电极，深浅三侧向，加井径和自然电位，有时加自然伽马。

二、电阻率测井方法的选择

由于钻井后测井是在井眼中进行，井眼的大小、钻井液性能的差别，使得渗透层受不同程度的污染，存在冲洗带、侵入带和原状地层的电阻率上的差异。电阻率测井应能反映冲洗带、浅、中深的电阻率数值上的变化。岩层的电阻率高低、岩层的厚薄，影响地层真电阻率数值。所以选用的测井方法也不尽相同。这需要掌握各种方法的线性范围、探测半径、聚焦的强弱、围岩和井的影响大小。对低电阻率地层一般选用双感应—八侧向、微球形聚焦。对高电阻率地层一般选用双侧向—邻近侧向、微侧向电阻率系列。对于较薄的地层微电极，三侧向或普通电阻率测井也可以很好地解决地质问题。

三、孔隙度测井方法的选择

孔隙度测井一般探测深度较浅，对于储集层一般仅限于冲洗带。声速测井方法适用于粒间和晶间孔隙，不能反映次生孔隙中的裂缝溶洞，适用于均匀分布的孔隙度。中子孔隙度测井只反映岩层的含氢量的大小，并随含氢量的增加探深度减小。密度测井反映的是岩石的总孔隙度，分不清原生孔隙和次生孔隙。天然气对三种孔隙度都有影响，岩性对孔隙度也有影响。

四、测井系列的选择

测井公司为了提供一个技术服务项目，要根据地质或工程需要选择几种测井方法，构成该技术服务项目所需要的一套综合测井方法。这套综合测井方法就叫作测井系列。

裸眼井的测井系列主要依据井内流体性质选取。表 13-1 中列举了一些可推荐的测井系列，这些测井系列用于录取不同井内流体情况下的各种研究参数。

表 13-1 裸眼井测井系列

井内流体	研究参数	推荐的测井项目
淡水钻井液	岩性 S_w-R_w $S_{xo}-R_{mf}$ $\Phi-V_{cl}$ K-P 几何参数	自然电位、自然伽马、伽马能谱、岩性—密度测井 感应测井或侧向测井或电位—梯度电极系测井 微球形聚焦测井或微侧向测井或微电极测井 密度测井、中子测井和(或)声波测井 地层测试器 地层倾角测井、四壁井径测井、井斜测量
盐水钻井液	岩性 S_w-R_w $S_{xo}-R_{mf}$ $\Phi-V_{cl}$ K-P 几何参数	自然伽马、伽马能谱、岩性—密度测井 双侧向测井 微球形聚焦测井或微侧向测井 密度测井、中子测井和(或)声波测井 地层测试器 地层倾角测井、四壁井径测井、井斜测量
油基钻井液	岩性 S_w-R_w $\Phi-V_{cl}$ K-P 几何参数	自然伽马、伽马能谱、岩性—密度测井 感应测井 密度测井、中子测井(或)声波测井 地层测试器 四壁井径测井、井斜测量
空井	岩性 S_w-R_w $\Phi-V_{cl}$ K-P 几何参数	自然伽马、伽马能谱、岩性—密度测井 感应测井 密度测井、中子测井 温度测井 四壁井径测井、井斜测井

第十四章　裸眼井测井技术

测井是指采用专门的仪器设备，沿井身（钻井剖面）测量地球物理参数的方法，称地球物理测井（简称测井）。地球物理特性如岩层的电化学特性、导电特性、声学特性、放射性及中子特性等。石油钻井时，在钻到设计井深深度后都必须进行测井，又称完井电测，以获得各种石油地质及工程技术资料，作为完井和开发油田的原始资料，这种测井习惯上称为裸眼井测井。

第一节　电法测井

一、自然电位测井

在未向井中通电的情况下，发现放在井中的电极 M 与位于地面的电极 N 之间存在电位差。显然这个电位差是自然电场产生的，称为自然电位。在裸眼井中测量自然电位随井深的变化，以研究井剖面地层性质的测井方法叫作自然电位测井。

（一）基本原理

在井中由于钻井液和地层水矿化度的差异，地层压力和钻井液柱压力的差异，在井壁附近产生电化学过程，产生自然电动势。

1. 扩散电动势（E_d）

两种不同浓度的 NaCl 溶液接触时，存在着使浓度达到平衡的自然趋势，即高浓度溶液中的离子受渗透压的作用要穿过渗透性隔膜迁移到低浓度溶液中去，迁移过程中因离子的迁移率不同，造成溶液接触面两侧富集正负电荷，当接触面附近正、负离子迁移速度相同时，电荷富集停止，但离子还在扩散，达到动平衡，此时接触面附近的电动势保持一定值，这个电动势叫扩散电动势。

2. 扩散吸附电动势（E_{da}）

将两种不同浓度的 NaCl 溶液用泥岩隔膜分开，实验结果证实：浓度大的一方富集了负电荷，浓度小的一方富集了正电荷。这种现象起因于泥岩的一种特殊性质。泥质颗粒基本由含有硅或铝的晶体组成，由于晶格中的硅或铝离子被低价的离子所取代，泥质颗粒表面带负电，为了达到电平衡，必须吸附阳离子，这部分被吸附的阳离子称为平衡离子，平衡离子的多少常用 Q_V 表示，Q_V 也称泥质的阳离子交换能力。该过程产生的电动势叫扩散吸附电动势，或称为薄膜电势。

实际测井中，夹在泥岩中的砂岩层的自然电位幅度，基本上是产生自然电场的总电动势 SSP，即：

$$SSP=E_d+E_{da}=K\lg\frac{R_{mf}}{R_w}$$

式中 SSP——静自然电位；

K——总的扩散吸附电动势系数；

R_{mf}——地层水和泥浆滤液的电阻率；

R_w——地层水的电阻率。

自然电位曲线（SP）的变化与岩性密切相关，特别是能以明显的异常显示出渗透性地层。

泥岩的自然电位曲线大体上构成一条竖直线或略有倾斜的直线，称作泥岩基线。渗透层的自然电位曲线异常偏离泥岩基线，偏向低电位一方的异常叫负异常（$R_{mf}>R_w$），偏向高电位一方的异常叫正异常（$R_{mf}<R_w$）。

（二）主要应用

1. 划分储集层

在不存在明显过滤电位的前提下，自然电位曲线上偏离泥岩基线的异常是地层具有孔隙性和渗透性标志。一般有明显异常的地层都是储集层。原则上说，SP 曲线只能划分储集层和非储集层，进一步的岩性解释要凭地区经验和与其他测井曲线综合解释。

对于岩性均匀、厚度较大、界面清楚（如泥岩与砂岩的突变界面）的储集层，通常用 SP 异常幅度的半幅点（泥岩基线算起 1/2 幅度处）确定储集层界面。如果储集层厚度较小，SP 异常较小，半幅点厚度将大于实际厚度，地层界面将靠近异常顶部。如果上下界面幅度大小不同，应分别用其半幅点确定界面。如果岩性渐变层某个界面不清楚，应参考其他曲线确定界面。

2. 判断岩性

在划分储集层与非储集层的基础上，依据本地岩性剖面的组成情况、本地解释经验和其他测井曲线的显示，可进一步划分岩性。对于简单的砂泥岩剖面，储集层是砂岩，非储集层是泥岩。对于泥质砂岩或砂质泥岩，要凭经验解释。

3. 判断油气水层

SP 异常可帮助区分油气水层。一般说来，油气层的 SP 异常略小于水层，完全含水、岩性较纯、厚度较大的纯水层 SP 异常最大。下部含水饱和度明显升高的油水同层，SP 异常由上往下有渐大的趋势。注入淡水水淹后的油水同层，被水淹的底部或顶部的 SP 异常明显小于未被水淹部分的 SP 异常，使该层上下部泥岩基线发生明显偏移。

4. 估计地层泥质含量

利用自然电位测井，确定地层的泥质含量，建立在大量实验研究的基础上。在一个地区，根据具体条件，可以利用实验和数理统计方法，直接建立起自然电位和泥质含量之的关系，或是建立和含泥质地层与纯砂岩层的自然电位比值同泥质含量之间的关系。找出这种关系式或关系曲线，就可直接根据自然电位曲线确定地层的泥质含量。

二、侧向测井

侧向测井也叫聚焦测井，它是根据同性电相斥的原理，在供电电极上、下方装上聚焦电极，聚焦电极的电流与供电电极（叫主电极）的电流极性相同，由于聚焦电流对主电流的排斥作用，主电流只沿侧向（垂直井轴）流入地层，因此叫侧向测井。

侧向测井的种类大致有：微侧向测井（MLL）、微球形聚焦测井（MSFL）、球形聚焦测井（SFL）、双侧向测井（DLL）、高分辨率侧向测井（HDLL，阿特拉斯）、高分辨率方位侧向测井（HALS，斯伦贝谢）、高分辨率阵列侧向测井（HRLA，斯伦贝谢新仪器）。微侧向测井和微球形聚焦测井常与双侧向测井组合，球形聚焦测井常与双感应测井组合。

（一）双侧向测井基本原理

双侧向测井是在三侧向和七侧向测井的基础上发展起来的，具有较好的聚焦特性，并可以同时测量深浅两种探测深度的电阻率曲线。

双侧向的电极系如图 14-1 所示。双侧向电极系有 9 个电极。主电极 A_0 位于中央，在 A_0 上下对称排列 4 对电极，每对电极分别用短路线连接。电极 M_1、M_1'和 N_1、N_1'为两对监督两极，电极 A_1、A_1'和 A_2、A_2'为两对聚焦电极。深侧向的回流电极 B 和测量参考电极 N 在“无限远处”。

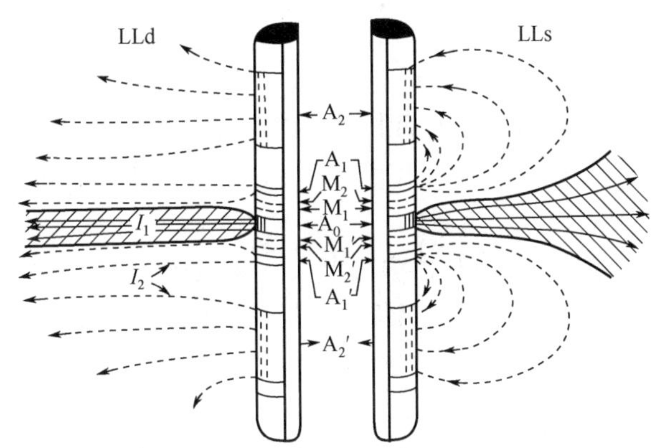

图 14-1 双侧向电极系及电流线分布

进行深探测时，屏蔽电极 A_1 与 A_2（A_1'与 A_2'）保持等电位，屏流 I_1 与主电流 I_0 为同极性。由于屏蔽电极 A_2、A_2'较长，加强了屏流对主电流的聚焦作用，因此主电流层进入地层深处后才逐渐发散。由于探测深度深，它所测得视电阻率接近地层的真电阻率。

进行浅探测时，电极 A_2、A_2'起回流电极作用，即电极 A_1 与 A_2（A_1'与 A_2'）为反极性，削弱了屏流对主电流的聚焦作用，主电流层进入地层不远的地方就发散了。由于探测深度浅，所测得的视电阻率受侵入带的影响较大。

（二）主要应用

1. 划分地质剖面

双侧向的分层能力较强，视电阻率曲线在不同岩性的地层剖面上显示清楚。一般厚度在 0.4m 以上的低阻泥岩、高阻致密层在曲线上都有明显的显示。

2. 快速直观判断油（气）、水层

由于深侧向探测深度较深，深、浅侧向受井眼影响程度比较接近，这就有利于用深、浅侧向测出的视电阻率曲线的幅度差直观判断油（气）、水层。同样，对油（气）层双侧

向视电阻率曲线出现正幅度差（或叫正差异），水层的视电阻率曲线出现负幅度差（或叫负差异）。需要指出，深、浅侧向在渗透层处产生的幅度差和泥浆滤液侵入深度和比值 R_{mf}/R_w 有关。当泥浆滤液侵入深度超过深侧向探测范围时，则深、浅侧向的视电阻率读数几乎一样，对油（气）层没有正差异，水层处也没有负差异出现，给解释造成困难。所以，在钻到油（气）层时，应及时进行测井，减小泥浆滤液侵入深度，增加双侧向测井曲线的差异，这也是提高油（气）、水层测井解释质量一条重要的措施。另外，在水层中，如果 R_{mf}/R_w 比值增加，则对水层处曲线的负幅度差也增加。所以，在利用双侧向资料时，不能单凭正负幅度差的大小来划分油（气）、水层，要和其他测井资料综合判断，得出正确结论。

3. 确定地层电阻率

可以根据深、浅双侧向测出的视电阻率，利用图版求出地层真电阻率 R_t 和侵入带直径 d_i。

三、微侧向测井

（一）基本原理

侧向测井是在普通电极系的基础上加上聚焦装置而得出的，这样改进的结果使电极系探测深度大大改进，降低了井眼、围岩的影响。同样，微侧向测井是为改进微电极测井而提出来的。

微侧向测井电极系（图 14-2）是由中心电极（主电极）A_0 与 A_0 同心的环状电极 M_1、M_2 及 A_1 组成的。这些电极都装在绝缘极板上，极板靠弹簧压在井壁上。

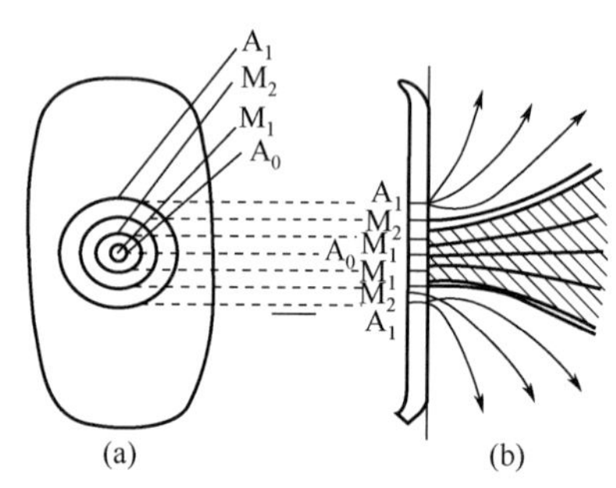

图 14-2　微侧向电极系和电流分布

测量过程中主电极 A_0 的电流保持恒定，由屏蔽电极 A_1 流出的电流极性和 A_0 的相同，大小自动调节，M_1M_2 之间的电位差为零。测量 M_1（或 M_2）和参考电极 N 之间的电位差，同样由于 N 电极在无穷远处，所以 M_1 和 N 的电位差就等于 M_1 的电位 U_{M1}。测量的电位 U_{M1} 和地层的电阻率成正比，由主电极 A_0 流出的电流，由于 A_1 电流的屏蔽作用，被约束成水平方向流入井壁附近地层。该电流束的直径等于 M_1 和 M_2 的平均直径约 44mm，离开井壁越远电流束就越分散。实验证明：主电极电流产生的电压降，主要在离电极 80mm 的范围内，在 80mm 以外，电流束分散很厉害。因此，在这个范围以外的介质，对测量结果就没有什么影响。微侧向测井由于探测深度较浅，所测量的视电阻率，可用来确定泥浆滤液冲洗带电阻率 R_{xo}。

由于微侧向电极系有聚焦装置，主电流被聚焦成束状水平流入地层，电流流经滤饼的距离比流经冲洗带的距离小得多，并且滤饼的电阻率又比冲洗带电阻率小很多，所以滤饼对测量的视电阻率影响较小。

另外，由于微侧向电流的聚焦，极板和井壁接触不良对视电阻率的影响比普通微电极的要小得多。

（二）主要应用

1. 利用微侧向测出的视电阻率 R_{MLL} 确定 R_{xo}

冲洗带电阻率是评价地层孔隙度和含水饱和度的重要参数，利用图版的方式可以求得 R_{xo}。

2. 划分薄层

由于微侧向主电流层厚度很小，约 44mm，所以它的纵向分层能力强，可以分出厚度约 50mm 的薄层。

四、感应测井

（一）基本原理

感应测井（图 14-3）是由若干个同轴线圈组成的一组发射线圈和一组接收线圈的复合线圈系，它利用交流电互感原理，使得在发射线圈中的交流电流在接收线圈中感应出电动势，此电动势与地层电导率有关。根据这种电磁感应原理测量地层电导率来研究井剖面的岩性和油气、水层的测井方法，叫作感应测井。

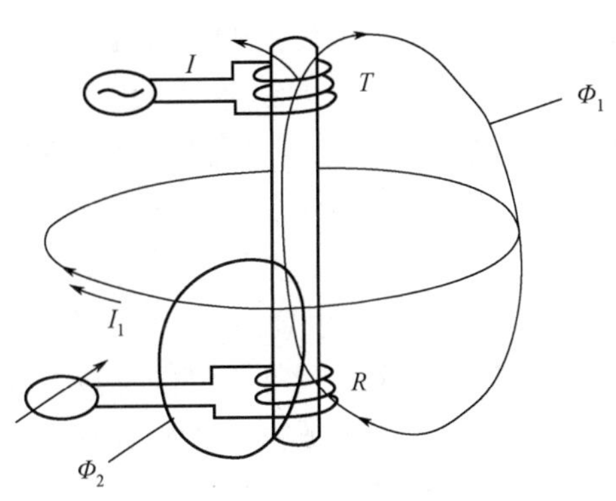

图 14-3　感应测井原理图

感应仪由几个发射和接收线圈组成，固定电流强度为 20kHz 的交流电加在发射线圈上，形成一个交流磁场进而在地层中感应出次生电流。次生电流又形成的磁场，由接收线圈所探测。双相位感应仪与标准的感应仪相似，这些仪器的工作频率范围 10～40kHz，接收探头测量两种信号，第一种是同相信号（R），第二种是异相信号（X、Q 或相位差）。这些仪器测得的 R_t 垂直分辨率较标准感应仪好，且其探测深度并未降低。

（二）主要应用

（1）采用适当的组合测井，可综合确定 R_{xo}、R_t 和 d_i，双感应—八侧向测井是国际上比较流行的电阻率测井的组合方法。其探测特性，简单说来是探测深度浅、中、深三种电阻率测井的组合。其设计目的，一是要采用组合法求 R_{xo}、R_t 和 d_i，二是要定性判断油气、水层，特别是存在低阻环带的油气层。

（2）感应测井与一种孔隙度测井组合，例如我国常用的声速测井与感应测井组合，简称声感组合，可以计算地层水电阻率 R_w、钻井液滤液电阻率 R_{mf}、地层含水饱和度 S_w 和含油气饱和度 S_h。

（3）定性判断油气、水层。

（4）油田地质研究，如油层对比和油层非均质研究。

（5）划分有低阻环带的油气层。

第二节　声波测井

不同地层中，声波的传播速度、声幅度的衰减、声频率的变化等声学特性是不同的。通过测量井剖面上岩层的声学性质来研究地层的地质特性及井眼工程状况的一类测井方法称为声波测井。它包括声波速度测井（声速测井）、声幅测井、声波全波列测井等。

一、单发双收声速测井仪的测量原理

声波速度测井仪井下仪器在井内以发射探头发射声波，声波由钻井液向地层传播，钻井液的声速 v_1 不同于地层的声速 v_2，所以在钻井液和地层的界面上将发生波的反射和折射。由于发射探头发射的声波以较大的角度范围向各个方向传播，其中必有以临界角方向入射到界面的声波，而且地层的声速 v_2 大于钻井液的声速 v_1，所以必然产生在地层中沿井壁传播的。滑行波在地层中传播的快慢是由岩石性质决定的，所以在井内如果能够接收到滑行波，就能测量地层的声波速度。由于钻井液和由于地层接触的很好，滑行波的传播也必然引起钻井液质点的振动，滑行波在钻井液中以波速 V_1 传播的声波波线与地层和钻井液界面的法线的夹角等于临界角，并且这些波线是相互平行的直线。所以在井中（以临界角入射的入射波线和滑行波在钻井液中传播的第一条声波波线所夹的盲区范围除外）可以接收到滑行波。如图 14-4 所示到达接收探头的声波，不仅有经过地层的滑行波，而且还有不经过地层的反射波以及从发射探头经钻井液直接传到探头的直达波。由于钻井液的声速比地层的声速小得多（反射波和直达波在钻井液中传播），所以适当选择较大的预源距，使滑行波在地层中传播的距离相对大，可使滑行波首先到达接收探头，成为初至波。而直达波、反射波继滑行波之后方能到达接收探头，成为续至波。接收探头在初至波—滑行波的触发下工作，变声波为电信号。再配合以电子线路只接受和记录初至波，而排出掉续至波。

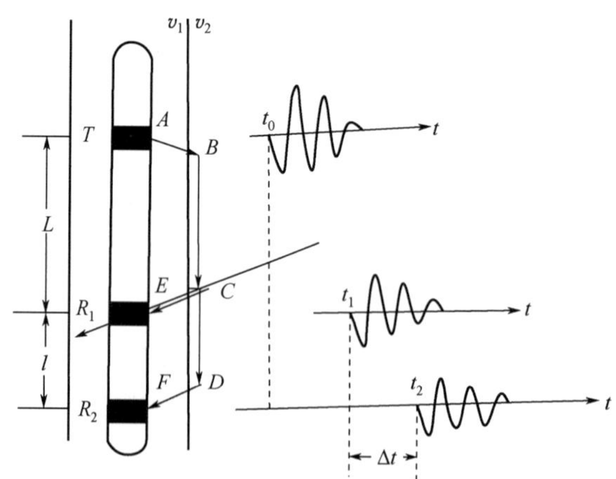

图 14-4　声波速度测井原理图

发射探头在某一时刻 t_0 发射声波，声波经钻井液、地层、钻井液传播到接收探头，分别经过路径 *ABCD* 和 *ABCDF* 到达第一探头和第一接收探头，到达的时刻分别为 t_1 和 t_2，那么到达两个接收探头的时差 Δt 即为：

$$\Delta t=t_2-t_1=CD/v_2+(DF/v_1-CE/v_1)$$

如果在两个接收探头之间对应的井段井径没有明显变化且仪器居中，则可认为 $CE=DF$，因此：

$$\Delta t=CD/v_2=1/v_2$$

仪器的间距是一定的，时差 Δt 的大小就反映地层声速的高低。所以声波速度测井就是测量声波在两个接收探头之间与其相应的一段地层中传播，到达两个接收探头的时间差。测量时由地面仪器把时差转变为与其成比例的电位差加以记录。记录点在两个接收探头的中间 R，间距二分之一处。在井内仪器自下而上移动测量，得到一条随深度变化的声波时差曲线，曲线幅度单位是 μs/m。

二、双发射—双接收测井仪对井眼影响的补偿

为了克服单发射—双接收声波时差测井时井径的影响，采用了双发射—双接收声速测井仪。

发射探头在上，接收探头在下，井径变化的影响使井径扩大的底部出现时差减小的假异常，井径扩大的顶部出现时差增大的假异常。如果发射探头在下，接收探头在上，则会出现加异常反向的问题，即在井径扩大的底部出现时差增大的假异常，顶部出现时差减小的假异常。

同一井段，如果用发射探头在下面和上面的两个仪器测量，然后对于两个仪器测量的声波时差值取平均值，就可以正好消除掉井径扩大影响造成的假异常。

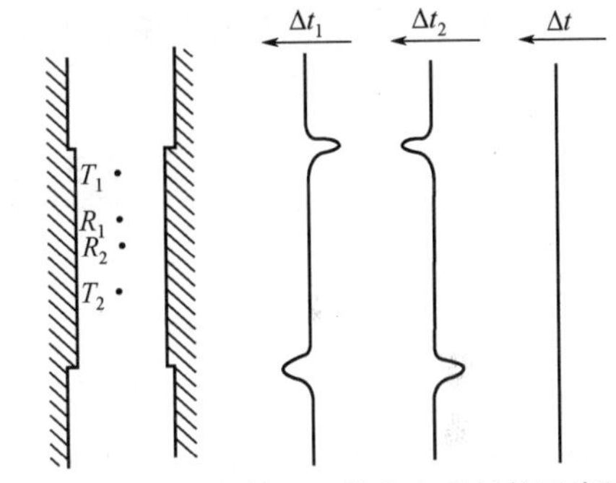

图 14-5　双发射—双接收声系结构示意图

双发射—双接收声速测井仪就是根据这个原理，把发射探头在下面和上面的两个仪器结合在一起构成的。如图 14-5 所示，由地面仪器的计算线路将测量值 Δt_1 和 Δt_2 进行平均，得到校正后的声波时差值 Δt。双发射—双接收声速测井仪不仅可以克服井径扩大的影响，还可以克服由于仪器倾斜（仪器倾斜使得声波到达第一、第二两个接收探头在井眼里经过泥浆的距离不相等了）造成的影响。

三、主要应用

1. 划分地层及地层对比

由于不同岩石声波速度不同，所以根据声波时差曲线可以以划分不同岩性的地层。

在砂泥岩剖面中，砂岩一般是声波速度较快的，声波时差曲线显示低值。砂岩的胶结物性质和含量也影响声波速度的大小，通常是钙质比泥质胶结的声波时差值低，并且是随着钙质增多声波时差下降，随着泥质增多声波时差升高。泥岩的声波速度小，声波时差曲线显示高值。页岩的声波时差值介于砂岩和泥岩之间。砾岩一般声波时差较低，并且越致密声波时差越低。

在碳酸盐岩剖面中石灰岩和白云岩的声波时差值最低，如有泥质时声波时差稍微有增高，如果是孔隙性或裂缝性石灰岩和白云岩时，声波时差有明显增大，裂缝发育的石灰岩和白云岩可能出现声波时差曲线的周波跳跃现象。因此可以利用声波速度测井曲线划分出孔隙

性或裂缝性石灰岩、白云岩储集层。泥岩的声波时差显示高值，若致密程度增加，声波时差要下降。

在膏岩剖面中，由于无水石膏和盐岩层的声波时差有明显的差异，并且在无水石膏和盐岩层交界处有由于井径扩大造成的假异常，所以可以利用声波速度测井曲线划分膏盐剖面。

由于声波时差曲线能较好地反映岩石的致密程度，所以它可以和微电极等曲线一起来判断储集层储集性质的优劣。

由于声波时差曲线可以划分地层，如果地层孔隙度和岩性在横向上大体是稳定的，那么声波速度测井曲线也可以被用来进行地层对比。

2. 判断气层

天然气的声速比水和油的声速小得多，所以气层的声波时差大于油水层的声波时差。在岩性相同的情况下，气层的声波时差比油水层大 30μs/m，因此在已知岩性的基础上，可以以声波时差大的特点判断气层。除此之外，由于气层中声波能量衰减较大，所以气层的声波时差曲线有时还有周波跳跃的现象，可以作为气层的一个特征用以辨认气层。

3. 确定地层孔隙度

地层声速和地层孔隙度有关，通过理论计算和实验室测量可以确定声速或时差与孔隙度的关系，所有由声速测井的时差值可以估算地层孔隙度。

第三节　核测井

核测井也称原子核地球物理或放射性测井，是核物理学和地球物理学的交叉科学，是揭示地层深处原子和原子核奥秘并探寻石油、天然气和其他矿藏的眼睛，是测量记录岩石及其孔隙流体的核物理性质参数、研究井下地层性质的一类测井方法。包括 γ 测井、中子测井和核磁测井三大类，分别以 γ 放射性、中子物理、核磁共振为物理基础。

一、自然伽马测井

岩石中含有天然的放射性核素，主要是铀系、钍系和钾的放射性同位素，它们自然衰变时发射伽马射线，使岩石有天然放射性。自然伽马测井是用伽马射线探测器测量岩石总的自然伽马射线强度，以研究地层性质和寻找放射性矿床的测井方法。

（一）基本原理

自然伽马测井仪的测量原理是通过探测器（晶体和光电倍增管）把地层中放射的伽马射线转变为电脉冲，经过放大输送到地面仪器记录下来。进行自然伽马测井的简单原理如图 14-6 所示，测量装置由井下仪器和地面仪器两大部分组成。

井下仪器主要包括：伽马射线探测器（将接收到的伽马射线转换为电脉冲的装置）、供给该探测器所需的高压电源，以及将探测器输出的电脉冲进行放大的放大器等。

地面仪器主要包括：将来自井下的一连串电脉冲转换成连续电流的一整套电路，以及记录仪和电源等。

利用这套装置进行自然伽马测量的简单过程是：当井下仪器在井内由下向上提升时，来

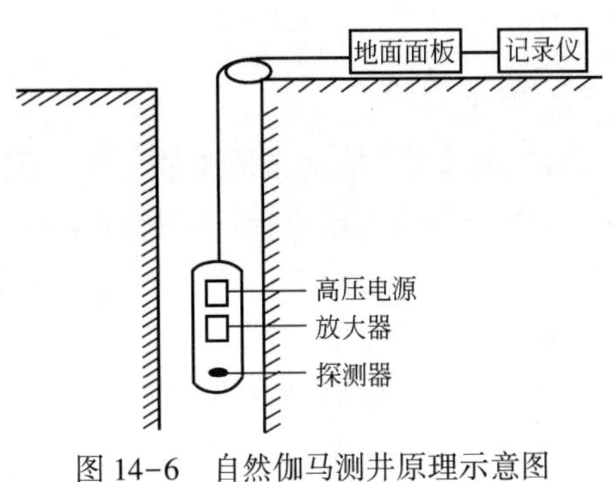

图 14-6　自然伽马测井原理示意图

自岩层的自然伽马射线穿过井内钻井液和仪器外壳进入探测器。探测器将接收到的一连串伽马射线转换成一个个的电脉冲，然后经井下放大器加以放大，使之能有效地沿电缆送到地面上。地面仪器接到井下传来的电脉冲之后，再次加以放大，并经过鉴别器剔除小幅度的干扰信号，经整形器变为电平定的规则形状的电脉冲。然后将这些规则形状的电脉冲送入一个"计数率电路"进行累计，变为连续电流，并使该电流与单位时间内进入的电脉冲数成正比。最后用记录仪连续记录该电流所产生的电位差的变化，再经过简单的变换和刻度，就连续记录出井剖面上岩层的自然伽马强度曲线，称为自然伽马测井曲线。

显然，记录仪所记录的电位差的大小，与单位时间内的脉冲数成正比，也就是与探测器周围岩石的自然放射性强度成正比。目前，我国普遍使用的自然伽马测井单位是脉冲/min，这只是一种相对单位，它与所使用的仪器有关。要使曲线读数与具体的岩性或放射性物质的含量建立关系，还需对仪器进行标准化，即采用统一的标准单位进行记录。

如果把探测半径定义为在测井所记录的信号中占 99%的介质范围的半径，则自然测井的探测半径为 25~35cm。

（二）主要应用

1. 划分岩性和地层对比

当 SP 测井不能使用时，例如非导电钻井液、高矿化度钻井液、干井、下套管井或 R_{mf} 与 R_w 相近时，自然伽马测井是代替 SP 测井的最好方法，其应用还优于 SP 测井。根据曲线反映出的这种强弱，即可判断岩性。需要指出，具体的岩性划分则要根据剖面的岩性组成、其他测井曲线的显示及解释经验来判断。高放射性的岩石，如果在各地区有稳定的分布，则是很好的地层对比标准层。

2. 划分储集层

在砂泥岩剖面，低自然伽马异常一般就是砂岩储集层，异常半幅点确定储集层界面。在碳酸盐岩剖面，低自然伽马异常只指出泥质含量较少的纯岩石，而是否为储集层，还必须有相对高一点的孔隙度显示和明显低的电阻率显示，这些是纯岩石发育裂缝带的特征。如果砂泥岩剖面岩性复杂，也应按此判断。

3. 计算地层泥质含量

当地层不含泥质以外的放射性物质时，自然伽马曲线是指示地层泥质含量的最好方法。地层的自然伽马异常随泥质含量增加而减小。经过适当的刻度，便可用自然伽马异常计算地层泥质含量。

二、自然伽马能谱测井

自然伽马能谱测井就是根据测量到的铀、钍、钾伽马放射性的混合谱来确定总自然伽马放射性及铀（U）、钍（TH）、钾（K）含量的测井方法。

（一）基本原理

GR 能谱测井能测量地层的自然 γ 能谱。主要功能：在计算机控制下，通过特定的换能器将 γ 光子转变成电脉冲，电脉冲幅度与光子被吸收能量成正比。经仪器中脉冲幅度分析器处理，构成一套 γ 能谱仪。能逐一测定入射光子能量，按能量分组累积计数，可得一幅人眼能看得见的 γ 能谱图，进而分析被测对象的组分。将钍系和钾的 γ 能谱和铀系的 γ 能谱叠加在一起，形成岩石的自然 γ 能谱图，对实测能谱数据处理，可计算出铀、钍和钾在地层中的含量，进而研究与铀、钍、钾分布有关的各种地质问题，如研究沉积环境、确定泥质含量并识别黏土矿物、区分生油层和储油层、寻找铀矿和钾盐等。

（二）主要应用

1. 研究生油层

还原环境和有机物的富集，可使泥质沉积物吸附大量铀离子，因而使生油层的铀含量明显升高，并使 U 或 U/K 与有机碳含量有密切关系。应用 SGR 测井，可在纵向和横向上，追踪生油层和评价生油层的生油能力。

2. 寻找高放射性储集层

这类高放射性储集层可以出现在各类岩石中，包括泥岩。其基本特征是总自然放射性高和铀含量高，而钾和钍含量较低。对非泥岩，钾和钍含量低说明泥质少，岩性较纯，而铀含量高说明它对高放射性起了决定作用，但它是岩石有渗透性的标志。因为长期水流作用形成含铀沉淀物。如果泥岩是脆性的或含有脆性钙质、粉砂质和燧石薄互层，则有可能形成裂缝系统，使泥岩不但是生油层，而且在局部地方可成为储油层。

3. 计算泥质含量

在自然伽马能谱测井中，以钾含量、钍含量及其总和 GR 与泥质含量的关系最好，铀与泥质含量的关系最差，高铀含量甚至会指示渗透性良好的储集层。因此，可按前面所介绍的方法，利用 K、TH 或 CGR 曲线来求地层的泥质含量。当用多种方法同时计算时，应选其中的最小值作为结果。

4. 研究沉积环境和黏土矿物类型

将测量的 U、TH、K 的单位忽略，计算比值 TH/U、TH/K、U/K，这些比值在地质上有相当大的意义。

三、岩性密度测井

（一）基本原理

康普顿效应：伽马量子（光子）射向原子中的电子，会使电子获得能量脱离运行轨道，而自身能量降低被散射掉，这种作用叫康普顿效应（康普顿散射）。

康普顿效应使伽马射线在通过介质时逐渐减弱，其减弱系数与介质的密度成正比关系，由此发展了利用康普顿效应测量地层密度的密度测井法。

光电效应：伽马量子（光子）与电子碰撞时，将其全部能量交给一个电子，使电子从原子中射出，成为光电子，而光子本身被完全吸收。这种效应称为光电效应。通常，低能量的伽马射线与高原子序数的元素作用时，产生光电效应的概率最高。用光电吸收系数来表示发生光电效应的概率，由此发展了测量岩石光电吸收截面的测井方法。

用伽马源发射的伽马射线射向地层，根据康普顿效应测量地层体积密度的测井方法叫作体积密度测井。用伽马源发射的伽马射线射向地层，用长、短源距伽马探测器测量能够产生光电效应和康普顿效应的伽马射线，用能谱分析方法测量光电效应区和康普顿效应区的计数率，进而记录岩石光电吸收截面指数（P_e）和岩石体积密度（ρ_b）。由于光电吸收截面指数区分岩性的能力很强，故把它称为岩性曲线，因此把这种测井方法叫作岩性密度测井。

（二）主要应用

1. 判断岩性

对于以单矿物纯岩石为主的岩性剖面，可用 P_e 曲线来解释岩性。

2. 计算孔隙度

岩性密度测井通常被用来评价地层物性的好坏，而计算孔隙度是它的主要用途。

3. 划分裂缝带和气层

地层存在裂缝或天然气时，会使密度曲线值有相对降低的显示，应参考其他测井曲线进行综合分析。

四、中子孔隙度测井

中子测井也是一种核测井方法，它主要利用中子射线与地层的相互作用来划分储集层、确定地层孔隙度、识别流体性质（区分气层）。地下储集层中，孔隙空间一般都充满了流体。无论水、油和气都含有氢，而岩石的骨架部分基本不含氢，因而通过测量岩石的含氢量，可以确定岩石孔隙度。分类：中子—伽马测井、中子—热中子测井、超热中子测井等，主要用补偿中子测井、超热中子测井方法确定地层孔隙度。

（一）基本原理

用同位素中子源（镅—铍源或钚—铍源）向地层发射连续的快中子流（能量大于百万电子伏特）。这些中子与地层中的原子核碰撞，每次碰撞中子都会损失一定的能量。由于氢核与中子的质量相同，故快中子与氢原子核碰撞后损失能量最大。因此，氢是快中子的减速剂。用中子探测器测量热中子（能量为 0.025eV）或超热中子（能量在 0.1～100eV 范围）计数率，并将计数率换算成视石灰岩孔隙度的一类中子测井法。

井壁中子孔隙度测井（SNP）是在贴井壁的滑板上安装同位素中子源和对超热中子敏感的中子探测器，通过测量超热中子计数率来测量地层含氢指数的一种测井方法。

补偿中子孔隙度测井（CNL）是在仪器上安装同位素中子源和远、近两个热中子探测器，用远、近探测器计数率比值来测量地层含氢指数的一种测井方法。

含氢指数是指任何物质单位体积（$1cm^3$）的氢核数与同样体积淡水氢核数的比值。中子孔隙度测井的测量结果主要反映地层的含氢量，地层中的氢都存在于液体中，而液体全部占据着地层的整个孔隙体积。因此，含氢量就是反映地层孔隙度的指标。

由于中子孔隙度测井仪器是在标准的石灰岩刻度井中刻度的，所以，对石灰岩来说，它测量的孔隙度就是真孔隙度，而对其他岩石来说，它测量的孔隙度是视石灰岩孔隙度，这时要用视石灰岩孔隙度减去骨架孔隙度才等于该岩石的真孔隙度。

（二）主要应用

1. 读取孔隙度

若为灰岩，直接从测井曲线上读取孔隙度值；若为砂岩，则用测井值减去骨架值，通常与密度曲线一起使用，根据经验来读取，即密度曲线与中子孔隙度曲线距离的中点值为砂岩的中子孔隙度值。

2. 判断岩性

中子孔隙度曲线与密度曲线一起使用，可判断岩性，也可绘制中子—密度交会图来判断岩性。

3. 判断气层

地层中油和水的含氢量基本相同，而孔隙中的天然气含氢量却低得多。所以，对于气层，中子孔隙度测井测到的孔隙度明显偏小（即出现所谓的“挖掘效应”）。一般用中子孔隙度曲线与密度曲线一起使用来判断气层。

第十五章　测井作业监督要点

测井监督是油田公司派驻测井现场作业代表，代表甲方行使监督权利，对乙方测井施工作业实施作业工序、作业引用标准、施工作业质量、作业安全等进行全方位、全过程的技术监督。主要工作目标是按钻井地质、工程设计要求，保质保量取全取准各类原始测井资料；与其他现场专业监督协作沟通，保证测井现场施工安全、顺利进行。测井作业监督主要包括测井过程监督和资料验收。

一、测井监督工作内容

（一）测井施工前应掌握的资料

（1）查看测井作业通知单，了解测井任务和要求；

（2）查阅地质设计和录井动态，了解作业井和邻井的地质概况；

（3）查阅钻井工程设计和钻井动态，了解井筒状况；

（4）了解作业井基础数据、主要目的层位、生产制度和动态数据；

（5）收集邻井测井资料及生产状况，了解地区特性和测井响应规律；

（6）查看井场环境、施工条件；

（7）掌握井口有毒有害气体含量、有无井控风险。

（二）测井施工前主要检查的内容

（1）检查作业队伍相关资质和证件、作业能力；

（2）检查测井施工方案和 HSE 作业计划书；

（3）检查测井队电缆标定和相关仪器刻度信息；

（4）检查天地滑轮、链条、T 形棒、传输工具和打捞工具等设备的探伤记录；

（5）检查测井仪器备用情况；

（6）检查钻井队配合天、地滑轮的固定位置及牢靠程度；

（7）检查测井车防火帽及防漏电接地保护；

（8）检查安全设施、危险品的数量、状况和安放位置等是否符合安全标准；

（9）检查测井现场安全隔离区、警戒线设置、安全警示牌和防辐射警示牌放置等；

（10）检查测井施工人员劳保穿戴情况。

（三）施工过程监督检查的主要内容

1. 资料质量控制

（1）监督测井队对测井仪器的测前校验。

（2）监督测井队在测量过程中的测井仪器刻度与校验。

（3）监督测井队对测井仪器的测后校验。

（4）井下仪器的链接（偏心器、扶正器、间隙器等）。

（5）重复测量。

（6）测量深度、速度。

（7）按照 SY/T 5132—2012《石油测井原始资料质量规范》对测井采集资料进行验收：

① 检查标志层位是否清晰，有无异常高值、零值、负值，测量值是否与地区规律吻合（常见矿物、流体）；

② 检查不同测量曲线之间对应关系；

③ 主要目的层位测井曲线质量检查，测井资料含油气性判识。

（8）检查异常曲线是否进行重复、验证。

2. HSE 监督检查

（1）测井施工作业健康、安全及环保要求应符合 SY/T 6276—2014《石油天然气工业健康、安全与环境管理体系》规定；

（2）在测井施工作业现场设置安全隔离区，根据需要放置警示牌，设置警戒线；

（3）测井队安全员是否落实现场巡回检查，作业人员是否按照安全作业规范进行作业；

（4）在进行测井作业时，不得进行交叉作业；

（5）遇阻、遇卡是否按照操作规程操作；

（6）装卸源时防护设备是否完好，措施是否到位，操作是否执行规范；

（7）严格遵守井场及测井施工防火防爆安全制度，天然气井生产测井现场，井场内工作人员不许随身携带通信工具；

（8）生产、生活废弃物是否按要求处置；

（9）测井结束后，离开井场前是否对施工区域进行放射性污染检测。

（四）施工质量评定

测井作业质量指标：主要评价仪器一次下井成功率、作业一次成功率、测井一次成功率、测井曲线合格率。

二、测井施工流程及监督要点

（一）施工前组织召开协调会

（1）钻井队交底井眼状况，并进行风险提示；

（2）钻井液工程师交底钻井液性能和添加剂使用情况；

（3）录井队交底油气水显示、取心情况、油气上窜速度等信息，并通报有毒有害气体情况；

（4）测井队交底测井项目、仪器组合、施工工艺及测井顺序等，并提出测井期间配合要求；

（5）钻井监督、地质监督、平台经理提出测井期间的 HSE 工作要求；

（6）测井监督提出具体作业要求；

（7）明确应急处置程序、应急情况汇报、人员疏散等事项；

（8）测井测井队负责人与配合施工队伍负责人签订配合施工安全协议书。

（二）测井车辆摆放

（1）按要求设置隔离带，各类警示标志设置、放置是否符合相关要求。

（2）测井绞车停放在井场的位置，应能保障电缆在绞车滚筒上排列整齐，电缆在绞车滚筒与井口滑轮运行的轨迹范围内无障碍物。

（三）放射性源车停放原则

（1）载有放射性源的车应远离仪器车，车尾对着钻台。

（2）如果无源车，组织该井装源人员将源罐抬出，在周围10m范围内无工作人员的地方放好，并用链条锁上，竖起明显的危险物品标识牌。

（3）放射性源放置位置须便于看管，放射性标识牌须明显、醒目。

（4）必须安排一人专门看管。离工作区较远、不影响下井仪器刻度结果和作业人员安全健康。在测井作业队视线范围内，有专人防护。设置防电离辐射标志牌。

（5）其他车辆设备应平行摆放在仪器车的上风处，与仪器车的距离以方便生产为宜。

（四）绞车的摆放

（1）钻井架吊装，绞车距井口25~30m。

（2）采油树吊装，绞车距井口25~30m。

（3）无井架吊装，绞车距离井口15~25m，井架车摆放在距井口应在1.5~3.0m之间，其车身与绞车成90°。

（4）绞车的摆放，电缆滚筒中心应对准井口，并与井口、地滑轮在同一直线上，前轮回正，并在后轮下放好掩木。

（5）仪器车到绞车、井口、井场电源接线板的连线线间绝缘大于50MΩ。

（6）各用电设备接地良好，无漏电现象，安装防漏电接地棒。

（7）按要求完成电极地面线、张力线、喇叭线、深度信号线的布线和连接，自然电位地面电极距井架50m，且接地良好，井场无漏电现象。

（8）作业区内夜间照明良好。

（9）测井时操作员、绞车、井口之间通信良好。

（五）井口安装

（1）井口链条按要求固定在井架的大梁上，天滑轮、张力计、T形棒采用专用销子连接，并锁定在井队游动滑车吊卡上，天滑轮二次固定装置按要求正确使用。

（2）测井时钻井队将井口转盘和游动滑车锁死。

（3）严禁任何人员跨越电缆，测井时仪器车后严禁站人。

（六）仪器连接

按测井施工设计要求起吊、连接好符合本次测井项目的下井仪器，并按不同测井项目的技术要求在下井仪器上安装好扶正器、偏心器等辅助设备，后通电检查，确定仪器工作正常。

（七）测井作业

1. 测前检验

（1）需要进行测前刻度的仪器（如自然伽马、密度、中子、地层倾角等仪器），应进行测前刻度，刻度的误差在容许的误差范围之内。调用的密度、中子、感应主刻度是在规定时间内最近一次做出的，仪器号、源号要与主刻度一致。

（2）下井仪器连接好后，操作工程师应先确认无误后再供电、进行测前检验。

（3）在井口使用刻度器进行刻度时，应盖好井口防止刻度器落井（如做井径、自然伽马、补中、密度刻度等）刻度器使用后应及时收回，防止遗失。

（4）检查所测项目对应的仪器的刻度是否在规定的范围内。

（5）严禁修改刻度文件中的任何数据。

2. 重复段测量

（1）以不大于4000m/h的速度下放仪器，在井眼不好和造斜点、狗腿子、井底位置应减速。

（2）重复曲线的测量按标准规定测量，重复曲线的测量位置应符合相应标准的要求。

（3）遇阻时以正常速度下放3次，若还遇阻，要求井队通井，禁止猛冲猛下仪器。

3. 主测井

（1）严格监视电缆速度显示，控制测井电缆下放或上提速度符合技术标准要求，及时判断下井仪器和测井电缆在井筒内的遇阻、遇卡情况发生。

（2）按相关技术规范及要求完成规定的测井任务。

（3）井口坐岗人员监控井口设备和电缆的运行，发现异常（如电缆跳槽、电缆钢丝不平整，以及井液喷涌、有毒有害气体溢出、井架落物等）应及时向作业队长报告，并按照相关要求和操作规范采取应急措施。

（4）下井仪器出入井口时，应有专人在井口指挥。

（5）操作工程师按照相应操作规程控制地面和井下仪器完成数据采集和记录。

（6）曲线格式及其摆放符合要求。

（7）不得随意加大滤波参数，保证仪器分辨率不降低。

（8）根据测井过程，填写《测井作业记录》和《地面仪器使用与维修记录》，取全、取准各项资料。

（9）作业过程中，作业队长对各岗位以及动力设备的运转情况进行安全巡回检查，发现隐患及时解决。

（10）按相关要求处理遇阻遇卡问题。

4. 根据不同的观测模式选择不同测速

根据表15-1选择不同观测模式下的测速。

表15-1 测井仪器测井速度表

序号	测井项目名称	ECLIPS-5700	LOG-IQ	EILog	最高测速 m/h
01	独立井陉/独立方位测井	√	√	√	2000
02	连续测斜	√	√	√	2000
03	电极系测井	×	自然电位	√	2000
04	微电极测井	√	×	√	1000
05	微球形聚焦(薄层电阻率)测井	√	√	√	960

续表

序号	测井项目名称	ECLIPS-5700	LOG-IQ	EILog	最高测速 m/h
06	双侧向测井	√	√	高分辨率	1500
07	双感应-八侧向测井	√	×	√	1800
08	高分辨率阵列感应测井	√	√	√	540
09	声波时差测井	√	√	√	540
10	多极子阵列声波测井	√	√	√	540
11	补偿密度测井	√	×	√	540
12	岩性密度测井	√	谱密度	√	540
13	补偿中子测井	√	√	√	540
14	自然伽马能谱测井	√	√	√	540
15	自然伽马测井	√	√	√	540
16	地层倾角测井	√	√	√	720
17	地层测试器测井	√	√	×	点测

5. 测后检验

（1）测后校验装置与测前校验装置相同；

（2）测后校验满足规定的校验条件；

（3）曲线测量完成后，按技术手册要求在裸眼段、套管内或地面进行测后校验；

（4）测后校验内容和测前校验相同；

（5）校验误差满足规定误差容限，测后校验值超过误差范围，应更换仪器重测；

（6）提供测后校验报告。

三、测井作业安全要求

(一) 测井施工安全要求

（1）钻井液和井眼条件稳定才能实施测井作业。

（2）从测井操作间到钻台应视线开阔，如不可能则应有互相通讯的工具，夜间作业应保证钻台灯光适当。

（3）钻台应干净清洁。

（4）测井时地滑轮的固定链条应固定在钻台本体上，且此链条能承受的最小力为电缆破断力的 1.5 倍。

（5）天滑轮用钻井队（试油队）吊卡吊挂后，用软连接按要求进行二次固定。

（6）天、地滑轮和指重计上的销子应固定好。

（7）应使用刮泥器，保持电缆清洁。

（8）在地面连接仪器时无关人员远离测井仪器。

（9）仪器下井时无关人员远离滑轮、电缆和滚筒。

（10）测井操作间内不得超过 3 人，无关人员不得进入。

（11）测井期间严禁交叉作业。

（12）测井作业期间应注意保护井口。

（13）测井期间测井队督促钻井（试油气）队及时灌注钻井液，确保井筒内灌满钻井液。

（14）每一测井队必须配备一套打捞工具（有专业打捞机构的作业队可不配备）。

（15）严禁测井人员动用钻井队设备，严禁钻井队人员动用测井设备。

（二）放射性及民爆物品的安全要求

（1）放射性源：测井队有 1 人全程负责放射性安全，包括：借源、押源、卸源、还源，该负责人要经过体检合格，熟练掌握装源、卸源方法和防护方法。

（2）装源者卸源，装源、卸源时一定要盖好井口及其周围网洞。

（3）卸源后必须对源仓进行冲洗。

（4）测井队有 1 人全程负责民爆物品领取，路途检查、现场施工，队伍返回后及时将余料退库。

（三）明确“九防、三懂三会、三原则”

（1）夏季九防：防雷击、防触电、防井喷、防中毒、防暑降温、防洪排涝、防火灾、防交通事故、防污染。

（2）消防三懂三会：懂岗位生产流程中的火灾危险性、懂防火措施、懂灭火基本方法；会报火警、会扑救初期火灾、会使用灭火器材。

（3）放射性防护三原则：时间短、距离尽可能远、防护用品必穿。

（四）各种安全预防措施

1. 电缆打结的预防

在进行测井前应了解本井的井深，井下工具、套管变形位置等，必须保证电缆和井下仪器以同样的速度运动。操作员随时观察测井曲线和张力显示，发现遇阻及时停车。电缆下放速度不要过快，禁止上提后突然下放。仪器在井内遇阻时，不能用仪器下冲的方法通过障碍物。

2. 电缆跳槽的预防

测井施工必须采用防跳槽滑轮。仪器下井过程中电缆下放速度与仪器运行速度保持一致，严禁快起快停。选用与测井电缆配套的天、地滑轮，定期检查天、地滑轮，发现破损及时修复。

3. 仪器遇卡的预防

测井前应充分了解井况及井下管柱数据，在变径处降低起下速度，并随时观察张力的变化，仪器遇卡及时停车，按操作规程活动电缆和仪器。如果仪器卡死，采取穿心打捞解卡，绝不能把电缆或仪器拉断，造成井下工程事故。

4. 仪器落井事故的预防

严格按照绞车操作规程操作绞车，仪器在裸眼井运行速度不超过 4000m/h，套管中运行速度不超过 6000m/h，仪器运行至喇叭口或其他工具处起下速度控制在 1000m/h 以内。仪器距离井口 100m 时，上提速度不超过 1000m/h，仪器距离井口 25m 时停止上提仪器，采用人工手拉仪器，使仪器进入防喷管，并确认仪器进入防喷管内方可关井口阀门。仪器在井筒100m内下放速度不能超过1500m/h，仪器下至井底后上提速度不能超过500m/h。其他复杂井、大斜度井等电缆起下速度依据现场情况而定。

5. 放射性源的误照射的预防

严格按照测井仪器及放射性物品使用规定施工，正确使用放射性防护工具，放射性源及时放入保护罐内，并将源罐放入指定位置。

中子管仪器严禁在地面加靶压，仪器下入到井下200m以下方能加靶压，上提仪器距井口200m时停车，停止靶压供电，并使仪器静止30min方可起出井口。

(五) 电测作业井控安全注意事项

(1) 钻井队与测井队要共同制定和落实电测作业时发生溢流的应急措施。

(2) 井控坐岗工注意观察井口，每测完一条曲线及时灌满钻井液，有异常情况立即报告值班干部。

(3) 根据油气上窜速度计算井筒钻井液稳定周期，若电测时间过长，应及时下钻循环排出油气侵钻井液。

(4) 测井作业人员要在测井前准备好应急工具，在测井过程中若发现井口外溢，停止电测作业，起出电缆强行下钻。若溢流量增大，来不及起出电缆时，剪断电缆，实施关井，视关井套压上升速度和大小，确定下一步处理措施。不允许用关闭环形防喷器的方法继续起电缆。

四、现场资料验收

测井资料验收主要是以SY/T 5132—2012《石油测井原始资料质量规范》为依据。

(一) 测井原始资料控制

1. 测井仪器、设备

测井使用的仪器、设备应符合测井技术要求。

2. 图头

内容应包括图头标题、公司名、井名、油区、地区和文件名；井位 x、y 坐标或经纬度、永久深度基准面名称、海拔高度、测井深度基准面名称、转盘面高、钻台高、地面高和其他测量内容、测井日期、仪器下井次数、测井项目、钻井井深、测井井深、测量井段底部深度和测量井段顶部深度、套管内径、套管下深、测量的套管下深和钻头程序、钻井液性能(密度、黏度、pH值、失水)、钻井液电阻率 R_m、钻井液滤液电阻率 R_{mf}、钻井液滤饼电阻率 R_{mc} 及样品来源，以及测量电阻率时的钻井液温度、钻井液循环时间、仪器到达井底时间和井底温度、地面测井系统型号、测井队号、操作工程师和现场测井监督姓名、下井仪器信息（仪器名、仪器系列号、仪器编号及仪器在仪器串中的位置等）和零长计算。在附注栏内标明需要说明的其他信息。

3. 刻度

(1) 测井仪器应按规定进行刻度与校验，并按计量规定校准专用标准器。

（2）测井仪器经大修或更换主要元器件应重新刻度。

（3）在井场应用专用标准器对测井仪器进行测前、测后校验，校验的误差应符合相关技术要求。

（4）按规定校准钻井液测量装置。

4. 原始图

（1）重复文件、主文件、接图文件（有接图时）、验证文件、测井参数、仪器参数、刻度与校验数据和图头应连续打印。

（2）图面整洁、清晰、走纸均匀，成像测井图颜色对比合理、图像清晰。

（3）曲线绘图刻度规范，便于储层识别和岩性分析；曲线布局、线型选择合理，曲线交叉处清晰可辨。

（4）测量值应与地区规律相接近，常见矿物、流体参数参见附录 A，当出现与井下条件无关的零值、负值或异常时，应重复测量，重复测量井段不小于 50m（点测和特殊说明的除外），如不能说明原因，应更换仪器验证。

（5）同次测井曲线补接时，接图处曲线重复测量井段应大于 25m，不同次测井曲线补接时，接图处曲线重复测量井段应大于 50m，重复测量误差在允许范围内。

（6）主曲线有接图或曲线间深度误差超过规定时，应编辑回放完整曲线，连同原始测井图交现场测井监督。

（7）依据测井施工单要求进行测井施工，由于仪器连接或井底沉砂等原因造成的漏测井段应少于 15m 或符合地质要求，遇阻曲线应平直稳定（放射性测井应考虑统计起伏）。

（8）曲线图应记录张力曲线、测速标记及测速曲线。

（9）测井深度记号齐全准确，深度比例为 1∶200 的曲线不应连续缺失两个记号，1∶500 的曲线不应连续缺失三个记号，井底和套管鞋附近不应缺失记号。

5. 数据记录

（1）现场应回放数据记录，数据记录与明记录不一致时，应补测或重新测井。

（2）原始数据记录清单应填写齐全，清单内容包括井号、井段、曲线名称、测量日期、测井队别和文件名，同时应标注主曲线、重复曲线和重复测井（接图用）曲线的文件名。

（3）编辑的数据记录应按资料处理要求的数据格式拷贝。各条曲线深度对齐，曲线间的深度误差小于 0.4m；数据记录贴标签，标明井号、测井日期、测量井段、数据格式、文件名、采样密度、测井队别和操作员及队长姓名。

（4）数据文件应打印检索目录，标明正式、重复资料的文件名。

6. 测井深度

（1）测井电缆的深度按规定在深度标准井内或地面电缆丈量系统中进行注磁标记。每 25m（或 20m）做一个深度记号，每 500m（或 200m）做一个特殊记号，电缆零长用丈量数据。做了深度记号的电缆，应在深度标准井内进行深度校验，每 1000m 电缆深度误差不应超过 0.2m。

（2）非磁性记号深度系统，应定期在深度标准井内进行深度校验，其深度误差应符合规定。

（3）同一口井不同次测量或不同电缆的同次测量，在钻井液密度差别不大的情况下，其深度误差不超过 0.05%。

(4) 几种仪器组合测井时，同次测量的各条曲线深度误差不超过 0.2m，每次测井应测量用于校深的自然伽马曲线。

(5) 测井曲线确定的表层套管深度与套管实际下深误差不超过 0.5m，测井曲线确定的技术套管、完井套管（包括尾管）深度与套管实际下深误差不应大于 0.1%；深度误差超出规定，应将自然伽马由井底（套管内同时测接箍曲线）测至井口，查明深度误差的原因。

(6) 不同次测井接图深度误差超过规定时，应将自然伽马由井底测至井口，其他曲线通过校深达到深度一致。

(7) 套管井测井资料深度应以裸眼井测井资料深度为准，每次测井应测量校深用自然伽马曲线或磁性定位曲线等。

(8) 测井速度、深度比例及测量值单位。

(9) 仪器的测速应符合该仪器技术指标要求。

(10) 几种仪器组合测量时，采用最低测量速度仪器的测速。

7. 重复测量

(1) 重复测量应在主测井前、测量井段上部、曲线幅度变化明显、井径规则井段测量，其长度不小于 50m（碳氧比能谱测井重复曲线井段长度不少于 10m，核磁共振测井不少于 25m，井周声波成像测井、微电阻率成像测井不少于 20m，点测及特殊测井项目除外），与主测井对比，重复测井相对误差在允许范围内。

(2) 重复测井测量值的相对误差按下式计算：

$$X=\frac{|B_r-A_m|}{A_m}\times 100\%$$

式中 A_m——主曲线测量值；

B_r——重复曲线测量值；

X——测量值相对误差。

(3) 辅助测量。每次测井按规定完成辅助测井内容的测量，包括电缆张力、微分张力、补偿密度或岩性密度测井的补偿值和井径（井径曲线变化不正常应重新进行补偿密度或岩性密度测井）、校深用自然伽马等。

(二) 单项测井原始资料质量控制

1. 双感应—八侧向测井

(1) 在仪器测量范围内，砂泥岩剖面地层，井径规则井段测量值应符合以下规律：在均质非渗透性地层中，双感应—八侧向曲线基本重合；当 R_{mf} 小于地层水电阻率 R_w 时，油层、水层的双感应—八侧向曲线均呈低浸特征（有浸入情况下）；当 R_{mf} 大于 R_w 时，水层的双感应—八侧向曲线呈高浸特征，油层呈低浸或无浸特征（有浸入情况下）。

(2) 除高、低电阻率薄互层或受井眼及井下金属物影响引起异常外，曲线应平滑无跳动，在仪器测量范围内，不应出现饱和现象。

(3) 重复测井与主测井形状相同，在 1～50Ω · m 范围内，重复测量值相对误差应小于 5%。

2. 高分辨率感应—数字聚焦测井

（1）井径规则井段，在均质非渗透性地层中，高分辨率感应—数字聚焦测井三电阻率曲线应基本重合，在渗透层段（有浸入情况下），测井数值符合以下规律：当 R_{mf} 小于 R_w 时，水层的深探测电阻率大于中探测电阻率，中探测电阻率大于浅探测电阻率；当 R_{mf} 大于 R_w 时，水层的深探测电阻率小于中探测电阻率，中探测电阻率小于浅探测电阻率；在油层段，浅探测电阻率小于中探测电阻率，中探测电阻率小于深探测电阻率。

（2）重复测井与主测井形状相同，在 1～200Ω · m 范围内，重复测量值相对误差应小于 5%。

3. 高分辨率阵列感应测井

（1）检查同一频率各线圈响应的一致性，由短源距到长源距，曲线应平缓过渡。

（2）测井曲线在井径规则井段应符合以下规律：在均质非渗透性地层中，不同探测深度的曲线应基本重合；在渗透性地层，不同探测深度的曲线应反映地层的浸入特征。

（3）重复测井与主测井形状相同，重复测量值相对误差应小于 2%。

4. 双侧向测井

（1）在仪器测量范围内，厚度大于 2m 的砂泥岩地层，测井曲线在井径规则井段应符合以下规律：在均质非渗透性地层中，双侧向曲线基本重合；在渗透层段，当 R_{mf} 小于 R_w 时，深侧向测量值应大于浅侧向测量值；当 R_{mf} 大于 R_w 时，水层的深侧向测量值应小于浅侧向测量值，油层的深侧向测量值应大于或等于浅侧向测量值。

（2）对于碳酸盐岩及火成岩地层，溶孔发育段的测井特征与砂泥岩剖面的渗透性储层相似；裂缝发育段的测井特征与裂缝的发育程度、流体性质、浸入情况有关；深、浅侧向的差异与裂缝的角度具相关性。

（3）一般情况下，在仪器测量范围内，无裂缝和孔隙存在的致密层，双侧向曲线应基本重合。

（4）重复测井与主测井形状相同，重复测量值相对误差应小于 5%。

5. 电位、梯度电极系测井

（1）电极系测井套管测量值应接近零值，长电极系干扰值应小于 0. 2Ω · m。

（2）在大段泥岩处，长、短电极系测量值应基本相同。

（3）重复测井与主测井形状应相同，重复测量值相对误差应小于 5%。

6. 微电极测井

（1）在井径规则井段，纯泥岩层段微电位与微梯度曲线应基本重合。

（2）在淡水钻井液条件下，渗透层段微电位与微梯度曲线应有明显正幅度差（微电位幅度值大于微梯度幅度值），厚度大于 0. 3m 的夹层应显示清楚。

（3）微电极曲线与其他微聚焦测井曲线形态相似，与自然电位、自然伽马、纵波时差曲线有较好的相关性。

（4）重复测井与主测井形状相似，在井壁规则的渗透层段，重复测量值相对误差应小于 10%。

7. 微球形聚焦测井

（1）井径规则井段，泥岩层微球形聚焦测井曲线与双侧向测井曲线应基本重合；在其他均质非渗透性地层中，曲线形状应与双侧向测井曲线相似，测量值和双侧向测井数值相近；在渗透层段应反映冲洗带电阻率的变化并符合地层的浸入关系。

（2）在高电阻率薄层，微球形聚焦测井数值应高于双侧向测井数值。

（3）在仪器测量范围内不应出现饱和现象。

（4）重复测井与主测井形状相似，在井壁规则的渗透层段，重复测量值相对误差应小于10%。

（5）在碳酸盐岩及复杂岩性地层，致密层段微球形聚焦测井值多低于双侧向测井值，储层发育段及泥岩段接近双侧向测井值。

8. 自然电位测井

（1）在100m井段内，泥岩基线偏移应小于10mV。

（2）在砂泥岩剖面地层，曲线应能反映岩性变化，砂岩渗透层自然电位曲线的幅度变化与 R_{mf}/R_w 有关：当 R_{mf} 大于 R_w 时，自然电位曲线为负幅度变化；当 R_{mf} 小于 R_w 时，自然电位曲线为正幅度变化。

（3）曲线干扰幅度应小于2.5mV。

（4）重复测井与主测井形状相同，幅度大于10mV的地层，重复测量值相对误差应小于10%。

9. 自然伽马测井

（1）测井特征应符合地区规律，与地层岩性有较好的对应性。一般情况下，泥岩层或富含放射性物质的地层呈高自然伽马特征，而砂岩层、致密地层及纯灰岩地层呈低自然伽马特征。

（2）曲线与自然电位、补偿中子、体积密度、补偿声波及双感应或双侧向曲线有相关性。

（3）重复测井与主测井形状基本相同，重复测量值相对误差应小于5%。

10. 中子伽马测井

（1）在井场用专用标准器对仪器进行测前校验，与主校验的相对误差应小于5%；测后校验与测前校验相对误差应小于5%。

（2）曲线首尾刻度线漂移应小于5%。

（3）统计起伏相对误差应小于7%。

（4）重复测井与主测井形状相同，渗透层重复测量值相对误差应小于5%。

11. 井径测井

（1）井径连续测量进入套管，直到曲线平直稳定段长度超过10m，与套管内径标称值对比，误差在±1.5cm（±0.6in）以内。

（2）致密层井径数值应接近钻头直径，渗透层井径数值一般接近或略小于钻头直径。

（3）井径腿全部伸开、合拢时的最大、最小值与实际标称值对比，误差在±5%以内。

（4）重复测井与主测井形状一致，重复测量值相对误差应小于5%。

12. 补偿声波测井

（1）测井前、后应分别在无水泥黏附的套管中测量不少于10m的时差曲线，测量值应在 187μs/m±7μs/m（57μs/ft±2μs/ft）以内。

（2）声波时差曲线在渗透层出现跳动，应降低测速重复测量。

（3）一般情况下，纵波时差曲线与补偿中子、体积密度、微电极及微电阻率曲线有相关性。

（4）声波时差曲线数值不应低于岩石的骨架值。

（5）砂泥岩剖面，渗透层段（气层除外）纵波时差计算的地层孔隙度与补偿中子、补偿密度或岩性密度计算的地层孔隙度应接近。

（6）明显气层段，声波孔隙度应大于或等于中子孔隙度。

（7）重复测井与主测井形状相同，渗透层的重复测量值误差在±7μs/m（±2μs/ft）以内。

13. 补偿密度测井

（1）体积密度曲线与补偿中子、纵波时差、自然伽马曲线有相关性；在致密的纯岩性段，测井值应接近岩石骨架值。常见矿物和流体密度值参见附录 A。

（2）砂泥岩剖面，渗透层段（气层除外）体积密度计算的地层孔隙度与补偿中子、纵波时差计算的地层孔隙度接近。

（3）明显气层段，密度孔隙度应大于或等于中子孔隙度。

（4）除钻井液中加重晶石或地层为煤层、黄铁矿层等，密度补偿值一般不应出现负值。

（5）重复测井与主测井形状应基本相同，井径规则井段，重复测量值误差在±0. 03g/cm^3 以内。

14. 补偿中子测井

（1）补偿中子曲线与体积密度、纵波时差、自然伽马曲线有相关性；在致密的纯岩性段，测井值应接近岩石骨架值。

（2）砂泥岩剖面，渗透层段（气层除外）补偿中子计算的地层孔隙度与体积密度、纵波时差计算的地层孔隙度接近。

（3）明显气层段，中子孔隙度应小于或等于密度和声波孔隙度。

（4）重复测井与主测井形状应基本相同。井眼规则处，当测量孔隙度大于 7 个孔隙度单位时，重复测量值相对误差应小于 7%；当测量孔隙度不大于 7 个孔隙度单位时，重复测量值误差在±0. 5 个孔隙度单位以内。

15. 井斜测井（连续测斜）

（1）井斜角、方位角曲线变化正常，无负值。

（2）重复测井与主测井对比，井斜角重复误差在±0. 5°以内；当井斜角大于 1°时，井斜方位角重复误差在±10°以内。

附　录

测试题及答案

钻井专业测试题

试卷一

工作单位：　　　　　　　　　　　姓名：　　　　　　　　　　　得分：

一、选择题（每题 2 分，共计 20 分）。

1. 进行短程起下钻的目的是（　　）。
   A. 检验抽汲压力能否引起地层流体入井
   B. 检验是否井漏
   C. 检验是否能打开油气层
   D. 以上答案全不对
2. 发现溢流后关井并记录立管压力和套管压力，一般情况下，关井后（　　）min，立管压力较为真实地反映原始地层压力。
   A. 10~15　　B. 5~10　　C. <5　　D. >15
3. 压井用的压井液密度可由（　　）求得。
   A. 原浆液柱压力　　B. 钻井液池增量
   C. 泵压　　D. 原浆密度和关井油管压力
4. 在钻井施工过程中，发生井喷、井喷失控、硫化氢等有毒有害气体外溢，以及由此引发的人员伤亡、环境严重污染等情况，各级钻井井控应急组织及有关部门立即进入应急状态，并启动（　　）。
   A. 撤离方案　　B. 赔偿预案　　C. 应急预案　　D. 点火预案
5. 取心完起钻过程中应（　　）向井眼内灌满钻井液。
   A. 连续　　B. 每起三柱钻杆
   C. 用钻井泵小排量　　D. 与普通起钻相同方式
6. 固井全过程要保持平衡压力固井，尤其是注水泥（　　）期间防止水泥浆失重。
   A. 碰压　　B. 候凝　　C. 替浆　　D. 注水泥浆
7. 完井通井起钻前，必须通过短起下检测（　　），确保下套管的安全。
   A. 迟到时间　　B. 油气上窜速度　　C. 钻具悬重　　D. 溢流流量
8. 钻开油（气）后，（　　）起下钻对闸板防喷器开关活动一次。
   A. 每一次　　B. 每两次　　C. 每三次　　D. 每四次
9. 钻井液性能中对机械钻速影响最大的是（　　）。
   A. 黏度　　B. 切力　　C. 固相含量　　D. 滤失量

10. 不属于油气层潜在损害因素的是（　　）。
    A. 油气层的孔隙度　　B. 油气层的敏感性矿物
    C. 油藏岩石的润湿性　　D. 油气层的水相密度

二、判断题（每题 2 分，共计 20 分）。

1. 所谓井底压力是指井内各种压力作用在井底的总压力。（　　）
2. 一般情况下，随井深的增加，地层压力增加，则地层压力梯度也增。（　　）
3. 空井时，若钻井液出口管有钻井液返出，则说明已经发生了溢流。（　　）
4. 发生溢流后要求迅速关井的目的是为了使井内保留尽可能高的液柱。（　　）
5. 侵入的地层流体越多，关井后的套压值就越高。（　　）
6. 无论采用什么压井方式，应遵循保持一个稍大于地层压力的井底压力原则，来建立新的井内压力平衡。（　　）
7. 固井前循环时，要防止井底油气循环上升过程中膨胀造成井口溢流。（　　）
8. 起钻产生的抽吸压力与钻井液的性能无关。（　　）
9. 钻井液固相含量高，易造成钻井液性能不稳定，黏度、切力升高，流动性不好。（　　）
10. 防止油层损害要尽量增加钻井液细颗粒含量，避免固相进入油层。（　　）

三、填空题（每空 2 分，共计 40 分）。

1. 钻具止回阀的外径、强度应与相连接的钻铤外径、强度相匹配。每口井保养________次，以确保灵活好用。
2. 在钻开油气层后起下钻作业时起钻前充分循环钻井液，至少测量一个循环周的钻井液密度，进出口密度差不超过________ g/cm^3；至少每起________个钻杆立柱、________个钻铤立柱灌一次钻井液，重点井或钻具水眼堵塞起钻时必须连续灌钻井液；钻头在油气层中和油气层顶部以上________ m 井段内起钻速度不得超过________ m/s。
3. 在超前注水区、地层裂缝较发育且主应力方向与正钻井一致的区块，或曾经发生过井涌、溢流的区块，所钻井在打开第一个油层前________ m 到完井，周围________ m 以内的井禁止压裂施工（水平井以各靶点为基准计算井距）。
4. 当检测到井口周围有 H_2S、CO 等有毒有害气体时，在作业现场入口处挂牌或挂旗警示，红色警示：H_2S 浓度大于________ ppm、CO 浓度大于________ ppm。
5. 井控应急应坚持“________、________、________、________、________”的原则。
6. 井底压差是指________与________间差值，其值越小，机械钻速越________。
7. 起钻产生的抽汲压力会使井底压力________，下钻产生的激动压力会使井底压力________。

四、简答题（共有三题，前两题每题 6 分，最后一题 8 分，共计 20 分）

1. 简述一次井控工作的重点环节？

2. 简述一开主要检查哪些内容？

3. 简述下套管要注意哪些事项？

试卷二

工作单位：　　　　　　　　　　姓名：　　　　　　　　　　得分：

一、选择题（每题 2 分，共计 20 分）。

1. 下列四种情况，（　　）工况下井底压力最小。

A. 起钻　　B. 下钻　　C. 静止　　D. 正常钻进

2. 起钻抽汲作用最大发生在（　　）的时候。

A. 经过套管鞋　　B. 经过缩径井段　　C. 经过狗腿处　　D. 钻头刚离开井底

3. 当灌入井内的钻井液量（　　）起出钻具体积时，则说明发生了溢流。

A. 小于　　B. 大于　　C. 等于　　D. 不等于

4. 准确地掌握地层破裂压力梯度，可以预防井漏、井塌、卡钻事故的发生，地层破裂压力梯度又是制定（　　）方案的重要依据。

A. 钻井液　　B. 钻具　　C. 钻前工程　　D. 钻头

5. 侵入井内的地层流体越多，关井后的套压就（　　）。

A. 越低　　B. 越高　　C. 气体　　D. 油水混合物

6. 井底压差是造成油气层损害的主要因素之一，压差（　　），对油气层的损害越轻。

A. 越小　　B. 越大　　C. 等于 0　　D. 不一定

7. 影响井斜的基本的、起主要作用的因素是（　　）。

A. 地层倾角　　B. 钻井技术措施及操作技术水平

C. 下部钻柱结构　　D. 地层倾角和下部钻柱结构

8. 井斜对（　　）影响不大。

A. 钻具使用　　B. 固井质量　　C. 采油工作　　D. 机械钻速

9. 井斜对固井工作的影响是（　　）。

A. 注水泥不窜槽　　B. 固井质量提高

C. 下套管困难，套管不居中　　D. 水泥顶替效率高

10. 易斜井段宜选用（　　）牙轮钻头。

A. 较高机械钻速的　　B. 较高进尺指标的

C. 较小滑动量牙齿多而短的　　D. 保径齿

二、判断题（每题 2 分，共计 20 分）。

1. 溢流是在地层压力大于井底压力时，地层中的流体在压力差的作用向井眼内流动的现象，负压差越大，溢流量越严重。（　　）

2. 一般情况下，要力求一口井经常处于二级井控状态，同时做好一切应急准备，一旦发生井喷，立即进行井喷抢险。（　　）

3. 在正常压力地层，随着井深的增加，对页（泥）岩来说，钻时逐渐增大，机械钻速减小，*dc* 指数也逐渐减小。（　　）

4. 钻井液切力大、黏度高、滤饼厚，钻头泥包时，抽汲作用大大增加。（　　）

5. 地层破裂压力梯度是确定关井和压井时最大允许套压的重要参数。(　　)
6. 钻杆的主要作用是传递扭矩，输送钻井液，连接及延长钻柱以达到不断加深井眼的目的。(　　)
7. 钻井工程班报表中，交班井深等于钻具总长和方入之和。(　　)
8. 套管的性能规范主要是指套管钢材的机械性能、尺寸、螺纹类型和强度。(　　)
9. 泥岩和页岩层一般较软，机械钻速高，但容易泥包钻头。(　　)
10. 悬重表的死绳固定器将钻机死绳拉力通过传感器转换成电信号，传递给重力指示仪。(　　)

三、填空题（每空 2 分，共计 40 分）。

1. 通径规直径小于套管内径值________ mm，ϕ139. 7mm 和 ϕ114. 3mm 套管通径规长度不小于________ mm。
2. 套管串结构中浮箍位置应低于地质要求的人工井底________ m 以上；浮箍、浮鞋之间距离油井为________ m 左右；浮鞋距井底应小于________ m。
3. 探井、评价井测斜间距：1000m 以前，每________米测斜一次，1000m 以后，________ m 测斜一次；丛式井组中直井测斜间距：1000m 以前，每________米测斜一次，1000m 以后，________米测斜一次。
4. 产层套管阻流环距套管鞋长度：油井________ m；人工井底距油层底界≥________ m。
5. 常规密度水泥声幅相对值≤________为优等；≤________为合格。对低密度水泥，声幅值≤________为合格。
6. 声幅曲线必须测至最低油气层底界以下________ m。
7. 井斜超标 2°以内（含 2°）每超标 1°扣款________元；超标 2~5°（含 5°），每超标 1°扣款________元；井斜超过标准 5°必须________。
8. 表层套管下深进入石板层小于________ m，每少下 1m 气井扣款 1000 元，油井扣款________元。

四、简答题（共有 4 题，每题 5 分，共计 20 分）

1. 井控应急预案应包括哪些内容?

2. 钻井液的功用主要是?

3. 固井的目的是什么?

4. 钻开油气层过程中，钻井液对油气层有哪些损害?

试卷三

工作单位：　　　　　　　　　　姓名：　　　　　　　　　　得分：

一、选择题（每题 2 分，共计 20 分）。

1. 当测量到空气中硫化氢浓度达到（　　）mg/m^3、CO 浓度达到 $60mg/m^3$ 时，非工作人员要撤离现场，现场工作人员应戴正压呼吸器。

A. 30　B. 50　C. 60　D. 40

2. 高含硫井一般指储层天然气组分中 H_2S 含量大于（　　）mg/m^3 的井。

A. 100　B. 150　C. 200　D. 250

3. 每只新入井的钻头钻进前以及每日白班开始钻进前都要以（　　）正常排量循环一周的时间，做低泵冲压力试验并记录冲数、排量及循环压力。

A. 1/3~1/2　B. 1/3~1/4　C. 1/4~1/2　D. 1/2~1

4. 打开油气层后（　　）要对节流、压井管汇上的平板阀开关活动一次。

A. 每班　B. 每天　C. 每次起下钻　D. 每口井

5. 依靠钻进时的钻井液密度来控制地层孔隙压力是（　　）次井控。

A. 2　B. 3　C. 1　D. 多

6. 发生溢流关井后，求取地层压力最精确的办法是用（　　）。

A. 套压　B. 立压

C. 立压、套压都可以　D. 无

7. 关井后（　　）min 在地面记录的关井立管压力才能真实反映地层压力。

A. 5　B. 8　C. 5~15　D. 20

8. 远程控制台的电源线要以（　　）。

A. 井场总闸刀之前接出　B. 井场总闸刀之后接出

C. 照明线路中接出　D. 钻台电源控制柜上接出

9. 全套井控设备安装好后，试压应在不超过套管抗内压的（　　）。

A. 80%　B. 70%　C. 85%　D. 90%

10. 井控设备试压稳压时间不小于 30min，允许压降不超过（　　）MPa。

A. 0. 5　B. 0. 6　C. 0. 7　D. 0. 8

二、判断题（每题 2 分，共计 20 分）。

1. 井内钻井液处于静止状态时，井底压力等于钻井液静液压力。（　　）
2. 钻进时，封井器闸板尺寸必须与钻铤尺寸相符合。（　　）
3. 溢流是井喷的先兆，及时发现溢流并迅速将其排除，是井控的关键。（　　）
4. 为了减少起钻抽汲作用，起钻前应尽可能提高钻井液的黏度和切力。（　　）
5. 起钻过程中的抽汲压力会导致井底压力降低。（　　）
6. 发生溢流关井后，当套压不断上升时，意味着地层压力在不断增大。（　　）
7. 防喷器控制系统中液压油也可用水和汽油代替。（　　）
8. 发生溢流关井后，当井口压力不断增大而达到井口承压能力时，应敞开井口放喷。（　　）
9. 压井时，为迅速排除入侵流体，必须进行大排量压井。（　　）
10. 闸板手动锁紧的操作要领是：顺旋-到位-回旋。（　　）

三、填空题（每空 2 分，共计 40 分）。

1. 井场布置：油罐距井口不小于________ m，发电房距井口不小于________ m，井口距民房________ m 以外，距高压线不小于________ m，远程控制台应摆放在面对井架大门左侧、距井口不少于________ m 的专用活动房内。

2. 蓄能器装置处于待命工况时，当油压降至________ MPa 时，电泵自动启动。蓄能器钢瓶胶囊中只能充________。
3. 按壳体内闸板室数量闸板防喷器可分为________、________、________防喷器。
4. 闸板防喷器要实现有效封井必须保证________处有良好的密封，闸板防喷器现场安装时________上下颠倒。
5. 关闭闸板防喷器液控管线严重刺漏需手动关井时，其换向阀手柄应该处于________位，手动锁紧或手动解锁操作到位后须回旋________圈。
6. 目前使用的钻具内防喷工具有________、________、________。
7. 如果关井后套压不断上升，说明侵入井内的地层流体含有________。
8. 关井立管压力为零，套管压力不等于零，说明环空钻井液液柱压力________地层压力。
9. 打开油层时钻井液密度的附加系数按压力计算为________ MPa。

四、简答题（共有 4 题，每题 5 分，共计 20 分）

1. 井控应急预案应包括哪些内容。

2. 钻井液的功用主要是什么？

3. 固井的目的是什么？

4. 钻井油气层过程中，钻井液对油气层有哪些损害？

试卷四

工作单位：　　　　　　　　　姓名：　　　　　　　　　　　得分：

一、选择题（每题 2 分，共计 20 分）。

1. 二次井控的核心就是要做好（　　）的早期发现，及时准确地关井，正确实施压井作业。
   A. 井漏　　B. 溢流　　C. 井涌　　D. 井喷
2. 钻井液密度安全附加值主要是用来抵消（　　）对井底压力的影响。
   A. 泵压　　B. 激动压力　　C. 抽汲压力　　D. 环空压耗
3. 裸眼井段存在着地层压力 p_p，液柱压力 p_m，地层破裂压力 p_f 三个压力体系，必须满足的条件是（　　）。
   A. $p_f>p_m\geqslant p_p$　　B. $p_m\geqslant p_f\geqslant p_p$　　C. $p_f\geqslant p_p\geqslant p_m$　　D. $p_p\geqslant p_f\geqslant p_m$
4. 任何防喷装置组合的额定工作压力是由组合中额定工作压力（　　）的部件所确定的。
   A. 最高　　B. 较高　　C. 中间值　　D. 最低
5.（　　）工况时，井底压力相对更低，更容易发生溢流。
   A. 钻进　　B. 下钻　　C. 起钻　　D. 空井
6. 关井程序中由（　　）负责操作节控箱来关闭节流阀试关井。

A. 队长　　B. 工程师　　C. 副司钻　　D. 井架工

7. 液压防喷器的公称通径是指防喷器的（　　）。

A. 闸板尺寸　　B. 胶芯内径　　C. 上下垂直通孔直径　　D. 活塞直径

8. 远程控制台所用电器的电源接线，要求（　　）。

A. 从值班房单独接出　　B. 从发电房单独接出

C. 就近连接　　D. 与钻台电源同一开关控制

9. 压井管汇是（　　）中必不可少的组成部分。

A. 灌浆装置　　B. 固控装置　　C. 井控装置　　D. 循环系统

10. 放喷管线出口用基墩固定时压板与管线间应垫（　　）固定。

A. 木板　　B. 铁片　　C. 胶皮　　D. 砂石

二、判断题（每题 2 分，共计 20 分）。

1. 当量钻井液密度是指井内某一点所受静液压力折算成钻井液密度。（　　）
2. 泵压是钻井液循环时克服循环系统中摩擦损失所需的压力。（　　）
3. 地层破裂压力试验是为了确定套管鞋处地层的破裂压力，新区第一口探井、有浅气层分布的探井或生产井，必须进行地层破裂压力试验。（　　）
4. 钻井液密度的确定要根据地层压力并考虑井眼的稳定附加一定的安全值。（　　）
5. 溢流发现得越早，关井后的套压值越高。（　　）
6. 硬关井的主要特点是地层流体进入井筒的体积多，即溢流量大。（　　）
7. 套管的浮箍、浮鞋失效后，水泥浆倒返至套管内，只会影响固井质量，不会出现溢流。（　　）
8. 溢流发生后，能迅速关井、防止发生井喷、并通过建立足够的井口回压、实现对地层压力的二次控制是井控设备应具有的功能。（　　）
9. 半封闸板在井内有钻具时只能封钻杆本体，严禁用其封闭钻杆接箍、钻铤和方钻杆。（　　）
10. 起钻时，可通过压井管汇向井内灌入钻井液。（　　）

三、填空题（每空 2 分，共计 40 分）。

1. 远控台的液控管线与节流压井管汇及防喷管线距离大于________；液控管线________埋在地下，车辆跨越处应装过桥盖板采取保护措施。
2. 在已开发调整区或先注后采区钻井时应提供本井区主地应力方向，井距以内________的注水井井号、注水压力、注水层位、注水量、注水开始时间等有关资料。
3. 钻出套管鞋进入第一个砂层________时，用低泵冲进行________试验（丛式井组只做井组第一口井），算出________和________。
4. 远程控制台处于待命状态时，油面高于油标下限，储能器预充氮气压力________；储能器压力为________，管汇及控制环形防喷器的压力为________。
5. 井控管汇包括________、________、________和________。
6. 水泥基墩长×宽×深为________，地脚螺栓直径≥________、长度≥________，固定压板宽度≥________、厚度≥________。
7. 根据地质提示，打开油、气层前验收必须在进入第一个油气层________前进行。

四、简答题（共有3题，前2题每题6分，最后1题8分，共计20分）

1. 钻进过程中溢流显示？

2. 空井发生溢流时关井操作程序？

3. 哪些情况下不准钻开油气层？

试卷五

工作单位：　　　　　　　　　　　　姓名：　　　　　　　　　　　　　　得分：

一、选择题（每题2分，共计30分）。

1. 防碰天车重锤与引绳连接必须使用（　　）。
   A. 开口销　　　　B. 活绳结　　　　C. 销钉
2. 目前发现和保护油层常用的技术是（　　）钻井。
   A. 超压　　　　B. 负压　　　　C. 近平衡压力
3. 钻进时，井底压差减小，机械钻速（　　）。
   A. 上升　　　　B. 下降　　　　C. 不变
4. 保护油气层的核心问题是保护油气层的（　　）。
   A. 连通性　　　　B. 孔隙度　　　　C. 渗透率
5. 直井井身质量标准的主要指标是（　　）。
   A. 井斜角　　　　B. 井斜变化率
   C. 井底水平位移、全井最大井斜角和井眼曲率
6. 取心的全过程要把好“三关一口”，即（　　）关、取心钻进关、加压割心关，把住岩心出口分析。
   A. 工具准备　　　　B. 工具装配　　　　C. 工具检查
7. 井斜对固井工作的影响是（　　）。
   A. 下套管困难，套管不居中　　　　B. 固井质量提高　　　　C. 注水泥不窜槽
8. 防喷器的上法兰厚度为（　　）。
   A. 20mm　　　　B. 30mm　　　　C. 40mm
9. 远程控制台周围（　　）m 范围内不得堆放易燃、易爆、腐蚀物品。
   A. 10　　　　B. 20　　　　C. 30
10. 溢流关井后，必须要取准的资料数据有三项：⑴关井套压；⑵关井立压；⑶（　　）。
    A. 溢流量　　　　B. 钻进泵压　　　　C. 钻井液密度
11. 钻井液和压井液密度的确定主要是依据（　　）。
    A. 激动压力　　　　B. 地层压力　　　　C. 关井立、套压
12. 关井后（　　）min 在地面记录的关井立管压力才能真实反映地层压力。

A. 5　　B. 8　　C. 5~15

13. 关井立管压力和套管压力都不等于零，说明钻井液液柱压力（　　）地层压力。

A. 小于　　B. 大于　　C. 等于

14. 压井是以（　　）为依据的。

A. 虹吸原理　　B.“U”形管原理　　C. 帕斯卡定律

15. 关井后立压为零套压不为零时，使用（　　）的方法处理。

A. 节流循环除气　　B. 放喷　　C. 节流放喷

二、判断题（每题 2 分，共计 20 分）。

1. 井筒内液注压力与地层孔隙压力的差值越大，钻井液对地层的损害程度也越大。（　　）
2. 固相含量一般是指钻井液中不溶物的全部含量及可溶性盐类。（　　）
3. 取心工具到井之后，技术员组织拆卸清洗、丈量尺寸，重新装配好。（　　）
4. 放喷管线试压的标准应与液压闸板防喷器试压标准一致。（　　）
5. 溢流关井时，钻柱不能坐在吊卡上。（　　）
6. 在压井过程中，井底压力逐渐增加。（　　）
7. 钻井液循环时，井底压力大于或等于地层压力，但停止循环后可能发生溢流。（　　）
8. 导致溢流发生的根本原因是井底压力高于地层压力。（　　）
9. 闸板防喷器进行低压试压的目的是为了检查闸板前部的密封。（　　）
10. 压井开始时应先开节流阀后开泵。（　　）

三、填空题（每空 2 分，共计 30 分）。

1. 现场常用的钻井液测量器具有________、________、________、切力计、________、pH 试纸。
2. 生活区原则上应选择在井口________风向位置，尽量避开________、________、塌方等危险地带，选择在地势较为平坦、地质条件较为稳定、便于________的地带。
3. 表层套管下深应满足井控安全，进入稳定地层________以上，固井水泥返至地面，且封固良好。
4. 一旦发生溢流或井喷，可通过________循环出被侵污的钻井液或泵入加重钻井液压井。同时可利用________控制一定的井口回压。
5. FH 表示________防喷器，FZ 表示________防喷器。
6. 节流、压井管汇高量程压力表要按照设计管汇压力级别最大值再附加 1/3 的原则选择，管汇压力级别为 21MPa 的高量程压力表量程选择________ MPa，节流、压井管汇低量程压力表量程油井选择________ MPa。

四、简答题（共有 3 题，前 2 题每题 6 分，最后 1 题 8 分，共计 20 分）

1. 手动锁紧装置的作用？

2. 节流管汇的功用？

3. 钻前验收时重点注意哪些方面？

钻井专业测试题答案

试卷一

一、选择题

1. A　2. B　3. D　4. C　5. A　6. B　7. B　8. A　9. B　10. D

二、判断题

1. ×　2. ×　3. √　4. √　5. √　6. √　7. √　8. ×　9. √　10. ×

三、填空题

1. 1~2

2. 0.02、3、1、300、0.5

3. 100、1000

4. 20、50

5. 以人为本、统一指挥、反应灵敏、措施得力、分工协作

6. 钻井液液柱压力、地层压力、快

7. 减小、增大

四、简答题

1. 简述一次井控工作的重点环节？

（1）准确掌握地层压力；

（2）掌握井内各种压力所形成的井底压力；

（3）把握井底压力与地层压力的平衡关系。

2. 简述一开主要检查哪些内容？

工程设计到位情况，HSE 合同是否签订，HSE 两书一表、消防器材配备、井控证、资质证、施工许可证、测斜仪器、井场设备摆放、表套是否送到，水、油料、化工料等。

3. 简述下套管要注意哪些事项？

（1）套管螺纹清洗干净，钻台上涂抹密封脂，涂抹要均匀、适量；套管上钻台戴护帽；上扣时余扣不能超过 1 扣，扭矩要达到规定扭矩值；按要求加扶正器（短套以下要求每根加一扶正器，短套以上每两根加一个扶正器，直到加完为止）；每下 30 根左右灌一次钻井液；下到最后 5 根，每根套管加一个扶正器。

（2）控制套管柱的下放速度。过快的下放速度产生井下压力激动，造成压裂地层漏失。

（3）刹把操作平稳，不要猛提猛顿，避免冲击载荷对管体或接箍造成损伤。

试卷二

一、选择题

1. A　2. D　3. B　4. A　5. B　6. A　7. D　8. A　9. C　10. C

二、判断题

1. √　2. ×　3. ×　4. √　5. √　6. √　7. ×　8. √　9. √　10. ×

三、填空题

1. 3. 2、150

2. 2、10、5

3. 50、100、30、50

4. 10~12、20

5. 15、30、40

6. 15

7. 2000、5000、填井重钻

8. 30、500

四、简答题

1. 井控应急预案应包括哪些内容?

（1）井控管理组织机构；

（2）机构成员分工及职责；

（3）发生险情的应急响应程序；

（4）内外部应急资源（加重材料储备库、消防、医疗、公安单位通讯联络方式）。

2. 钻井液的功用主要是?

（1）携带、悬浮岩屑；

（2）冷却、润滑钻头和钻具；

（3）清洗、冲刷井底，利于钻井；

（4）利用钻井液液柱压力，防止井喷；

（5）保护井壁，防止井壁垮塌；

（6）为井下动力钻具传递动力。

3. 固井的目的是什么?

（1）封隔地下不同油、气、水层，防止窜槽；

（2）为井的投产建立生产通道；

（3）封闭暂不开采的油、气层；

（4）为安装井口防喷装置创造条件；

（5）提供油、气井压力控制的基本条件；

（6）封闭复杂地层，保护井壁，防止坍塌、井漏等。

4. 钻开油气层过程中，钻井液对油气层有哪些损害？
（1）固相颗粒及滤饼堵塞油气通道；
（2）滤失液使地层中黏土膨胀而堵塞地层孔隙；
（3）钻井液滤液中离子与地层离子作用产生沉淀堵塞通道；
（4）产生水锁效应，增加油气流动阻力。

试卷三

一、选择题

1. A　2. B　3. A　4. B　5. C　6. B　7. C　8. A　9. A　10. C

二、判断题

1. √　2. ×　3. √　4. ×　5. √　6. ×　7. ×　8. ×　9. ×　10. √

三、填空题

1. 30、30、100、75、25
2. 17. 5、氮气
3. 单闸板、双闸板、三闸板
4. 4、不能
5. 关、1/4~1/2
6. 上旋塞、下旋塞、回压阀
7. 气体
8. 小于
9. 1. 5~3. 5

四、简答题

1. 井控应急预案应包括哪些内容？
（1）井控管理组织机构；
（2）机构成员分工及职责；
（3）发生险情的应急响应程序；
（4）内外部应急资源（加重材料储备库、消防、医疗、公安单位通讯联络方式）。
2. 钻井液的功用主要是什么？
（1）携带、悬浮岩屑；
（2）冷却、润滑钻头和钻具；
（3）清洗、冲刷井底，利于钻井；
（4）利用钻井液液柱压力，防止井喷；
（5）保护井壁，防止井壁垮塌；
（6）为井下动力钻具传递动力。
3. 固井的目的是什么？
（1）封隔地下不同油、气、水层，防止窜槽；

（2）为井的投产建立生产通道；
（3）封闭暂不开采的油、气层；
（4）为安装井口防喷装置创造条件；
（5）提供油、气井压力控制的基本条件；
（6）封闭复杂地层，保护井壁，防止坍塌、井漏等。
4. 钻开油气层过程中，钻井液对油气层有哪些损害？
（1）固相颗粒及滤饼堵塞油气通道；
（2）滤失液使地层中黏土膨胀而堵塞地层孔隙；
（3）钻井液滤液中离子与地层离子作用产生沉淀堵塞通道；
（4）产生水锁效应，增加油气流动阻力。

试卷四

一、选择题

1. B　2. C　3. A　4. D　5. C　6. D　7. C　8. B　9. C　10. C

二、判断题

1. ×　2. √　3. √　4. √　5. ×　6. ×　7. ×　8. √　9. √　10. ×

三、填空题

1. 1m、不允许
2. 500m
3. 3~5m、地层破裂压力、地层破裂压力值、当量钻井液密度。
4. 7±0. 7MPa、18. 5~21MPa、10. 5MPa。
5. 节流管汇、压井管汇、防喷管线、放喷管线。
6. 800mm×800mm×800mm、20mm、500mm、80mm、10mm。
7. 100m

四、简答题

1. 钻进过程中溢流显示？
（1）钻井液储存罐液面升高；（2）钻井液出口流速加快；（3）钻速加快或放空；（4）钻井液循环压力下降；（5）井下油、气、水显示；（6）钻井液在出口性能发生变化。
2. 空井发生溢流时关井操作程序？
（1）发：发出信号；
（2）开：开启液（手）动平板阀；
（3）关：关全封闸板防喷器；
（4）关：先关节流阀（试关井），再关节流阀前的平板阀；
（5）看：认真观察、准确记录套管压力以及循环池钻井液增减量，并迅速向值班干部或钻井技术人员及甲方监督报告。

3. 哪些情况下不准钻开油气层？

（1）未执行钻开油气层申报审批制度；

（2）未按设计储备加重钻井液和加重材料；

（3）井控装备未按要求试压或试压不合格；

（4）井控装备不能满足关井和压井要求；

（5）内防喷工具配备不齐或失效；

（6）防喷演习不合格；

（7）井控监测仪器仪表、辅助及安全防护设施未配套或未配套齐全的。

试卷五

一、选择题

1. A　2. C　3. A　4. C　5. C　6. B　7. A　8. C　9. A　10. A　11. B　12. C　13. A　14. B　15. A

二、判断题

1. √　2. √　3. √　4. ×　5. √　6. ×　7. √　8. ×　9. ×　10. √

三、填空题（每空 2 分，共计 30 分）。

1. 密度计、失水仪、漏斗黏度计、六速旋转黏度仪

2. 上、沟崖、滑坡、排水

3. 30m

4. 节流管汇、节流阀

5. 环形、单闸板

6. 25、6~10

四、简答题

1. 手动锁紧装置的作用？

答：（1）当液压关井失效时，用手动装置能及时关闸板，封闭井口；（2）当需要长时间封井时，可用手动锁紧装置锁紧闸板，此时油压可泄掉。

2. 节流管汇的功用？

答：节流管汇的功用：（1）实施压井作业时，通过调节节流阀的开启度，控制井口套管压力与立管压力，替换出井内被污染的钻井液，恢复钻井液柱压力对井底的压力控制，制止溢流。（2）通过节流阀的泄压作用，降低井口压力实现“软关井”。（3）通过放喷阀的大量泄流作用，降低井口套管压力，保护井口。

3. 钻前验收时重点注意哪些方面？

（1）钻前道路坡度、宽度及会车点；

（2）井场长宽度、崖坡平台、实方与垫方长宽度、生活区及离井场距离；

（3）井场周围环境，如居民区、公路、高速路、高压线、易燃易爆危险源；

（4）钻井液池位置及长宽高度。

井下专业测试题

试卷一

工作单位：　　　　　　　　　　姓名：　　　　　　　　　　得分：

一、选择题（每题 2 分　共 20 分）

1. 某井进行试油气作业，油层深度 2800～2805m，压裂后起完钻等措施时，根据井控要求，严禁空井，井内下入油管不少于（　　）。

A. 1400m　　B. 930m　　C. 700m　　D. 560m

2. 根据试油气井控要求，液压防喷器远程控制台距井口一般为（　　）。

A. 15m 远　　B. 20m 远　　C. 25m 远　　D. 35m 远

3. 压裂支撑剂中 40～60 目陶粒粒径为（　　）。

A. 0. 425～0. 85mm　　B. 0. 210～0. 150mm　　C. 0. 25～0. 425mm　　D. 0. 85～1. 190mm

4. 根据试油气作业井控实施细则，油田一级风险井应该配备的防喷器压力等级为（　　）以上。

A. 14MPa　　B. 21MPa　　C. 35MPa　　D. 70MPa

5. 防喷演习制度规定，完成射孔防喷演习时间不超过（　　）。

A. 2min　　B. 3min　　C. 4min　　D. 5min

6. 试油机组根据不同工况，每月演习应该不少于（　　）。

A. 1 次　　B. 2 次　　C. 3 次　　D. 4 次

7. 现场检查化工料，羟丙基胍胶颜色是（　　）。

A. 褐黄色　　B. 黄色　　C. 淡黄色　　D. 白色

8. 配制酸液要求酸液浓度与设计浓度误差不超过（　　）。

A. ±2%　　B. ±1%　　C. ±0. 5%　　D. ±0. 1%

9. 压裂施工完成加砂后当含砂浓度低于（　　）kg/m^3 开始计量顶替液量。

A. 0　　B. 50　　C. 100　　D. 150

10. 反循环洗井特点，下面说法正确的是（　　）。

A. 对井底冲击力大、携砂力强　　B. 对井底冲击力大、携砂力弱

C. 对井底冲击力小、携砂力强　　D. 对井底冲击力大、携砂力弱

二、填空题（每空 1 分，共 40 分）

1. 长庆油田规定常规试油井架负荷必须达到________ kN 以上，试气井架负荷必须达到________ kN 以上，并在有效使用年限之内。

2. 套补距是指钻井转盘上平面到________上平面之间的距离；油补距是指钻井转盘上平面到________上平面之间的距离。
3. 丈量油管时要拉紧钢卷尺，防止钢卷尺产生弧度，钢卷尺的零端位于接箍上端面，另一端对准油管________，丈量时不得少于________人，反复丈量________次，丈量管柱累计长度误差不大于________；做好油管单根记录。
4. 试油（气）现场设备摆放安全要求，试油井场值班房、工具房、发电房摆放合理，距离井口≥________m，试气井场值班房、工具房、发电房摆放合理，距离井口≥________m，储液罐距井口安全距离≥________m。
5. 现场检查目测支撑剂不含灰粉、________、石块、铁块之类杂物等；________应与设计相符，对照砂罐标定容积，检查入井支撑剂________；支撑剂装运必须按设计执行，同一口井（层）施工必须使用________的支撑剂，20~40 目的支撑剂粒径是________mm。
6. 常规油井井筒试压________MPa，常规气井井筒试压________MPa，稳压________min，压降小于________MPa 为合格。
7. 射孔作业监督检查，射孔发射率低于________%，重新射孔；射孔发射率低于________%，进行补孔。
8. 现场检查井架布局，BJ-18 米井架基础中心距井口中心距离为________m，BJ-29 米井架基础中心距井口中心距离为________m，井架的基础坑、绷绳坑挖、填，基础的制作等按规定标准，井架绷绳坑质地坚硬距排污池是否大于________m 以上。
9. 油套管放喷管线的安装与固定要求，必须采用________油管连接，拐弯处选用________，堵头________油气流冲击方向，出口处双地锚固定，出口距井口大于________m，地锚固定螺栓直径大于________mm。
10. 长庆油田试油气作业井控实施细则中防喷演习制度要求试油气机组每月要进行不少于________次防喷演习，制定________、________、________、________、________等作业工况的应急预案并演习，起下钻演习时间不超过________min。
11. 抽汲要及时、连续，单封钻具压裂结束后________h 开始抽汲，三封钻具压裂结束后________h 开始抽汲。
12. 压后必须用油嘴或针形阀控制放喷，控制一定的________，防止地层________，使地层裂缝内砂层二次位移，降低导流能力。

三、简答题（每题 10 分，共 40 分）

1. 长庆油田试油（气）作业井控管理制度有哪些？

2. 简述放喷管线的固定方式及要求有哪些？

3. 简述压裂施工过程中造成砂堵的主要原因有哪些？

4. 简述起下油管过程中发生险情的关井程序。

试卷二

工作单位：　　　　　　　　　　　　姓名：　　　　　　　　　　　　得分：

一、选择题（每题 2 分，共 20 分）

1. 采取一定的方法控制住地层孔隙压力，基本上保持井内压力平衡，保证井下作业顺利进行是（　　）。
   A. 固控　　B. 液控　　C. 气控　　D. 井控
2. 依靠液柱压力与关井回压（油、套压）共同平衡地层压力的方法是（　　）。
   A. 一级井控　　B. 二级井控　　C. 三级井控　　D. 常规井控
3. 井口返出的压井液量比泵入的压井液量多，停泵后井口自动外溢的现象为（　　）。
   A. 井涌　　B. 溢流　　C. 井侵　　D. 井喷
4. 上提井内管柱时井筒内产生的压力是（　　）。
   A. 抽汲压力　　B. 波动压力　　C. 激动压力　　D. 圈闭压力
5. 溢流关井后，关井油、套压上升越快，地层压力（　　）。
   A. 不变　　B. 越低　　C. 越高　　D. 时高时低
6. 固定式和便携式硫化氢监测仪的第一级报警值应设置在（　　），达到此浓度时启动报警，提示现场作业人员硫化氢的浓度超过阈限值。
   A. 15mg/m^3（10ppm）　　B. 30mg/m^3（20ppm）
   C. 75mg/m^3（50ppm）　　D. 150mg/m^3（100ppm）
7. 节流管汇的压力等级和组合形式应与全井（　　）最高压力等级相匹配。
   A. 底法兰　　B. 四通　　C. 防喷器　　D. 防喷管线
8. 对可能遇有硫化氢的作业井场应有明显、清晰的（　　）。
   A. 警示标志　　B. 逃生路线标志
   C. 紧急集合点标志　　D. 消防器材标志
9. 对即将作业井的目的层流体性质不清或有疑问时，射孔作业应采用油管传输方式，作业现场除应安装井控装备外，还应安装防止油管（　　）装置。
   A. 上窜　　B. 防卡　　C. 上顶　　D. 防喷
10. 当井口憋有压力时，严禁（　　）。
    A. 工程师法压井作业　　B. 采用循环法降压
    C. 采用司钻法压井作业　　D. 打开防喷器泄压

二、填空题（每空 1 分，共 40 分）

1. 通井规大端长度应大于 0.5m，外径小于套管内径________mm，大于封隔器胶筒外径________mm。
2. 洗井方式有________洗井、________洗井、________洗井。
3. 配液小样检验：压裂液、________、________、________等要符合设计要求。
4. 检查抽汲智能记录仪是否能正确记录________、________、________等数据，分析判断抽汲质量。

5. 远程控制台电控箱开关旋钮应处于________位置，三位四通阀手柄应处于________，备用三位四通阀手柄处于________；控制全封闸板手柄应安装________。
6. 地面管线固定时螺栓直径不小于________ mm，管线每________ m 处应固定牢靠，井口处、拐弯处两端、放喷出口 2m 内要用________固定，压板圆弧与放喷管线一致，压板下面垫胶皮，卡子上用________紧固。若两条以上管线走向一致时，应保持间距大于 0.3m。放喷管线一般情况下要求安装平直，钢质高压弯头或锻造的高压三通，丝堵应正对________方向。
7. 所有新完钻的油水井、气井在打开油气层前应进行试压。不采用套管或油、套管环空压裂的井：油水井试压________ MPa，气井试压________ MPa，稳压 30min，压降小于________ MPa 为合格。采用套管或油、套管环空压裂的井：按照不超过井口、套管头、________最低值的 80%压力值进行试压，稳压 30min，压降小于 0.7MPa 为合格。防喷器控制装置在现场安装好后，应进行________ MPa 可靠性密封试压。
8. 防喷井口、油管旋塞阀扣型应与井内管串扣型一致，不一致时，连接________。防喷井口、油管旋塞阀（包括开关工具），应摆放在井口合适位置便于快速取用，处于________状态。
9. 采油（气）井口使用要求：正常情况下，双闸阀采油（气）树使用________闸阀，________闸阀保持全开状态，有两个总闸阀时先用________部闸阀，________部闸阀保持全开状态。并定期向阀腔内注入润滑密封脂。
10. 在施工过程中关井原则为“________，________”。
11. 射孔后或更换钻具后立即下钻，严禁起下钻中途停工休息和________设备。若起下钻中途设备发生故障，关井观察压力，严禁________。
12. 溢流关井后，其最高关井压力不应超过________、套管柱实际允许抗内压强度 80%两者中的最小值。
13. 值班房、发电房、锅炉房距井口不小于________ m，且相互间距不小于________ m，锅炉房、发电房等有明火或有火花散发的设备应设置在井场的________处。气油比大于 $100m^3/t$ 的井场布局要充分考虑通风条件，生活区距井口不小于________ m。

三、简答题（每题 10 分，共 40 分）

1. 简述试油的目的和任务。

2. 简述通井的目的。

3. 长庆油田井控设备的使用要做到的三懂四会是什么？

4. 抽汲排液监督要点是什么？

试卷三

工作单位：　　　　　　　　　　　姓名：　　　　　　　　　　　得分：

一、选择题（每题2分，共20分）

1. 油井要求配备便携式气体检测仪（　　）台以上，正压呼吸器配备（　　）套。
   A. 2，4　　B. 4，6　　C. 2，5　　D. 4，5
2. 通井到距设计位置或人工井底（　　）m时，钻具下放速度不得超过（　　）m/min。
   A. 50，5~10m/min　　B. 50，10~20
   C. 100，10~20m/min　　D. 100，5~10
3. 实探人工井底无误后，再调整洗井钻具位置，要求洗井钻具位置与通井位置之差不大于（　　）m。
   A. 2.5　　B. 3.0　　C. 3.5　　D. 4.0
4. 洗井按设计准备井筒容积（　　）倍的清水，正常洗井排量一般控制在（　　）以上。
   A. 2.0，600L/min　　B. 2.5，550L/min　　C. 1.5，500L/min　　D. 2.0，500L/min
5. 反循环洗井特点，下面说法正确的是（　　）。
   A. 对井底冲击力大、携砂能力强　　B. 对井底冲击力大、携砂能力弱
   C. 对井底冲击力小、携砂能力强　　D. 对井底冲击力大、携砂能力弱
6. 放喷管线安装在当地季节风的下风方向，接出井口（　　）m以远，高压气井放喷管线接出井口（　　）m以远。
   A. 30，75　　B. 20，30　　C. 20，40　　D. 30，50
7. 油气层打开后，起下钻作业每（　　）记录一次灌入和返出量。
   A. 5min　　B. 10min　　C. 15min　　D. 20min
8. 旋转地锚固定：地锚长度不小于（　　），螺旋锚片厚度不小于（　　），直径不小于（　　），螺距不大于300。
   A. 1.5m，5mm，250mm　　B. 1.5m，5mm，200mm
   C. 1.25m，5mm，250mm　　D. 1.25m，10mm，250mm
9. 地质设计应对井场周围一定范围内（含硫化氢油气田探井井口周围（　　）km，生产井口（　　）km范围内的居民住宅、学校、厂矿、国防设施等进行标注。
   A. 2，3　　B. 3，2　　C. 1，2　　D. 2，1
10. 防喷器远程控制台应安装在上风方向，距井口不小于（　　）m，周围留有不少于（　　）m的人行通道，周围（　　）m内允许堆放易燃、易爆、已腐蚀物品。
    A. 25，2，10　　B. 20，3，10　　C. 10，5，15　　D. 30，3，15

二、填空题（每空1分，共40分）

1. 常规试油是指钻井完井以后，通过________、________、________等多种方式，使地层中的油气水进入井筒，流出地面。
2. 射孔的方式按照传输方式分为________射孔和________射孔。

3. 洗井过程中，随时观察并记录________、________、________及漏失量等数据。
4. 井控设备检修周期为________个月，超过 12 个月应在井控车间检修。
5. 试油（气）起钻完等下步方案时，严禁________等停，井内应先下入不少于井深________的油管，坐好井口。
6. 防喷管线（节流阀前）按________试压。测试流程的管线试压不低于________ MPa，压降小于________ MPa。井口至分离器入口试压与防喷管线一致。
7. 生产区使用的开关、电器必须防爆，井场电力线路要________控制。井场照明设施应防爆，所用电线应采用________导线，架空时距地面不小于________ m，进户线过墙和发电机的输出线应穿绝缘胶管保护，接头不应裸露和松动。
8. 天然气井、一级风险油井应配备________台便携式复合气体监测仪（至少测量 CO、H_2S、O_2，可燃气体)，1 台高压呼吸空气压缩机，________套正压式空气呼吸器，________台防爆排风扇。
9. 硫化氢的一级报警值：________ ppm、二级报警值：________ ppm、三级报警值：________ ppm；一氧化碳的一级报警值：________ ppm、二级报警值：________ ppm、三级报警值：________ ppm。
10. 长庆油田《试油（气）作业井控实施细则》规定：井喷井控演习统一用作业机气喇叭信号声音报警，报警信号：________；关闭防喷器信号：________；关井结束信号：________；解除信号：________；长鸣喇叭声为________ s 以上，短鸣喇叭声为________ s。演习要求，完成射孔防喷演习时间不超过________ min，起下钻防喷演习时间不超过________ min，空井防喷演习时间不超过________ min、旋转作业防喷演习时间不超过________ min。
11. 射孔液密度应根据油气层预测压力系数加上附加值来确定。一般情况下附加值的确定：油井为________ g/cm^3 或________ MPa；气井、“两浅井”及气油比≥$100m^3/t$ 的油井为________ g/cm^3 或________ MPa；含 H_2S（或 CO）油气井射孔液密度附加值要选用上限值。

三、简答题（每题 10 分，共 40 分）

1. 对下井管串应严格三丈量、三检查、三过手程序，其内容是什么？

2. 当检测到井口周围有 H_2S、CO 时，在作业现场入口处挂牌或挂旗警示的现场警示标志要求？

3. 当检测 H_2S 浓度达到 $30mg/m^3$（20ppm）或 CO 浓度达到 $62.5mg/m^3$（50ppm）的安全临界浓度时，启动试油（气）队处置预案，现场应采取哪些措施？

4. 长庆油田井下作业井控细则中防喷器及控制装置的使用要求有哪些？

试卷四

工作单位： 姓名： 得分：

一、选择题（每题 2 分，共 20 分）

1. 某井进行试气作业，油层深度 3450~3455m，压裂后起完钻等措施时，根据井控要求，严禁空井，井内下入油管不少于（ ）。
   A. 1725m B. 1150m C. 865m D. 690m
2. 压裂施工完成加砂后，当含砂浓度低于（ ）kg/m^3 开始计量顶替液量；
   A. 0 B. 50 C. 100 D. 150
3. 根据试油气井控要求，液压防喷器远程控制台距井口一般为（ ）远。
   A. 15m B. 20m C. 25m D. 35m
4. 根据试油气作业井控风险分级，气田水平井属于（ ）。
   A. 一级风险井 B. 二级风险井 C. 三级风险井 D. 特级风险井
5. 现场对油管（内径 62mm）进行通径，其油管规直径为（ ）。
   A. 55mm B. 58mm C. 59mm D. 61mm
6. 试油气机组井控例会应该（ ）召开一次。
   A. 每天 B. 每周 C. 每月 D. 每季度
7. 现场检查化工料，羟丙基胍胶颜色是（ ）。
   A. 褐黄色 B. 黄色 C. 淡黄色 D. 白色
8. 配制酸液要求酸液浓度与设计浓度误差不超过（ ）。
   A. ±2% B. ±1% C. ±0. 5% D. ±0. 1%
9. 关井恢复压力，油套压基本一致，稳定时间最少（ ）。
   A. 24h B. 48h C. 72h D. 96h
10. 抽汲排液时，抽子沉没度一般为（ ）m。
    A100 B. 150 C. 200 D. 300

二、填空题（每空 1 分，共 40 分）

1. 根据套管的外径、壁厚等规格选择通井规，一般要求通井规外径小于套管内径____ mm，常用套管（139. 7mm 通井规________ mm、177. 8mm 通井规________ mm），通井规长度________符合设计要求。
2. 通井中途若遇阻、卡，悬重下降不能超过________ kN，采取平稳活动管柱方法，严禁猛顿、猛放和硬压。
3. 探目前人工井底：当通至人工井底悬重下降________ kN，连续两次实探深度相差小于________ m。
4. 调整洗井钻具位置，要求洗井钻具位置与通井位置之差不大于________ m。
5. 洗井液水质要求，取样化验达到水质要求（pH：________；清洁、干净、无污染、________、机械杂质小于________）。

6. 洗井控制排量由________到________，观察压力变化，正常排量一般控制在________ L/min 以上；泵压升高，洗井不通时，应停泵及时分析原因进行处理，不得________。
7. 抽汲排液要求抽子沉没度一般为________ m，最大不超过________ m。
8. 油井抽汲求产稳定班次中“三定”指________、________、________。
9. 压裂施工程序主要有________、________、________、预压、注前置液________、________、关井。
10. 压裂施工录取的施工参数主要有压裂井段、坐封时间、停泵时间、________、________、________、排量、________、________、________。
11. K344-112 封隔器，密封方式为________，支撑方式________，坐封方式________，解封方式________，本体外径是________ mm。
12. 5/8in 的抽汲钢丝绳在 XT-12 通井机上整整 20 圈，抽汲时入井 11 圈，该抽汲钢丝绳共________ m，抽深________ m。
13. 水基压裂液中必须加入黏土稳定剂，防止油气层中的黏土矿物________。
14. 配液施工检测配制好的工作液数量要达到设计的________倍。
15. 某井进行电缆射孔作业，实装 105 孔，实际发射 85 孔，发射率 = ________%，应进行________。

三、简答题（第 1 题 10 分，后两题各 15 分，共 40 分）

1. 长庆油田试油（气）作业井控管理制度有哪些？

2. 试油监督手册规定洗井作业监督内容有哪些？

3. 压裂作业时，监督对拉运到现场的支撑剂应进行哪些检查？

试卷五

工作单位：　　　　　　　　　　　　姓名：　　　　　　　　　　　　得分：

一、选择题（每题 1 分，共 15 分）

1. 井下作业时井控工作重点之一就是尽可能地缩短井的（　　）时间。
   A. 高压状态　　B. 井控状态　　C. 失控状态　　D. 井喷状态
2. 用水水质：取样化验达到水质要求 pH（　　）。
   A. 7±0. 5　　B. 7±1　　C. 7. 5±0. 5　　D. 7. 5±1
3. 酸化施工程序控制：（　　）
   A. 冲管线—管线试压—预压—打前置液—顶替—关井
   B. 管线试压—循环洗井酸化—冲管线—顶替—关井
   C. 冲管线—管线试压—循环洗井酸化—顶替—关井
   D. 冲管线—管线试压—顶替—循环洗井酸化—关井

4. 液压闸板防喷器在手动关闭后，必须（　　）打开。

A. 用手动　　B. 用液压　　C. 手动解锁到位后　　D. 用液压

5. 安全阀用来防止（　　）油压过高，对设备进行安全保护。

A. 液控　　B. 管路　　C. 蓄能器　　D. 防喷器

6. 封隔器 K344-115 中的“3”表示（　　）

A. 无支撑　　B. 尾管支撑　　C. 单向卡瓦支撑　　D. 双向卡瓦支撑

7. 5½in［Φ139.7mm］套管的内容积是（　　）l/m。

A. 10.96　　B. 12.13　　C. 3.02　　D. 1.17

8. 地面放喷管线每隔（　　）m 用水泥基墩带地脚螺栓卡子或标准地锚固定。

A. 8　　B. 6~8　　C. 8~9　　D. 8~10

9. 压裂施工试压时，一般试压压力为预测破裂压力的（　　）倍。

A. 1.0~1.2　　B. 1.2~1.5　　C. 1.5~1.8　　D. 1.8~2.0

10. 压裂正常工序中压裂队首先要进行（　　）。

A. 试压　　B. 注前置液　　C. 正洗井　　D. 冲管线

11. 安装采油（气）树时，下放吻合法兰时，应缓慢防止碰损钢圈，所有螺栓对角上紧，两端余扣（　　）。

A. 相同　　B. 对等　　C. 不同　　D. 均匀

12. 洗井时配制 45m^3 活性水需要 CF-5D（　　）kg。

A. 90　　B. 120　　C. 135　　D. 150

13. 高压油气井是指以地质设计提供的地层压力为依据，当地层流体充满井筒时，预测井口关井压力可能达到或超过（　　）MPa 的油气井。

A. 25　　B. 35　　C. 30　　D. 50

14. 下面对采气树叙述不正确的是（　　）。

A. 所有部件均采用卡箍连接　　B. 油套管闸门及总闸门均为成双配置

C. 节流器采用针形阀　　D. 全部部件经抗硫化氢处理

15. 放喷管线通径要求不小于（　　）mm。

A. 50　　B. 60　　C. 62　　D. 73

二、填空题（每空 1 分，共 40 分）

1. 长庆油田井控工作的指导方针是________、________、明晰责任、强化管理、根治隐患，树立________、________的理念。

2. 落实井控管理责任，按照“党政同责”“一岗双责”“________、________、________”的要求，切实履行好各自井控安全职责。

3. 长庆油田试油（气）作业井控工作的原则是“________、________、________”。井控工作“关键在________、重点在________、要害在________”。

4. 防喷器安装好后，天车、游车、井口三者的中心线应在一条铅垂线上，最大偏差不大于________ mm。

5. 远程控制装置应安装在________方向，井场________，距井口不小于________ m，便于司钻（操作手）观察的位置。周围留有不少于________ m 的人行通道，周围________ m 内不允许堆放易燃、易爆、易腐蚀物品，并有专人检查保养。

6. 液控管线上不应堆放杂物，与防喷管线、放喷管线距离大于 1m；液控管线或接头不允许埋在地下，管线接头垫起不许________，在车辆跨越处应有________。安装前应逐根检查，确保畅通；连接时接头应保持清洁干净，排列整齐，密封良好，管线拆卸后应采取防护措施。
7. 远控台处于待命状态时，油面不低于油标________，储能器预充氮气压力________ MPa；储能器压力________ MPa；管汇压力________ MPa。
8. 压后必须用________或________控制放喷，控制一定的________，防止地层吐砂，使地层裂缝内砂层二次位移，降低导流能力。
9. 根据长庆油田试油气作业井控实施细则要求，施工必须配备安全防护设施，要求气井机组配备正压呼吸器________套，复合式气体检测仪________台，常规油井机组配备正压呼吸器套，复合式气体检测仪________台，正压呼吸器储气压力一般要求________ MPa 以上，复合式气体检测仪________进行一次标定检验。
10. “三高”油气井是指________、________、________的井。
11. 长庆油田试油气作业井控实施细则中防喷演习制度要求试油气机组每月要进行不少于________次防喷演习，制定旋转作业、________、________、________、空井等作业工况的应急预案并演习。

三、简答题（每题 10 分，共 40 分）

1. 简述油田井控装置配备原则。

2. 在压裂（酸化）施工中的“二准”“三净”“四个一次成功”“五稳”“六不”内容是什么？

3. 简述 H_2S、CO 有毒有害气体一级、二级、三级报警值。

4. 长庆油田试油（气）作业井控管理制度有哪些？

四、计算题（5 分）

已知：油层中部深度 $H=2325.8\text{m}$，压井液密度 $\rho=1.21\text{g/cm}^3$，井口压力 $p_{井口}=3.2\text{MPa}$。
求：油层中部压力 $p_{地}$。

井下专业测试题答案

试卷一

一、选择题

1. B　2. C　3. C　4. C　5. A　6. A　7. C　8. C　9. C　10. C

二、填空题

1. 500、800
2. 套管法兰盘、套管大四通
3. 螺纹根部、3、3、0. 02%
4. 30、50、20
5. 绳头、规格、数量、同一厂家、0. 425 ~ 0. 85
6. 15、25、30、0. 5MPa
7. 85、95
8. 1. 85、2. 85、2
9. 2⅞in、锻造的高压三通、正对、30、20
10. 1、旋转作业、起下钻作业、起下大直径管柱、射孔作业、空井、3
11. 8、24
12. 回压、吐砂

三、简答题（每道 5 分共 20 分）

1. 长庆油田试油（气）作业井控管理制度有哪些？

井控培训合格证制度；井控装备的检修、保养、现场服务、跟踪管理制度；防喷演习制度；坐岗观察制度；试油（气）队干部值班制度；井控工作监督检查制度；井控问题消项制度；井喷事故逐级汇报制度；井控例会制度；井控管理考核与奖惩制度。

2. 简述放喷管线的固定方式及要求有哪些？

（1）水泥基墩固定：固定螺栓长度大于 0. 8m、直径不小于 20mm，尺寸不小于 0. 8m×0. 6m×0. 8m，压板圆弧应与放喷管线一致；活动基墩或砂箱固定：质量应大于 200kg 以上（高压气井质量不低于 600kg）；旋转地锚固定：地锚长度不小于 1. 25m，螺旋锚片厚度不小于 5mm，直径不小于 250mm，螺距不大于 300mm；地锚外漏约 100mm，地锚不应打在虚土或水坑等松软地中。

（2）固定螺栓直径不小于 20mm，管线每 8 ~ 10m 处应固定牢靠，井口处、拐弯处两端、放喷出口 2m 内要用双卡固定，压板圆弧与放喷管线一致，压板下面垫胶皮，卡子上用双螺帽紧固。

3. 简述压裂施工过程中造成砂堵的原因主要有哪些？

（1）压裂液交联不好，携砂性差或抗剪切性能差。

（2）加砂不均匀，混砂比过高或提升速度过快。

（3）地层滤失性较大，裂缝发育，压裂液滤失严重。

（4）压裂液破胶速度过快，在加砂量大的情况下造成砂堵。

（5）前置液量太少引起砂堵。

（6）加砂过程中意外停止施工（井口设备、地面管汇破裂），造成砂堵。

（7）顶替液量不足。

4. 简述起下油管过程中发生险情的关井程序。

（1）发信号（发）；（2）停止作业（停）；（3）抢装井口控制装置，（抢）优先选择安装防喷井口，情况危急时选择安装油管旋塞；（4）关井（关）；（5）观察油套压力（看），技术员（资料员）安装油、套压力表，三岗和资料员观察记录油套压力，并向技术员、班长汇报，由技术员、班长在收集有关资料后，按程序向上级汇报。

试卷二

一、选择题

1. D　2. B　3. B　4. A　5. A　6. A　7. C　8. A　9. C　10. D

二、填空题

1. 6~8、2

2. 正循环、反循环、正反交替循环

3. 测基液黏度、交联性能、交联剂 pH 值

4. 抽时、抽次、抽深

5. 自动、工作位置、中位、防护装置

6. 20、8~10、双卡、双螺帽、油气流

7. 15、25、0.7、套管串抗内压强度、21

8. 变扣短节、全开

9. 外、内、上、下

10. 发现溢流立即关井、疑似溢流关井检查

11. 空井检查、敞开井口

12. 井控装置额定工作压力

13. 30、20、上风、50

三、简答题

1. 简述试油的目的和任务。

（1）探明新地区（新构造）是否有工业油气流；

（2）查明油田的含油（气）面积，油气水边界以及油气藏的产油气能力；

（3）验证对地下产油气能力的认识和测井资料解释的准确程度；

（4）通过分层试油，取得有关分层压力初产能力等资料，为油气田储量计算和合理开发提供可行依据；

（5）评价油气藏，对油气水层做出正确结论。

2. 简述通井的目的。

（1）清除套管内壁上黏附的固体物质，如钢渣、毛刺、固井残留的水泥等；

（2）检查套管通径及变形、破损情况，探明从进口到井底是否畅通；

（3）检查固井后形成的人工井底是否符合试油要求，确保射孔和下压裂钻具安全顺利进行。

3. 长庆油田井控设备的使用要做到的三懂四会是什么？

答：三懂：懂工作原理、懂设备性能、懂工艺流程；

四会：会操作、会维修、会保养、会排除故障。

4. 抽汲排液监督要点是什么？

（1）检测返排液黏度：压后放喷，检测记录返排液黏度，判断压裂液水化情况。

（2）抽汲及时连续性：检查是否按要求快速排液以及抽汲连续性等。

（3）抽汲班次：检查累计抽汲的班次数。

（4）抽汲智能记录仪使用情况：抽汲智能记录仪是否能够完好读取数；能正确记录和打印每次抽时、抽次、抽深等；分析判断抽汲质量。

试卷三

一、选择题

1. A　2. D　3. B　4. C　5. C　6. A　7. C　8. C　9. B　10. A

二、填空题

1. 射孔、替喷、诱喷

2. 电缆传输、油管传输

3. 泵压、排量、出口排量

4. 12

5. 空井、三分之一

6. 额定工作压力、10、0.7

7. 分路、双层绝缘、2.5

8. 4、6、1

9. 10、20、100、25、50、300

10. 一声长鸣笛子、两声短鸣笛、三短鸣笛、一短鸣笛、15、3~5、2、3、2、5

11. 0.05~0.10、1.5~3.5、0.07~0.15、3.0~5.0

三、简答题

1. 对下井管串应严格三丈量、三检查、三过手程序，其内容是什么？

答：三丈量：首次丈量；换向丈量；复查丈量。

三检查：检查内径是否畅通；检查螺纹是否完好；检查是否弯曲、变形、残裂、砂眼等。

三过手：班长、资料员、技术员三个岗位各自丈量、检查、计算，认为无误方可下井。

2. 当检测到井口周围有 H_2S、CO 时，在作业现场入口处挂牌或挂旗警示的现场警示标志要求？

答：绿色警示：H_2S 浓度在 0~15mg/m^3（10ppm）、CO 浓度在 0~31.25mg/m^3（25ppm）。

黄色警示：H_2S 浓度在 15~30mg/m^3（10~20ppm）、CO 浓度在 31.25~62.5mg/m^3（25~50ppm）。

红色警示：H_2S 浓度大于 30mg/m^3（20ppm）、CO 浓度大于 62.5mg/m^3（50ppm）。

3. 当检测 H_2S 浓度达到 30mg/m^3（20ppm）或 CO 浓度达到 62.5mg/m^3（50ppm）的安全临界浓度时，启动试油（气）队处置预案，现场应采取哪些措施？

（1）戴上正压式空气呼吸器。

（2）启动并执行试油（气）作业关井程序，控制 H_2S 或 CO 泄漏源。

（3）切断作业现场可能的着火源。

（4）指派专人至少在主要下风口距井口 50m、100m 和 500m 处进行 H_2S 或 CO 监测，需要时监测点可适当加密。

（5）向上级（第一责任人及授权人）报告。

（6）清点现场人员，撤离现场的非应急人员。

（7）通知救援机构。

4. 长庆油田井下作业井控细则中防喷器及控制装置的使用要求有哪些？

（1）若使用环形防喷器时，应严禁长时间关井。

（2）严禁使用打开防喷器的方式来泄井筒压力。

（3）具有手动锁紧机构的闸板防喷器长时间关井，应手动锁紧闸板。打开闸板前，应先手动解锁，再用液压打开闸板。

（4）手动防喷器开关灵活，操作时，两翼应同步打开或关闭。

（5）防喷器闸板胶芯应与井内管串外径相匹配，使用组合管柱时，井口备有与闸板胶芯匹配的防喷短节及变扣接头。

（6）防喷器在移出井口后，要放置于支架上，且上下法兰面应防护。

（7）在闸板防喷器未打开的情况下，不应进行起下管柱作业。

试卷四

一、选择题

1. B　2. C　3. C　4. A　5. C　6. B　7. C　8. C　9. C　10. B

二、填空题

1. 6~8、114~118、144~158
2. 10~20
3. 10~20、0. 2
4. 3
5. 7±0. 5、无异味、0. 02%
6. 小、大、500、强行憋泵
7. 150、300
8. 定深、定时、定抽次
9. 冲管线、管线试压、循环洗井、加砂、顶替
10. 破裂压力、工作压力、停泵压力、砂浓度、入地液量、顶替液量等
11. 水力扩张式、无支撑、液压坐封、液压解封、112
12. 2250、1485
13. 水化膨胀和分散运移。
14. 1. 1
15. 81、重新射孔

三、简答题

1. 长庆油田试油（气）作业井控管理制度有哪些？

答：井控培训合格证制度；井控装备的检修、保养、现场服务、跟踪管理制度；防喷演习制度；坐岗观察制度；试油（气）队干部值班制度；井控工作监督检查制度；井控问题消项制度；井喷事故逐级汇报制度；井控例会制度；井控管理考核与奖惩制度；

2. 试油监督手册规定洗井作业监督内容有哪些？

（1）地面洗井管线试压合格，洗井排量符合设计要求，一般控制在 500L/min（$5\frac{1}{2}$in 套管）以上，过程连续。（2）随时观察并记录泵压、排量、出口量、漏失量等数据。（3）泵压升高，洗井不通时，应停泵分析原因，不得强行憋泵。（4）漏失严重的井必须采取处理措施后，再进行洗井施工。

3. 压裂作业时，监督对拉运到现场的支撑剂应进行哪些检查？

（1）查看相关文件，要求必须具有生产合格证、出库单、质检报告。（2）支撑剂的名称、规格、实际计量的数量与设计相符。（3）目测检查，要求无灰粉、绳头、石块、铁块、结块等杂物，方可使用。如有上述杂物，应分析原因，采取加筛等处理措施后方可使用。（4）生产合格证、出库单、质检报告与实物不符时，应停止使用，向有关部门汇报，听候处置。（5）单井使用的同一规格的支撑剂使用同一厂家的产品。

试卷五

一、选择题

1. C　2. A　3. C　4. C　5. A　6. A　7. B　8. D　9. B　10. D　11. A　12. C　13. B

14. A　15. A

二、填空题

1. 警钟长鸣、分级管理、以人为本、积极井控
2. 管业务必须管安全、管行业必须管安全、管生产经营必须管安全
3. 立足一级井控、强化二级井控、做好三级井控预案、领导、基层、岗位
4. 10
5. 上风、前、25、2、10
6. 遮盖、过桥盖板
7. 下限、7±0.7、17.5~21、10.5
8. 油嘴、针形阀、回压
9. 4、4、2、28、每年
10. 高危、高压、高含硫
11. 1、起下钻作业、起下大直径管柱、射孔作业

三、简答题

1. 简述油田井控装置配备原则。

（1）依据地层压力选用井控设备配备级别，一级风险井一般不低于35MPa，二级、三级风险井一般不低于21MPa。

（2）一级风险井配备液压双闸板防喷器及控制装置、防喷井口、油管旋塞阀各1套，以及防喷管线、放喷管线，特殊情况执行工程设计。

（3）二级、三级风险井最低配备手动双闸板防喷器、防喷井口、油管旋塞阀各1套，以及放喷管线，特殊情况执行工程设计。

2. 在压裂（酸化）施工中的“二准”“三净”“四个一次成功”“五稳”“六不”内容是什么？

“二准”（施工层位准，钻具工作位置准）、“三净”（井底干净，入井管串干净，砂、液干净）、“四个一次成功”（高低压管线试泵一次成功，坐封隔器一次成功，连续均匀加砂一次成功，整个压裂施工全过程连续作业一次成功）、“五稳”（坐封隔器升压稳，降压稳，加砂稳，交联稳，操作稳）、“六不”（不刺不漏、不卡不堵、不蹩不掉）。

3. 简述H_2S、CO有毒有害气体一级、二级、三级报警值。

答：一级报警值：H_2S浓度达到15mg/m^3（10ppm）或CO浓度达到31.25mg/m^3（25ppm）；

二级报警值：H_2S浓度达到30mg/m^3（20ppm）或CO浓度达到62.5mg/m^3（50ppm）；

三级报警值：H_2S达到150mg/m^3（100ppm）或CO浓度达到375mg/m^3（300ppm）。

4. 长庆油田试油（气）作业井控管理制度有哪些？

（1）井控培训合格证制度。

（2）井控装备的检修、保养、现场服务、跟踪管理制度。

（3）防喷演习制度。

（4）坐岗观察制度。

（5）试油（气）队干部值班制度。

(6) 井控工作监督检查制度。

(7) 井控问题消项制度。

(8) 井喷事故逐级汇报制度。

(9) 井控例会制度。

(10) 井控管理考核与奖惩制度。

(11) 井喷事故行政责任追究制度。

四、计算题

已知：油层中部深度 $H=2325.8\text{m}$，压井液密度 $\rho=1.21\text{g/cm}^3$，井口压力 $p_{井口}=3.2\text{MPa}$。

求：油层中部压力 $p_{地}$。

解：据公式：$p_{地}=p_{井口}+\rho gH$

代入已知数得：$p_{地}=3.2+1.21\times0.0098\times2325.8=30.78\text{MPa}$

答：油层中部压力为 30.78MPa。

录井专业测试题

试卷一

工作单位：　　　　　　　　姓名：　　　　　　　　得分：

一、单选题（每小题 2 分，共 40 分）

1. 下列哪些不属于超基性岩类的代表岩石（　　）。
   A. 橄榄岩　　B. 苦橄玢岩　　C. 玄武岩　　D. 金伯利岩
2. 黏土岩主要由直径小于（　　）的黏土矿物含量大于 50%组成的沉积岩。
   A. 0. 01mm　　B. 0. 02mm　　C. 0. 03mm　　D. 0. 04mm
3. 细砂岩的颗粒直径为（　　）。
   A. 0. 1～0. 01mm　　B. 0. 25～0. 1mm
   C. 0. 5～0. 25mm　　D. 2～0. 5mm
4. 粗砂岩的颗粒直径为（　　）。
   A. 0. 25～0. 1mm　　B. 0. 5～0. 25mm
   C. 1～0. 5mm　　D. >1mm
5. 下列地层对比方法中属于岩石地层学方法的是（　　）。
   A. 标准化石法　　B. 生物群组合分析法　　C. 标准层法　　D. 沉积旋回法
6. 碳酸盐岩最主要的矿物成分是（　　）。
   A. 方解石和长石　　B. 方解石和白云石
   C. 方解石和海绿石　　D. 白云石和长石
7. 某岩样的成分分析如下：方解石占 19%，白云石占 60%，黏土占 18%，石英占 3%；该岩样的岩石名称为（　　）。
   A. 含泥含灰白云岩　　B. 灰质白云岩
   C. 泥质白云岩　　D. 含灰含泥白云岩
8. 碎屑岩定名原则为（　　）。
   A. 颜色+含油级别+岩性　　B. 颜色+含油级别+含有物+岩性
   C. 含油级别+颜色+岩性　　D. 含有物+颜色+含油级别+岩性
9. 下列岩石中属于碎屑岩的是（　　）。
   A. 硅岩　　B. 砂岩　　C. 生物岩　　D. 硫酸盐岩
10. 在碎屑岩中，组成岩石的主要粒级颗粒的体积分数大于 75%，说明该岩石分选（　　）。
    A. 较好　　B. 好　　C. 中等　　D. 差

11. 巨缝的缝宽度为（　　）

A. >10mm　　B. 5～10mm　　C. 1～5mm　　D. >15mm

12. 巨洞的洞径大小为（　　）。

A. >100mm　　B. 50～100mm

C. 5～10mm　　D. >150mm

13. 饱含油是指含油面积占岩石总面积百分比（　　）。

A. >95%　　B. 70%～95%　　C. 40%～70%　　D. 10%～50%

14. 巨砾的颗粒直径为（　　）。

A. >1000mm　　B. 100～1000mm

C. 100～1500mm　　D. >1500mm

15. 主要粒径颗粒成分大于（　　）为均一碎屑岩。

A. >85%　　B. >75%　　C. >65%　　D. >95%

16. 仪器房 UPS（不间断电源）一般需要保证重要设备稳定运行（　　）min 以上。

A. 15　　B. 12　　C. 10　　D. 5

17. 大钩负荷传感器的量程一般选择（　　）。

A. 0～6MPa　　B. 0～10MPa

C. 0～8MPa　　D. 0～15MPa

18. 立管压力传感器的量程一般选择（　　）。

A. 0～30MPa　　B. 0～10MPa

C. 0～40MPa　　D. 0～70MPa

19. 扭矩传感器的量程一般选择（　　）。

A. 0～5MPa　　B. 0～10MPa

C. 0～6MPa　　D. 0～15MPa

20. 在电动钻机上，电扭矩传感器安装在驱动转盘的电动机动力电缆上，电源线穿过传感器的中心，电源方向要与传感器上标识的方向（　　）。

A. 一致　　B. 相反　　C. 互不干涉

二、多选题（每小题 2 分，共 8 分）

1. 按照成因的不同，岩石可分为（　　）、（　　）和（　　）三大类。

A. 岩浆岩　　B. 碎屑岩　　C. 变质岩　　D. 沉积岩

2. 孔隙性含油岩心含油级别划分为（　　）和油斑、荧光。

A. 饱含油　　B. 富含油　　C. 油迹　　D. 油侵

3. 沉积剖面上相似的岩性组合呈现有规律重复出现的现象叫作沉积旋回，它可分为（　　）、（　　）和（　　）。

A. 正旋回　　B. 反旋回　　C. 完整的旋回　　D. 倒旋回

4. 下列哪些传感器属于压力传感器（　　）。

A. 大钩负荷传感器　　B. 机械扭矩传感器

C. 立管压力传感器　　D. 转盘转速传感器

三、填空题（每小题 2 分，共 12 分）

1. 缝洞性含油岩心含油级别划分为________、________、________、________、________和含水。
2. 孔隙性含油岩心含油级别划分为________、________、________、________、________和荧光。
3. 鄂尔多斯盆地中生界为大型内陆坳陷湖盆，整体沉降稳定，地层厚度变化不大，采用“________、________、________、________”的对比方法。
4. 除海上平台和特殊要求的录井现场有特殊要求外，仪器房规格尺寸符合以下要求：长________m，宽________m，高________m。
5. 脉冲信号传感器在录井上主要应用于________、________、________的测量。
6. 套管压力传感器量程原则上必须与钻机的________、________的压力标准相匹配。

四、问答题（每小题 8 分，共 40 分）

1. 根据变质作用的类型可将变质岩划分为哪些类型，并简要举例说明其代表岩石？

2. 地层对比应遵循的规律有哪些，请简要说明。

3. 地层划分与对比常用哪些方法，请简要说明。

4. 正常情况岩屑捞取的注意事项有哪些，请简要说明。

5. 简述实测迟到时间测量方法，并写出常用实测时间的计算方法（至少写两种）。

试卷二

工作单位：　　　　　　　　　　姓名：　　　　　　　　　　得分：

一、单选题（每小题 2 分，共 40 分）

1. 延安组各层之间主要以普遍发育的电性特征非常明显的（　　）为标志。
   A. 煤层　　B. 砂岩层　　C. 炭质泥岩　　D. 凝灰岩
2. 粗粒变晶结构指晶粒平均大小为（　　）。
   A. ≥3mm　　B. 1~3mm　　C. <1mm　　D. 粒径肉眼难辨
3. 孔隙性含油岩心饱含油指含油面积占岩石总面积（　　）。
   A. >95%　　B. 75%~95%　　C. 40%~70%　　D. <40%
4. 缝洞性含油岩心富含油指缝洞壁上见原油情况为（　　）。
   A. 50%以上的缝洞壁上见原油
   B. 50%~10%的缝洞壁上见原油

C. 10%以下的缝洞壁上见原油

D. 缝洞壁上见不到原油，荧光检查或有机溶剂滴、泡有显示，系列对比在6级以上（含6级）

5. 套管压力传感器安装在井口防喷四通或距井口（　　）处的节流管汇上。

A. 3~6m　　B. 2~5m　　C. 6~8m　　D. 5~10m

6. 钻井液池体积传感器安装于（　　）搅拌器一侧液面平稳处。

A. 远离　　B. 靠近　　C. 正对　　D. 面向

7. 安装传感器的信号电缆要（　　）。

A. 直埋敷设　　B. 架空固定　　C. 专用管道敷设　　D. 三者皆可

8. 录井仪至少配备（　　）个硫化氢传感器。

A. 4　　B. 3　　C. 6　　D. 5

9. 钻台硫化氢传感器安装在圆井眼距地面（　　）的位置。

A. 30~50cm　　B. 20~50cm　　C. 20~60cm　　D. 30~60cm

10. 综合录井队应配备防毒面具（　　）套。

A. 4　　B. 3　　C. 6　　D. 5

11. “三高”井应配置正压式呼吸器（　　）套。

A. 2　　B. 3　　C. 4　　D. 5

12. 井场应提供放置仪器房和地质房的安全平整场地，在面对井架大门右侧靠近振动筛方向，距井口距离不小于（　　）m。

A. 35　　B. 25　　C. 20　　D. 30

13. 钻时录井中井深误差每根小于（　　），且不得累计。

A. 0. 2m　　B. 0. 3m　　C. 0. 4m　　D. 0. 5m

14. 绘制钻时曲线通常采用直角坐标系，其常用比例为（　　）。

A. 1：300　　B. 1：400　　C. 1：500　　D. 1：600

15. 非目的层段实测岩屑迟到时间的间距要求：每钻进（　　）m 测定一次。

A. 50　　B. 100　　C. 150　　D. 200

16. 目的层段实测岩屑迟到时间的间距要求：每钻进（　　）m 测定一次。

A. 50　　B. 100　　C. 150　　D. 200

17. 如果岩屑太多，采用垂直切分 1/2 分法或 1/4 分法进行捞取岩屑，每包岩屑质量不少于（　　）g。

A. 600　　B. 800　　C. 5000　　D. 300

18. 缝洞性含油岩屑富含油指含油岩屑占同类岩屑百分含量（　　）。

A. >5%　　B. 1%~5%　　C. >15%　　D. 10%~15%

19. 当钻穿高压油气层时，油气侵入钻井液，造成钻井液（　　）。

A. 密度降低、黏度升高

B. 密度降低、黏度降低

C. 密度升高、黏度升高

D. 密度升高、黏度降低

20. 当钻遇淡水层时，钻井液密度、黏度和切力均（　　），失水量（　　）。

A. 降低、增大　　B. 降低、降低　　C. 增大、增大　　D. 增大、降低

二、多选题（每小题 2 分，共 8 分）

1. 碎屑岩主要包括哪些岩石（　　）。

A. 砾岩　　B. 砂岩　　C. 粉砂岩　　D. 黏土岩

2. 胶结程度划分为哪几级（　　）。

A. 坚硬　　B. 致密　　C. 中等　　D. 疏松

3. 碳酸盐岩现场鉴定方法有（　　）。

A. 稀盐酸法　　B. 稀硫酸法

C. 荧光测定　　D. 碳酸盐岩含量测定

4. 荧光录井的录取方法有（　　）。

A. 干照　　B. 湿照　　C. 滴照　　D. 系列对比分析

三、填空题（每小题 2 分，共 12 分）

1. 根据变质作用的类型可将变质岩划分为________、________、________、________和________。

2. 滴水试验是指用滴管将清水滴在干净平整的新鲜岩心断面上，观察________内水珠的________和________。

3. 录井仪和地质房在井场用电应________，并标注清楚。

4. 取心时下钻、起钻方入的丈量应在________进行，保证岩心深度的准确性。

5. 当盐侵严重时，还会影响黏土颗粒的水化和分散程度，而使黏土颗粒凝结，黏度________，失水量显著________。

6. 为了便于分析，应用钻时资料，除绘制草图要跟上钻头外，还应在曲线旁用符号或文字在相应深度上标注________、________、________、________等。

四、问答题（每小题 8 分，共 40 分）

1. 简述岩屑粗描的主要内容。

2. 简述岩屑细描的主要内容。

3. 编制岩屑录井草图的意义。

4. 简述影响岩屑录井的主要因素。

5. 简述岩心摆放要求。

试卷三

工作单位：　　　　　　　　　　　　姓名：　　　　　　　　　　　　得分：

一、单选题（每小题 2 分，共 40 分）

1. 当盐侵严重时，还会影响黏土颗粒的水化和分散程度，而使黏土颗粒凝结，黏度（　　），失水量显著（　　）。

A. 降低、上升　　B. 降低、下降
C. 增大、上升　　D. 增大、下降

2. 含砂量高，则影响钻井液密度、黏度和切力（　　）。

A. 增大　　B. 不变　　C. 下降　　D. 增大或降低

3. 钻遇黏土层或页岩层时，因地层造浆使钻井液密度、黏度（　　）。

A. 不变　　B. 增高　　C. 降低　　D. 增高或降低

4. 仪器房和地质房放置在面对井架大门（　　）靠近振动筛方向，距井口距离不小于 30m。

A. 左侧　　B. 右侧　　C. 正前方　　D. 左侧或右侧

5. 泵冲传感器与激励铁块距离不大于（　　）mm。

A. 10　　B. 20　　C. 30　　D. 40

6. 在钻遇油层时，钻井液的性质会发生以下变化（　　）。

A. 密度上升黏度下降　　B. 密度下降黏度上升
C. 密度不变黏度上升　　D. 密度下降黏度不变

7. 绿泥石是（　　）的造岩矿物。

A. 变质岩　　B. 沉积岩　　C. 岩浆岩　　D. 灰岩

8. 下列地层对比方法中属于岩石地层学方法的是（　　）。

A. 标准化石法　　B. 生物群组合分析法　C. 标准层法　　D. 沉积旋回法

9. 岩屑录井剖面的综合解释过程中，厚度小于（　　）个录井间距的一般岩性层可以不解释。

A. 1. 5　　B. 0. 8　　C. 1. 0　　D. 0. 5

10. 在碎屑岩中，组成岩石的主要粒级颗粒的体积分数大于 75%，说明该岩石分选（　　）。

A. 较好　　B. 好　　C. 中等　　D. 差

11. 碎屑岩定名原则为（　　）。

A. 颜色+含油级别+岩性　　B. 颜色+含油级别+含有物+岩性
C. 含油级别+颜色+岩性　　D. 含有物+颜色+含油级别+岩性

12. 下列关于岩屑分层步骤的描述，不正确的为（　　）。

A. 摊开数包岩屑，远看颜色、岩性的宏观变化，初步分层
B. 近查岩性的含油情况及颜色细微变化，进行细小分层
C. 目估百分比，根据新成分的出现及含量的变化分层
D. 不需参考钻时等资料，直接定名，用相应岩性符号划草图

13. 录井影响钻时变化的钻井参数有（　　）。
A. 钻井液的密度、黏度、切力及含砂
B. 转速、钻压、泵压及钻井液排量
C. 钻头类型、钻井方式、钻井液失水及黏度
D. 钻头大小、钻井液的失水、切力及含砂
14. 下列属于碳酸盐矿物的是（　　）。
A. 石英和长石　　B. 硼砂和电气石
C. 方解石和白云石　　D. 石膏和重晶石
15. 捞出的岩屑应先（　　）后（　　）。
A. 洗、闻　　B. 闻、洗
C. 看、洗　　D. 洗、看
16. 下列岩石中属于碎屑岩的是（　　）。
A. 硅岩　　B. 砂岩　　C. 生物岩　　D. 硫酸盐岩
17. 白云岩的主要矿物成分是（　　）。
A. 白云石　　B. 长石　　C. 方解石　　D. 菱镁石
18. 某岩样的成分分析如下：方解石占 19%，白云石占 60%，黏土占 18%，石英占 3%；该岩样的岩石名称为（　　）。
A. 含泥含灰白云岩　　B. 灰质白云岩
C. 泥质白云岩　　D. 含灰含泥白云岩
19. 综合录井仪显示：钻进时大钩负荷突然减小，立管压力下降，扭矩减小，则可推断发生的事故为（　　）。
A. 水眼堵　　B. 井塌　　C. 掉钻具　　D. 井涌
20. 严禁用过热的水洗样，清洗后的岩屑，标记准确的深度后，立即进行现场（　　）。
A. 荧光直照　　B. 荧光滴照
C. 观看　　D. 烘干

二、多选题（每小题 2 分，共 8 分）

1. 岩心出筒的方法有（　　）。
A. 敲击震动出筒　　B. 人工捅心　　C. 水冲刷出筒
2. 敲击震动出筒的操作是将内筒拉出后倾斜放在钻台斜坡前，与地面成（　　），筒底垫起离地面约（　　），然后轻轻敲击筒体，让岩心缓缓滑出，由专人依次接心装盒。
A. 30°~40°　　B. 40°~60°　　C. 10cm　　D. 20cm
3. 钻遇盐水层时，钻井液黏度向先增高后（　　），密度（　　），切力和含盐量（　　）。
A. 降低　　B. 增加　　C. 下降　　D. 不变
4. 井筒中气测信息分类为（　　）。
A. 破碎岩石气　　B. 负压地层气
C. 起下钻气（后效气）　　D. 正压地层气

三、填空题（每小题 2 分，共 12 分）

1. 钻遇盐水层时，钻井液黏度向先增高后________，密度________，切力和含盐

量________。

2. 当钻穿高压油气层时，油气侵入钻井液，造成钻井液________。

3. 当钻遇淡水层时，钻井液密度黏度和切力均________，失水量________。

4. 入井钻具由钻井工程、地质录井人员在现场用 15m 或 30m 钢卷尺精确丈量二次，精确到________，用漆编号，按顺序排放。

5. 含油砂岩的含水观察以________为主，含气砂岩的含水观察以直观和________为主。

6. 直观岩心新鲜面的湿润程度，可分为：________、________和________。

四、问答题（每小题 8 分，共 40 分）

1. 简述岩心描述分段原则。

2. 简述井壁取心原则。

3. 鄂尔多斯盆地的主要油气层分布在哪些地层组？

4. 油、气上窜速度计算方式和公式是什么？

5. 取心前的准备工作有哪些？

试卷四

工作单位：　　　　　　　　　　姓名：　　　　　　　　　　得分：

一、单选题（每小题 2 分，共 40 分）

1. 岩石渗透率与岩石颗粒分选程度的关系是（　　）。

A. 岩石渗透率不受颗粒分选的影响　　B. 颗粒分选越好，渗透率越高

C. 颗粒分选越好，渗透率越低　　D. 颗粒分选中等，渗透率最高

2. 下列地层对比方法中属于岩石地层学方法的是（　　）。

A. 标准化石法　　B. 生物群组合分析法　　C. 标准层法　　D. 沉积旋回法

3. 录井草图上的条带，根据电测解释结果，在录井综合图上可以解释成不超过（　　）。

A. 1m　　B. 1. 5m　　C. 2m　　D. 3m

4. 传感器必须浸入钻井液中至少（　　）cm。

A. 10　　B. 20　　C. 30　　D. 40

5. 作为一名地质生产技术管理人员必须掌握（　　）知识。

A. 测井解释　　B. 分析化验基础

C. 综合分析管理　　D. 钻井工程基础

6. 目前经常采用的撞击式井壁取心器有 35 个孔，其孔间距为（　　）。

A. 0. 05m　　B. 0. 10m　　C. 0. 20m　　D. 0. 50m

7. 生储盖组合根据时间上的新老关系分为（　　）。

A. 新生古储式、古生新储式、正常式　　B. 新生古储式、古生新储式、侧变式

C. 新生古储式、古生新储式、顶生式　　D. 新生古储式、古生新储式、自生自储式

8. 完井地质总结报告中应阐述所钻井位的构造情况，对于（　　）井必须进行圈闭评价。

A 参数　　B. 预探　　C. 检查　　D. 采油

9. 岩屑录井剖面的综合解释过程中，厚度小于（　　）个录井间距的一般岩性层可以不解释。

A. 0. 5　　B. 0. 8　　C. 1. 0　　D. 1. 5

10. 油气显示厚度较大，需确定井壁取心位置时，下列叙述正确的是（　　）。

A. 先卡出电性顶底界，在中心部位确定

B. 先卡出电性顶底界，在顶部确定

C. 先卡出电性顶底界，在底部确定

D. 先卡出电性顶底界，在顶部、中部、底部确定

11. 水平井是井斜角>（　　），并按水平方向钻进一定长度的井。

A. 75°　　B. 80°　　C. 85°　　D. 90°

12. 传感器必须浸入钻井液中至少（　　）cm。

A. 10　　B. 20　　C. 30　　D. 40

13. 色谱仪的试验与校准：停止循环或起下钻时，每天至少进行（　　）次。

A. 1　　B. 2　　C. 3　　D. 不进行

14. 采油强度是指单位油层厚度的（　　）产量。

A. 平均　　B. 日　　C. 单层　　D. 年

15. 放射性标记应位于油层顶部（　　）左右。

A. 40～60m　　B. 50～80m　　C. 60～90m　　D. 70～100m

16. 荧光显示级别 B，对应的荧光面积为（　　）。

A. 30～70　　B. 70～90　　C. >90　　D. <30

17. 以下矿物与 5%～10%稀盐酸作用强烈起泡的是（　　）。

A. 白云岩　　B. 硬石膏　　C. 灰岩　　D. 白云质砂岩

18. 在钻遇油层时，钻井液的性质会发生以下变化（　　）。

A. 密度上升黏度下降　　B. 密度下降黏度上升

C. 密度不变黏度上升　　D. 密度下降黏度不变

19. 凡地层压力梯度在（　　）以上，需采取特殊措施进行钻探的井称超高压井。

A. 1. 5　　B. 1. 6　　C. 1. 7　　D. 1. 8

20. 绿泥石是（　　）的造岩矿物。

A. 变质岩　　B. 沉积岩　　C. 岩浆岩　　D. 灰岩

二、多选题（每小题 2 分，共 8 分）

1. 碳酸盐岩最主要的矿物成分是（　　）。

A. 方解石　　B. 长石　　C. 白云石　　D. 石英

2. 在碎屑岩中，岩石分选分为（　　）。

A. 较好　　B. 好　　C. 中等　　D. 差

3. 沉积剖面上相似的岩性组合呈现有规律重复出现的现象叫沉积旋回，它可分为（　　）、（　　）和（　　）。

A. 正旋回　　B. 反旋回　　C. 完整的旋回　　D. 倒旋回

4. 下列哪些传感器属于压力传感器（　　）。

A. 大钩负荷传感器　　B. 机械扭矩传感器

C. 立管压力传感器　　D. 转盘转速传感器

三、填空题（每小题 2 分，共 12 分）

1. 地壳是由________，________，________三大岩石组成。
2. 断钻具事故发生时，各参数变化为：悬重________，排量________，立管压力________，扭矩________。
3. 油井（气测录井）要求甲烷标准气样 1%、________、100%；组分标准混合气样 1%、10%、________。
4. 根据现今构造格局，鄂尔多斯盆地划分为六大二级构造单元，分别为________、渭北隆起、晋西挠褶带、________、天环坳陷、西缘逆冲带。
5. 岩屑录井中为了达到去伪存真的目的，要求钻井做到“四不打钻”，即：小排量不打钻（钻井液上返速度不得小于 0.7m/s）；钻井液性能不合要求不打钻；________；________。
6. 硫化氢监测仪报警浓度设置第一级报警值应设置在________ ppm，第二级报警应设置在________ ppm。

四、问答题（每小题 8 分，共 40 分）

1. 形成大油气藏的基本条件有哪些？

2. 钻井时无岩屑返出是什么原因？

3. 常规地质录井有几种方法？

4. 气测录井中的“三不打钻”和“一不起钻”分别是什么？

5. 岩屑录井中必须要抓住的主要环节有哪几个？

试卷五

工作单位：　　　　姓名：　　　　得分：

一、单选题（每小题 2 分，共 40 分）

1. 粗砂岩的颗粒直径是（　　）。

A. 0.1~0.25mm　　B. 0.25~0.5mm　　C. 0.5~2mm　　D. >1mm

2. 碳酸盐岩最主要的矿物成分是（　　）。

A. 方解石和长石　　B. 方解石和白云石

C. 方解石和海绿石　　D. 白云石和长石

3. 碳酸盐岩的胶结类型主要为（　　）。

A. 泥质胶结　　B. 硅质胶结　　C. 钙质胶结　　D. 铁质胶结

4. 岩心出筒时，要求丈量“顶空”，所谓“顶空”是指（　　）。

A. 岩心筒底部无岩心的位置至岩心筒顶部的长度

B. 岩心筒内所有无岩心的空间长度之和

C. 岩心筒顶部无岩心的位置到岩心筒底部的长度

D. 岩心筒顶部无岩心的空间长度

5. 某岩样的成分分析如下：方解石占 19%，白云石占 60%，黏土占 18%，石英占 3%；该岩样的岩石名称为（　　）。

A. 含泥含灰白云岩　　B. 灰质白云岩

C. 泥质白云岩　　D. 含灰含泥白云岩

6. 发生严重井漏，钻井液有进无出时，砂样在（　　）捞取。

A. 振动筛处　　B. 钻井液槽上

C. 放喷管线末端　　D. 钻头的打捞杯中

7. 综合录井仪显示：钻进时大钩负荷突然减小，立管压力下降，扭矩减小，则可推断发生的事故为（　　）。

A. 水眼堵　　B. 井塌　　C. 掉钻具　　D. 井涌

8. 地质监督的主要任务是（　　）。

A. 录取地质资料，监督测井施工　　B. 发现和保护油气层，监督施工质量

C. 录取地质资料，监督钻井施工　　D. 录取地质资料，监督录井队

9. 在钻进过程中发现油气显示时地质监督应（　　）。

A. 亲自收集和整理油气显示情况

B. 及时落实显示，检查取样和送样是否符合设计及规范要求

C. 及时向资料公司（录井公司）汇报显示情况

D. 油气显示层的岩屑（岩心）描述

10. 碳酸盐岩的胶结类型主要为（　　）。

A. 泥质胶结　　B. 硅质胶结　　C. 钙质胶结　　D. 铁质胶结

11. 在碎屑岩中，组成岩石的主要粒级颗粒的体积分数大于 75%，说明该岩石分选（　　）。

A. 较好　　B. 好　　C. 中等　　D. 差

12. 细砂岩的颗粒直径为（　　）。

A. 0. 1~0. 01mm　　B. 0. 25~0. 1mm　　C. 0. 5~0. 25mm　　D. 2~0. 5mm

13. 缝合线构造是一种（　　）构造。

A. 层理　　B. 叠层石　　C. 示顶底　　D. 裂缝

14. 碎屑岩定名原则为（　　）

A. 颜色+含油级别+岩性

B. 颜色+含油级别+含有物+岩性

C. 含油级别+颜色+岩性

D. 含有物+颜色+含油级别+岩性

15. 下列关于岩屑分层步骤的描述，不正确的为（　　）

A. 摊开数包岩屑，远看颜色、岩性的宏观变化，初步分层

B. 近查岩性的含油情况及颜色细微变化，进行细小分层

C. 目估百分比，根据新成分的出现及含量的变化分层

D. 不需参考钻时等资料，直接定名，用相应岩性符号划草图

16. 方钻杆的长度丈量要求精确到小数点后（　　）位，单位为 m。

A. 1　　B. 2　　C. 3　　D. 取整数

17. 在钻具管理工作中，除了有钻具丈量的原始记录和钻具卡片外，还必须建立井下（　　）记录。

A. 钻具变化　　B. 钻具倒装

C. 钻具计算　　D. 钻具计算和钻具变化

18. 录井影响钻时变化的钻井参数有（　　）。

A. 钻井液的密度、黏度、切力及含砂

B. 转速、钻压、泵压及钻井液排量

C. 钻头类型、钻井方式、钻井液失水及黏度

D. 钻头大小、钻井液的失水、切力及含砂

19. 井喷处理应收集的资料有（　　）。

A. 处理方法、压井时间、压井时的泵压、压井时的钻井液排量、加重剂用量

B. 处理方法、压井时间、压井时的钻压、钻井液排量、加重剂性质

C. 处理方法、压井时间、加重剂性质和用量、井喷前及压井钻井液密度变化

D. 处理方法、加重剂性质及用量、转速、泵排量、泵压、钻压

20. 严禁用过热的水洗样，清洗后的岩屑，标记准确的深度后，立即进行现场（　　）。

A. 荧光直照　　B. 荧光滴照

C. 观看　　D. 烘干

二、多选题（每小题 2 分，共 8 分）

1. 岩心出筒的方法有（　　）。

A. 敲击震动出筒　　B. 人工捅心　　C. 水冲刷出筒

2. 敲击震动出筒的操作是将内筒拉出后倾斜放在钻台斜坡前，与地面成（　　），筒底垫起离地面约（　　），然后轻轻敲击筒体，让岩心缓缓滑出，由专人依次接心装盒。

A. 30°~40°　　B. 40°~60°　　C. 10cm　　D. 20cm

3. 钻遇盐水层时，钻井液黏度向先增高后（　　），密度（　　），切力和含盐量（　　）。

A. 降低　　B. 增加　　C. 下降　　D. 不变

4. 井筒中气测信息分类为（　　）。

A. 破碎岩石气　　B. 负压地层气

C. 起下钻气（后效气）　　D. 正压地层气

三、填空题（每小题 2 分，共 12 分）

1. 卡准油、气层的方法要求用________和________控制，参考厚度与领井对比，卡准油、气层出现的井段，做好油、气层预告。
2. 碎屑岩含油级别按部颁标准统一划分为六级，即________、________、油浸、________、油迹、荧光。
3. 岩屑录井中必须要抓住的主要环节为________、________、________、________。
4. 根据现今构造格局，鄂尔多斯盆地划分为六大二级构造单元，分别为________、渭北隆起、晋西挠褶带、________、天环坳陷、西缘逆冲带。
5. 滴水试验的滴水结果为水珠停留________的变化情况为准。
6. 含油砂岩的含水观察以________为主，含气砂岩的含水观察以直观和________为主。

四、问答题（每小题 8 分，共 40 分）

1. 简述地层划分的依据和主要的地层对比方法？

2. 怎样鉴别真假岩屑？

3. 简述井喷及井喷造成的原因？

4. 气测录井必须要录取的资料项目有哪些？具体内容是什么？

5. 写出岩屑描述的基本内容？

录井专业测试题答案

试卷一

一、单选题

1. C　2. A　3. B　4. C　5. A　6. B　7. A　8. A　9. B　10. B　11. A　12. A　13. A　14. A　15. B　16. B　17. A　18. C　19. C　20. A

二、多选题

1. ACD　2. ABCD　3. ABC　4. ABC

三、填空题

1. 富含油、油斑、油迹、荧光、含气
2. 饱含油、富含油、油侵、油斑、油迹
3. 标志层控制，厚度近等，旋回对比、分级控制
4. 6. 0~9. 5m，2. 4~2. 6m，2. 4~2. 9m
5. 绞车、泵冲、转盘转速
6. 防喷器、节流管汇

四、问答题

1. 根据变质作用的类型可将变质岩划分为以下五类：

（1）动力变质岩类，指由动力变质作用形成的岩石，主要有构造角砾岩、碎裂岩、糜棱岩、千糜岩、假熔岩。

（2）区域变质岩类，指由区域变质作用形成的岩石，主要有板岩、千枚岩、片岩、片麻岩、变粒岩、斜长角闪岩、麻粒岩等。

（3）混合岩类，指由混合岩化作用形成的岩石，主要有注入混合岩类、混合片麻岩类、混合花岗岩类。

（4）接触变质岩类，指由接触变质作用形成的岩石，主要分为热接触变质岩和接触交代变质岩。

（5）交代变质岩类，指由气液变质作用形成的岩石，主要有蛇纹岩、云英岩、青磐岩、次生石英岩。

2. 地层对比应遵循以下规律：

（1）老的沉积在下，新的沉积在上，即沉积成层原理，对比时不允许对比线交叉。

（2）地层连续沉积时，它在空间的变化也是连续的，它表现为相邻井间的地层特征是

相同、相似或按一定规律变化的，具体表现如下：

① 岩性变化。在沉积时纵向上的岩性变化是有规律的，横向上的变化（空间的）和岩性分区也是有规律的。

② 岩相变化。岩相是环境的产物，而环境在时间、空间上的变化都是连续的、有规律可循的，众多的岩相标志如粒度、矿物组合、岩性组合等变化也是有规律的，岩相及各个标志都可作为井间地层对比的依据。

③ 厚度变化。在区域上地层厚度变化是有规律的，在小范围内厚度可作为控制对比的因素。

3. 地层划分与对比常用方法：

（1）岩石地层学法。

① 标准层法。标准层即地层剖面中层位稳定、厚度不大、分布广泛、特征明显的特殊岩性层，具有明显的等时面。利用标准层来控制大段地层，这种划分对地层的方法叫作标准层法。

② 岩性组合法。岩性组合即地层剖面的岩石类型及其纵向上的排列关系。不同的岩性组合类型是不同沉积环境和不同沉积阶段的产物，而同一地层由于形成条件基本相同或相似，具有相同的组合特征。沉积地层剖面中的岩性组合包括以下几种：

a. 岩性单一，但其他特征有变化；

b. 两种或两种以上岩石类型互层；

c. 以某种岩石类型为主，包含其他夹层；

d. 岩石类型有规律地重复。

③ 特殊标志对比法。在纵向变化大、不易找到标准层的情况下，利用某些岩石特征（如岩石的颜色、特殊成分、结构、构造等）的差异作为对比标志，鉴别地层层位，进行地层对比的方法，称为特殊标志对比法

（2）构造地层学法

① 地层接触关系。利用地层间的接触关系来划分对比地层，如整合接触、平行不整合接触、角度不整合接触。

② 沉积旋回。沉积剖面上相似的岩性组合呈现有规律重复出现的现象叫作沉积旋回。它可分为正旋回、反旋回和完整的旋回。同一个旋回在相当大的范围内具有形成时期上的一致性，所以可用来进行地层对比。

③ 岩装活动及变质作用。在掌握了一个地区岩浆活动和变质价用的规律及相应的地史阶段以后，就可根据其存在与否来进行地层对比。

4. 正常情况岩屑捞取方法：正常情况下，定点在振动筛前连续捞取。在正常钻进中，每到捞砂时间取走一个砂样盆，立即将另一个砂样盆置于原处，以保证岩屑捞取的连续性，要经常检查砂样盆是否移位。及时纠正以免造成岩屑漏取。

捞取的岩屑要干净、连续、量足才具有代表性，故应注意：

（1）按时捞取岩屑，及时清理振动筛。

（2）如果岩屑太多，采用垂直切分 1/2 分法或 1/4 分法进行捞取岩屑，每包岩屑质量不少于 500g。

（3）正常情况下，提钻前必须循环钻井液一周捞完最后一包岩屑，钻进地层大于

0.2m，应按迟到时间捞取岩屑，待下钻后与钻完整米所捞取岩屑合为一整包岩屑；特殊情况时，提钻前不能循环完一周时，停泵前按迟到时间捞取岩屑，余下未捞取的岩屑应在下次下钻到底后循环钻井液期间补捞。

5. 实测迟到时间测量方法：选用与岩屑大小、密度、形状相似的代表物及指示物，如彩色塑料碎片等，在接单根时投入井口钻杆内，而后记录开泵时间，再在振动筛处观察指示物的出现，及时发现代表物，并记录下发现代表物的时间。

岩屑代表物在井口振动筛处发现的时间与开泵时间之差，称为循环一周时间。它包括了代表物在钻具内的下行时间和从井底顺环形空间返至井口的时间。迟到时间是代表物循环一周时间减去在钻具内的下行时间。

实测迟到时间计算方法：

（1）循环周法。由此可计算实测迟到时间：

$$T_{迟}=T_{循}-T_{下}=T_{循}-\frac{C_1+C_2}{Q}=T_{循}-\frac{\pi(d_1^2h_1+d_2^2h_2)}{4Q}$$

（2）反比法计算岩屑迟到时间。在钻进过程中，一定的井深间距内，排量有明显变化时，不必重新用实物测定，可利用迟到时间与钻井液排量成反比的关系，计算出新的岩屑迟到时间，称之为反比法计算岩屑迟到时间：

$$T_{新}=\frac{Q_{原}}{Q_{新}}\times T_{原}$$

（3）特殊岩性法。在实际工作中，当钻遇大段同一岩性中夹有特殊岩性，如大段泥岩中夹砂岩、大段砂岩中夹泥岩等，其钻时反映为明显升高或明显降低的异常现象，根据其钻到时间和特殊岩性返至地面的实际时间，这两个时间差，即为岩屑的真实迟到时间。

试卷二

一、单选题

1. A　2. A　3. A　4. A　5. A　6. A　7. B　8. B　9. D　10. C　11. C　12. D　13. A　14. C　15. B　16. A　17. C　18. B　19. A　20. A

二、多选题

1. ABCD　2. ABCD　3. AD　4. ABCD

三、填空题

1. 动力变质岩类、区域变质岩类、混合岩类、接触变质岩类、交代变质岩类
2. 1min、形状、渗入
3. 设置专线
4. 钻压为 2~3t 的相同条件下
5. 黏度降低，失水量显著上升。
6. 标注接单根、起下钻、卡钻、换钻头位置

四、问答题

1. 岩屑粗描的主要内容：

（1）掌握钻时与岩性的关系，了解二者深度的符合程度，检验岩屑迟到时间，校正井深。

（2）观察岩性，识别岩屑真伪，参照钻时分层定名，对其中少量的特殊岩性及特殊的结构、构造等，要挑出样品包好，注明深度，放在相应深度的岩屑上面，以备细描时参考。

（3）及时逐袋荧光湿照，细致观察，如有油砂应包一小包，注明井深，保存。

（4）对岩性进行粗略描述，为掌握岩层层序、地层预告提供依据，粗描要做到新成分出现卡出单层厚度，结合钻时卡出渗透层，初步判断油、气层。

2. 岩屑细描的主要内容：

（1）大段摊开，宏观细找。

在描述前，先将数包岩屑（如10~15包）大段摊开，稍离远些进行粗看，大致找出颜色和岩性界线，仔细地观察岩屑成分百分比变化情况，避免孤立地看一袋岩屑。

（2）远看颜色，近查岩性。

岩屑中颜色混杂，远看视线开阔，易于区分颜色界线。用这种方法划分出来的层次，都是明显或较厚的层。有些薄层或疏松层，岩屑数量极少，需要逐袋的仔细查看，以发现新成分、结构的细微变化。细查工作是在与邻井对比该段应出现油层或其他较为特殊岩性，或因为出现了某种异常变化（如钻时、钻进中的蹩钻、跳钻，漏失现象和气测显示等）情况下细找落实岩性。

（3）干湿结合，挑分岩性。

岩屑颜色的描述一律以晒干后的色调为准。但岩屑润湿时，颜色和一些微细的结构、层理等格外清晰而明显，易于区分。因此，常在岩屑未晒干之前就粗看一遍，记下某些岩性特征和层界，作为正式描样的参考。对一些岩屑百分比变化不明显、很难用目估法分辨的层次，则可在各袋中取出同样多的岩屑，分别挑分出每袋各种不同岩性的岩屑后，除去掉块与假岩屑，再进行比较判断。

（4）逐袋定名，分层描述。

通过上述方法所观察到的岩性变化概念，遵循去伪存真的原则，参考钻时曲线，上追顶界下查底界，卡分小层（“卡层”），对每层的代表样进行描述。

3. 岩屑录井草图的意义：

（1）进行地层对比：把岩屑解释剖面与邻井对比，可及时了解本井地层剖面的岩性特征、钻遇层位、正钻层位；检查和验证本井设计地质剖面的符合程度等。

（2）为测井解释提供地质依据，提高测井解释可靠性；对复杂油气藏，仅凭测井曲线解释岩性和油气层往往很困难。

（3）岩屑录井草图是编绘综合录井图的基础。

（4）为钻井工程提供资料。岩屑录井草图可协助分析与地质有关工程事故原因，制定有效处理措施；是进行中途测试、完井作业的重要依据之一。

4. 影响岩屑录井的主要因素：

（1）钻井液性能不稳定（如黏度不均匀，切度大小不等），可造成钻井液携带岩屑的能力忽大忽小，致使岩屑在井内混杂。

（2）不下技术套管的井，由于裸眼井段过长，上部掉块多，也容易使岩屑混杂。

（3）钻井液排量及泵压不稳，使钻井液迟到时间不准，影响岩屑归位的准确性，在边油气侵边钻进过程中，钻井液多相运动也使迟到时间不准。

（4）振动筛筛布孔径过大（目数小）或筛布斜度调节不合理，容易造成岩屑失真或捞取困难。

5. 岩心摆放要求：

（1）相邻两块岩心有凹凸磨损面的，摆放时应拉开以最长端点相接。

（2）凡相邻两块断面无磨损，岔口能接上的，应对好茬口，挤进摆放，不能留空隙人为拉长。

（3）凡相邻两块岩心，断面无磨损，但茬口对不上，应检查岩心次序和顶底位置（底空：从取心钻头面到取心筒底部无岩心的空间长度；顶空：丈量岩心筒内顶部无岩心的空间长度），证实岩心未倒乱后，可根据岩性、颜色、岩心外形特点（如偏磨）、上下岩心的倾向等确定对接关系。无法确定对接关系的，可按最长端点连接。

（4）当岩心破碎时，必须堆够体积。

（5）油侵级以上的破碎岩心应装入筒形塑料袋，其直径应略大于岩心直径，摆放在相应的位置上。

试卷三

一、单选题

1. A　2. A　3. B　4. B　5. C　6. B　7. A　8. C　9. D　10. B　11. A　12. D　13. B　14. C　15. B　16. B　17. A　18. A　19. C　20. A

二、多选题

1. AB　2. AC　3. ACB　4. ABC

三、填空题

1. 降低、下降、增加

2. 密度降低、黏度升高

3. 降低、增大

4. cm

5. 滴水试验、塑料袋密闭试验

6. 湿润、有潮感、干燥

四、问答题

1. 简述岩心描述分段原则：

（1）一般岩性厚度≥0. 1m，颜色、岩性、结构、构造、含有物、油气水产状等有变化的均应分段；小于0. 1m 的层，作条带或薄夹层描述，不再分段。

（2）0. 05m≤厚度<0. 1m 的特殊层，如油气层、化石层及标志层或标准层均应分段；厚度小于 0. 05m 的冲刷、下陷切割构造和岩性、颜色突变面、两筒岩心衔接面及磨光面上下岩性有变化均应分段。

（3）含油气岩心描述应结合岩心出筒及整理过程中油气显示观察记录，综合叙述其含油气特征，准确定级。

2. 简述井壁取心原则：

（1）岩屑失真严重，地层岩性不清，归位有困难的井段。

（2）钻井取心漏取及钻井取心收获率低的储层井段。

（3）未进行钻井取心，岩屑录井见油气显示，落实含油性有困难的井段。

（4）岩屑录井无显示，气测有异常，测井为可疑层、邻井为油层的井段。

（5）判断不准或需要落实的特殊岩性井段。

3. 鄂尔多斯盆地的主要油气层分布在以下地层组：

盆地主要油层分布在延安组和延长组，延安组为：延 6、延 8、延 9、延 10；延长组为：长 1、长 2、长 3、长 4+5、长 6 和长 8。气层分布在石千峰组、石盒子组、山西组、太原组、本溪组、马家沟组。

4. 油、气上窜速度计算方式和公式是：

迟到时间法：

$$V=\frac{H-\left[\frac{h}{t}\times(T_1-T_2)\right]}{T_0}$$

容积法：

$$V=\frac{H-\left[\frac{Q}{V_c}\times(T_1-T_2)\right]}{T_0}$$

式中 V——油、气上窜速度，m/h；

H——油、气层深度，m；

h——循环钻井液时钻头所在井深，m；

t——钻头所在井深的钻井液迟到时间，min；

T_1——见油、气显示的时间，min；

T_2——下至深度 h 后的开泵时间，min；

T_0——上次起钻前停泵时间到本次下钻至井深 h 后的开泵时间差，即钻井液静止的时间，h；

Q——钻井液泵排量，L/min；

V_c——井眼环形空间每米理论容积，L/m。

5. 取心前的准备工作有：

（1）加强地层对比，卡准标志层，落实取心层位。

（2）准备取心、出心、整理及观察岩心所需的器材和分析试验用品、试剂。

（3）了解取心工具的性能，丈量取心工具（包括岩心筒、取心钻头和接头等）的长度，并做好记录。

试卷四

一、单选题

1. B　2. C　3. A　4. B　5. C　6. A　7. D　8. B　9. A　10. D　11. C　12. B　13. A　14. B　15. D　16. B　17. C　18. B　19. D　20. A

二、多选题

1. AC　2. ABD　3. ABC　4. ABC

三、填空题

1. 岩浆岩、变质岩、沉积岩
2. 减小、增大、减小、减小
3. 10%、80%
4. 伊陕斜坡、伊盟隆起
5. 振动筛不正常工作不打钻、停电时不打钻
6. 10、20

四、问答题

1. 形成大油气藏的基本条件有哪些？

形成大油气藏的基本条件有：(1) 充足的油气源；(2) 有利的生储盖组合；(3) 大容积的有效圈闭。

2. 钻井时无岩屑返出是什么原因？

原因有：(1) 井漏；(2) 钻井液性能不好；(3) 返速不够；(4) 排量低。

3. 常规地质录井有几种方法？

有5种方法，分别是：(1) 钻时录井；(2) 岩屑录井；(3) 荧光录井；(4) 岩心录井；(5) 钻井液录井。

4. 气测录井中的“三不打钻”和“一不起钻”分别是什么？

“三不打钻”：停电时不打钻；气测仪器有故障时不打钻；后效影响超高，造成资料失真时不打钻。

“一不起钻”：气测点未测完不起钻。

5. 岩屑录井中必须要抓住的主要环节有哪几个？

主要有：(1) 正确使用迟到时间；(2) 捞样；(3) 洗样；(4) 晒（烘）、装样；(5) 现场岩屑初描。

试卷五

一、单选题

1. C　2. B　3. C　4. D　5. A　6. D　7. C　8. B　9. B　10. C　11. B　12. B　13. D　14. B　15. D　16. B　17. D　18. B　19. C　20. A

二、多选题

1. AB　2. AC　3. ACB　4. ABC

三、填空题

1. 标志层、沉积旋回
2. 饱含油、富含油、油斑
3. 捞取、滴照、荧光对比、定名
4. 伊陕斜坡、伊盟隆起
5. 1min 左右
6. 滴水试验、塑料袋密闭试验

四、问答题

1. 简述地层划分的依据和主要的地层对比方法？

（1）在同一地区不同地质时期的沉积条件不同，形成的地层岩性、结构及所含古生物化石、地球物理特征也不同，这些不同特点便是地层划分的依据。（2）目前主要的地层对比方法有岩性对比法、古生物对比法、岩相对比法和构造对比法等。

2. 怎样鉴别真假岩屑？

（1）岩屑的色调：真岩屑新鲜。（2）岩屑的形状：真岩屑多呈棱角状或片状。（3）岩屑成分：新老地层特征不一。（4）岩屑的白分含量：从增减含量的变化判别岩屑的真假。（5）岩屑的个体大小：真岩屑个体较小，假岩屑个体较大且多呈块状。

3. 简述井喷及井喷造成的原因？

井喷是在失控的情况下，高压油气水层中的流体或钻井液喷出转盘面的现象。造成井喷的原因有：（1）地层压力判断不准；（2）钻井液密度过低，不能平衡地层压力；（3）钻井液液柱高度降低（起钻时未灌满钻井液和钻遇漏失层）；（4）起钻时的抽汲作用。

4. 气测录井必须要录取的资料项目有哪些？具体内容是什么？

（1）气测值：包括全量（烃）和组分。（2）组分：包括各组烃类百分含量、非烃类百分含量。（3）钻时及相关资料，如放空井段等。（4）随钻及后效测量时应及时进行现场真空蒸馏分析。

5. 写出岩屑描述的基本内容。

岩屑主要应描述：分层深度、颜色、含油程度、岩性、矿物成分、结构、胶结物、构造、化石及含有物、岩石的物理及化学性质等方面的内容。

测井专业测试题

试卷一

工作单位：　　　　　　　　　　姓名：　　　　　　　　　　　　　得分：

一、选择题（每题3分，共30分）

1. 当岩石中有两种或多种流体同时通过时，岩石对其中某一种流体的渗透率就称为该流体的（　　）。

A. 绝对渗透率　　B. 相对渗透率

C. 渗透率　　D. 有效渗透率

2. 以岩石的原子物理性质为基础的测井方法是（　　）。

A. 感应测井　　B. 人工电位测井

C. 声波速度测井　　D. 密度测井

3. 下列属于聚焦电法测井的是（　　）。

A. 4米电阻率测井　　B. 自然电位测井

C. 微球聚焦测井　　D. 核磁测井

4. 由于放射性的强度具有随时间变化的性质，因而所有以放射性为基础的测井读数都取一定时间内的（　　），以减小统计起伏的影响。

A. 最大值　　B. 最小值　　C. 平均值　　D. 零值

5. 下列（　　）方法不属于放射性测井。

A. 伽马测井　　B. 中子测井　　C. 密度测井　　D. 声波测井

6. 同位素测井用的同位素放射源是（　　）的放射源。

A. 开放型　　B. 密封型　　C. 装置型　　D. 半衰期很长

7. 自然电位测井曲线偏向泥岩基线的左方（或下方）称为（　　）。

A. 正差异　　B. 负差异　　C. 正异常　　D. 负异常

8. 与自然电位的幅度和形状无关的因素是（　　）。

A. 岩性　　B. 地层温度　　C. R_{mf}/R_w　　D. 黏土成分

9. 利用微电极曲线不能确定地层的（　　）。

A. 岩性　　B. 渗透性　　C. 孔隙度　　D. 地层界面

10. 声波与（　　）组合可以确定地层的含油饱和度。

A. 补偿中子　　B. 自然电位　　C. 补偿密度　　D. 感应测井

二、填空题（每空 2 分，共 20 分）

1. GR、CNL、AC、DEN 分别表示自然伽马、________、声波时差测井、________曲线。
2. 微电极系由两种电极系组成，其中________主要反映泥饼电阻率，________主要反映冲洗带电阻率。渗透层在微电极曲线上的基本特征是________。
3. 含有高矿化度地层水地层的电阻率将随着矿化度的增加而________。
4. 天滑轮用钻井队（试油队）吊卡吊挂后，用软连接按要求进行________。
5. 含气砂岩储层，其密度和中子测井曲线具有一定特征，密度值会________，中子值会________。
6. 对于电缆射孔和油管传输射孔，出于安全角度考虑，一般选择________射孔方法。

三、简答题（每题 10 分，共 50 分）

1. 声波变密度测井曲线的影响因素有哪些？

2. 如何预防测井仪器遇阻？

3. 测井的基本任务是研究地层的什么？

4. 射孔作业射孔弹安全操作要求？

5. 双侧向在套管中能否供电？为什么？

试卷二

一、选择题（每题 3 分，共 30 分）

1. 当地层自然电位异常值减小时，可能是地层的（　　）。

   A. 泥质含量增加　　B. 泥质含量减少

   C. 含有放射性物质　　D. 密度增大

2. 对单发双收声速测井仪，发射探头在上，接收探头在下时，井径扩大井段下部，声波时差曲线将出现（　　）。

   A. 正异常　　B. 负异常

   C. 周波跳跃　　D. 归零

3. 随钙质增加，声波速度与声波时差的变化分别是（　　）。

   A. 增大　增大　　B. 增大　减小

   C. 减小　减小　　D. 减小　增大

4. 自然伽马值一般与孔隙流体（　　）。

   A. 无关　　B. 线性相关

C. 矿化度成正比　　D. 矿化度成反比

5. 中子伽马测井采用的中子源是（　　）。

A. 放射性同位素中子源　　B. 氘氚中子源

C. 脉冲中子源　　D. 连续中子源

6. 由于放射性涨落，使自然伽马曲线呈（　　）。

A. 锯齿形　　B. 钟形

C. 线性变化　　D. 周期变化

7. 自然电位测井在大段泥岩处，每 100m 曲线基线偏移应小于（　　）。

A. 3mV　　B. 5mV　　C. 10mV　　D. 15mV

8. 在定量解释阶段，阿尔奇含水饱和度计算公式表明了地层含水量与（　　）之间的关系。

A. 地层岩性　　B. 地层状态　　C. 地层电阻率　　D. 地层孔隙度

9. 通常使用的补偿声波测井仪探头由头至尾的排列顺序为（　　）。

A. 发射探头、发射探头、接收探头、接收探头

B. 发射探头、接收探头、发射探头、接收探头

C. 接收探头、接收探头、发射探头、发射探头

D. 发射探头、接收探头、接收探头、发射探头

10. 对测井解释来说，获得（　　）的电阻率可以准确地评价储层的流体性质。

A. 泥饼　　B. 冲洗带　　C. 侵入带　　D. 原状地层

二、填空题（每空 2 分，共 20 分）

1. 通常情况下，泥质含量减小，声波时差将________。

2. 密度测井是确定地层________及判别________的主要方法之一。

3. 同次测井曲线补接时，上、下部曲线重复测量井段大于________，不同次测井曲线补接时，上、下部曲线重复测量井段应大于________。

4. 测井解释的“四性”关系指________、________、________、________。

5. 同一口井同一油层中，一般情况下，油层电阻率________水层电阻率。

三、简答题（前两题各 10 分，后两题各 15 分，共 50 分）

1. 监督检查测井小队两书一表都包括哪些项目？

2. 简述自然伽马测井曲线的应用。

3. 密度测井都有什么应用？

4. 自然电位曲线的主要用途是什么？

试卷三

一、选择题（每题 3 分，共 30 分）

1. 油层电导率（　　）水层电导率。
A. 小于　　B. 大于
C. 等于　　D. 正比于

2. 油基钻井液采用什么测井方法最好（　　）。
A. 普通电阻率测井　　B. 侧向测井
C. 感应测井　　D. 标准测井

3. 中子伽马测井计数率取决于地层的（　　）。
A. 氢含量　　B. 氢含量和氯含量
C. 氯含量　　D. 二者都不是

4. 声波测井属于非电法测井，一般包括声波速度测井、声波幅度测井和声波（　　）测井。
A. 频率　　B. 性能　　C. 全波列　　D. 波形

5.（　　）是在水平井测井中用来实现电缆在钻杆内外转换的。
A. 快速接头　　B. 过渡接头　　C. 旁通　　D. 张力短节

6. 当测井曲线重复超过规定时，应（　　）
A. 重新测量重复曲线
B. 主曲线数值正常可放宽标准
C. 查明原因更换仪器或重新进行全井段测量
D. 提高测速进行重复测量

7. 电缆伸长系数与（　　）有关。
A. 电缆类型　　B. 电缆长度　　C. 电缆拉力　　D. 测井深度

8. 根据自然电位的影响因素分析，地层电阻率增大，自然电位异常值将（　　）。
A. 增大　　B. 减小　　C. 不变　　D. 不确定

9. 岩性相同时，声波时差随着孔隙度的增大而（　　）。
A. 增大　　B. 减小　　C. 不变　　D. 两者没有关系

10. 渗透层、致密层，井径数值一般应（　　）钻头直径值。
A. 明显大于　　B. 接近或略小于　　C. 等于　　D. 大于

二、填空题（每空 2 分，共 20 分）

1. 测井仪器的“三性一化”指的是________、________、________、________。

2. 补心高是指________至________的距离。

3. 密度测井的物理基础是：________效应、康普顿效应和电子对效应。

4. 泥浆滤液不断向储集层渗透过程中，泥浆中的固体颗粒逐渐在井壁上滤积下来，形成________。

5. 放射性射线的外照射防护原则是指________、距离防护和时间防护。

6. 常见的电化学测井项目有________和人工电位测井。

三、简答题（每题 10 分，共 50 分）

1. 三孔隙仪器包括什么？

2. 重复曲线的测量用途是什么？选择重复井段的原则是什么？

3. 双侧向测井资料有哪些主要应用？

4. 密度测井有何主要应用？

5. 写出至少 5 种放射性测井方法的名称。

试卷四

一、选择题（每题 3 分，共 30 分）

1. 自然电位测井是以岩石（　　）性质为基础的测井方法。
   A. 导电　B. 电化学　C. 弹性　D. 原子物理
2. 当张力计安装在地滑轮上时，张力计所测的拉力是电缆拉力（　　）。
   A. 一半　B. 四分之一　C. 2 倍　D. 1. 42 倍
3. 井径减小，其他条件不变时，自然电位幅度值（　　）。
   A. 不确定　B. 减小　C. 不变　D. 增大
4. 测井所使用的 7 芯电缆一般外层钢丝较内层钢丝（　　）。
   A. 细　B. 粗　C. 硬　D. 软
5. 核磁测井的重复曲线应选择在（　　）的井段。
   A. 物性较好　B. 物性较差　C. 含油气　D. 井眼较大
6. 电成像测井仪主要由探头部分、电子线路以及（　　）组成。
   A. 脉码　B. PCM　C. 遥测短节　D. 机械短节
7. 富含有机质时，自然伽马放射性强度将（　　）。
   A. 增大　B. 减小
   C. 不变　D. 在某一点附近波动
8. 电导率与电阻率的关系是（　　）。
   A. 线性　B. 指数
   C. 正比　D. 反比
9. 与地层电阻率无关的是（　　）。
   A. 温度　B. 地层水中矿化物种类
   C. 矿化度　D. 地层厚度

10. 地层的电阻率随地层中流体电阻率增大而（　　）。
A. 减小　　B. 增大
C. 趋近无穷大　　D. 不变

二、填空题（每空 2 分，共 20 分）

1. 中子孔隙度在砂岩________实际的孔隙度，白云岩则________实际孔隙度________，灰岩________实际孔隙度________。
2. 固井质量越好，地层波幅度________，套管波幅度________。
3. 中子按能量可分为快中子、________、________。
4. 水层的中子寿命值________油层的。
5. 测井队和射孔队在施工前必须召开________。
6. 含油孔隙体积占全部孔隙体积的百分数称________。

三、简答题（每题 10 分，共 50 分）

1. 四合一钻具组合具体是什么？

2. 探评井常规测井项目有哪些？

3. 影响声速测井的主要因素是什么？

4. 自然电位曲线有什么特点？

5. 简要回答核磁共振测井的主要应用。

试卷五

一、选择题（每题 3 分，共 30 分）

1. 核磁共振测井是利用核磁共振现象来探测地层（　　）大小及分布情况的。
A. 电阻率　　B. 电导率　　C. 孔隙度　　D. 参透率
2. 通过钻具的起下来实现水平井测井的测井方法是（　　）。
A. 保护套式　　B. 湿接头对接式　　C. 挠性油管输送式　　D. 软连接式
3.（　　）是现场测井质量控制的一个重要因素。
A. 测井深度　　B. 测井时间　　C. 测井安全　　D. 测井标准
4. 测井施工遇卡时，通常可采用（　　）来确定卡点深度。
A. 井径测量法　　B. 深度记号标定法　　C. 电缆拉伸法　　D. 记录深度法
5. 测井过程中（　　）不允许站人。
A. 绞车前　　B. 绞车后　　C. 绞车旁　　D. 都不许

6. 与地层电阻率无关的是（　　）

A. 温度　　B. 地层水中矿化物种类C. 矿化度　　D. 地层厚度

7. 通常测井井下仪器的测量信号是以（　　）信号的形式传送到地面仪器的。

A. 声　　B. 光　　C. 电　　D. 磁

8. 井口滑轮在测井过程中，除了承担电缆及下井仪器的重量外，还起着（　　）的作用。

A. 冲洗电缆　　B. 测量电缆　　C. 电缆导向　　D. 盘整电缆

9. 测井使用的马丁代克是测井（　　）系统的一部分。

A. 深度　　B. 动力　　C. 制动　　D. 电缆驱动

10. 地层中泥质含量增加，声波时差（　　）。

A. 增大　　B. 减小　　C. 不变　　D. 跳变严重

二、填空题（每空 2 分，共 20 分）

1. 在圈闭中油气水有规律地分布，最高部位为________，中部为________，最下部为________。
2. 感应测井用电磁感应原理，测量地层的________。
3. 单井储集层评价要点主要为________、________和饱和度。
4. 每张测井曲线原图由 3 个方面的内容组成：________、曲线、________。
5. 伽马射线与物质作用的三种形式为：电子对效应、________效应和光电效应。
6. 含油孔隙体积占全部孔隙________的百分数称含油饱和度。

三、简答题（每题 10 分，共 50 分）

1. 水平井测井方式有哪几种？

2. 声波时差曲线出现“周波跳跃”，常对应于的是什么地层？

3. 测井仪器为什么要进行刻度？刻度方法有几种？

4. 声波全波列测井和岩性密度测井的主要用途是什么？

5. 自然电位测井曲线的主要应用有哪些？

测井专业测试题答案

试卷一

一、选择题：

1. D　2. D　3. C　4. C　5. D　6. A　7. D　8. D　9. C　10. D

二、填空题：

1. 补偿中子测井、密度测井
2. 微梯度、微电位、出现正幅度差
3. 减小
4. 二次固定
5. 减小、减小
6. 油管传输

三、问答题

1. 声波变密度测井曲线的影响因素有哪些？

答：候凝时间，水泥环厚度，井筒内钻井液气侵，微环隙，套管壁厚，仪器居中程度。

2. 如何预防测井仪器遇阻？

答：执行测井电缆下放速度的控制；在仪器串底部安装导向器；如果仪器串过长，可分多次下井，或加装柔性短节；除安装必需的扶正器和偏心器以外，不加装其他可以引起遇阻的装置；根据井眼尺寸选择仪器尺寸。

3. 测井的基本任务是研究地层的什么？

答：岩性、物性、电性、含油性。

4. 射孔作业射孔弹安全操作要求？

答：实行专人、专车押运，双锁挂签，分区装弹。

5. 双侧向在套管中能否供电？为什么？

答：不能。仪器在套管中绝不要打开 TPU 给仪器供电，否则将导致产生 35Hz 和 280Hz 两种补偿电流过载，损坏两种补偿电路。

试卷二

一、选择题

1. A　2. B　3. B　4. A　5. D　6. A　7. C　8. C　9. D　10. D

二、填空题

1. 减小
2. 孔隙度、岩性
3. 25m、50m
4. 岩性、电性、物性、含油性
5. 高于

三、问答题

1. 监督检查测井小队两书一表都包括哪些项目？

答：HSE 作业现场计划书、HSE 作业现场指导书、作业现场检查表。

2. 简述自然伽马测井曲线的应用。

答：(1) 划分岩性；(2) 进行地层对比；(3) 确定泥质含量。

3. 密度测井都有什么应用？

答：(1) 确定岩层的岩性，用密度和其他孔隙度测井组合来确定岩性。

(2) 在确定岩性的基础上，计算孔隙度。

(3) 区分储层的流体性质。

4. 自然电位曲线的主要用途是什么？

答：(1) 划分岩性和确定渗透层；(2) 求地层水电阻率；(3) 估计泥质含量；(4) 判断水淹层；(5) 进行地层对比。

试卷三

一、选择题

1. A　2. C　3. B　4. C　5. C　6. C　7. A　8. B　9. A　10. B

二、填空题

1. 一致性、稳定性、重复性、标准化
2. 方补心海拔高、地面海拔高
3. 光电
4. 泥饼
5. 屏蔽防护

6. 自然电位测井

三、简答题

1. 三孔隙仪器包括什么？

答：声波时差、岩性密度、补偿中子。

2. 重复曲线的测量用途是什么？选择重复井段的原则是什么？

答：检查仪器的稳定性。

重复曲线的井段既不能在套管鞋处，也不能在井底，要求曲线有明显变化井段，在测量井段的上半部，不得用校深曲线来代替。

3. 双侧向测井资料有哪些主要应用？

答：（1）划分地质剖面；（2）快速直观判断油（气）水层；（3）确定地层电阻率。

4. 密度测井有何主要应用？

答：（1）判断岩性；（2）求孔隙度。

5. 写出至少 5 种放射性测井方法的名称。

答：自然伽马测井；自然伽马能谱测井；中子伽马测井；岩性密度测井；补偿密度测井；补偿中子测井；同位素示踪测井；中子能谱测井；氧活化测井；中子寿命测井；碳氧比测井。

试卷四

一、选择题

1. B　2. D　3. D　4. B　5. A　6. C　7. A　8. D　9. D　10. B

二、填空题

1. 小于、大于、等于

2. 越大、越小

3. 中能中子、慢中子

4. 小于

5. 班前会

6. 含油饱和度

三、简答题

1. 四合一钻具组合具体是什么？

答：螺杆、扶正器、钻铤、钻杆。

2. 探评井常规测井项目有哪些？

答：自然伽马、自然电位、4 米视电阻率、声波时差、阵列感应、岩性密度、补偿中子、井径连斜。

3. 影响声速测井的主要因素是什么？

答：（1）地层对声速测井的影响；（2）测井仪器源距和间距的影响；（3）井径变化的

影响；（4）其他影响：泥浆气侵、疏松的含气砂岩，且气层压力较大，碳酸盐岩的裂缝带，尤其是含气裂缝，井径很大时等情况可能使测井曲线出现“周波跳跃”的显示。

4. 自然电位曲线有什么特点？

答：（1）当地层、泥浆是均匀的，上下围岩性相同，自然电位曲线对地层中心对称；

（2）在地层顶底界面处，自然电位变化最大，当地层较厚时，可用曲线半幅点确定地层界面；

（3）测量的自然电位幅度，为自然电流在井内产生的电位降，它永远小于自然电流回路总电动势；

（4）渗透性砂岩的自然电位，对泥岩基线而言，可向左或向右偏转，它主要取决于地层水和泥浆滤液的相对矿化度。

5. 简要回答核磁共振测井的主要应用。

答：判断油、水层；评价低电阻率储层；低孔、渗储层评价；复杂岩性储层评价；识别天然气。

试卷五

一、选择题

1. C　2. B　3. A　4. C　5. B　6. D　7. C　8. C　9. A　10. A

二、填空题

1. 气、油、水
2. 电导率
3. 孔隙度、渗透率
4. 图头、刻度内容
5. 康普顿
6. 体积

三、简答题

1. 水平井测井方式有哪几种？

答：存储式、泵出式、湿接头、爬行器、硬电缆。

2. 声波时差曲线出现“周波跳跃”，常对应于的是什么地层？

答：疏松含气砂岩、裂缝或破碎带和井壁坍塌等地层声波曲线会出现“周波跳跃”。

3. 测井仪器为什么要进行刻度？刻度方法有几种？

答：刻度的目的主要有 4 个：

（1）建立高精度测量地层储集参数的基础；

（2）检查下井仪器工作是否正常；

（3）检查下井仪器的线性、一致性和稳定性。

（4）对测井仪计量，使仪器标准化。

刻度的方法有两种：两点或多点刻度法；

4. 声波全波列测井和岩性密度测井的主要用途是什么？

答：(1) 确定岩性和孔隙度；(2) 确定泥质含量；(3) 划分裂缝带和气层。

5. 自然电位测井曲线的主要应用有哪些？

答：判断岩性，确定渗透性地层；计算地层水电阻率；估计地层的泥质含量；判断水淹层位。

参考文献

[1] 苏义脑. 水平井井眼轨迹控制. 北京：石油工业出版社，2000.

[2] 魏风勇. 钻井工程现场实用技术. 北京：中国石化出版社，2014.

[3] 中国石油勘探与生产分公司工程技术与监督处. 钻井监督. 北京：石油工业出版社，2003.

[4] 张桂林，王吉婆，路秀广. 石油钻井工. 北京：中国石化出版社，2014.

[5] 吴奇. 井下作业监督. 3 版. 北京：石油工业出版社，2014.

[6] 冀东石油勘探开发公司井下作业公司. 井下作业与试油技术实用手册. 北京：石油工业出版社，2003.

[7] 王金亚. 作业监督基础理论与实践. 北京：石油工业出版社，2004.

[8] 胡道雄，蒲国强. 录井技术手册. 北京：石油工业出版社，2015.

[9] 孙粉锦，李五忠，穆福元. 煤层气地质评价与勘探开发技术新进展. 北京：石油工业出版社，2014.

[10] 中国石油天然气集团公司人事部. 钻井地质技师培训教程. 北京：石油工业出版社，2012.

[11] 李丰收. 最新石油录井关键技术应用手册. 北京：石油工业出版社，2007.

[12] 李兆群. 录井技术现状及发展趋势. 石油科技论坛，2010，29（6）：7-12.

[13] 《测井监督》编委会. 测井监督. 北京：石油工业出版社，2011.

[14] 戴家才. 测井方法原理与资料解释. 北京：石油工业出版社，2006.